中国传媒大学"十二五"规划教材编委会

主任： 苏志武　胡正荣

编委：（以姓氏笔画为序）

　　　王永滨　刘剑波　关　玲　许一新　李　伟
　　　李怀亮　张树庭　姜秀华　高晓虹　黄升民
　　　黄心渊　鲁景超　廖祥忠

播音与主持艺术专业"十二五"规划教材编委会

主任：　鲁景超

副主任：李洪岩

业界顾问：（以姓氏笔画为序）

　　　方　明　李瑞英　沈　力　姚喜双　铁　城

编委会成员：（以姓氏笔画为序）

　　　丁龙江　王　群　王世林　卢　静　白岩松
　　　杜　宪　陈京生　陈晓鸥　周　涛　赵　俐
　　　翁　佳　栾洪金　唐　朝　康　辉

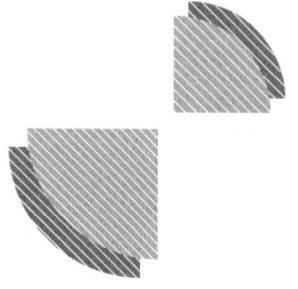

播音与主持艺术专业"十二五"规划教材

播音主持创作基础

中国传媒大学播音主持艺术学院 编著

中国传媒大学出版社
·北京·

目 录

播音主持艺术学的回顾与展望(代序)　鲁景超/1

配套资源

第一章　播音主持的正确创作道路　/1
　　第一节　如何理解播音主持的正确创作道路　/1
　　第二节　坚持播音主持的正确创作道路的重要性　/6

第二章　播音主持的语言特点　/9
　　第一节　规范性　/9
　　第二节　庄重性　/12
　　第三节　鼓动性　/13
　　第四节　时代感　/14
　　第五节　分寸感　/15
　　第六节　亲切感　/19

第三章　创作准备　/22
　　第一节　创作准备的概念　/22
　　第二节　创作准备的内容　/25
　　第三节　创作准备的基本方法：备稿六步　/28
　　第四节　实例分析与训练　/38

第四章　播音感受　/50
　　第一节　播音感受的概念　/50
　　第二节　具体感受和整体感受　/53
　　第三节　思想感情的运动状态　/55

第四节　实例分析与训练　/56

第五章　情景再现　/67
　　第一节　情景再现的概念　/67
　　第二节　情景再现的过程　/68
　　第三节　情景再现中应该注意的问题　/72
　　第四节　实例分析与训练　/73

第六章　内在语　/83
　　第一节　对于内在语的理解　/83
　　第二节　内在语的分类　/86
　　第三节　内在语的把握与运用　/93
　　第四节　实例分析及训练　/94

第七章　对象感　/108
　　第一节　对象感的定义和特点　/108
　　第二节　对传播对象的设想与分析　/111
　　第三节　对象感的获得与应用　/113
　　第四节　实例分析与训练　/115

第八章　停　连　/125
　　第一节　停连的含义和作用　/125
　　第二节　停连的运用原则　/126
　　第三节　停连位置的确定及种类　/128
　　第四节　停连的处理方法　/134
　　第五节　实例分析与训练　/136

第九章　重　音　/148
　　第一节　重音的含义和作用　/148
　　第二节　重音的运用原则　/149
　　第三节　重音的表达方法　/151
　　第四节　重音的选择及种类　/153
　　第五节　实例分析与训练　/159

第十章　语　气　/172
　　第一节　语气的内涵　/172
　　第二节　语气的感情色彩和分量　/175

第三节　语气的声音形式　/178
　　第四节　实例分析与训练　/186

第十一章　节　奏　/203
　　第一节　对于节奏的基本认识　/203
　　第二节　播音节奏及其类型　/207
　　第三节　播音节奏的形成　/209
　　第四节　播音节奏的把握　/214
　　第五节　实例分析与训练　/215

第十二章　话语样式和话语体式　/234
　　第一节　话语样式的内涵　/234
　　第二节　话语样式的基本类型和特点　/238
　　第三节　话语体式和话语样态　/242
　　第四节　实例分析与训练　/244

第十三章　播音员主持人的创作状态　/287
　　第一节　话筒前状态　/287
　　第二节　无稿播音的创作状态　/291
　　第三节　镜头前状态　/295

第十四章　播音主持表达基本规律　/297
　　第一节　思维反应律　/297
　　第二节　词语感受律　/298
　　第三节　对比推进律　/300
　　第四节　情声和谐律　/301
　　第五节　呼吸自如律　/302
　　第六节　自我调检律　/304

编写说明　/307

音频目录　/308

播音主持艺术学的回顾与展望(代序)

鲁景超

一、播音主持艺术学概述

首先,播音主持艺术学及其专业建设孕育于新中国的人民广播播音事业,经过半个多世纪的风雨历程,不仅在广播电视领域、艺术学领域有着广泛的影响,而且还拓展到语言传播、文化传播等相关领域。

播音主持艺术学是以广播电视有声语言创作主体及其语言传播活动为研究对象,以新闻事实及时传播为根基,以规范、审美为艺术追求,以民族精神、人文精神和社会主义核心价值观为灵魂,以提升国民综合素质为目标的一门科学。它以新闻传播学、艺术学、语言学及应用语言学、文学、心理学及哲学美学等诸多学科作支撑,其中,新闻性是根本属性,艺术性是重要属性,哲学美学是精神旨归,语言是创作领域与手段,文学是提升语言传播文化水平与品位的根基。

虽然它立足于广播电视大众传播的语境,但又能充分汲取自我传播、人际传播的优势,并通过去粗取精、去伪存真的创作过程引领和提升语言的品质;虽然它具有语言文字的工具属性,但又能在"音声化"的过程中,赋予"有声语言"生命的活力、思想的力量,使其具有"人性"的蕴藉和"文化"的灵魂;虽然它具有艺术表现的属性,但又必须严格遵循大众传播规律,在新闻真实性原则的制约下,展开一系列艺术创作活动;虽然它具有哲学美学的属性,但又不以钻研哲学、美学的本体为己任,而是致力于语言表达对创作者人生观、价值观的现实表露,以及对其审美能力、审美尺度的全面把控。

鲜明的文化性和民族性,以及跨学科和交叉性的学科定位,成就了其独树一帜的品牌特色与学科独立性的特征。

其次,学科的独立性是播音主持艺术理论研究的基础,学科的鲜明特色和独特价值规定着播音主持艺术理论研究的范围和领域。

播音主持艺术学以广播电视播音主持语言为主要研究对象,同时关注新媒体中的口语传播活动以及公众表达体系当中的各种口语表达活动,探索播音主持语言及公众口语表达的基本规律、实践方法、传播模式,以及历史和现状、文化内涵、社会影响等问题,它研究的重要领域是"有声语言",而不是"文字语言"。

语言,可以分为"书面语"和"口语"两大类。书面语,从文字书写上体现;口语,从口头言说中呈现,二者有着各自不同的语体特征。"有声语言",不仅包括了口头言说,也包括了文字书写的"音声化"。"有声语言"既可以从文字语言转化而来，也可以从内部语言外化而来；既可以表现书面语的色彩，也可以表现口语的色彩。

相比于书面语，口语的生存空间以日常生活场景为主，因此，过于日常化、生活化、碎片化，内容也过于散乱、琐碎、随意，缺乏主题性、目的性，文化内涵不足、精神价值不高，停留在日常生活中的口语缺乏提高质量和品位的内在动力。书面语以规范、完整、艺术、精辟等优势长期参与于经济、政治、文化生活中，而历史并没有为口语提供那样广泛的参与社会生活的空间，这使得口语长期以来徘徊在公共视野和研究视野之外。信息社会的到来，当然也包括广播电视的发展，使我们迎来了口语研究的春天，以播音主持语言为代表，人们看到了口语对社会的影响和人类的价值，开始思考如何释放其文化含量、挖掘其精神品质。但是，由于我国口语研究的时间较短，历史资料较少，口语典范积累不足，技术水平有限，在浩如烟海的文化典籍中，非常缺少对"有声语言"表达的研究与论述。

播音主持艺术学的价值恰恰在于填补了这个空白。播音主持语言是强势口语资源，有责任在改变口语研究薄弱现状方面发挥作用。通过研究"语"与"文"的融合，把握"有声语言"的本质——人文精神，以提升广播电视语言的表达质量；通过推动国民"语"与"文"能力的均衡发展，以提高全民族的语言文化素养，催生口语表达的典范。

再次，播音主持艺术学研究的主体是"人"，是"出声露面，驾驭节目进程的人"，是处于语言传播活动"咽喉要道"位置的播音员、主持人。他们的言谈举止，不仅会影响节目的质量、传播的效果，还会引领社会语言生活的潮流，对社会起着极强的示范作用。

几十年来，播音主持艺术学学科已经为新中国的广播电视事业输送了一批批优秀的毕业生，他们当中的许多人活跃在我国主流广播电视媒体的最前沿，他们在重大新闻事件的报道现场，向大众传递政府和人民的声音，他们庄重大气的形象成为中国形象的代表，他们掷地有声的播报和评论成为中国气派话语风格的代表，同时，他们也用精彩的语言创作实践，有力地证明了本学科的生存价值和意义。

播音主持语言所承载的信息传播功能、舆论引导功能、宣传功能、教育功能、娱乐功能、记录历史的功能、凝聚民族精神的功能、标志时代的功能、实现语言规范和传播语言规范的功能，以及传承中华文化的功能等，说到底是要靠"人"来实现的，所以，培养什么人，怎么培养人，始终是本学科研究的重中之重。能否培养出既具有新闻工作者的社会责任感和扎实的职业素养，又具有语言艺术工作者的敏锐、悟性和扎实的"语言功力"，还具有明确的文化传承者的身份认同、自觉坚守语言传播文化品位和文化使命的"人"，是本学科能否凸显核心竞争力的关键所在。

广播电视实践需要大量高水平、复合型的播音主持精英人才，大学作为教学、科研的重镇所在，理应为培养这样的人才做好充分的理论准备。

最后，形成较为完备的、独特的理论体系，是学科成熟的标志，也是学科建设的核心内容。

播音主持艺术学历经了从无到有、从小到大、从单一到综合的发展历程。学科的理论体系建设，围绕"有声语言"表达"感性—知性—理性—悟性"的独特艺术路径，锤炼语言表达能力，提升"有声语言"艺术感染力和艺术境界。以1994年出版的《中国播音学》为标志，发展至今，逐步形成了独具中国特色的理论体系，国内首创，在国际上也独树一帜。

其主要研究方向及研究内容有：

播音主持发声艺术——以有声语言表达中发声艺术的创作基础及创作方法为研究对象，研究语言发声艺术的物理基础、机体控制、发声方法和语言艺术表达效果之间的关系，以及人们的思想感情与声音表达形式之间的关系。为了适应我国新时期进一步推广普通话的要求，本方向还以普通话教学和水平测试为研究对象，着重研究普通话测试的基本原理以及测试的范围、内容、方法，数字技术在测试中的应用等，为推广普通话服务。本方向除重点进行播音员主持人的发音用声和播音主持语言艺术效果之间的规律性研究外，还兼顾公众的发声艺术，如新闻发言人、企事业机构管理人员、教师以及大型活动主持的语言发声艺术。

播音主持艺术理论——以播音主持艺术创作主体、创作过程、接受主体、艺术效果为研究对象，以广播电视播音员主持人从素材准备到节目播出过程中的创作道路、原则、技巧、规律、风格等为研究范畴，梳理总结播音主持艺术创作过程中的原理、方法，用以指导播音主持艺术创作实践。播音主持艺术是有声语言表达艺术与广播电视语言传播相结合的艺术形式，重点在语言、传播、艺术等交叉领域进行艺术规律的探析，从创作主体和接受主体及其关系的角度将传者、受众和作品纳入研究视野，并对播音主持创作中的心理机制、美学特征等进行深入研究。本方向还将研究广播电视播音主持艺术的历史发展、代表人物、重点作品、风格流派等。

播音主持创作艺术——以播音主持业务为基础，以播音主持实践的动态发展变化为关注点，以各类广播电视节目播音主持创作活动为研究对象，系统研究包括新闻节目、综艺娱乐节目、专题性节目、谈话类节目、体育节目等各类节目播音主持的艺术特征、节目形态、创作方法、创作规律和艺术效果等，用以指导播音主持艺术创作实践。本方向除了研究具体节目的播音主持创作活动及其艺术外，还在宏观上跟踪、勾画广播电视播音主持艺术的发展脉络，并深层次分析不同类型节目播音主持艺术与媒介传播平台的相互影响，探索传媒与艺术之间的关系。

口语传播艺术——重点研究播音员主持人的口语表达的内涵外延、思维方式、创作方法等，以满足并探索此种类型节目的语言传播艺术规律。同时以此为基础，探索研究面对公众的口语表达及人际交流口语表达艺术规律，以提高公众口语表达水准作为主要任务，服务于全社会各领域的口语表达应用之需，如新闻发言人口语表达艺术、教师口语表达艺术等。同时，本研究方向关注世界范围内华语传媒及华语有声语言传播的新变化，为世界范围内的华语传播提供关注课题和参考方向，培养对外宣传和世界华语传播的高端人才，完善国家媒体形象在海内外的传播与建设，提高世界华语传播品质。

以上研究方向和研究内容，构建了本学科的主干理论框架，在此框架下，沿着"有声语言"的运动轨迹，沿着理论与实践紧密结合、动态和静态相结合的研究路径，探索播音主持艺术的特殊规律，探索创新型人才培养的新模式，以回应广播电视媒体和社会对语言传播艺术越来越高的要求。

二、播音主持艺术教育的继承与创新

本学科是一个新兴交叉学科，学科的归属经历了逐步理顺的过程。本科层面在艺类中的"播音与主持艺术"专业目录下招收学生。硕士层面在1980年申报硕士点之后,一直在"语言学及应用语言学"学科下招收硕士研究生;2007年,本学科开始在"新闻传播学"自主增列"广播电视语言传播"硕士研究方向,同时也在"广播电视艺术学"之下招收硕士研究生。在博士层面,1999年设立博士点之初,本学科在广播电视艺术学之下招收博士研究生,2001年改在语言学及应用语言学之下招收博士研究生,2007年开始在新闻传播学之下招收广播电视语言传播博士研究生。2011年艺术学升为门类,播音主持艺术学在戏剧与影视学一级学科下成功设置二级学科,使本学科在本科教育基础上有了更好地进行硕士、博士人才培养的平台和空间,人才特色更鲜明,学科特色更突出。

"培养什么人"始终是播音主持艺术教育的核心问题。一代代播音员、主持人恪守职责,不辱使命,用声音传播真理、记录历史、讴歌时代、传承文化,忠实地宣传党的方针政策,热情地为广大人民服务。他们的成长历程,最好地印证了"培养什么人"的重要性。

应该说,正是坚持正确的创作道路,牢牢抓住"培养什么人"这个"核心"和"主题",播音主持人才培养的定位才经受住了时间的检验。

中国传媒大学是教育部直属的国家"211工程"重点建设大学,其下属的播音主持艺术学院是我国培养播音主持艺术精英人才的重要基地。独树一帜的播音主持艺术学,为科研与实践提供了坚实的学科支撑和理论指引,在此基础上,经过以齐越、张颂为代表的几代教育工作者的不懈努力,形成了一套特色鲜明、行之有效的教学模式,积累了"怎么培养人"的宝贵经验,也对"培养什么人"提供了有力的保证。

进入新时期以来,中国传媒大学播音主持艺术学院坚持贯彻党的教育方针,与时俱进地完善自己的教育教学理念;坚持以全球化的视野和国际化的发展定位,创新自己的教育模式、优化人才培养战略;坚持服务和谐社会建设和人的全面发展,提升全民族的语言文化素质;坚持发挥播音主持在建设社会主义先进文化进程中的导向和引领作用;坚持理论和实践相结合的教学方法,开拓创新地完成对高精尖人才的培养和输送。

我们的办学理念是:以融合人文和艺术的大学精神为指导,培养更多更优秀的播音员主持人,更好地执行大众媒体话语权,在党和人民之间架起沟通的桥梁;通过高质量的有声语言传播,塑造表达典范,在"书同文"的基础上,推进实现"语同音"的理想;发挥语言的文化承载力和精神塑造力,彰显中华民族的优良传统和精神气质。

我们的办学定位是:引领提高全民族的语言能力和文化素养;引领播音主持艺术的专业走向;引领语言传播的高规格和高标准。

我们不断完善课程体系和学科体系建设,坚持以特色课程建设为中心,贯彻以课程特色聚合学科特色的思路,扎扎实实地进行课程建设。根据国家宏观发展战略及广播电视播音主持实践的需求,在继续强化学科主干课程的同时,切实推进播音主持心理学、播音主持哲学、播音主持美学、播音主持教育学等方面的理论研究;积极建设世界华语传播、双语播音主持、口语传播等方向,拓展新的学科方向。在特色主干课"播音创作基础理论"已经建成国家级精品课的基础上,继续建设本学科的其他特色主干课程:"普通话语音与播音发声艺术""广播节目播音主持艺术""电视节目播音主持艺术"等。

目前,播音与主持艺术专业共开设公共基础课、学科基础课、专业基础课、专业课、基础选修课、专业选修课60多门。在强化专业教育的同时,全面提升学生的综合素质。

在教学方法上，融合规范化教学、情感化教学、个性化教学、伴随化教学等多种教学方法。针对播音专业的特性，凸显以下特色：

"一个依托"的办学特色——依托一线发展，引领专业走向；

"两个属性"的人才特色——"新闻性+艺术性"；

"三个并重"的师资特色——"重教学+重科研+重实践"；

"四个结合"的教学特色——大课+小课，有稿+无稿，感性+理性，教书+育人；

"五个互补"的发展特色——继承+创新，开放+自强，动+静，国内+国际，大众传播+人际传播。

截至目前，已和全国各地的广播电视专业媒体合作共建了十多个校、院级实习基地。通过社会实践、专业见习、专业实习、毕业实习等多种实践途径磨炼学生的专业水平。

与此同时，我们还联合全国开办播音主持专业的各高等院校的力量，共同推进专业教育的深入和学科建设的深化。针对广播电视实践中遇到的实际问题，联合开展科研攻关；邀请一线专家参与本科生、研究生的培养，切实实行双导师制；积极参与中华文化的对外传播，大力推进国际学术交流。

在国家相关部门和学校的大力支持下，建设教学与科研相结合、先进技术设备与一流管理相结合、基础建设与拓展建设相结合、理论发展与实践发展相结合的教学科研实验基地。

随着广播电视事业的不断进步，特别是新技术的不断涌现、新媒体的不断发展，我们的教学内容和教学方法不可能一成不变。对于教学的改革与创新，我们从未停滞过。其改革创新的思路，既要基于学科规律的历史性延展，也要着眼于国内外学科建设现状和社会发展大势的战略性提升。播音主持艺术学院紧扣国家对教育事业的指导方针，把教育创新和对高端人才的培养放在学院工作的首位；把国家和广播电视事业一线对人才的需要作为全院培养人才的重要引领思路，在继承原有优良教学传统的基础上，兼容并蓄，推陈出新，努力提高教学质量。我们认为，未来对人才的培养要向"精深"和"宽广"两个方向同时发展。一方面，要继续深化专业内涵，突出专业优势，倍加重视"语言功力"，巩固新闻播音教学强项，提高综艺娱乐、社教服务等方向的教学能力，培养出更多精英人才，继续占领国内媒体及世界范围内华语媒体的高端；另一方面，还要拓展专业外延，顺应媒体融合的新趋势，不断开辟新领域。从大众传播向新媒体和人际传播拓展，培养出能适应复杂媒介环境的复合型精英人才。为此，我们要以"宽口径、厚基础、高素质、强能力"为教学原则，以课程体系为核心，以师资队伍为主导，以科研和管理为保障，探索出特色鲜明的教学、管理模式。

我们正在逐步规划因材施教、教学相长、分类培养、差异发展的教学特色，积极培育新课程，形成不同的课程模块，满足不同学生的成长需求，夯实学生的文化基础，强化学生的专业技能。改变学生的选课模式，由"配给制"到"套餐制"并逐渐发展到"自助式"。通过项目制教学、案例教学、工作室教学，打破封闭式教学，与电台、电视台进行校台合作、联办节目，在实践中锻炼学生的能力。建立教学监督检查和质量监控体系，完善教学质量保障工程。完善招生环节，对学生的培养实施从入口到出口的"一条龙"监控，完善人才质量保障体系建设。一方面，"请进来"——积极聘请各类专家为我院的兼职教授，让教学紧贴一线发展，紧贴学科前沿；另一方面，"走出去"——有计划地派教师和学生出去交流、调研、学习，借鉴先进经验，开阔视野、增强能力。

三、播音主持艺术的理论建设

齐越曾指出："播音业务跟其他工作一样，总是由实践到认识，再以认识指导实践，这是一个反复的过程。"①播音专业从无到有、从小到大，它的每一步发展都与理论建设密不可分。然而，播音主持艺术理论体系的形成并非一蹴而就的。

即使是在战火硝烟的时代，老一辈广播工作者也十分重视对播音工作实践经验的探索和总结，齐越的《播音员日记——解放战争年代的播音工作》就是最真实的佐证。在这篇日记中，齐越总结了自己因片面追求"语气自然"而容易播错的原因，明确提出了不能因为片面地追求播音语言形式而忽视对稿件内容理解的观点，以及通过加强政治学习和锻炼语言功力来提高播音水平的基本构想，对后人有着十分中肯的参考价值。同一时期的文献《新华总社语言广播部暂行工作细则》《XNCR陕北阶段工作的简单总结》《对当前改进语言广播的几点意见》等，都开始对语言规范提出要求。

在人民广播创建之初，有很多人不理解播音工作的重要性，认为只要爱国、会说普通话就能当播音员。针对这种后来被大家总结为"播音无学"的风气，以梅益、左荧、齐越为代表的广播工作者进行了有力的纠正。例如，1955年，梅益在中央台播音业务学习会上指出："我们从来没有轻视过播音工作，也许有个别人轻视这个工作，那是他的思想有问题。""做好播音工作，首先要有一定的政治觉悟和较好的思想修养，还要有一定的文化水平，再加上必要的技巧。"左荧则在题为《播音是一种语言艺术活动》的报告中明确提出："播音是一种艺术创作。"②

1955年中央广播事业局召开全国播音业务学习会，这是新中国成立后召开的第一次全国播音会议。在会上齐越介绍了苏联的播音工作经验，向大会传达了他从苏联学习到的宝贵经验。1959年，广播事业局翻译的《话筒前的播音员》和《广播业务译丛第三辑——播音业务专辑》出版。1961年，广播事业局为了"给做播音工作的同志提供一些学习资料"，组织中央台及地方台的播音员专门撰写了一部分文章，汇编了一本《全国播音经验汇辑》，出版了汇集中央人民广播电台播音员经验文章的白皮书《播音业务》等。这几本书分别总结了国外（苏联）、中央台和地方台（主要是省台）的播音经验，是对当时播音经验的一次总结和推广，也为播音理论的建立提供了基本的思路，具有重要的理论与实践意义。

1962年，齐越在上海播音组的讲话成为播音理论的奠基之作。以此为标志，开始了中国播音学的探索。在讲话中齐越提出了"播音工作的三个环节""播音创作的三个出发点""稿件分析的三个要素"等播音理论的概念。其中关于"播音技巧的三张王牌"和"语气为核心"的论述，为《播音创作基础》中"思想感情的表达方式"提供了理论依据。

---

① 齐越：《献给祖国的声音》，中国广播电视出版社1991年版，第74页。
② 广播电影电视部政策研究室、《当代中国的广播电视》编辑部：《梅益谈广播电视》，中国广播电视出版社1987年版，第68～69页。

齐越还强调了播音员应该从党的政策、观点出发深入分析稿件,用恰切的语气去表达稿件的精神内涵。这些观点对我们今天播音理论的深化和播音实践的发展仍有指导意义。

改革开放以后,我国的广播电视事业日新月异。播音员主持人的工作受到更多人的关注,实践的发展创新为理论研究提供了依据,理论研究的规律性总结与对播音工作的前瞻性指导也有力地推动了播音实践的不断进步。

伴随着广播事业和播音教育的发展,相关的教材和理论著述不断涌现。1994年《中国播音学》的出版,标志着中国播音学理论体系已经形成。这个理论体系,为我国的广播电视实践提供了坚实的理论基础。

当前,宏观媒介环境正在发生巨大变化,传播内容日益广泛,传播形态越发多样,节目高科技含量越来越大,制作水平越来越高,播音主持人才的实战本领和形象包装也较以往更为多样化。域外广播电视节目以各种方式进入我国内地,我们不得不应对域外媒体的竞争、面对"西强我弱"的传播态势。

与此同时,微观的媒介生态格局也发生着惊人的变化:在宽带、移动互联网及3G、4G网络迅速蔓延的形势下,智能手机、超级本、平板电脑、掌上电脑、车载移动电视、楼宇电视等新媒体终端极为多样化,新媒体技术不断推陈出新,功能应用层出不穷,虚拟社区、社交网站、微博、微信、易信、网络游戏、网络动画、IPTV、RSS、APP等新媒体形态日新月异。可以说,媒介传播格局早已今非昔比,新媒体技术已经渗透到社会生活的各个领域,打破了传统媒体环境下信息传播的流程,改变了受众的信息接触习惯,甚至成为一种巨大的生产力。

目前,中国互联网普及率已超过42%,网民达6亿。手机用户已突破11亿户,平均每10人拥有8部手机。中国成为名副其实的全球新媒体用户第一大国。在第三产业经济和新技术革命的推动下,新媒体网络化、全球化、全民化、移动化、社会化、融合化发展的态势更为显现。

这些变化,在带给我们巨大生存压力的同时,也给我们提出了新的命题。理论是实践的先导,它有责任回答实践当中的问题,服务实践,引领实践。由此我们确信,这些变化,也必将促进语言传播研究的深化,必将加快播音主持艺术学理论建设的现代化进程。

播音主持艺术领域在飞速发展的同时,也出现了许多始料未及的问题。面对应接不暇的新情况,一批批理论研究成果破土而出,研究触角涉及方方面面,不仅对各种具象性的实践问题进行相应回答,而且进一步拓宽了理论研究的视野,促进了交叉学科理论知识的融合。但是,我们的学科尚显年轻,理论体系不够完善,理论研究不够深入,对于实践中出现的问题,在一些时候还不能作出理论的解释,以至于在层出不穷的具体问题面前,"头痛医头、脚痛医脚",甚至显得有些束手无策。今天的播音主持艺术实践,呼唤着理论研究尽快超越具体的战术层面,而能从宏观的战略层面思考问题,从深层的思想观念入手,找到问题的根源,作出系统的理性回答。这是历史赋予我们的神圣责任。

教材建设是理论建设的重要内容。人才培养目标最终要通过以教材为依据的教学活动才能实现。教材不仅是"一课之本",更是"一科之本"。它是衡量一个学科/专业办学水平的重要标志。播音主持艺术学院将教材建设作为重要抓手,以深化巩固教改成果、完善学科构建、提升教学质量和人才培养质量。经过几年的努力,重新修订的教材终于和大家见面了,这是全院老师教学实践和理论探索的结晶。

新一轮教材建设项目从2007年启动,参照教育部本科教学评估期间专家学者提出的规范性、指导性建议,学院组织各个教研室、教研组开始了前期调研、论证以及策划工作。2009年,以中国传媒大学本科生培养方案的修订为契机,按照学校对本科教学的总体要求,紧紧围绕"实践"展开的思路,以"项目制教学""案例式教学""研讨式教学"等新型教学方式为突破,有步骤地完善了课程体系并对核心专业课程作出了调整。几年来,我们一边密切关注学科理论建设的前沿和广播电视一线的发展变化,一边不断地充实教学内容和教学方法,在此基础上,陆续完成和推出《播音主持语音与发声》《播音主持创作基础》《广播节目播音主持》《电视节目播音主持》。

新版教材有如下特点:

第一,经过了几十年的教学实践,播音主持艺术理论和训练材料中的核心内容是经得住时间检验的。因此,新版教材没有脱离原有的框架,核心内容均被保留。

第二,新版教材适当调整了理论讲述和训练材料的比重。理论部分内容较为翔实,能够充分满足课堂学习的需要;训练内容的选择,既关注经典,又不忽略鲜活的"新"样态,且更注重训练的层次性、实用性和拓展性。理论讲述与训练内容相互印证、相互融合。

第三,新版教材在保留原有核心、经典内容的基础上,为适应传媒一线的新变化,在理论讲述和训练材料两方面都作了更新和发展。

第四,新版教材的参编人员以本院教师为主,还邀请、吸纳了学界和业界的部分专家共同参与。另外,我们还特别成立了一个由老中青教师共同参与的编委会,共同筹划新教材建设。

通过教材的编写,我们进一步统一了教学思想,梳理了学科发展和理论建设的脉络,密切了和传媒一线的联系,也更坚定了在继承传统的基础上,不断改革创新的信念。

有声语言是人类在远古时期就开始广泛使用的一种传播工具。它可以传播民族文化,也可以塑造民族精神。有声语言的发达程度,是一个民族发展水平的重要指标,也是一个国家能否振兴的核心元素。播音主持艺术学院必将在有声语言这一领域不断进取,为实现民族振兴的中国梦奋斗不懈!

第一章　播音主持的正确创作道路

■ **本章要点**
1. 如何理解播音主持的正确创作道路。
2. 坚持播音主持的正确创作道路的重要性。

广播电视语言传播并不是简单地念字出声,它是一种有声语言的创作活动,每一次话筒前、镜头前的语言传播都是播音员主持人的精心创作。既然播音主持是凸显主观能动性的一种创作活动,那么每一位创作者都要面临遵循怎样的创作道路、如何进行创作的基本问题,每一次创作活动都要面对以什么为创作原则、达到什么样的创作目标的实际问题,这些都是客观存在、不可回避的。因此,坚持正确的创作道路是播音主持创作基础理论中首要的命题,也是播音主持创作实践中不能须臾离开的指导思想。

第一节　如何理解播音主持的正确创作道路

播音主持应该遵循怎样的创作道路是所有从事播音主持工作的人都要面对的一个问题。播音前辈们在几十年的实践中进行了认真的探索,获得了宝贵的经验,为播音主持正确创作道路的形成奠定了实践和理论基础。尽管不同的时代、不同的创作者面对不同的作品有不同的解读,创作实践充满了复杂性和多样性,但在创作道路上始终有着共性规律可循,始终有一条不可动摇的主线和原则,这对我们的创作有着决定性的指导意义。经过几代人的丰富、发展、完善,如今,我们对播音主持的正确创作道路有了更明晰的表述:

站在无产阶级党性和党的政策的立场上,以新闻工作者特有的敏感,把握国内外形势的发展变化和人民群众的思想实际,准确及时、高效率、高质量地完成"深入理解—具体感受—形之于声—及于受众"的过程,以积极自如的话筒前、镜头前状态,进行有声语言创作,达到恰切的思想感情与尽可能完美的语言技巧的统一,达到体裁风格与声音形式的统一,准确、鲜明、生动地表达出语言文化的精神实质,展现时代风貌,充满人文关怀,发挥广播电视教育和鼓舞广大人民群众的吸引力、感召力。①

播音主持的正确创作道路立足于播音主持创作自身的特点,着眼于播音主持创作的大环境,较为全面而深刻地反映了播音主持创作的质的规定性。播音主持的正确创作道路明确阐述了播音主持的创作原则、创作属性、创作源泉、创作过程、创作标准、创作任务,对于播音主持创作者而言,无论创作技巧多么丰富娴熟,这些基本内容都应该始终遵循和坚持。

一、创作原则

播音主持的正确创作道路首先强调创作主体要"站在无产阶级党性和党的政策的立场上",强调坚持播音主持创作的党性原则。党性即阶级性和倾向性。我国广播电视的性质,是中国人民所有的中国共产党领导的社会主义性质的广播电视,其宗旨是为人民服务,为社会主义服务。党性体现在播音主持创作中,要求在创作活动中体现鲜明的无产阶级感情。播音主持创作主体必须坚定地站在党性和党的政策的立场上,在政治上完全同党中央保持一致,宣传党的纲领、路线、方针、政策;在思想上坚持党的理论基础和思想体系;在组织上服从党的领导,遵守党的宣传纪律。党性原则容不得半点犹豫和疏忽,它应该成为每一位播音员主持人在每一次语言创作中自觉坚持的原则。

播音主持创作中坚持党性原则,就要站在党性和党的政策的立场上,从维护人民群众的根本利益出发,坚持播音员主持人这个"小我"和党的宣传员这个"大我"的有机统一。在播音创作中,既要有自己感情的表达特点,又要把握党的政策的分寸;既要有自己的形象特征,又要符合党的宣传员这一总体形象的准则;既要贴近实际、贴近生活、贴近群众,又要传播主流价值观,形成正确的舆论导向。播音员主持人的思想感情同党和人民群众的利益应该是高度一致的,广大受众透过播音员主持人的言语活动也能够明确感知到这一点。

播音主持创作中坚持党性原则不是生硬的、强加的、附带的,也不是"临时抱佛脚",它应该是渗透到播音员主持人内在的思想感情之中、融化到播音主持创作的感受之中的职业意识,应该成为播音员主持人的"本能"和"习惯",在创作过程中自然流露。这不仅要求播音员主持人在工作中把党性原则作为播音主持创作的纪律,自觉约束、严格遵守,而且在生活中也要时刻站在党性的高度和人民性的角度,具有无产阶级的立场、观点、方法,用辩证唯物主义的方法指导自己的业务学习和生活实践,培养正确的人生观、价值观、世界观,将党性和个性有机融合,只有这样才能真正做到坚持党性原则。

随着传播方式的多元化,播音员主持人在遇到直播、多方连线、即兴访谈、即时点评等情况时,能否处理突发情况、准确判断是非、拿捏语言分寸、掌握话语尺度成为对平时思想觉悟和政策把握的一种考察,需要引起我们的高度重视。

二、创作属性

传播新闻是广播电视传播功能的主体,播音主持工作是广播电视传播直接诉诸广大

---

① 张颂:《播音创作基础》(第三版),中国传媒大学出版社 2011 年,第 8 页。

受众视听的最后一环,具有鲜明的新闻工作属性,播音员主持人从本质上讲属于新闻工作者。因此,播音主持工作要遵循新闻工作的原则,突出新闻性的特点。播音主持的正确创作道路中明确提出"以新闻工作者特有的敏感",正是对我们工作中的创作属性进行了强调。

播音主持工作要坚持新闻属性中的真实性原则。新闻真实性,既包括现象真实,更要求本质真实,是现象真实与本质真实的统一;既包括局部真实,更要求整体真实,是局部真实与整体真实的统一;既包括静态真实,更要求动态真实,要从运动的现在看到运动的未来。所以,播音主持创作中的真实性,也应是全面的体现。它既包括播音员主持人不读错字音、不播错内容,又包括播音主持创作情感表达的准确性和对党的政策的准确把握;同时,这种真实性还体现在形象的塑造、身份的把握等语言和副语言表达的各个方面。

播音主持工作要坚持新闻属性中的时效性原则。时效性的体现,一方面反映在播音主持创作活动的紧张性上,即准备的时间很短,不像其他艺术创作活动那样有充分的准备时间;另一方面反映在新鲜感和时代感的态度感情的体现上,也许你的某一节目按时播出去了,却没有体现出新鲜感和时代感,你就没有体现出新闻的时效性。

播音主持的正确创作道路明确了播音主持工作的新闻属性,对于我们的工作具有重要的指导意义。第一,播音主持创作必须了解播音主持语言的特点,把握规范性、庄重性、鼓动性、时代感、分寸感、亲切感,既不能混同于日常谈话,又有别于朗诵、戏剧台词等表演艺术语言,而是取生活语言和艺术语言之精华,将播音主持工作的新闻性和艺术性结合起来,走自己的路,营造独具一格的、具有新闻特色和传播特色的播音语言。第二,播音主持的正确创作道路中强调"准确、及时"和"高效率、高质量"的工作要求,播音员主持人只有具备过硬的基本功、丰富的知识积累和较高的新闻素养,才能适应新闻时效性强、真实性高的工作特性,才能在直播常态化的今天胜任突发事件的直播、大板块报道、前方记者连线、事件当事人采访、与嘉宾互动等多形态的报道工作,捕捉到新闻的内在价值,合理追问、深入分析并且准确、清晰、持久地进行报道。

三、创作源泉

生活是创作的源泉,同样也是播音主持创作的源泉,播音主持创作任何时候都离不开火热的社会生活。因此,播音主持的正确创作道路明确提出,在创作时要"把握国内外形势的发展变化和人民群众的思想实际",将视线投向国内国际,将关注点放到人民群众的生活中,找到创作的原动力。播音主持创作需要时代精神的熏陶,需要在生活中汲取营养,播音员主持人要努力深入生活、深入实际,熟知国内外形势的发展变化,真切了解人民群众的意愿,并时时以新闻工作者的敏感,把握时代精神的实质,与人民群众息息相通。播音员主持人要通过间接经验来认识现实,增强自己的责任感和新闻敏感,从编辑记者加工的第二手材料中了解形势的发展和社会各方面的信息,结合自己的直接经验、自己对生活的观察与思考,使自己的思想感情和时代脉搏一起跳动。

播音主持创作要饱含强烈的时代精神和浓郁的生活气息的另一层含义，是指播音主持创作的声音形式、言语风格必须符合时代氛围，符合受众的接受心理和欣赏倾向。播音主持创作风格要随客观传播大环境的变化而变化，播音员主持人更要主动顺应时代潮流趋势，积极调节自身状态、拓展业务能力，使自己为广大群众所接受和喜爱。

四、创作过程

播音主持的正确创作道路总结出了播音员主持人从准备到播出的创作过程，即"深入理解—具体感受—形之于声—及于受众"。

创作始于对播出内容的深入理解，没有理解便无从表达。这里所指的播出内容有比较广泛的含义，不仅包括已经成形的文字稿件，也包括文字加提纲的半成品稿件，还包括并没有形成文字的腹稿。

"深入理解"是指对播出内容不能仅仅停留在看明白字面意思的层面上，还要了解其创作背景、创作目的以及作者的最终意图，并在此基础之上产生自己的体会或感悟。

"具体感受"建立在对内容充分理解的基础上，它是创作者发挥主观能动性进行的一种主动体验，通过丰富的联想、想象以及对语句内在含义的挖掘，引发相应的态度和感情，使思想感情始终处于运动状态，积极地投入到语言表达中。在播音主持创作中，要处理好"理解"和"感受"的关系。"理解"是指弄懂播出内容的含义，"感受"是指体味播出内容的情理，二者总是相辅相成、互相促进的。我们必须避免浅尝辄止的理解和无动于衷的表达，要在理解基础上感受，在感受中继续加深理解，做到深刻认识、真切感受、水乳交融、情动于衷。

"形之于声"是将理解和感受的内容用可知可感的声音载体呈现出来，它是内容的外在表现形态。语无定势、贵在变化，轻重缓急、抑扬顿挫的语流变化让人们在了解话语内容的同时感受到语言的魅力。

"及于受众"实际上是指播音员主持人最终的呈现状态。更具体一点，也可以说是播音员主持人话筒前、镜头前的状态。播音主持的正确创作道路里用"积极自如"对话筒前、镜头前状态进行了描述，要求播音员主持人在话筒前、镜头前有"非说不可"的播讲愿望，同时还要有过硬的基本功及专业技巧，既认真投入，又处于轻松灵敏、易于控制调节的状态，只有这样才能将理解、感受、揣摩、设计的东西完美地呈现出来。

在创作过程中，"深入理解—具体感受—形之于声—及于受众"这个过程不能颠倒，不能割裂，这是对创作环节有序性的把握。比如，不去深入细致地分析理解播出内容，不去具体感受，就上口去播，这样的有声语言创作肯定是不成功的。至于有些急稿或直播，也并不是说就不要理解感受了，只不过是播音员主持人，尤其是一些有经验的老播音员主持人，由于功底深厚，广义备稿基础好，这一过程在瞬间便完成罢了。这也说明播音主持创作有序性具有开放性把握的特征，即广义备稿对狭义备稿的支撑作用。

五、创作标准

播音主持的正确创作道路为我们指出了播音主持的创作标准，即"达到恰切的思想感情与尽可能完美的语言技巧的统一,达到体裁风格与声音形式的统一"。

"达到恰切的思想感情与尽可能完美的语言技巧的统一"实质上是要求我们处理好思想感情与语言技巧的关系,做到"内在"和"外在"的统一。"内在"是指内心的情绪感受,"外在"是指声音的呈现样态。"内在"是因,"外在"是果,二者相互依存、相互影响、缺一不可。播音主持创作的艺术属性对语言技巧提出了要求,"恰切的思想感情"即"内在",要靠创作主体来体验把握,这是运用技巧的内心依据;"完美的语言技巧"即"外在",要靠创作主体来设计构思,这是思想感情的具体体现。二者联结统一正是播音主持创作的集中体现。我们不能不重视深入地分析理解播出内容,只是单纯地追求语言技巧;不能在没有表达依据的情况下,盲目追求声音形态上的起伏变化;也不能只专注于分析理解内容,忽视感情的积聚和引发,漠视语言技巧的运用。我们既要承认和重视技巧的作用,更要坚持"思想感情是技巧运用的主导"的基本观点,做到"内在"和"外在"和谐统一,言为心声、神形兼备。

"达到体裁风格与声音形式的统一"实质上是要求我们做到"文体"与"语体"的统一,使文本特色与话语样式相得益彰。播音主持创作内容形式丰富多彩,体裁行文灵活多变,新闻有新闻语言的特点,评论有评论话语的特色,创作者绝不能以一成不变的声音形式去应付千变万化的节目内容,播音主持创作应该与之相适应、相配合。一方面要考虑节目的其他组成因素对播音主持的制约要求;另一方面创作主体要掌握多种形态的语言样式,要增强语言的适应能力和变化能力。只有这样才能达到不同节目、不同风格、不同传播方式的语言创作要求,使文字语言通过有声语言的传播更准确鲜明、具象灵动。

播音主持的正确创作道路提出的"两个统一"的创作标准,其实也包含把握好创作要素的协同性,也就是创作中各要素要相互协调统一——语言和副语言的协调统一、声音和画面的协调统一、感受和理解的协调统一、理解和表达的协调统一、传播稿件内容和受众反馈的协调统一等,只有这样,播音主持创作才能真正自然贴切,行云流水。

六、创作任务

播音主持的正确创作道路明确了播音创作的任务,即"准确、鲜明、生动地表达出语言文化的精神实质,展现时代风貌,充满人文关怀,发挥广播电视教育和鼓舞广大人民群众的吸引力、感召力",要求我们在具体播出中做到事实准确、态度鲜明、表达生动,在传播效果上以小见大、以点带面、以理服人、以情感人,紧扣时代脉搏,传播正能量。

信息共享、认知共识、愉悦共鸣是有声语言三个层面的功能。首先,它可以改变文字语言的意思和方向,文字语言向有声语言的转换过程中是否准确,直接影响到传播内容能否有效地为广大受众所共享。其次,有声语言可以增减文字语言的感情和色彩,创作者表达的情感是否充沛饱满、态度是否鲜明到位,影响到受众能否受到感染、产生共鸣,达成认知共识。最后,有声语言可以伸缩文字语言的美学尺度,创作者扎实的语言表达功力可以让人感受到有声语言的魅力,在信息共享、认知共识的基础上获得美的享受。

"准确、鲜明、生动地表达出语言文化的精神实质,展现时代风貌,充满人文关怀",是播音主持的正确创作道路对具体播出的要求,实际上也是要求有声语言创作要体现信息共享、认识共识、愉悦共鸣的功能，只有这样，才能让人民群众愿意接受、乐于接受我们的传播内容，进而"发挥广播电视教育和鼓舞广大人民群众的吸引力、感召力"，获得最佳的传播效果。

第二节　坚持播音主持的正确创作道路的重要性

尽管播音主持的正确创作道路为我们指明了与创作有关的重要原则，但在真正的创作实践中并不是所有人都能正确理解，在认识上我们还存在着很多误区。有人认为创作道路的问题离我们太远，有些遥不可及，不用太在意；有人认为创作道路的总结是理论研究，与己无关，不用太关注；还有人认为创作道路的叙述没有具体技巧，对实践指导意义不大，不用太了解……这些思想暴露出了我们在学习和实践中对播音主持的正确创作道路的不重视，没有明确它的重要性，更没有用心体会、仔细揣摩，结果导致在播音主持创作中出现种种问题：有人单纯地追求技巧，有人沉醉于自我欣赏，有人执着于咬文嚼字……因此，我们必须强调播音主持的正确创作道路的重要性，明确播音主持的正确创作道路对现实的重要指导意义。

一、播音主持的正确创作道路反映了创作活动的本质与内在联系

在传媒领域日新月异的今天，播音员主持人应该是具有很强的语言驾驭能力，能适应各种类型广播电视节目内容形式和风格变化的传媒人，播音主持不是盲目的、随意的言语活动，也不是以表演为特征的言语活动，更不是仅仅指向主体自身的、自我封闭的言语活动。从播音主持创作过程、创作形式和手段看，不论播音主持样式和风格怎样变化，我们都可以找到其中的共性，即播音主持创作的规定性。播音主持创作有自身固有的客观规律，有明确的性质、特定的目的、具体的依据和传播指向，还有与播音主持创作紧密相关的其他因素的制约。创作道路就是对播音主持创作客观规律的认识和总结，是由播音主持工作的性质、任务决定的，也是由广播电视传播特点所制约的。正确的创作道路为我们清晰地阐述了播音主持的创作原则、创作属性、创作源泉、创作过程、创作标准、创作任务，反映了播音主持创作活动的本质与内在联系，规定着实践活动的"模式"和方案。因此，如果忽视播音主持的正确创作道路，违背其中的客观规律，就会影响到播音主持创作的水平，甚至导致播音主持创作的失败。

播音主持不是个人任意的活动，是受一定思想支配，为实现一定目的的、能动的社会实践活动，播音主持的正确创作道路的形成来自实践经验的积累，是一代又一代播音主持工作者在实际工作中，对播音主持创作客观规律的总结和共识，是播音主持创作的指导思想。无论个体还是群体，无论在学习阶段还是在实际创作过程中，都要自觉遵循，持之以恒。当然，坚持播音主持的正确创作道路只有在实践中才能体现出来，实践是检验是否遵循了正确创作道路的唯一标准。我们对正确的创作道路的认识不能只停留在理论认知层面，还要融入播音主持实践，并且通过工作态度、工作方法，尤其是实践作品体现出来。同时，播音主持的正确创作道路饱含着浓郁的生活气息和强烈的时代精神，它

会随着时代的变迁、事业的发展而具有新的内涵,播音主持创作实践的发展必然会加深我们对创作道路的认识,从而推动播音主持创作道路与时俱进、发展丰富,及时反映出新的客观规律。

二、播音主持的正确创作道路指导着创作活动的方式与具体实践

思维对行动具有很强的指导意义,不同的思维决定着不同的行为结果。广播电视节目从不同的层面、不同的角度来反映社会现实生活,播音主持存在着一个以什么样的观点去反映,用什么样的态度去反映,以及为了什么目的去反映的问题。因此,坚持怎样的创作道路成为每一位广播电视有声语言传播者在创作过程中必须面对的基本问题。作为传播主体,播音员主持人头脑当中存在怎样的指导思想直接决定了其在创作中对自身进行怎样的角色定位、形成怎样的态度倾向、选择怎样的创作方法、追求怎样的传播效果、体现怎样的创作目的……实际上,正确的创作道路不仅仅是认识问题,也不仅仅是理论问题,它还具有重要的实践指导意义,直接指导着我们创作活动的方方面面。因此,正确的创作道路是每一位播音员主持人都应该思考和明确的问题,是播音主持创作实践中的指导思想,是有声语言传播登堂入室的必经之路。能否坚持正确的创作道路,对于学习播音主持以及播音主持创作实践,都有着直接而深远的影响,是每一位播音从业人员都要遇到,同时又必须予以重视的问题。

在播音主持创作中,对创作道路的认识和把握并不是一帆风顺的,走弯路、有偏差的情况并不少见。有的是创作出发点不对,只关注自身,重视自我表现;有的是不从生活中汲取营养,与生活脱节,全凭想当然;还有的是新闻素养和语言功力达不到,急于求成、顾此失彼。在纠偏的过程中,既要注意创作道路在整体和全局意义上的导向作用,又要处理好各创作元素之间的辩证关系,让播音主持的正确创作道路为实践创作服务,又在实践中完善发展。在践行正确创作道路的过程中,需要不断锤炼语言功力、提升新闻传播素质、积淀文化内涵,以便更准确、更深入、更自然地将正确的创作道路落实到语言创作中。

三、播音主持的正确创作道路决定了创作活动的呈现与最终效果

坚持播音主持的正确创作道路是广播电视传播的需要,也是保证播音主持质量的前提。有人认为只要声音好、形象好、普通话标准就可以承担播音主持工作,这实际上是对播音主持工作认知浅表化的表现。从广播电视节目制作到传送这个大系统看,播音主持的创作依据很多时候是编辑、记者等的观念形态化以后的东西,是采访、编辑这个创作活动后的又一次创作。在这个过程中,播音员主持人对节目宗旨、素材构成、传播内容等方方面面与节目有关的东西都要深入理解和真切感受。播音员主持人将传播内容进行符号系统的转换,在文字符号的基础之上,生产了符合听觉、视觉规律的新的符号系统,对语言表达系统本身而言是积极发挥主观能动性的创造活动。坚持播音主持的正确创作道路,可以保证播音员主持人对创作素材准确分析,也可以保证播音员主持人在创作过程中保持坚定的立场和清醒的头脑,将完美的表达技巧与真诚的交流沟通有机地结合起

来，从而制作出优质的节目，取得更好的传播效果。

播音主持的正确创作道路集中体现在播音主持作品当中，它不仅仅停留在口头上，更要落实到有声语言的创作中；它不是偶然的灵光乍现，而要始终贯穿在播音主持实践当中。对于播音主持的正确创作道路的评价，应该摆脱单纯的"自我感觉"，结合主观动机与客观效果，结合同行意见与受众反应进行具体分析。创作道路是复杂多样的，但创作道路也具有明晰性和规定性，不论其表现形式如何，都有共通的实质，符合传播规律，指导创作实践。

播音主持的正确创作道路是播音主持创作的核心，不容须臾疏忽，它既是理论问题，也是实践问题，最终要付诸实践，指导播音主持创作活动。思想上重视了、理论上明确了，并不等于就能遵循正确的创作道路，必须在实践中落实、体现、贯彻。因此，只有不断地从思想认识上以及理论与实践的结合上认真加以解决，才会有坚实的进步和长足的发展。掌握播音主持的正确创作道路要刻苦钻研、反复实践，那种"找窍门""走捷径"的想法是有害的，"一蹴而就""一步登天"也是虚妄的空想。创作道路与创作主体的世界观、责任感、人生阅历、性格气质、文化素养、审美情趣等有直接的关系，加上种种主客观原因，在创作过程中，创作道路很可能会出现偏差或误区，这就要求创作主体不仅要从思想上认识其重要性，从理论上了解其含义，还必须强调播音主持创作道路的实践性，要准备走漫长、曲折的路，要虚怀若谷、壮志凌云、脚踏实地、只争朝夕，自觉地在实践中身体力行、持之以恒；同时及时了解受众反馈，注重社会效果检验，不断调整、修正、巩固，真正做到"有稿播音，锦上添花；无稿播音，出口成章"！

第二章　播音主持的语言特点

■ **本章要点**

播音主持的语言特点：规范性、庄重性、鼓动性、时代感、分寸感、亲切感。

语言是人类交流的工具，是信息的载体、文化的载体，在社会政治、经济、文化发展中有重要的地位和作用。

广播电视播音主持主要是通过电子媒介进行的有声语言创作活动。它与生活语言和其他艺术语言有共同性，同时又有自己的个性，其个性产生的基础源自大众传媒的特点，包括传播介质、传播目的、传播主体、传播对象的独特性。经过长期的实践积累，我们将播音主持的语言特点归纳为六个方面——规范性、庄重性、鼓动性、时代感、分寸感、亲切感，简称"三性""三感"。

第一节　规范性

播音主持语言以有声语言为主要创作手段，有声语言的线性传播特点，使人在收听过程中往往是一听而过，不便反复收听。为此，要求播音主持语言必须准确清楚，不能因语言的不规范而影响传播效果。此外，推广普通话也是播音员主持人应尽的义务和责任。

一、对规范性的认识

播音主持语言的规范性一方面要求语音（即声母、韵母、声调、轻重格式、儿化、语流音变等）、词汇、语法、修辞等必须符合现代汉语普通话的规定，另一方面要求语言清晰顺畅，表达精准。

普通话作为国家的通用语言，在语音、词汇、语法等方面都有明确的规定和要求，播音员主持人在语言传播过程中应使用规范的普通话，并且做到熟练运用，不仅字音准确清晰，还要语流语调顺畅入耳，表情达意生动恰当、清晰明了。

为什么要坚持规范性呢？这与国家发展建设和播音员主持人的岗位特点有直接关系。由于其岗位的特殊性，国家、媒体和受众在使用和推广普通话上对播音员主持人提出了更高、更严格的要求。

(一)国家法律法规的要求,国家发展建设的需要

我国是个多民族、多方言的人口大国,即使在同一方言区也经常存在"十里不同音"的情况。当今社会,言语不通,沟通不畅,将直接影响人的生存发展和社会进步。大力推广普通话对国家政治、经济、文化建设和发展有重要意义,有利于增进各民族、各地域之间的交流,满足经济和科技飞速发展的需要,维护国家稳定和文化安全,增强中华民族的凝聚力。因此,国家非常重视普通话的推广工作,并在宪法和相关的法律法规中都作出了明确的规定。广播电视管理部门历来重视广播电视在语言文字使用上的规范性,对播音员主持人应达到的普通话水平等级作了明确规定。

背景延伸

《中华人民共和国宪法》第十九条第五款:国家推广全国通用的普通话。

《中华人民共和国国家通用语言文字法》:

第十二条:广播电台、电视台以普通话为基本的播音用语。

第十四条:广播、电影、电视以国家通用语言文字为基本的用语用字。

第十九条:凡以普通话作为工作语言的岗位,其工作人员应当具备说普通话的能力。以普通话作为工作语言的播音员、节目主持人和影视话剧演员、教师、国家机关工作人员的普通话水平,应当分别达到国家规定的等级标准;对尚未达到国家规定的普通话等级标准的,分别情况进行培训。

《国家语委、国家教委、广播电影电视部关于开展普通话水平测试工作的决定》第十二条:

现阶段对一些岗位和专业人员的普通话等级要求:1.(略);2.专门从事普通话语音教学的教师和从事播音、电影、电视剧、话剧表演、配音的专业人员,以及与此相关专业的毕业生应达到一级甲等或一级乙等水平。

广播电视的语言文字在具体使用过程中依然存在不规范现象,一些不规范用语或表达方式经常出现在广播电视里。2014年11月27日,国家新闻出版广电总局针对在广播电视和广告中出现的语言文字不规范现象发出了《关于广播电视节目和广告中规范使用国家通用语言文字的通知》(以下简称《通知》),《通知》除了对不规范的语言现象作出要求外,还对坚持规范使用语言文字的重要性作了明确阐述:

充分认识规范使用国家通用语言文字的重大意义。广播电视推广普及、规范使用国家通用语言文字,是传承中华优秀传统文化、增强国家文化软实力的战略需要;是树立文化自觉、文化自信、文化自强,确保文化安全的具体举措;也是广大听众观众收听收看好广播电视节目的基本要求。广播电视作为大众传媒,担负着引领和示范的职责,必须带头规范使用通用语言文字,做全社会的表率。

《通知》指出,"加强对主持人、嘉宾及其他节目参与人员规范使用通用语言文字的提示引导,对于不规范使用国家通用语言文字的内容一律不得播出"。

因此,播音员主持人应有充分的使命意识,深刻认识到在推广和使用普通话上的重要职责,学好普通话,用好普通话,努力提高普通话水平,自觉使用规范的语言文字,为全社会学习和推广普通话起到示范、表率作用。

(二)媒介传播的需要

广播电视是大众传媒,它的覆盖面极其广泛,其传播对象往往处于不同的方言区,如果不使用大家都可以听得懂的规范的普通话,交流就会出现障碍。目前,某些方言区还保留有方言播音,其传播对象主要是使用某一方言的人群,这虽然有利于使用这一方言人群之间的交流,但对于那些不掌握该方言的人群来讲,这会使他们因为听不懂而出现交流隔阂。这也从另一角度说明,使用标准、规范的通用语言进行传播可以使更多的人听得懂,传播范围可以更广,使更广泛的人相互沟通了解,增强传播效果。

二、存在的问题和要求

(一)将规范与"自然"对立

在坚持规范性上要避免一种认识上的偏差,就是把规范与自然对立起来。这种认识导致两种不同的外部表现:

一是认为要想规范就必须要每个字音都"标准化",如果自然就不规范了。这样很容易造成语言表达过程中的"字化"现象,从而影响传情达意。"语流音变"是顺应语言表达过程中音节之间相互影响所发生的自然"音变"现象,这种"音变"既是自然的也是规范的。在表达过程中,因表情达意的需要,每个字词的高低强弱、长短虚实不可能完全一样,如果每个字词都是一个"标准",反而违反了自然的语言表达规律,肯定难以获得良好的传播效果。

二是认为规范就是不允许自然,为了自然就不能规范,所以有的人对自己的语言不规范问题听之任之,甚至美其名曰"自然"。目前,播音员主持人普通话语音不过关的问题还较普遍,如前后鼻音不分、平翘舌不分、鼻边音不分,轻重格式不准确、语流不畅等等,除了普通话基础不好外,对语言存在的问题不重视也是重要原因之一。

实际上规范与自然并不矛盾,一切规范都不是凭空硬造的,而是来自于自然,植根于自然。有声语言的规范并不限制表达的自然和生活化,在规范化的要求下照样可以生动自然。在我们的语言传播过程中,完全可以做到在自然中遵循规范,在规范中展现自然。

(二)将规范与个性对立

当今社会强调个性,语言表达也是如此。当强调播音主持语言的规范性时,有不少人认为规范束缚了个性,甚至把规范与"死板"混为一谈。所以,我们不时听到有些播音员主持人为了表现"个性"刻意突破规范,比如,有意在语言中增加一些尖音、违反普通话轻重格式的要求、夹杂一些方言词和方言语调等等,其实这种个性化是肤浅的,是容易被复制的,并不能表现一个人的个性。个性来自于一个人对事物的独特理解、独特感受、独特表达，是一个人内在活力的外现，从某种角度说具有不可复制性。无论是方言还是普通话都能表现人的个性，但播音员主持人在表现个性时应该使用规范标准的普通话，规范与个性并不对立。

第二节　庄重性

一、对庄重性的认识

播音主持语言的庄重性植根于播音主持的新闻属性，是基于播音员主持人是新闻工作者的认识基础上提出的。庄重性的核心是强调有声语言传播要真实可信，强调播音主持语言应该是"真实、清晰、恰切、质朴的，而不应该是虚假、含混、冷漠、僵硬的"[①]，强调播音员主持人在创作过程中必须严肃认真、一丝不苟，拒绝道听途说、信口开河、草率轻浮，要"保持庄重的态度，流露出严肃郑重的神情，显示出义不容辞的责任，表达出坚定不移的真诚"[②]。

真实是新闻的生命，是衡量一切新闻价值的首要标准，新闻不允许有任何虚构或想象，因此，作为新闻工作者的播音员主持人，其有声语言表达也必须是真实可信的。但由于种种原因，或由于理解感受不准，或语言功力不足，甚至由于"个性"的问题，都可能给人以非真实感，所以，我们不仅要做到内容本身是真实的，而且还要在表达上让人感到真实可信。对表达内容理解感受的深浅、态度、感情分寸的把握，声音的运用，吐字、气息的状态等等，都会影响有声语言的品格和可信性。

二、存在的问题和要求

（一）把庄重性等同于"呆板"

一说起要庄重，有的人就会把它与呆板联系起来，内心便有些抵触，总想突破呆板，以显示自己的活力，但有时却突破了庄重性的底线，信口开河、俗言媚语、低级趣味。

之所以把庄重与呆板联系起来，还是没有真正把握庄重性的内涵，庄重不是呆板的同义词，不是丰富多彩、声情并茂、形象生动、起伏变化、个性鲜明的对立物。表达中我们既需要庄重严谨，也提倡寓庄于谐、风趣幽默、活泼灵动。也就是说，在表达过程中，要把握好分寸，坚持真实可信、落落大方，反对玩世不恭、虚情假意、虚浮夸张、低级趣味。

（二）把庄重性外在为"高高在上"

在播音主持中也确实存在某种呆板现象，主要表现为忽视庄重性的内在要求，不注意调动内在的表达愿望，缺少真诚的交流状态，表达时端着架子，高高在上，一板一眼，固定腔调，这在新闻播报中较为多见。这种貌似庄重、高高在上的呆板完全背离了庄重性

[①][②] 张颂：《播音创作基础》（第三版），中国传媒大学出版社2011年版，第25页。

的要求,不仅不能让人感到真实可信,反而让人感到居高临下、装腔作势,难以让人接受。

总的来说,把握庄重性应做到"庄重而不呆板,活泼而不轻浮"。

第三节 鼓动性

一、对鼓动性的认识

大众媒介中的语言传播是有目的的传播,我们进行语言传播不是自我宣泄、自娱自乐,而是在进行信息传播的同时,传递情感、传播文明、批判不正之风,让社会更加文明进步,这正是播音主持语言鼓动性的内在要求。概括地说,鼓动性是指语言传播中所显现的感召力和感染力。

背景延伸

鼓动性,是在有声语言创作过程中贯通的内驱力,是创作主体由内而外生发出来的一种推进力,是创作主体赋予有声语言的生命活力。它以创作主体真挚贴切的思想感情为基础,以具体的针对性为目标,并充满人文关怀,由是凝练出的感召力和感染力。

[张颂《播音创作基础》(第三版)]

鼓动性不是强加于人,它遵循"情动于中而形于言"的艺术创作规律,强调内在情感的真挚和"非说不可"的愿望,注重语言表达情真意切,富有感染力。

鼓动性在不同内容、不同节目中的表达会有所不同。有的浓烈些,有的平和些,有的显露些,有的隐蔽些,但最终希望能够催人向上。

二、存在的问题和要求

(一)将空洞说教与鼓动性相混淆

一说起鼓动性,有的人就以为是被要求空洞说教、强加于人而心理有所抵触,特别是播报新闻时为了"客观"更是有意压抑情感,觉得无动于衷就是"客观"了,这无疑是从一个极端走向了另一个极端。其实新闻事实是客观的、真实的,而事实本身又是有色彩、有温度的,当报道消防战士牺牲在救援现场时,当介绍一个逝去生命的人把光明留给人间时,当说到官员面对百姓疾苦不作为时,我们怎能无动于衷呢?!语言传播鞭挞丑陋、倡导正气、催人上进,这是媒体的责任、社会的需要和大众的期待,除了要有充实的内容,更需要传播者的情真意切,充满温度。

(二)忽视内在基础,追求外在形式

鼓动性的基础是语言传播主体内在的真情实感。抽空了情感的真,鼓动性就失去了魂,再好听的声音,再有形式上的抑扬顿挫、慷慨激昂,也无法打动人、感染人、激励人。在有声语言创作过程中,有些人为了获得"鼓动"的效果,常常会从形式出发,设计一些

"高潮"点,每到此处,就抬高嗓门,期待给人"震撼",殊不知没有真情实感做支撑,嗓门再大,声音再高,也不会有好的效果,只能引人反感。

因此,我们要真正认识鼓动性的内在要求,唯此我们的语言才会真正具有感染力。

第四节 时代感

一、对时代感的认识

播音主持语言的时代感是指有声语言表达所表现出的一定的时代氛围和一定的时代精神。

一般来说,在政治、经济、文化向前发展的同时,艺术创作必然是与时俱进的。"与时俱进"之"时",主要是指每个认识主体生活于其中的那个时代的实践总体所造成的时势。这种"时势"既包括认识对象的发展变化,也包括促进和制约认识水平提高的历史条件。对于播音主持语言来说,时代感不是人为的,而是某一时代总体特点在有声语言表达上的客观反映,反过来,播音主持语言对某一时代有声语言的表达特点又有极大的影响和推动。

首先,播音主持语言特点与时代特点相一致。播音主持工作本身时代感就非常强,它以不断变化发展的多彩的时代生活为依托,以关注社会变化、服务百姓生活、崇尚健康人生为宗旨,及时报道、评析变革时代的生活现象,播音主持语言也往往紧跟时代,体现出时代的特点。

纵观广播电视播音语言的发展历程,播音语言具有鲜明的时代感。不同时期中国社会的发展特点和生存状态对播音语言有着直接的影响,不同时期的播音语言呈现出不同时代鲜明的印记。从某种角度来说,我们通过播音语言词语和表达方式的特点可以窥见社会某一发展时期的总体特点。比如,解放战争时期的"爱憎分明","文革"时期的"剑拔弩张",改革开放前期的"降调"和"提速",无不反映了那个年代的时代氛围。

其次,播音主持语言的时代感是时代特点在播音语言上的客观反映,与此同时,它对所处时代的语言风气和语言品格也具有一定的引领和推动作用。借助大众传媒,播音主持语言可以对所在时代的个别语言现象产生放大、推广的效应。因此,传播主体在语言传播过程中既要顺时而进,也要辨识方向,认清哪些语言品格应该坚守、引领,哪些语言风气应该摒弃、遏制。

最后,语言传播主体要主动感受和把握时代特点及要求,与时俱进。尽管我们每个人在语言运用中会自然而然地呈现所在时代的特点,但作为语言传播的个体来说,应该主动地认识和感受这个时代的精神风貌和行业发展趋向,让自己的语言能力能够跟上时代发展的步伐和行业发展的需要,避免故步自封、墨守成规。

二、存在的问题和要求

一般来说,播音主持语言具有时代感的特点是大家的共识,但在具体实践中也还存在一些问题,比如把时代感狭隘地认为就是赶时髦、追时尚。

"时尚"一般体现了一个时代或时期流行的一种风气或习惯,所以,有的人认为时尚的东西都具有较强的时代性。但是,每一个时代,特别是在价值观多元化的当下,不同领域、不同人群中,认知和流行的时尚并不一定相同,而且,所谓时尚的不一定就是文明的、对社会有益的。例如奢靡浪费的生活方式在某些人眼中就是高品质生活,就是时尚,而这种时尚却是我们要坚决反对的。在语言运用方面也存在同样的问题。改革开放后,"港台腔"曾是非常时尚的一种说话腔调,虽然港台演员用这种腔调说话并不是为了时尚,而是由于说不好普通话的客观现象,但由于当时刚刚改革开放,港台明星们的这种说话腔调让人感到新奇有趣,人们在生活中也会偶有模仿。但当一些播音员主持人刻意在语言表达时加入这种腔调,便为"港台腔"成为"时尚"起到了推波助澜的作用,而这种"时尚"对于我们的语言发展是毫无益处的。同样,现在网络上出现的大量的新词新语是最具时代感的,有些词语丰富了人们的语言生活,体现了新时期人们的新生活、新风貌,但有的却是随意生造,播音员主持人在使用时要有所选择,不能满口网络语言。

背景延伸

严格规范使用国家通用语言文字。各类广播电视节目和广告应严格按照规范写法和标准含义使用国家通用语言文字的字、词、短语、成语等,不得随意更换文字、变动结构或曲解内涵,不得在成语中随意插入网络语言或外国语言文字,不得使用或介绍根据网络语言、仿照成语形式生造的词语,如"十动然拒""人艰不拆",等等。

(《关于广播电视节目和广告中规范使用国家通用语言文字的通知》,2014年11月27日)

总之,播音员主持人在语言运用时不能盲目追时尚,应对种种时尚有理性辨析和选择,我们所追求和引领的时尚应有助于语言的健康发展,有助于社会的文明进步,这也是我们的责任所在。

第五节 分寸感

一、对分寸感的认识

分寸感是指:播音员主持人通过对文字语言或节目内容的了解和把握,使有声语言的表达准确恰当,不瘟不火。

分寸感要求播音员主持人进行有声语言表达时,对所传达内容包含的政策尺度、内容主次、感情浓淡、态度差异、语体风格的区分等要恰到好处,分寸得当。

通常一提起分寸感,就会想到政策分寸。无疑,政策分寸的把握在语言传播中是非常重要的。播音主持语言的分寸感涉及的范围很广泛,从词与词、句与句、段与段再到篇章、话题、节目,都有分寸感的把握问题。而要精准地体验生活和表现生活还需要把握好艺术分寸。

背景延伸

播音员主持人的有声语言创作，兼有"政策分寸"和"艺术分寸"的"分寸感"，就进入了表达的新境界，为以后形成特色和风格，打下坚实的基础。

分寸感，在有声语言上，表现为对于词语、段落、篇章等的思想高度、感情浓度的"重、中、轻"的对比把握之中。

[张颂《播音创作基础》（第三版）]

总的来说，播音员主持人对于文章和节目内容的把握与表达，无时无刻不存在着各种分寸感的把握问题，需要播音员主持人细致准确地掌控。

（一）政策分寸

政策是一个国家或政党为实现一定历史时期的路线而制定的行动准则。党的方针政策体现在我们现实生活中的各个领域，大众传媒更是无处不体现着国家的大政方针。播音员主持人只有在平时及时关注国家大事，积极了解新观念、新政策，把握政策变化，才能在语言传播中对传达内容的政策依据、政策变化、新鲜点、针对性等作出快速准确的反应和恰当的表达。

背景延伸

方针政策是十分具体的，任何空泛的解读和笼统的言说，都容易造成无关痛痒的效果。方针政策的具体，体现了明确的目的和针对的问题，体现了基本的思路和主要的对策。这时，把握方针政策的分寸，就显得更加重要了。"政策分寸"，成为有声语言创作不能须臾离开的、带有根本性的贯穿线。

[张颂《播音创作基础》（第三版）]

（二）态度分寸

态度主要表现为一个人对事情的看法。创作主体对所要表达的人、事、物持什么样的态度，是肯定还是否定，是赞扬还是批评，是歌颂还是贬斥等等，都存在态度分寸感的问题。现实生活丰富多彩、纷繁复杂，我们不可能对所有的事物都是一个态度，需要作出基本的评价、判断和倾向，不同的播音员或节目主持人，面对同一人、事、物态度也会有所不同，体现在有声语言表达中就会有"分寸感"的问题。我们将态度差异大致分为三个等级：重度、中度、轻度。举个简单的例子：

妻子翻箱倒柜寻找起酒瓶子，唠唠叨叨地说，"没听说谁的生日得提前两天过的，弄得我啥也来不及准备。"

（李翔《生日》）

从文字上看，妻子说话时心中是有所不满的，但不满到什么程度，文字上并不明确。当我们尝试用不同的分量来表达时，可以发现不同分量的表达会塑造出不同的妻子形象或性格。因此，在表达时到底把握怎样的态度分寸，就需要避免"见字出声"，需要我们根据上下文情节的发展、人物关系、人物性格等多方面进行揣摩体味,使内心有充分的依据,表达出恰当的态度分寸。而在时政新闻里,特别是表达国家立场时,态度分寸的准确恰当更是尤为重要。

(三)语体分寸

报纸、广播、电视、新媒体等各种新闻传播机构常用的新闻语体主要包含三大类。一是以报道新闻事实为主的记叙体裁,如消息、通讯、新闻特写、访问记等。二是以阐述对客观事物的见解为主的论说体裁,如政府工作报告、社论、评论员文章、短评、述评和各种署名短论或言论等。除了以上两类之外,还有新闻背景、新闻人物访谈等。各种语体之间,在表现手法、结构和语言等方面都有各自的特点,在有声语言的表达上也应有所区别,应根据不同语体把握好分寸感。

一般来说,消息的表达,庄重朴实,清新明快,应该叙事准确清楚,态度分寸得当,语句紧凑规整,把握"感而不入,语尾不坠"的特点。新闻评论的表达则侧重于论述道理,语言表达要做到观点鲜明、逻辑严密、论述有力。还需要张弛有致、舒展从容,重点起句常高,论断语势多降的语流样式。

(四)表达分寸

有声语言的表达是否准确恰当可以体现出创作主体的艺术分寸感水平。语言的规范度、声音的审美度、内容的明晰度、情感的准确度、沟通时的交流深度,以及有声语言的表现力、感染力,传播者的独特感受、表达习惯、播讲状态,就连一个重音是否准确,一个停顿或连接是否准确等等,都会对艺术分寸是否恰如其分、恰到好处产生影响。要提高自己的艺术分寸感,绝不是靠一两个方法就能解决的,个人修养、人格、学识、语言能力等各方面都将参与其中,语言传播主体要下大力气锤炼自己的语言功力,不断提高自己的语言表现力,使自己的表达分寸恰当、美不胜收。

二、存在的问题和要求

(一)忽视对政策分寸的把握

在广播电视每天发布的大量信息里,时政新闻占有很大的比重,其内容包括党和国家的方针、政策、立场,政府部门的法律法规,国与国之间的礼尚往来,这些新闻没有民生新闻那么具体的故事,总体比较宏观、抽象,不少播音员在播时政新闻时,对内容本身缺少深入了解,或者空端架子,或者有字无意,或者有声无情,或者千篇一律,忽视了政策分寸的把握。要把握好政策分寸,需要我们平时关心国内外大事,注重积累,这样才能作出迅速准确的反应,表达分寸才能恰当。例如:

今天,国家统计局公布2014年全年经济数据。2014年,我国经济总量首次突破60万亿元,经济增速、物价涨幅、新增就业三大指标均位于宏观调控区间之内,中国经济总体呈现出稳中有进的发展态势。

2014年，国内生产总值比上年增长7.4%，达到63万6463亿元，超过10万亿美元，中国稳居全球第二大经济体地位。

2014年，世界经济复苏曲折、缓慢、复杂，国内正逢增长速度换挡期、结构调整阵痛期、前期刺激政策消化期三期叠加，经济下行压力很大，经济平稳增长来之不易。更为难得的是，全年物价水平上涨2%，就业总体平稳，城镇新增就业1322万人，超额完成1000万人的任务。

2014年，第三产业增加值占国内生产总值的比重为48.2%，高于第二产业5.6个百分点。中国经济由工业主导向服务业主导推进的势头进一步得以确定。

2014年，第二产业中高耗能产业下滑，高技术行业势头迅猛，同比增长12.3%，比工业平均增速快了4个百分点。第三产业中，电子商务同比增长近50%，信息消费增长强劲。

产业结构不断优化，分配结构也正趋向合理，2014年，全国居民人均可支配收入20167元，同比增长10.1%，增速跑赢GDP。

(《我国GDP首破60万亿 调控目标实现》，中央电视台《新闻联播》2015年1月20日)

这条消息用了许多数字和较为专业的术语来说明情况。播读时，我们不能只满足于语言清晰流畅，还要对这条新闻的内涵有较明晰深入的理解。新闻中的数字显示，2014年国内生产总值比上年增长7.4%，经济总量首次突破了60万亿元，中国稳居全球第二大经济体地位。仅从字面看，这样的结果我们似乎可以用欢欣鼓舞的情绪表达了，但其实数字的背后却有另一番意味，由于2014年中国经济面临了诸多压力和挑战，全球经济复苏曲折、缓慢；国内三期叠加，经济下行压力增大，7.4%创下的是1991年以来的最低增速，所以有媒体和不少网民对此表示"悲观"。因此，这些看似简单枯燥的一个个数字背后，其实反映了非常复杂的发展现状，我们在进行报道时只有对内容的前因后果有全方位的认知才能把握准确，才能分寸得当。回到上面的新闻看，7.4%的增速到底应该如何看呢？尽管它创了增速新低，但是它非常接近中国政府年初确定的经济增速7.5%目标，尽管数字下降了，但经济结构调整更趋合理，质量更加提升，特别是老百姓的总体收入提高了，我国的经济运行仍处在平稳可控的状态，实现了"稳中求进"的发展态势。了解了这条消息的总体情况，我们在具体表达时看到那些数字和专业术语时就不会再无动于衷，或单纯地欢欣鼓舞，或悲观沉重，而是在客观理性中体现欣慰和信心。

总之，时政新闻看似枯燥无味，实则关注的是国计民生大事，在语言传播过程中语言传播主体应高度重视政策分寸的把握，让我们的表达准确恰当。

(二)忽视对艺术分寸感的追求

我们说播音主持语言是艺术语言，艺术性是它的重要属性之一。任何艺术都有其艺术方法、艺术标准、艺术追求，播音语言也不例外。艺术标准是有层次的，对艺术的追求是无止境的，作为有声语言创作，有三个不同层次的创作空间：生存空间、规范空间和审美空间。每一个空间都有它存在的意义与合理性。作为艺术追求来说，审美空间既植根于生存空间和规范空间，同时又有更高的追求。

背景延伸

规范，也是一种美感。但是，有声语言的规范空间，没有包容美学理想，还需要提升到审美空间才可能给人以更强烈、更深远的美感愉悦。有声语言的美感，不仅是用气发声的甜美、吐字归音的精美、语言表达的优美、对象交流的情美，还有民族美、风格美、意境美。

[张颂《播音创作基础》(第三版)]

这里要注意两点：一是避免为"说"而"说"，二是避免装腔作势、假模假样。

由于广播电视有声语言与我们日常生活语言非常贴近，随着受众意识的日益强化，为避免高高在上，我们很多时候都追求播音主持时要"说话"，似乎越生活越好。从某个方面来看这是对的。我们提倡在表达时内心充满"非说不可"的愿望，与人积极交流，说实实在在的真话，但是在外在表现上，且不说不同语体说的形式应该有所不同，就一般表达看，我们的有声语言也不能满足于与日常生活完全一样。即便在日常生活中，人们的语言能力也有高下之分，有的人语言清晰、富有逻辑和感染力，有的人说话却含混不清、逻辑混乱，我们不能说在广播电视里凡是像生活中那样说话就应该肯定，而必须注重传播效果。所以在进行有声语言传播过程中，一方面要有真实积极的"说"的愿望，另一方面还要讲究声音悦耳、吐字清晰，表达准确恰当、有感染力、有意境、有品位、有分寸、有美感，让受众在获得基本信息的同时还能感受到语言的魅力，达到愉悦共鸣。

在有声语言创作过程中，我们也要避免脱离生活，拿腔拿调、装腔作势。有些人特别是初学者为了像播音、像主持，一表达总是要端起来，感情似乎很饱满，但不顾内容从头到尾都一个腔调，虚情假意，还以为这样的表达很"艺术"，这在我们的学习过程中一定要注意纠偏，避免形成习惯。

要提高语言表达的艺术分寸感，一方面要多听多看优秀的作品，提高自己的艺术品位和鉴赏力；另一方面一定要在学习、实践中不断锤炼基本功，不断提高自身的语言功力。

第六节　亲切感

一、如何认识亲切感

播音主持语言的亲切感是指创作主体在有声语言表达过程中言之有物，心中有人，以真诚平等的交流，营造和谐沟通的氛围，使人愿意接受所传播的内容。

广播电视的语言传播是有对象、有目的的传播，它强调传播效果的最大化。如果它所传播的东西不为受众接受，那么所传播的内容就是无效的，是毫无意义的。在语言传播过程中，面对不同受众的不同特点、不同需求，有声语言传播主体应去了解他们，满足他们，杜绝不顾受众特点和需要的自说自话、自我表现、假装亲切。传受双方是平等的，播音员主持人一方面要积极真诚地与受众交流，满足受众的愿望和期待；另一方面也要担当起社会责任，不能为了收听率、收视率满足某些受众不合理的需求，应避免媚俗，这样才能满足更广大受众的需要。

亲切感并不是一种语言模式，低声细语、柔声软语不一定就具有亲切感，不同的内容，不同的对象，不同的语境，亲切感的表现方式都会有所不同。亲切感重要的是有的放矢、言之有物、态度恳切，使传受双方息息相通，形成和谐共振的氛围。

二、存在的问题和要求

我们有时对亲切感的认识存在偏颇，过于追求形式化的东西，总是在声音的外在形式上做文章，不看内容，不顾对象，或用一种固定"唱调"，或一味追求气势高调，或是无对象感的"亲切调"，窃窃私语、轻声软语，貌似热情亲切，实则无动于衷，千篇一律。这些问题有的可能是无意识的，以为这样就有了"亲切感"，而独独忽视了亲切感的关键：有的放矢，有感而发，态度恳切谦和，话语真诚自然；忽视了亲切感的本质是为了使受众愿意接受，传受双方息息相通。要使语言有亲切感，应注意以下两点：

（一）依据内容，有的放矢

广播电视每天都传递大量信息，播音员主持人要重视受众"新鲜、易懂、可信、情真"的期待心理，确定传播重点，调整声音状态，把握语气节奏，契合受众心理。我们来看两条消息：

昨天晚上11点35分，位于上海南京东路外滩的陈毅广场的上下层楼梯上发生了踩踏事故。

现场执勤的警察立即采取临时交通管制措施，引导车辆绕行并疏散出紧急救援通道。增援警力赶到现场后，在群众的协助下疏散人群，并把伤员转移到附近的安全区域。警察手拉手围起一道人墙，让伤员能够平躺下来。

同时，不少具有急救知识的人也加入其中对伤员进行急救。

警车和救护车将受伤群众分别送往附近的瑞金医院、长征医院、上海市第一人民医院和黄浦区中心医院。为了给抢救生命赢得时间，这些医院接到通知后，都启动了应急预案。据上海新闻办的消息，到今天下午3点，遇难人数增至36人，其中年龄最大的36岁，最小的16岁。47名伤者中，目前有7名受伤轻微者已经出院。

（《上海踩踏事件遇难人数增至36人》，中央电视台《新闻联播》2015年1月1日）

2014年，我国农村民生改善取得重大进展，农村改革加快推进。在全年粮食产量"十一连增"的同时，农民收入又实现了连续11年快速增长，人均年收入首次接近万元。

这几天，山东胶州的农民正在忙着收获今冬的第一茬大白菜。早在几个月前，这批菜就被各地采购商预订一空。

过去农户都是分散种植，种出来的白菜品质参差不齐，一斤只能卖出几毛钱。近几年，胶州市引导农户转变经营方式，实行规模化种植和标准化生产。白菜品质上去了，卖出了好价钱，农民的收入也大幅增加。

（《我国农民收入连续11年快速增长》，中央电视台《新闻联播》2015年1月1日）

以上两条消息在同一天的《新闻联播》中播出,一个是第二条,一个是第三条。从内容看可以说是一目了然,播报时绝不能表现出同样的"亲切感"。面对悲剧发生的场景和那么多年轻生命的逝去,播音员表达出的真诚关切,才会引起受众的共鸣,才会让人感到亲切。而面对丰收景象,播音员由衷地热情兴奋才会呼应丰收所带给人的愉快心理。如果我们都用同样的所谓"亲切腔",是不可能让人感到亲切的。

(二)把握好传受之间的关系,用心交流

交流双方关系不同交流方式也会有所不同,其亲切感的把握和呈现也会有差异。我们常说,受众是我们的朋友,传受之间的关系是平等的,但仅仅这么把握传受关系还太笼统,而且朋友关系也是多种多样的,有挚友也有诤友,所以我们还可以再具体些,比如可以从年龄角度、亲疏角度、职业特点角度等进一步把握传受关系,让我们的亲切感由衷而发,因人而异,合情合理,分寸得当。

我们一定要避免无论面对什么人都用一种一成不变的"亲切腔"、一种言不由衷的"热情",那种"伪交流""伪亲切"是要坚决摒弃的。

亲切感不是为了亲切而亲切,它没有固定的模式,需要传播主体依据具体内容和传播对象的特点进行具体把握。它与传播主体的理解感受有直接的关系,理解感受越深,表达得越真诚、越自然,亲切感也就越强。

以上我们对播音主持的语言特点进行了具体分析,"三性""三感"的特点可以概括为:规范性是指语言规范、清晰流畅;庄重性是指真实可信、落落大方;鼓动性是指情真意挚、爱憎分明;时代感是指胸襟开阔、鲜明跳脱;分寸感是指准确恰当、不瘟不火;亲切感是指亲切谦和、息息相通。[①]

播音主持语言的这六个特点,内涵各有侧重,都担负着自身的职责,所以它们是具体的;同时,它们彼此又相互关联、相互交融,构成了播音主持语言特点的整体。播音主持语言特点的要求,来自广播电视语言传播的需要,体现在播音主持的具体实践中,可看作是播音主持语言的一个基础性标准。当然,这个标准不是固定不变的,随着广播电视的发展,语言传播主体语言功力的不断提高,播音主持语言特点的内涵也将会不断丰富,层次也将会不断提高。

> **思考与研讨题**
>
> 1. 如何认识播音主持语言的特点?
> 2. 结合播音主持语言特点的要求,分析当下播音主持实践中有声语言表达存在哪些问题。
> 3. 你认为播音主持语言特点还可以有怎样的变化?

---

① 张颂:《播音创作基础》(第三版),中国传媒大学出版社2011年版,第29页。

第三章　创作准备[①]

本章要点
1. 创作准备。
2. 广义备稿。
3. 狭义备稿。
4. 备稿六步。

第一节　创作准备的概念

一、创作准备的概念

对于播音主持创作活动的主体——播音员主持人来说,稿件就是播音主持创作活动的客体,是播音员主持人从事有声语言创作的对象和依据。播音员主持人必须认识到创作准备是一切播音主持活动的开始环节,养成良好的创作习惯对从事播音主持工作的人来说至关重要。

关键术语

创作准备是指创作主体在创作之前所做的一切准备工作。[②] 它是播音员主持人开始每一次具体的播音主持活动中的第一个环节,也是一切播音主持创作活动的开始。

任何创作都是有目的、有准备的活动,播音主持工作也一样,稿件中的观点、材料、人物、事件在播出前需要从意思上理清楚、弄明白,这样在播出时才能转化为自己的话语,表达中需要的态度、感情、技巧、分寸等才能在一定的传播目的统领下进行。同一篇稿件,在不同的播讲目的、传播语境下,采用的表达方式不尽相同,表现出来的传播效果也

[①] 本章内容依据中国播音学体系中的三部著作改编,以下老师为本章内容作出了重要贡献。张颂:《播音创作基础》(第三版)第五章"创作准备",中国传媒大学出版社 2011 年版,第 31~53 页;张颂主编:《中国播音学》(修订版)第十九章"准备稿件",章节作者吴郁,北京广播学院出版社 2003 年版,第 195~215 页;付程主编:《实用播音教程》第二册《语言表达》第一单元"准备稿件的方法",单元作者马桂芬,北京广播学院出版社 2002 年版,第 1~32 页。

[②] 张颂:《播音创作基础》(第三版),中国传媒大学出版社 2011 年版,第 33 页。

不会一样。能不能做到常播常新,是检验播音员主持人专业创作能力的试金石。

二、创作准备的对象和依据

随着广播电视事业的发展,节目种类日益丰富,如今的稿件形式越来越多样了,概括起来大致有以下三种形式:

一是文字稿件。即编辑部门审定的等待播出的文字稿件,其中也包括播音员主持人参与采编工作后自己撰写的稿件。

二是创作依据。一般为"提纲+资料"。这种形式的稿件有一定文字依据,但在播出时需要根据具体的语境进行大量口语化改造,以便适应节目的要求。

三是口语稿件。指播音员主持人的现场口头报道或即兴评述,完全没有文字稿件依托,这时的创作客体是我们平时称作"腹稿"的内部语言。例如突发性新闻事件直播中编辑临时递过来的一张需要紧急插播的小纸条,一般只有极其简单的提示,播音员主持人需要在十分紧急的情况下即兴组织语言,把新闻信息传递给受众。

以第一种形式为依据的播音主持活动,称之为"文稿播音主持",俗称"有稿播音主持"。以第二、第三种形式为依据的播音主持活动,可称之为"口语播音主持",俗称"无稿播音主持"。

三种形式的稿件都是播音主持创作活动的对象,也是进行创作准备的具体依据。

案例精选

媒介仪式传播中的大型庆典活动播音主持,是播音主持工作中的重大播出任务。同是大型庆典活动,稿件的类型往往是不尽相同的,需要播音员主持人进行的创作加工也不尽相同。下面列举两个大型庆典活动的稿件片段,大家可以通过观看相关节目录像或查找有关文字资料的方式,进一步了解播音员主持人在播出前都做了哪些必要的准备工作。

示例稿件一:由有关部门审定并定稿的稿件。播音员主持人无权对这类稿件进行任何修改,例如北京 2008 年奥运会开幕式现场解说的解说词。

第一章　击缶而歌

周　涛：夜空璀璨，缶声震天，颂歌飞扬，情谊无边。接下来我们将会看到一场独具中国古典艺术魅力的欢迎仪式，欢迎所有远道而来的朋友。

孙正平：中国素以文明古国、礼仪之邦著称于世。几千年来，不仅创造了灿烂悠久的历史文化，更形成了高尚的道德品格和完整的礼仪规范。

周　涛：此刻，两千零八名乐手，一边击缶，一边高声吟诵着五千年前孔子写在《论语》中的名句。我们用这种独特的方式，表达北京最真挚的欢迎之情。

孙正平：欢迎所有热爱友谊与和平的朋友们来到北京，来到中国。欢迎所有热爱奥林匹克的朋友们来到奥林匹克大家庭！……

示例稿件二：由播音员主持人现场口头报道并加即兴评述的稿件。播出时没有文字稿件作为创作的依据，主持人不仅需要自己构思节目的基本样态，而且还要负责准备在节目中说什么和考虑怎么说的问题，例如2010年广州亚运会开幕式直播，白岩松版现场解说。

上篇一　大地之水

白岩松：一个大型运动会的开幕式从哪里开始呢？就从这一滴水开始，它是生命的起源，也似乎是这座城市的开始。因此有人开玩笑地说，这是一滴水引发的开幕式。

出来的第一段歌曲就是广州的童谣《落雨大》，上来就用粤语告诉我们姓"广"名"州"。

这是一个芭蕉造型的小船，别看它小，长4.85米，宽1.2米。小船上的男孩叫熊钰翔，才7岁，是参加这次亚运会钢丝表演的最小的演员。他是由两个钢丝吊着进行表演的，是广州东风东路小学二年级的学生。他最大的特点就是胆大，而且是遗传，他的母亲是战士文工团的演员叫刘晶，一会儿开幕式上也将有他母亲非常大胆的演出。

7岁的小男孩熊钰翔训练了3个多月的时间。说句实话，小的时候连过山车都不敢坐，开始也紧张，现在，一点都没问题了，还经常提醒他妈要注意安全，可见遗传有多么重要。

支撑这个芭蕉小船的是水柱，是在直径1.5米的圆周上分布了24个大口径的喷嘴，在变频器的作用下来变换这种节奏，让这个船出现了摇摆的变化。因此，水，当然是这个开幕式非常重要的特色。芭蕉的选择，当然具有当地的一个特色，不仅如此，它也是四季常青，而且它的果实都长在同一根圆茎上，一挂一挂地挨在一起，有团结友谊的寓意在里头。

刚开始的童谣《落雨大》其实反映的是当初广州的这种景象,现在已经发生了变化。当看到这两匹马的时候,很多人会以为这是向多哈亚运会致敬的场景,导演告诉我们:不是!反映的是时光穿梭,白驹过隙,是一个转场。……

无论是文稿播音主持(有稿播音主持)的创作准备,还是口语播音主持(无稿播音主持)的创作准备,都是播音员主持人应该具备的一项专业基本功,是养成良好创作习惯不可或缺的组成部分。打造专业实力,练就扎实的专业基本功,必须从遵循播音主持创作规律、不断锤炼语言功力开始。

第二节 创作准备的内容

创作准备(过去称为备稿)有两方面的含义:一个是广义备稿,一个是狭义备稿。①

一、广义备稿

创作准备,最重要的是广义准备,过去我们习惯称之为广义备稿。

■ 关键术语

广义备稿是指不断地学习和积累。②它是播音主持创作的基础,是播音员主持人专业修养和文化功底的体现,是创作准备中最重要的内容。

广播电视节目内容丰富、形式多样。新闻性节目时效性强,具体准备稿件的时间十分紧迫。文学性、文艺性作品内涵丰富,涉猎面广,需要极为广博的知识和修养。作为语言传播工作者,播音员主持人应该具备较高的政治觉悟和理论水平、广博的文化知识、较丰富的艺术修养、深厚的专业基本功、熟练的语言表达技巧。这些修养的获得不是一朝一夕的,需要在实践中不断地学习和积累。

■ 背景延伸

上海人民广播电台播音指导陈醇谈读书与播音工作的关系:

"播音员(节目主持人)必须音色优美,语音规范,吐字清晰,不但语言能打动人,还要有真情实感,这就要求播音员深入挖掘文字作品的内涵,准确把握它的思想。对内容理解得越深刻,播音才会越有激情,越有感染力。这就得多读书、广读书,使自己具备较深厚的文化积淀。可以说播音和读书的紧密联系是与生俱来的,读书是播音员语言表达艺术的基石。"③

还有一则关于著名播音员夏青的小故事,更能说明重视广义备稿对新闻播音员的意义。

---

①② 张颂:《播音创作基础》(第三版),中国传媒大学出版社2011年版,第33页。
③ 陈醇:《播音与读书》,《陈醇播音文集》,中国广播电视出版社2007年版,第169页。

广播局副局长顾文华曾是夏青的领导。一天,他在审看稿件时发现一个疑问,便打电话询问号称"活字典"的夏青:1949年5月29日,民盟主席张澜先生从上海致电毛主席,庆祝解放军向国统区胜利进军,电报最后写"张澜叩艳",这"艳"是什么意思?夏青当时就回答说,"艳"可能是日期的意思。事后,夏青查找了资料,果然如此。下面我们来看看夏青的备稿笔记:

▍背景延伸　　夏青的备稿笔记节选

查《辞源》3380页(韵目)条,韵书以同韵的字归为一部,每韵以一字标目并确定其次第,成为韵目。……旧时电报以韵目代日期,如15日代以"删",21日代以"马",29日代以"艳"。

1927年蒋介石发动"四一二"反革命政变后,5月21日长沙驻军35军第33团发动反革命政变,因21日的电报代日的韵目是"马"字,故称这一事件为"马日政变"。

1938年12月29日,《汪精卫发表艳电》公开投降日本。(29日代以"艳")

1982年由中共中央文献研究室、新华通讯社编辑出版的《毛泽东新闻工作文选》第52页《广泛印发讨汪救国通电》一文中说:"八路军、新四军讨汪救国通电,于删日发表。"删日即15日。

这是毛泽东为中共中央秘书处起草的发给各地的电报。

1948年8月15日,华北大学校长吴玉章写了一封亲笔信,信中说:"未元电悉。"(指1948年8月13日吴玉章拍的电报)①

"纸上得来终觉浅,绝知此事要躬行","汝果欲学诗,工夫在诗外","要开阔视野,丰富社会生活的经验,不要把目光仅仅局限在稿件上,光从字面上去备稿播稿",这些都是夏青常用的话,由于注重平时的积累,他除了获得"字音政府""活字典"的美誉外,还能在播出中做到一字不错,准确无误,重视点滴积累,重视创作准备,使夏青成为业界的楷模。

广义备稿,概括来说主要包括思想政治、文化知识、专业技能三大方面。具体体现为:较高的思想政治觉悟和理论水平;广博的文化知识;深厚的专业基本功和艺术修养;深厚的语言功力。

说到底,广义备稿的落实还是与怎样做人、做什么样的人有密切的关系。

▍背景延伸　　张颂教授对广义备稿与播音主持创作之间关系的阐释

广义的创作准备,说到底,是一个"如何做人"的问题。简单地说,"做好播音工作"需要,"德"—"人文"—"话语权"。即:

(此图为张颂先生首创)

---

① 转引自葛兰:《夏青——我的老师、老伴》,《中国广播》1999年第2期。

话语权，是话语权力，掌握着话语的走向和内涵。稿件可以获得生命，话题能够激发活力。要增强语言功力，要发挥传播魅力，要加深文化浸润，要驾驭话语推进，就不应使话语权萎缩或泛滥。珍惜话语权，凝练话语权，高效、高质地运用话语权，正是有声语言创作的智能所在。

反过来说，因为掌握了话语权，可以赋予话语意义，可以充实话语内容，可以赋予话语美感，可以升华话语品质。其间，存在着人文内在的驱动，存在着血脉的偾张。而种种价值取向正在于"德"的高度观照和细微权衡。

[张颂：《播音创作基础》(第三版)]

二、狭义备稿

关键术语

狭义备稿指的是每一次播音主持创作前对每一篇稿件的具体准备过程。

一般对狭义备稿的理解就是"备稿六步"，这是错误的认识，下文以中央人民广播电台的创作经验为例，说明准备一篇稿件的方法可以多种多样，但明确表达宗旨内容，满足对象期待等是不变的法则。

从人民广播诞生之日起，关于创作准备的方法就一直备受重视。例如，在1955年试刊的《广播业务》杂志上，刊登了中央人民广播电台播音组集体讨论的文章《克服报告新闻的八股腔》[1]一文，把"准备稿件"确定为"播音员准备和报告新闻的基本原则和方法"，同时，也作为一项工作制度被确定下来。在谈到播音员怎样准备新闻和报告新闻的问题时，文章认为："真实性和准确性是新闻的基础。"特别指出"保证新闻的准确和真实是对播音员的极严格的要求。"这些极其严格的要求中还包括"不容许有一字之差"的要求，具体内容如下：

背景延伸

播音员在准备稿件时，必须首先清楚明了稿件的内容和思想实质，仔细检查各种事实，注意新闻稿中的姓名、日期、城市、村庄、区域、企业和机关名称、引用文、引证句、专门术语、数字等等的正确性和读法。在时间允许的情况下，和编辑同志一起校对稿件，互相指正。在播音中，播音员要绝对忠实于广播稿的一句一字，不容许有一字之差，发生错漏必须立即更正。播音员必须迅速而准确地把事实传达给听众。

播音员必须充分利用他所拥有的全部时间准备稿件，在一般情况下，播音员准备稿件的时间应两倍于所播节目的时间。在紧急情况下，播音员到审稿人那里，在审稿过程中逐条准备。播音员要锻炼自己能在毫无准备的情况下，准确地把稿件播送出去。

---

[1] 中央人民广播电台播音组集体讨论，夏青执笔：《克服报告新闻的八股腔》，原载《广播业务试刊》1955年出版，后被编入《播音工作经验汇编》，广播事业局出版社1961年版。

这篇关于准备新闻和报告新闻的基本原则和方法的文章,特别提出了播报新闻需要注意掌握的要点和需要运用的一些基本原则和方法:

- "要知道自己说的是什么",即"要按照正确的逻辑分析稿件,从稿件的事实中找出主要的本质的东西——中心思想,然后找出每句话的重点,按照事实的逻辑来说明事理"。
- "要知道自己是为什么而说",即"要明确自己对稿件的态度,根据对稿件的分析和理解确定自己的态度,并在播音中显露出自己对稿件的态度,使语言为一定的任务而发"。
- "要知道自己是说给谁听的",即"要为听众无微不至地设想,紧紧地联系听众。要知道自己是说给谁听的"。
- 基于对稿件的正确分析等认识的基础上,确定表现方法,即"基于对稿件的正确分析,基于对稿件的明确态度,基于对听众的无微不至的设想,确定表现方法(包括对句读、逻辑重音和速度的处理)"。

以上这些重要的创作原则,总结了新闻播音创作的基本规律,是中国播音学最为宝贵的精神文化遗产。正是在这样创作原则的指导下,才催生出人民广播电视事业丰富多样的有声语言表达典范,例如齐越的朗诵式、夏青的宣读式、林田的讲解式、费寄平的谈话式。

以上内容以中央人民广播电台的播音经验为例证,总结了播音员依据文字稿件进行有声语言创作的经验和心得。由于稿件类型不同、文体不同,甚至是不同的人进行创作准备的方式与方法也不尽相同,但创作前进行必要的准备应当成为一个不变的法则。对于我们常说的无稿播音应该也如此,在没有文字稿件作为创作依据的情况下,明确话语表达的主题、设想怎样准备材料、提炼核心观点、规划话语层次、设想话语对象等问题,都是需要提前准备的,这些都属于即兴口语表达的创作准备范畴,这方面的理论亟待深化、总结。

第三节　创作准备的基本方法:备稿六步

"备稿六步"是中国播音学教学体系中普遍使用的一种稿件准备方法,它概括总结了播音主持创作准备阶段的基本规律与基本方法,无论对初学者还是一线从业者,无论是有稿播音还是即兴谈话,都具有指导意义。

关键术语

"备稿六步"是指播音员主持人对播出稿件(每一篇具体稿件、每一个具体话题)等"文本"的准备方法、要求和步骤。

一般来说,准备稿件的主要程序有:

拿到稿件,首先是阅读稿件,扫清文字障碍。遇到生字、生词,不懂的术语,看不清的字迹等文字上的障碍,要查字典、向编辑请教,甚至向有关单位查证。

如果时间允许,要上口试播,或把拗口的句、段多读几遍。主持类稿件要设想主持环节中可能遇到的问题,设计解决的思路,做到心中有数。

遇到急稿，只能边阅读、边理解、边感受、边设计表达，甚至会出现"六步并成一步走"的情况，有经验的播音员主持人给大家的感觉是即使不使用备稿六步的方法也能很好地完成播音主持任务，那么，我们还有没有必要坚持进行备稿六步的创作准备呢？

答案是肯定的。备稿六步总结了播音主持工作在创作准备阶段的基本规律和基本方法，它不能仅仅被理解为"六个步骤""六个方面"或者"六个环节"。对于初学者来说，熟练掌握播音主持创作的基本程序和方法，有利于大家深入理解稿件，明确稿件准备中应该注意的方方面面的问题，养成良好的创作习惯。同时，也能解决"播的是什么内容""对谁来播""为什么要播""怎样播"等问题。

下面我们结合创作实例，示范讲解怎样进行播出前的创作准备工作。

一、层次

层次原义是指文本的布局、结构。① 在备稿六步这个特定的语境里特指对稿件层次、布局、结构的理解和把握，这是理清文脉、理解文本的第一步工作。拿到一篇稿件后，首先要通读稿件，并对句、段进行整理，这样做是为了从有声语言表达的角度扫清各种创作障碍，进行"形之于声"前的准备。

具体方法主要有：归并和划分。

（一）归并

归并是把内在联系比较紧密的段落归并为一个层次。② 如果篇幅比较长，还应把内在联系比较紧密的层次归并为一个部分，部分里再分层次。归并完部分、层次之后，在归并的基础上简明扼要地概括层次的大意。经过归并环节之后，在脑海中对稿件的脉络会有一个明确的认识，形成如下的文脉结构图：

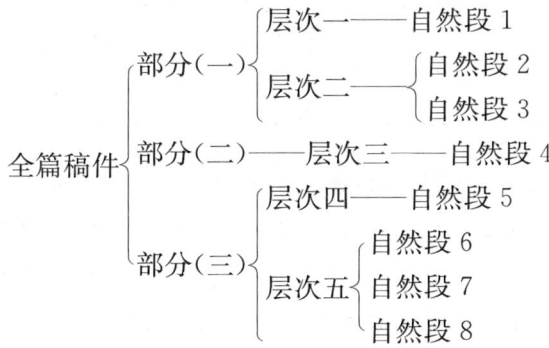

归并工作完成后，稿件全篇的脉络清楚了，段落层次之间的逻辑关系也明确了，播起来就会心中有数，更易让人听清楚、听明白。稿件具体的归并方式，我们在下面例稿中详述。

---

① 张颂：《播音创作基础》（第三版），中国传媒大学出版社 2011 年版，第 38 页。
② 张颂：《播音创作基础》（第三版），中国传媒大学出版社 2011 年版，第 39 页。

(二)划分

划分是指从"便于听"入手,把自然段化整为零,区分出语言推进的小层次。[①] 划分小层次是把握稿件语脉走向,克服"见字出声"问题的基本方法。划分和归并一样,是帮助播音员主持人把文字语言转换为有声语言的有效途径,老播音员常说的把句子"串成线,抱成团"指的就是这项工作。一般来说,短小的自然段可以不用再划分,较长的自然段应该划分句子的层次。

下面举例说明:

塔基如果毁了,就意味着随后线路的规划全部要重新调整,在连续五个多小时的时间里,丁燕生一直和抢险队员们在一起,刺骨的寒风、不断袭来的高原反应,让很多工人体力不支,而丁燕生,扛不住了,吸一口氧气又接着指挥,终于将险情排除,保住了基坑。而这样的技术抢险,丁燕生就遇到了不下20次,他和他的技术团队还在冻土回冻等方面提炼了一批具有国际前沿性的成果。

这一段新闻怎么播?从理解稿件内容的角度来说,可以划分成这样三个小层次:

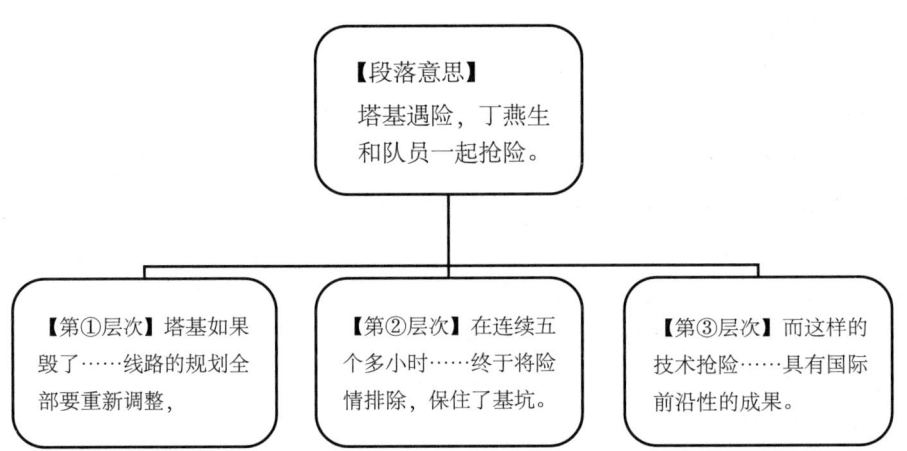

【第①小层次】塔基如果毁了,就意味着随后线路的规划全部要重新调整,【第②小层次】在连续五个多小时的时间里,丁燕生一直和抢险队员们在一起,刺骨的寒风、不断袭来的高原反应,让很多工人体力不支,而丁燕生,扛不住了,吸一口氧气又接着指挥,终于将险情排除,保住了基坑。【第③小层次】而这样的技术抢险,丁燕生就遇到了不下20次,他和他的技术团队还在冻土回冻等方面提炼了一批具有国际前沿性的成果。

经过划分,一个自然段里内在联系较紧密的句子被划分成三个小层次,这三个小层次相互协同,说明了丁燕生技术抢险的艰难和所作的贡献。这三个层次之间的关系是:第①小层次假设塔基遇险的后果,"随后线路的规划全部要重新调整",这一句的重点是说,如果塔基遇险,后果有多严重。第②小层次介绍了丁燕生和大家艰难排险的过程。

[①] 张颂主编:《中国播音学》(修订版),北京广播学院出版社2003年版,第208页。

连续五个多小时工作,遇到高原反应,吸氧继续工作,终于保住了基坑。第③小层次,20多次这样的技术抢险使丁燕生的团队提炼了一批具有国际前沿性的成果。整个自然段的句子经过这种"归堆儿""抱团儿"之后,意思的走向更加明确了,犹如红线串珠,这样就能防止播成一大片的情况。

根据上面的划分,我们对稿件意思的理解明确了,那么处理稿件,对表达中形之于声的指导作用具体体现在哪里呢?体现在有声语言表达的目的性落实上。

第①小层次,以假设句的形式表明塔基毁了的后果——"塔基如果毁了,就意味着随后线路的规划全部要重新调整"。这一层次应注意"如果"这种假设语气的落实,语句表达的重点在"规划全部要重新调整",特别是"全部""重新调整"这两个意思要拎出来,告诉受众塔基毁了的后果是什么。

第②小层次,"在连续五个多小时的时间里,丁燕生一直和抢险队员们在一起,刺骨的寒风、不断袭来的高原反应,让很多工人体力不支,而丁燕生,扛不住了,吸一口氧气又接着指挥,终于将险情排除,保住了基坑。"这个层次又可以分为三个更小的层次,第一句"在连续五个多小时的时间里,丁燕生一直和抢险队员们在一起",这句表达的重点是"五个多小时""一直在一起"。下一层回答是在什么样的环境里,"刺骨的寒风、不断袭来的高原反应,让很多工人体力不支,而丁燕生,扛不住了,吸一口氧气又接着指挥",这一句的前半句"刺骨的寒风、不断袭来的高原反应,让很多工人体力不支",说明条件很艰苦,要多连少停;后半句的停顿可放在"扛不住了"后面,加一内在语以体现思考、疑问的色彩,突出"丁燕生怎么办"?后面的意思给出了答案:"吸一口氧气又接着指挥"。后面的意思再接着推进,第三句"终于将险情排除,保住了基坑"这一句以欣喜、欣慰感收尾,这也是第②小层次的收尾句。

第③小层次"而这样的技术抢险,丁燕生就遇到了不下 20 次,他和他的技术团队还在冻土回冻等方面提炼了一批具有国际前沿性的成果。"此句的表达从转折感进入,以赞扬的语气说完"不下 20 次",再接递进感进入,重点推向"国际前沿性的成果",语气中带有肯定、自豪的色彩。

当然,语气在表达中的落实并不需要在"创作准备"这一部分完成,但是,语气的落实需要以明确语义理解作为基础。只有知道自己要说什么,表达前做到心中有数,才能充分地指导创作,使我们的每一句话都为说清意思服务。

一句话的播出,看起来是一件简单的事情,但是,要做到长年累月坚持良好的创作习惯,不糊弄听众就很难了。只有吃透稿件的内容和思想的实质,只有经过艰苦的准备,把事件的来龙去脉装在心里,播出的时候才能意义清晰。

二、主题

主题就是稿件的中心思想,是稿件中提出的核心问题。① 明确主题能够激发创作者的播讲愿望,使稿件的表达更有目的性。

---

① 张颂主编:《中国播音学》(修订版)第十九章《准备稿件》,作者吴郁,北京广播学院出版社 2003 年版,第 209 页。

明确主题对播音主持创作的重要性在于：任何一次播音主持创作都存在围绕什么主题进行传播的问题，这是有声语言创作的纲领。了解作者的创作意图，对进一步掌握稿件的精神实质、激发播讲愿望具有指导意义。

概括主题的方法有一定的规律性，在不同类型的稿件中要抓住不同的特点，抓住稿件的主要内容、主要事件、文体特征等因素，通过这些透视稿件的精神实质。一般来讲，叙事类的稿件，要注意从事件的发生、发展、结局，人物的环境、性格、言行等方面挖掘主题；人物特写、人物通讯类稿件的主题也是如此，要注意从人物的言行、事件的发展中去挖掘；评论性稿件的主题要注意中心论点的落实，要从稿件论点、论据、论证的过程中去绅绎中心论点，归纳主题。

主题的概括要言简意赅，一语中的，要注意它的明确性、具体性和行动性。

所谓主题的明确性，就是指概括主题要有思想深度，要准确，不要似是而非。[①]

所谓主题的具体性，是指概括主题不要离开稿件的具体内容，不可空洞笼统，要找到在"这一篇"稿件的表达中有利于体现主题思想的"这一句"。[②]

所谓主题的行动性，是指概括主题要有利于调动创作者的播讲愿望，激发非说不可的愿望，一见这个主题，便有"播出去"的行动意向。有声语言的表达一定要通过具体的感情色彩体现出来，这样才能让受众感知到。

要想概括好主题，必须提高自己的分析能力和概括能力，通过不断学习和反复练习达到上述有关要求。

三、背景

一篇稿件的背景一般包括三个层面[③]：历史背景、写作背景和播出背景。这些背景在有声语言表达的作品中要通过创作者的深化理解在播讲时统一起来，形成有机的整体。

例如《白杨礼赞》这篇稿件涉及的历史背景是：当时抗日战争正处于艰苦的相持阶段。国民党在1940年10月制造了"皖南事变"，并进攻抗日根据地，日寇也因此肆无忌惮地对我敌后抗日根据地进行疯狂的扫荡。

文章的写作背景是：1941年3月，茅盾根据自己从新疆归来赴延安途中的见闻和感受写下了这篇散文。作者以昂扬的激情，通过对白杨树的赞美，歌颂了在中国共产党领导下坚持抗战的北方农民以及他们所代表的中华民族的质朴、坚强、力求上进的精神。由于文章发表于国统区重庆的《文艺阵地》，为了应对国民党严格的文字审查，文章只能以"曲笔"歌颂白杨树的方式，表达他对共产党、对根据地军民的衷心赞美。

播出背景一般是指播出时的思想潮流、社会氛围、时代特点、话语习惯等。[④]稿件的播出背景是指导播音员主持人理解为什么在这个时候播出这篇稿件的依据。在新闻性稿件的播出中，要联系上情和下情两个方面的内容。上情指党和政府的路线、方针、政策等。下情指国际、国内各方面的现实情况及其变化，下情里还包括"主流"和"支流"。

不同类型的稿件这三个背景有时是一致的，有时是不一致的，每次播出时都应该加

[①②] 张颂主编：《中国播音学》（修订版）第十九章《准备稿件》，作者吴郁，北京广播学院出版社2003年版，第209页。
[③④] 张颂：《播音创作基础》（第三版），中国传媒大学出版社2011年版，第43页。

以区分。新闻性稿件是新近发生的事实的报道,稿件事实的历史背景、作者写稿时的写作背景和播音员主持人播出时的播音背景大体上是一致的。在文学欣赏节目中播出古代、近代、现代的稿件时,三种背景会有所不同,在播出的时候一定要区分清楚。

四、目的

目的是有声语言表达的统帅。每一篇稿件、每一个话题,都是在总的传播目的统率下进行的,播出时要落实为播音员主持人具体的播讲目的。播讲目的在传播目的统率下进行,不能与传播目的相违背。①

前面所做的理清层次、主题、背景的工作是为理解稿件打基础的,到落实播讲目的这个阶段,就进入形之于声的环节了。和稿件主题不同,稿件的目的具有稳定性和不变性,但播讲目的在不同时期有不同的侧重和表现,在一篇具体的稿件中也有不同的表现与表达。播讲目的是对稿件作者意图的升华,播音员主持人只有把握住播讲目的,才能充分发挥广播电视教育人、鼓舞人的作用。例如《中国石拱桥》一文,如果我们把这篇文章的主题思想局限在我国古代有各种各样的石拱桥,它们分别有赵州桥、卢沟桥等这个层面上,这篇文章的立意就太低了,起不到广播电视节目应有的教育人、鼓舞人的作用。

如果我们把这篇文章的主题思想概括为:通过《中国石拱桥》一文的介绍,让受众了解中国石拱桥在设计施工上的独特创造和高超的技术水平,充分认识祖国文化遗产的宝贵,劳动人民的勤劳、智慧,从而激发受众的爱国热情,树立献身科学的志向,弘扬严谨务实的民族精神。在这样的主题思想的指导下,如果我们的语言表达目的是激发受众的爱国热情,《中国石拱桥》一文的播出就要抓住我国的桥梁建造技术在历史上如何先进,都有哪些具体的创新,在世界科技发展史中居于什么样的历史地位这样一个思想感情运动的脉络。如果我们的语言表达目的是弘扬严谨务实的民族精神的话,《中国石拱桥》一文的播出就要抓住石拱桥的修建都有哪些具体的技术细节,它们是怎么发明创造出来的,它们的历史贡献有多大,在世界先进技术的发展中分别居于什么样的位置这些要点。两种不同的播讲目的,播出时落实思想感情运动的脉络走向是略有不同的,播出前要仔细区分。

五、重点

重点是落实播讲目的的那些关键环节。那最集中、最典型地表现主题的地方,那最得力、最生动地体现目的的地方,那最凝聚、最浓重地抒发感情的地方,那最直接、最深切地感染受众的地方,都属于重点。②

重点在稿件中的表现有两种:一种是集中的,表现为一两个重点部分、重点层次、重点段落;另一种是分散的,分散在几个部分、几个层次、几个段落、几个小层次之中,准备时需要把重点的部分从非重点的部分中区分开来。

---

① 张颂:《播音创作基础》(第三版),中国传媒大学出版社2011年版,第43页。
② 张颂:《播音创作基础》(第三版),中国传媒大学出版社2011年版,第49页。

重点落实之后,还要处理好主次关系。主次关系的把握能够使稿件的表达有松有紧,有详有略。那些不是重点的部分,在播出时就属于次要的内容,次要的内容有时候也不能采用一带而过的方式处理,而必须详略得当。重点与非重点内容之间一般都有一定的内在联系,有的映衬铺垫,有的补充说明,有的交代过程,要和主要内容之间形成有机的整体。老播音员形象地把目的比喻为红线,把重点和非重点比喻为大小不等、色彩纷呈的珠子,主张用红线(播讲目的)把大小珠子(重点与非重点)巧妙地连缀成精美的艺术品(完美的播音作品)。这是一个非常精确的比喻,这一规律同样适用于节目主持中的有声语言表达。

总之,对重点内容可以采用分清主次、突出重点的方式来处理。

六、基调

从文本的角度看,基调是指有声语言创作的基本格调、整体情调。从创作主体的角度来说,基调是指有声语言创作主体的基本感受、基本情绪、基本态度、基本心态,落实为播出时有声语言表达中总的思想感情色彩和分量。[①] 它体现的是播讲者对稿件认识、理解、感受的整合结果,其中既包含稿件本身固有的基调,也含有播讲者在播讲目的制约下的播讲态度。每一篇稿件都有一定的感情色彩和分量,有的昂扬,有的凝重,有的明朗,有的深情,可以说,一篇稿件播得是否成功,基调提供着最直观的判断依据。

在表达中,落实基调要求有声语言的表达要做到理解、感受与表达的统一,要求声音形式与稿件的体裁风格统一。

那么,怎么找到每一篇具体稿件的基调呢?

首先,应从稿件自身入手,即从稿件的内容和稿件的形式两方面入手。依据前面五步的创作准备,我们对稿件中的人物、事件、场景有了具体的感知,对稿件作者的态度、倾向有了认识,对稿件文本的语言风格有了体验,在这个基础上就可以概括出"这一篇"稿件的基调特点,例如"坚定昂扬""热情赞颂""深沉豪迈""朴实含蓄"等等。

其次,可以从稿件涉及的各项外部因素把握播讲的具体态度及政策分寸。结合播出背景和播讲目的,找一找"这一篇"稿件处理的态度分寸,例如"热情赞扬""愤怒斥责""深切缅怀""耐心说服"等等。

要点小结

从总体上来说,在"备稿六步"的创作准备中,划分层次、概括主题,集中解决的是播出的内容"是什么"的问题;联系背景、明确目的,是回答"对谁播"和"为什么播"的问题;找准重点、确定基调,解决的是"怎么播"的问题。有声语言创作是从创作准备起步的。

下面,我们根据创作准备中"备稿六步"的具体要求和方法,对《新闻联播》2011年6月6日的播出稿《党旗飘扬在"电力天路"上》进行稿件分析,并写出如下分析笔记:

[①] 张颂:《播音创作基础》(第三版),中国传媒大学出版社2011年版,第50页。

党旗飘扬在"电力天路"上

（口播）

① 90%施工线路都在海拔4500米以上，含氧量只有内地的50%，极端温差最大接近70摄氏度。这就是正在建设中的青藏联网工程施工人员所要面对的。在如此恶劣的条件下，他们在共产党员的带领下，靠着坚强的信念，在极限和挑战中，架设着一条"电力天路"。

（配音）

② 青藏联网工程是迄今为止在"世界屋脊"上建设的规模最大的输电工程，总投资162亿元，在西宁、格尔木至拉萨之间架设1774公里的输电线路，从而结束了西藏电力孤岛的历史。

③ 虽然已是6月，但当记者来到青藏联网施工现场时，这里仍下着冰雹，工人们正紧张地进行放线，这比原计划提前了整整一年。而去年刚开工时，四川籍外协工曹广贵还为工程能否如期完工担心着。由于受不了恶劣环境，他的小队就有20名外协工下车后，连行李都没打开就走了。

曹广贵：他们说报酬，钱当然大家都想挣，但是身体真受不了。

④ 虽然有医疗和后勤的保障，工资也很诱人，但是最严重时，每个标段流失的外协工就达1000多人。而曹广贵却选择留了下来。

曹广贵：既然别的人能做，我们也能做。

记　　者：你说别的人都能做，那些人是谁啊？

曹广贵：是党员。

⑤ 张洪兵就是感动曹广贵留下来的党员之一。这位成都汉子，在青藏高原已经待了十多个月。

记　　者：这嘴上怎么都起泡了？

张洪兵：太阳晒的。

记　　者：您能把您的眼镜摘下来吗？

张洪兵：太阳晒的。全是太阳晒的。

记　　者：都变成大熊猫了。

张洪兵：对，没办法。

⑥ 在曹广贵的眼中，这些党员就是不一样，不仅关心他们，而且在施工中，还处处起到带头和表率作用。

曹广贵：人家吃饭了，他们还没吃饭，还在干活。苦吃的比我们多。

⑦ 因为感动，曹广贵不仅留了下来，而且还萌生了入党的想法。

曹广贵：我想当个党员，学他们一样，好好地为国家干活。我准备向二公司申请一下，能不能入党。

⑧ 和曹广贵一样，全线两万多外协工也在党员的感召下，最终选择了坚守。

⑨ 在青藏联网的施工现场，我们不仅能看到飘扬的党员先锋队鲜红的旗帜，更能看到党员身上那一枚枚鲜红的徽章。这旗帜和徽章不仅仅是一种象征，更是一种力量的源泉。

⑩ 丁燕生的胸前也有这样一枚徽章,作为青藏联网工程的副总工程师,他原本的岗位应该在北京,但是责任让他选择留在了青藏高原。

王国尚: 丁总始终就是说,我们要积极主动到现场去配合工作,不要叫现场缺氧的人去等我们有氧的人。

⑪ 高原冻土的大面积开挖是个世界级难题。去年9月,在海拔4500米的五道梁施工现场,基坑刚一开挖,在阳光的照射下,冻土迅速融化,基坑周围开始不断坍塌。

曹学彬: 随着面积扩大,坍塌速度会越来越快。很快就会形成像篮球场、足球场那么大的一个大水坑。

⑫ 塔基如果毁了,就意味着随后线路的规划全部要重新调整,在连续五个多小时的时间里,丁燕生一直和抢险队员们在一起,刺骨的寒风、不断袭来的高原反应,让很多工人体力不支,而丁燕生,扛不住了,吸一口氧气又接着指挥,终于将险情排除,保住了基坑。而这样的技术抢险,丁燕生就遇到了不下20次,他和他的技术团队还在冻土回冻等方面提炼了一批具有国际前沿性的成果。

丁燕生: 困难就是一块试金石,在一次次挑战中,我们就是要把这种信心和信念,传递给我们整个队伍。

⑬ 茫茫的青藏高原上,共产党员们用信念做支架,用身体做云梯,一座座银色的电力铁塔在他们的手中高高耸起,它们就像一条电力天路向拉萨延伸。

⑭ 今年11月份,这条西藏人民盼望已久的输电线路将竣工投产,它将为西藏的经济社会发展注入强大的动力。

一、层次

全文共分14个自然段(已在文中标出),分别意思如下:

第1自然段,青藏联网工程施工人员在党的带领下,战胜极端恶劣条件架设"电力天路"。

第2自然段,青藏联网工程的基本情况和修建意义介绍。

第3自然段,施工条件的艰苦,许多人都走了。

第4自然段,外协工曹广贵留了下来。

第5自然段,党员张洪兵在青藏高原已经待了十多个月。

第6自然段,曹广贵看到党员处处起带头作用。

第7自然段,曹广贵留下并想入党。

第8自然段,两万多外协工和曹广贵一样留下了。

第9自然段,党旗和徽章是力量的源泉。

第10自然段,副总工程师丁燕生也是党员。

第11自然段,高原冻土的大面积开挖是个世界级难题。

第12自然段,丁燕生和他的团队20多次抢险,在高原创造出具有国际前沿性的成果。

第13自然段,党员用信念和身体架设"电力天路"。

第14自然段,"电力天路"将为西藏的经济社会发展注入强大的动力。

根据对以上每一段意思的了解,我们再对这篇文章进行归并和划分。我们把这篇稿件归并为三大部分、五个层次,每个部分和层次之间具体的逻辑关系如下图所示:

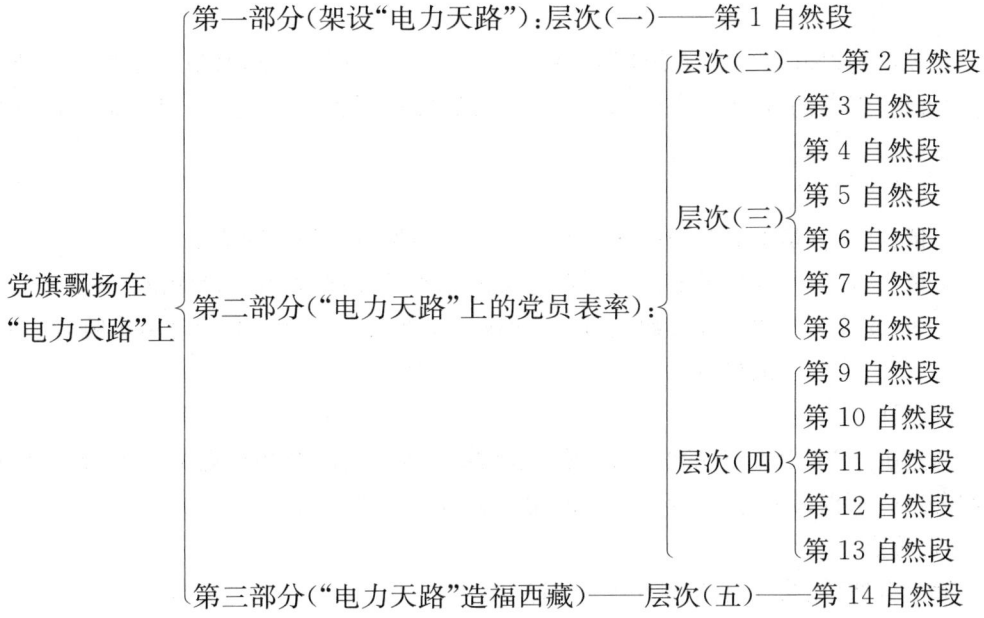

要点小结

归并的方法:

1.归并,是指从全篇的角度,把自然段进行由分到合的处理,内在联系比较紧密的段落归并为一个层次。

2.归并有利于播出者掌握文本作者的思路和文章的结构,即文脉。

3.同时,还要对层次及层次间的关系做进一步的分析,以便在整体上对稿件有比较全面、深刻的了解和把握。

划分的方法:

1.划分小层次是从"便于听"入手,把自然段化整为零,区分出语言推进的小层次。

2.划分小层次既反映着内容发展变化的细致层次,也反映着感情变化的层次。

3.划分小层次能够帮助我们把体验到的逻辑感受、形象感受,通过恰当的停顿和贴切的语气表达出来。

4.驾驭有声语言的基本单位应在自然段内的小层次上面。

5.划分小层次,应当划分到不能划分为止。

以第4自然段为例:

虽然有医疗和后勤的保障,工资也很诱人,但是最严重时,每个标段流失的外协工就达1000多人。而曹广贵却选择留了下来。

这一句可以划分为:

虽然有医疗和后勤的保障,|||工资也很诱人,||但是最严重时,每个标段流失的外协工就达1000多人。|而曹广贵却选择留了下来。
　　　　　　　　　　　并列　　　　　　　　转折
转折

经过划分之后,语句的逻辑关系便一目了然了,便于表达时落实。这样的语句还有很多,大家在备稿时应该认真理解。

二、主题

这篇系列报道通过对青藏联网工程施工人员在党的带领下,战胜极端恶劣条件架设"电力天路"事迹的介绍,讴歌了共产党员克服艰难困苦,发挥表率和带头作用的模范精神。

三、背景

上情:共产党员的先锋模范作用是最宝贵的精神财富和制胜法宝。

下情:主流——我们党的绝大多数党员是好的,始终发挥着先锋模范作用。

　　　支流——也有极少数党员贪污腐化,在群众中造成一定的恶劣影响,败坏了党的形象。

四、目的

通过讲述"电力天路"的修建过程,讴歌像丁燕生这样的共产党员的献身精神,激励人们向这些不畏艰苦、勇于奉献的共产党员学习。

五、重点

第1自然段、第9自然段和第13自然段。

六、基调

深情赞颂、坚定昂扬、质朴含蓄。

第四节　实例分析与训练

一、核心训练材料

1. 中国石拱桥
茅以升

【训练提示】《中国石拱桥》这篇说明文语言简明朴实,结构层次分明,说明与描写相互交融,表达时应注意体会。

【训练要求】(1)按照备稿六步的要求,写出完整的分析笔记,并落实层次、主题、背景、目的、重点和基调这几项内容,通过分析稿件确立播音创作的整体观。(2)这篇稿件写于20世纪60年代,历史背景与今天不同,请联系当下背景,明确播出目的。例如,通过对我国石拱桥建造历史的回顾,找到在今天播出这篇稿件的内心依据。(3)把握有声语言表达在起承转合处的层次转换,做好"归堆儿""抱团儿"的工作。(4)初步分清念稿与说意思在有声语言创作中的不同。

石拱桥的桥洞成弧形,像天上的虹。我国古代神话里说,雨后彩虹是"人间天上的桥",通过彩虹就能上天。我国的诗人爱把拱桥比作虹,说拱桥是"卧虹""飞虹",把水上拱桥形容为"长虹卧波"。

石拱桥在世界桥梁史上出现得比较早。这种桥不但形式优美,而且结构坚固,能几十年几百年甚至上千年雄跨在江河之上,在交通方面发挥作用。

我国的石拱桥有悠久的历史。《水经注》里提到的"旅人桥",大约建成于公元282年,可能是有记载的最早的石拱桥了。我国的石拱桥几乎到处都有。这些桥大小不一,形式多样,有许多是惊人的杰作。其中最著名的当推河北省赵县的赵州桥,还有北京丰台区附近的卢沟桥。

赵州桥横跨在洨河上,是世界著名的古代石拱桥,也是造成后一直使用到现在的最古的石桥。这座桥修建于公元605年左右,到现在已经一千三百多年了,还保持着原来的雄姿。到解放的时候,桥身有些残损了,在人民政府的领导下,经过彻底整修,这座古桥又恢复了青春。

赵州桥非常雄伟,全长50.82米,两端宽9.6米,中部略窄,宽约9米。桥的设计完全合乎科学原理,施工技术更是巧妙绝伦。唐朝的张嘉贞说它"制造奇特,人不知其所以为"。这座桥的特点是:(一)全桥只有一个大拱,长达37.4米,在当时可算是世界上最长的石拱。桥洞不是普通半圆形,而是像一张弓,因而大拱上面的道路没有陡坡,便于车马上下。(二)大拱的两肩上,各有两个小拱。这个创造性的设计,不但节约了石料,减轻了桥身的重量,而且在河水暴涨的时候,还可以增加桥洞的过水量,减轻洪水对桥身的冲击。同时,拱上加拱,也使得桥身更美了。(三)大拱由28道拱圈拼成,就像这么多同样形状的弓合拢在一起,作成了一个弧形的桥洞。每道拱圈都能独立支撑上面的重量,一道坏了,其他各道不致受到影响。(四)全桥结构匀称,和四周景色配合得十分和谐;桥上的石栏石板也雕刻得古朴美观。唐朝的张鷟说,远望这座桥就像"初月出云,长虹饮涧"。赵州桥高度的技术水平和不朽的艺术价值,充分显示出我国劳动人民的智慧和力量。桥的主要设计者李春就是当时一位杰出的工匠,他的名字刻在桥头的碑文里。

永定河上的卢沟桥,修建于公元1189到1192年间。桥长265米,由11个半圆形的石拱组成,每个石拱长度、大小不一,自16米到21.6米。桥宽约8米,路面平坦,几乎与河面平行。每两个石拱之间有石砌桥墩,把11个石拱联成一个整体。由于各拱相联,所以这种桥叫作联拱石桥。永定河发水时,来势很猛,以前两岸河堤常被冲毁,但是这座桥从没出过事,足见它的坚固。桥面用石板铺砌,两旁有石栏石柱。每个柱头上都雕刻着不同姿态的狮子。这些石刻狮子,有的母子相抱,有的交头接耳,有的像倾听水声,千态万状,惟妙惟肖。

早在13世纪,卢沟桥就闻名世界。那时候有个意大利人马可·波罗来过中国,他的游记里,十分推崇这座桥,说它"是世界上独一无二的",并且特别欣赏桥栏柱上刻的狮子,说它们"共同构成美丽的奇观"。在国内,这座桥也是历来为人们所称赞的。它地处入都要道,而且建筑优美,"卢沟晓月"很早就成为北京的胜景之一。

卢沟桥在我国人民反抗帝国主义侵略战争的历史上,也是值得纪念的。1937年7月7日中国军队在此抗击日本帝国主义的侵略,揭开了抗日战争的序幕。

为什么我国的石拱桥会有这样光辉的成就呢?首先,在于我国劳动人民的勤劳和智慧。他们制作石料的工艺极其精巧,能把石料切成整块大石碑,又能把石块雕刻成各种形状。在建筑技术上有很多创造,在起重吊装方面更有意想不到的办法。如福建漳州的江东桥,修建于八百年前,有的石梁一块就有二百来吨重,究竟是怎样安装上去的,至今还不完全知道。其次,我国石拱桥的设计施工有优良传统,建成的桥,用料省,结构巧,强度高。再其次,我国富有建筑用的各种石料,便于就地取材,这也为修造石桥提供了有利条件。

两千年来,我国修建了无数的石拱桥。解放后,全国大规模兴建起各种形式的公路桥和铁路桥,其中就有不少石拱桥。1961年,云南省建成一座世界最长的独拱石桥,名叫"长虹大桥",石拱长达112.5米。在传统的石拱桥的基础上,我们还造了大量的钢筋混凝土拱桥,其中"双曲拱桥"是我国劳动人民的新创造,是世界上所仅有的。近几年来,全国造了总长二十余万米的这种拱桥,其中最大的一孔,长达150米。我国桥梁事业的飞跃发展,表明了我国社会主义制度的无比优越性。

2. 新闻三则

【训练提示】《朝闻天下》是中央电视台一档早间新闻栏目,内容上除确保原有重大国内、国际新闻报道权威的优势外,还加大了社会新闻、文化体育新闻和天气出行资讯、生活服务资讯的报道量,以满足观众的需要。栏目从主持人表达、节目包装、演播室设计等元素统筹设计,使节目形态更趋时尚。

【训练要求】(1)注意把握层次,结合消息这一新闻文体的结构特点(导语、主体、背景),把握稿件的层次。(2)明确并落实播出背景和目的,注意表达上的意义区别。(3)准确把握基调,每条消息目的与基调都不同,表达时要有变化,防止千篇一律。

联合国安理会就朝鲜发射卫星举行紧急会议

(女)北京时间今天凌晨3点,联合国安理会就朝鲜发射卫星一事举行紧急会议,目前会议仍在进行中。美国常驻联合国代表苏珊·赖斯在会议开始前表示,朝鲜的发射行为违反了安理会第1718号决议,美国政府将其视为"挑衅性的举动"。她呼吁安理会达成一致,对朝鲜采取"强有力的集体行动"。

(男)朝鲜中央通讯社5号发表新闻公报说,朝鲜当天成功发射"光明星2号"试验通信卫星,这颗卫星使用朝鲜研制的"银河2号"三级运载火箭发射升空,卫星发射9分2秒后准确进入预定轨道并且运行正常。但美国军方当天说,朝鲜发射的是一枚弹道导弹,发射后其一级助推火箭坠落日本海,其余助推系统与有效载荷一同坠入太平洋。韩国国防部也表示,朝鲜当天上午所发射火箭的第一节、第二节和第三节全部坠海,发射物没有任何部件被送入预定轨道。

(女)朝鲜2006年10月宣布进行了一次核试验,联合国安理会随后通过第1718号决议,要求朝鲜不再进行任何核试验或发射弹道导弹。

美国纽约州枪击事件死亡人员名单公布

(男)来看国际方面的消息:美国纽约州宾厄姆顿市政府5号公布了在3号枪击事件中死亡的14个人的名单,他们来自8个不同国家,其中包括4名中国公民。

(女)中国驻纽约总领事馆副总领事施泳5号表示,他当天已经分别见到了4名遇害中国公民的家属,目前仍在协助他们与当地警方和政府部门联系,以便做好各种善后工作。他说,根据死者家属的意愿,他不能向媒体提供遇害中国公民的姓名等信息。

(男)据当地警方说,枪击事件中的4名伤者目前仍在住院治疗,但预计都会康复。在枪击事件中受伤的一名中国留学生目前状况稳定,没有生命危险。

世界自闭症日:关注自闭症儿童　提高康复水平

(女)今天是第二个世界自闭症日。据统计,目前中国有各类自闭症患者150万人,其中学龄前儿童4000人。

(男)国内外专家在北京召开的中国国际自闭症康复会议上呼吁,关注自闭症儿童群体,提高自闭症儿童的康复水平。

(配音)自闭症也称孤独症,是以严重孤独、缺乏情感反应、语言发育障碍、刻板重复动作和对环境的奇怪反应为特征的精神疾病。虽然自闭症一般在3岁以前就会表现出来,但由于人们的忽视与误解,往往错过最佳的治疗时机。

专家指出,2岁到6岁是最佳的治疗时机,如果能够及早发现并开展早期诊断和治疗,自闭症患儿症状就会得到不同程度的改善。目前在专门机构里针对自闭症的康复治疗方法主要有听觉统合治疗、感觉统合治疗、语言与沟通障碍的治疗和心理疗法等。专家同时指出,在接受专业指导之外,家长给予自闭症患者必要的温暖环境,尤其是良好的语言沟通环境同样重要。

3. 信义兄弟

【训练提示】老板如期还薪原本是普通的行为,因为生死接力,才显得具有特别的意义。我们在解说时要注意联系节目播出背景,明确播讲目的,将朴实的讲述与宏大的时代背景相结合,把握恰切的基调。

【训练要求】(1)联系社会背景,充分理解稿件,特别是信义兄弟遇到巨大灾难还要准时还钱,对社会的善的示范作用。(2)准确把握基调。这篇稿件的开头很容易播得很悲,原因在于对稿件的播出目的理解有误。如果仅仅是叙述信义兄弟的故事,基调可能是悲的,但是,如果播出目的是通过讲述这样的故事来弘扬当前社会欠缺的精神追求,那么播出的基调就是另一个样子了。(3)划清层次。此文是一篇叙事的新闻故事,划分清楚层次,才能把事情说清楚。(4)找到稿件的重点,不要平均用力。

2010年3月2日,正月十七,清晨5时许,天空灰蒙阴冷、黯淡无光,仿佛是淤积了太多的阴霾。在这个清冷的早晨,武汉市黄陂区李集街泡桐社区却已是人潮涌动。人们手持鲜花、神情凝重,这是一场自发性的哀悼,为的是送"信义老板"孙水林一家最后一程。

孙水林和孙东林兄弟俩是湖北人,20年来兄弟两人一直从事建筑工程行业,按照往年的习惯,春节前,也就是年三十之前,在孙氏兄弟手下干活的农民工兄弟都会到武汉的孙水林家中领一年的工钱。从1989年在外承包工程开始,无论遇到多大的困难,20多年来他们俩从没违背过这个不成文的约定。

2010年的2月9号,那天正是农历腊月二十六,孙水林因为在北京催的款太少,就去天津找弟弟孙东林借钱,好给农民工发工资。孙水林不顾弟弟的劝阻,当天就带着26万元现金匆匆走上返乡的行程。

没想到兄弟二人这一别竟然成为永别!由于高速公路路面结冰,在河南境内的高速路上发生了重大车祸,20多辆车连环追尾。除了身在武汉上学的二女儿孙云,孙水林夫妇和三个孩子在车祸中全部遇难。

看着哥哥一家人遭遇了如此劫难,孙东林悲从心生。当他从悲痛中稍稍缓过来之后,他想起哥哥匆忙赶路的初衷,想起在家里等待领工资的农民工兄弟们,而此时已经是腊月二十八了。

此时在车祸现场的孙东林一边跟交警协商节后事故处理的相关事宜,一边又打电话回家安抚父母,随即拿上在哥哥车上找到的26万元现金,连夜往老家赶。在农历腊月二十九早上到家见到父母之后,他也不敢说出全部实情,只是告诉老人哥哥一家出了车祸,而嫂子和孩子都留在医院处理后事,之后孙东林没有时间再去安慰父母,他要兑现哥哥的承诺,把工资发给农民工。

俗话说,人死账烂。等待发工资的60多位农民工心里都对这笔工钱不报什么希望了。

一定要替哥哥发工钱,可是哥哥孙水林的账单已经在车祸中遗失,在没有任何凭据的情况下,弟弟孙东林不知道每人究竟该发多少钱,甚至不知道该给谁发钱。

腊月二十九的当天下午,26万元现金全部发完了,可是还有一些农民工没有领到工资,总共还有7万多元的缺口,于是孙东林拿出自己6万多元的积蓄,还沉浸在丧子之痛的老母亲也拿出了1万元养老钱,总共发放了33.6万元。到腊月二十九晚上8点,农民工的工资全部兑现,这个总数跟哥哥孙水林生前所说的数目相差不多。

诚信大于天,诺言比金贵。20年来,孙水林用时间证明着诚信,在他罹难之后,弟弟孙东林继续用实际行动兑现了哥哥当初的承诺——新年不欠旧年薪,今生不欠来生债。

4. 轿夫的快乐

【训练提示】哲学家罗素从生活细节中感悟获得人生快乐的哲理和方法,请同学们联系当下的播出背景和目的,在充满竞争和压力的今天,让受众依然从中获得启迪。

【训练要求】(1)结合广义备稿,分析历史背景,表达时联系当下播出背景,弄清这篇稿件在今天的播出意义,即要和受众交流什么观点。(2)明确重点。这篇稿件的重点不太好落实,到底哪个是这篇稿件的重点,需要明确,这样表达的主次才能分明。(3)必须联系对谁播、讲什么内容的问题,才能落实基调,讲述时基调统一中又有变化。

20世纪最具影响力的英国思想家罗素,在1924年来到中国的四川。那个时候的中国,正逢军阀割据的时代,战乱频频,山河破碎,民不聊生。罗素刚写完他的巨著《幸福论》,他希望以自己的思想教化引导中国人摆脱苦难。当时正值夏天,四川的天气非常闷热。罗素和陪同他的几个人坐着那种两人抬的竹轿上峨眉山。山路非常陡峭险峻,几位轿夫累得大汗淋漓。作为一个思想家和文学家的罗素,此情此景,没有了心情观赏峨眉山的景观,而是思考起几位轿夫的心情来。他想,轿夫们一定痛恨他们几位坐轿的人,这样热的天气,还要他们抬着上山。甚至他们或许正在思考,为什么自己是抬轿的人而不是坐轿的人?

罗素思考着的时候,到了山腰的一个小平台,陪同的人让轿夫停下来休息。罗素下了竹轿,认真地观察轿夫的表情。他看到轿夫们坐成行,拿出烟斗,又说又笑,讲着很开心的事情,丝毫没有怪怨天气和坐轿人的意思,也丝毫没有对自己的命运感到悲苦的意思。他们还饶有趣味地给罗素讲自己家乡的笑话,很好奇地问罗素一些外国的事情。他们在交谈中不时发出高兴的笑声。

罗素在他的《中国人的性格》一文中讲到了这个故事。而且,他因此得出了一个著名的人生观点:用自以为是的眼光看待别人的幸福是错误的。

莎士比亚在谈到人生的处境时曾经有过一个很经典的比喻,他说:我们的身心就是一个园圃,而我们的主观意志就是园圃的园丁。不论我们是种植奇花异草或单独培植一种树木,还是任其荒芜,那权力都在我们自己。也就是说,你假如愿意自己是快乐幸福的,你自己就可以做到,权力都在你自己的手里。一切都在我们个人的主观意志之中。我们可以让自己的生活充满喜悦,我们也可以让自己的生活丰富多彩。境由心造,不论我们处于什么境地,我们都可以把它当作自己的福地。成功的时候,尽情地享受成功;逆境的时候,为未来的希望快乐。

坐轿子的人未必是幸福的,抬轿子的人未必不是幸福的。

5. 新闻周刊·本周人物:"西湖女侠"

【训练提示】中央电视台的《新闻周刊》是"一本时长为45分钟的电视新闻杂志",将过去一周的中国浓缩在这档周末杂志性新闻栏目中。

【训练要求】(1)联系背景,"西湖女侠"是一个比喻,历史上有关女侠的传说并不少,这次的这个"女侠"侠在哪里,这是表达时需要把握的。(2)这篇新闻是口语新闻,注意把事情说清楚。从稿件上来看,首先要划分清楚事件的层次,这条新闻的一个点是"找",找的过程是层次划分的一个依据。(3)注意基调的把握。这条新闻带有一定的趣味性,注意语言表达的分寸。

"老外美女西湖救人",这个标题占据了杭州各大报纸的头版,这个发生在西湖边的故事让很多人感动,而主人公的身份却一直是个谜。正当获救者和媒体寻找她的时候,照片拍摄者王荣贵也在寻找,他每天都在西湖边溜达,希望能再次遇到照片中的人。

[拍摄者王荣贵:那一天就13号吧,下小雨,毛毛雨,我看到湖边大概有十多个人,十多个人在湖边上看什么东西。离岸边大概有20多公尺吧,有一个黑黑的影像,像头发一样在水面上漂。同时我就看到一个老外,这个女的在脱衣服,她就穿着吊带背心、三角裤就跳下去了。一开始以为这个老外是她自己小孩在湖边玩掉下去了。大概前后从落水到把那个人拉到岸边,也就是四五分钟,她的速度很快的。拉到岸边一看是个中国人。]

短短几分钟,王荣贵下意识地按下了快门,记录了这个过程。救人的外国姑娘上岸后,简单地休息片刻,就悄悄离开了。

[拍摄者王荣贵:后来我上去就问这个(被救的)女的,我问她你怎么回事啊?怎么掉

下去的？她不说。这个时候老外衣服穿好了，过来她就拍拍这个女的肩膀，也没讲几句话，俩老外就走了。]

回家后，王荣贵第一时间把照片传到了网上，想找到救人的姑娘。第二天，杭州各大报纸都刊登了这个故事。获救者夏女士说，自己因为一时想不开做了傻事，幸亏有这位老外相救，希望对她说声谢谢。而被网友称为"西湖女侠"的外国姑娘，却像消失了一样，没人知道她去了哪里。

[拍摄者王荣贵：他们也问我知道不知道？我说我不知道啊，语言也不通，我一直在想，如果能找到她就好了。]

"西湖女侠"的故事传开了，杭州的媒体都在寻找她。杭州市旅游委员会还发布微博，希望知情人提供线索。因为有人说"女侠"可能是美国人，市外办还联系了所有在杭州工作的美国人，并询问了很多酒店、宾馆，但都没有她的消息。几天的寻找一无所获，正当大家有些灰心的时候，23号的乌拉圭《国家报》刊登了"西湖女侠"的照片，还配有详细报道。一位乌拉圭记者认出了照片上的姑娘，她并不是先前传闻中的美国人，而是乌拉圭人，目前住在上海，名叫玛利亚。10天前的杭州之行，只是一次普通的旅游观光。

[玛利亚·费尔南达：我朋友她说在报纸上看到了这件事，我在网站上看到自己的照片，哇哦，真的很惊讶。那天下着雨，我们沿着湖边走，突然在湖边一个角落，外面的人都在看着她，所以我们刚开始并不认为她遇到麻烦了。那样地正常，以至于我想，好吧，她在捕鱼，人们都在拍。但就是突然之间水到了这里（胸口），所以必须要有人做点什么了。而我又讲不了中文，我没办法呼喊。当我带着她从湖里出来的时候，我看到有七八个相机在拍照，我开始用英语大叫起来，说你们在做什么，她快死了，你们只想着拍照片。我很生气，请走开，这不是时装秀。现在想起来，有一个拍照片的，他拿着一个大相机，他过来，安抚那个女人，跟她说话。他是唯一的一个，唯一的一个。每个人都在好奇地看，仅此而已。]

现在，玛利亚在上海没有固定工作，暂时借住朋友家中。此前她曾经在上海居住过将近一年的时间，她说自己非常喜欢中国文化，再次来到中国，一方面是希望更多了解这里，另一方面还想找一份工作留在中国。

[玛利亚·费尔南达：作为一个外国人，跳进水里，大家都问为什么救人的是外国人而不是中国人。我理解你们会有这样的疑问。我可以理解，但我认为这不是关键，不是说是中国、外国的问题，我认为这是全人类的问题。有时候，在大城市里，我们没有更多的时间同人们相互关联，我们没有时间同朋友分享，我们失去了很多东西，比如人性的东西。我很高兴，现在大家开始问这样的问题了，对我来说，这很重要。]

西湖很美，但是玛利亚的举动更美。而她的举动在让我们感动的同时，或许也会让我们都收获一种自信。不管中国人、外国人，帮助他人其实都该是一种很自然的举动，爱和温暖永远会在人群中存在。

（中央电视台《新闻周刊》2011年10月29日）

6. 姥姥，我想你了

孙悦斌

【训练提示】诗歌是最初的哲学，能带领我们走进生活，培育我们的品格、感情、行为，从中获得美的享受。

【训练要求】(1)划分层次。诗歌用了很多个场景，每一个情节都与想姥姥的回忆有关，注意叙事情节的变化。(2)把握重点。仔细分析诗歌，找到这首诗的诗眼。(3)把握基调的变化。(4)表达时注意诗歌结构层次的起承转合，避免语势单一。

当那朵小花在这样的时节，
被我静静挂上冰冷的墙，
我早已忘记我是什么时候，
从一个孩子变成一个大人。

当那个我一生中最爱的人，
被放进一个木匣子的时候，
除了心灵无法抵御的悲泣，
或许，还有一丝释然的宽慰。

当那幅一直相伴我的影像，
像电影般演到了这个镜头，
夕阳的余晖与漫天的星辰，
都陪我赶去看她最后一眼。

当那声称谓忽然之间静止，
化作心底深埋的无声的嘶喊，
梦，还能让我们继续说话儿，
并且高兴地聊上一个通宵。

当那串过去的往事被讲起，
我看见了她带着妈妈，拉着舅舅，
背着小姨，还提着几十斤煤渣，
气喘吁吁、步履蹒跚的背影。

当那次，我以为普通的告别，
还是摸着她滑溜儿下垂的脸蛋儿，
"我走了啊，下星期还给您带好吃的"，
"哎！哎"，却攥着我的手指头，怎么也不肯放。

当那块火化成白色的小骨，
被我攥在手里，紧紧地贴在胸口，

我能清晰地听见她在说：
"好孩子！该好好地孝顺你爸妈了。"

姥姥，没和我讲过什么大道理，
在那一代人中，她太普通了，
但在她身上，我却看到了质朴，看到了坚韧，
看到了承受，看到了担当，看到了无怨无悔。

我，曾经问过她：
"您觉得，人的一辈子长吗？"
她，没有马上回答我，
只是久久地望着窗外青青的山，
像是把她的那个世纪，又过了一遍似的，
然后，默默地点了点头。
"我老了，就把我埋在这山上吧，
好让我看着你们。"

姥姥，走了十年了，
我一直把那个夏天，为她拍下的微笑，
封存在一个小小的像框里，
放在我经常可以看到的地方，
也是为了让她，经常能看到我，
经常地，跟她说上一句，
姥姥！我想你了！

二、补充训练材料

1. 我和你加在一起

白连春

【训练提示】这是一篇语句优美、意蕴隽永的现代抒情诗歌，字里行间闪烁着智慧之光，展现着人性之美，散发着理性的光辉。注意广义备稿与狭义备稿的结合，反复地有感情地解读这首诗，把握诗歌中蕴含的美好人生，以及诗歌语言韵律之美，读出字里行间真挚的情感。

一只蝴蝶是小的，轻的，微不足道的，
和花朵加在一起，
就大了，重了，
成了春天的最爱。

一棵草是小的,轻的,微不足道的,
和马儿加在一起,
就大了,重了,
成了大地的最爱。

一粒尘埃是小的,轻的,微不足道的,
和在田里插秧的父亲加在一起,
就大了,重了,
成了我的最爱。

一滴水是小的,轻的,微不足道的,
和在河边洗衣服的母亲加在一起,
就大了,重了,
同样成了我的最爱。

一个我是小的,轻的,微不足道的,
和你加在一起,
就成了,岁月的最爱,
只是加法太简单了……

2. 急诊室

【训练提示】急诊室是平日里快乐的人们极易忘却的一个地方,而这篇电视散文却表现得如此细致,不由得引发我们对生命的思索。稿件篇幅稍长,自然段多,有一定难度,备稿非常重要。分析稿件时,联系背景,抓住播出目的,调整好播出时的情绪状态,使这种温暖的情感得以重温与升华。散文不散,表达注意层次划分,内容"归堆儿""抱团儿",基调统一有变化,语气转换衔接自然。

人生有许多的非常时刻、非常场景。急诊室,就是其中之一。说严重点,急诊室可以是我们捡回性命的地方,也可以是我们告别今生的地方。而且这种告别,总是那样突然,令人猝不及防。因此,急诊室也是大喜大悲的地方。在这里,人与人的亲情角色得以归位,丈夫就是丈夫,妻子就是妻子,母亲就是母亲,孩子就是孩子,格外纯粹。然而一旦逃离了死神的阴影,嬉闹的继续嬉闹,冷漠的继续冷漠,吵架的继续吵架,一切,都回到了日常。

(画面:空寂的急诊室)

清晨的急诊室,似乎有了片刻的宁静。一夜的创痛刚刚缝合,新的险情,潜伏在城市的各个角落,谁也不知道,它将在哪一刻,突然降临。

(画面:睡着的男子,陪床的家属等)

此刻,折腾一夜的病人安静了,陪护的亲人,也可趁机小睡;此刻,脱离了险境的病人饿了,一口水,一勺饭,都让亲人由衷地欣慰。

(画面:进进出出的人——拖鞋男子,挂号的,活动病床推过,蹲着的粉红女子……)

然而急诊室的宁静是如此短暂,它很快被许多匆匆的、凌乱的脚步打碎。本来嘛,急诊室就是一个永不熄灯的地方,一个永不下班的地方,甚至,连暂停都是不允许的。它必须分分秒秒地准备着,守护你脆弱的肌体。

我们总说,人的生命力是伟大的,是强盛的。它的脆弱,唯有急诊室知道。

(画面:骨折男子)

一个西装革履出门的男人,本来这一天,有多少计划中的、在他看来都是非常重要的工作啊。只是一个小小的挫折,这一天的内容,全部变了。天大的事情也暂时得放一放了。不过为了信誉,电话是一定要打的。

在疼痛的间歇里,打电话;在打电话的间歇里,疼痛。

而转眼,他已经在亲人的照料下,换上舒适的家居服,若无其事地大嚼着肯德基了,让人不得不感叹,急诊室的神奇。

(画面:救护车到,剪裤子抢救,病人痛苦状)

每新到一个病人,都意味着一场紧张的肉搏。未知深浅的伤口,阵阵加剧的疼痛,汩汩涌流的鲜血,分分秒秒地,算计着人的生命。

抢时间,抢速度,小护士的手是最柔软的,小护士的手有时却能生出令人惊讶的力气。这不奇怪,因为她们面对的,是危在旦夕的病人,是撕心裂肺的痛苦——有声的痛苦、无声的痛苦。

(画面:亲属关系——两对骨折父子,病床边的相互抚慰)

商品社会的快节奏和功利性离间了人与人的亲情,在急诊室,这种温暖的情感得以重温。而且,像是要补偿平日里的疏忽,它表现得如此细致、贴切,无微不至……

宽宽的背,窄窄的肩,柔柔的手,轻轻的耳语,久久的抚触,悄无声息地,缓解着疼痛与歉疚,缓解着平日里堆积的冷漠与隔阂。

(画面:不和谐镜头——逗乐,调情,喧哗)

急诊室这个特殊的小环境,也无可奈何地置放于社会的大环境之中。只要不是人命关天,或者,人命关天而和他没有关系,急诊室,照样可以是家里、是公园、是大街的延伸。照样可以,想怎么着就怎么着,似乎全然忘了,自己正站在抢救室的门口。

(画面:摔破头的小孩)

磕磕碰碰,注定要伴随人的一生。

也许任何一位坚强的男子汉,当他还是个孩子时,都曾为一次小小的受伤,哭到惊天动地。

你看这孩子的眼泪像断线的珠子,却仍然可以偷眼察看大人的动静。听说要缝合,他竭力反对,又哭又闹。显然,在家里是宠惯了的。

无计可施的父母,一个哄,一个喝,收效甚微。

(对白)

"你不要用针。"

"没针。"

还是医生有权威,一句话,让孩子安静了下来。

(对白)

"我跟你说没针就没针。"

"就用创可贴。"

"创可贴有什么用?"

"你看创可贴。"

"创可贴没用的"。

(画面:重病抢救时,亲属悲痛欲绝的镜头)

急诊室有两个永恒的主角,一个是生命,另一个,就是死神。急诊室的实质,就是两者之间惊心动魄的对峙与抗争。

十七岁的女孩,生命如花一样灿烂,却因为洗澡煤气中毒,命悬一线。

在我们架起摄像机,将镜头对着这儿时,你还说着笑着,做着五彩缤纷的梦呢,却为何如此唐突地,一头栽进了我们的镜头?让所有疼你爱你亲你宠你的人,痛不欲生?

医生说:除非出现奇迹……

奇迹尚未出现,天,已经塌下来了。

可是此时女孩却什么也感觉不到了。

(画面:酗酒者,不绝于耳的哭、喊,护士翻记录,救护车)

夜深了,更多的意外,会选择在黑夜里降临。

在家家户户熄灯安眠的时候,急诊室的红灯,更加耀眼眩目。

(字幕:这一天,这个小小的急诊室,一共接待了122位病人)

思考与研讨题

以《中国的石拱桥》为例,简要说明狭义准备"备稿六步"的内容及关系,并写出分析笔记。

第四章 播音感受

本章要点
1. 播音感受。
2. 具体感受和整体感受。
3. 思想感情的运动状态。

播音感受是播音员主持人透过文字符号"感之于外,受之于心"的过程。播音员主持人能否恰如其分地表达一篇稿件、一档节目所蕴含的内容和情感,很大程度上取决于他的播音感受是否准确到位。播音感受不只是感性地去体验外界刺激所带来的视像、情感、态度,也要理性地去了解外界刺激中所隐藏的逻辑和本质,从而使播音员主持人明确传播内容、情感和态度,并在此基础上运用各种表达技巧将其传播出去。

第一节 播音感受的概念

一、什么是播音感受

在《现代汉语词典》中,"感受"一词的意思是指"接触外界事物得到的影响"。感受是一种过程,是人受到外界刺激而产生体内反应的过程,也就是"感之于外,受之于心"。它的本质是一种反馈,是人的生理和心理对外界信息的响应。在生活中,我们处处都在经历感受这一过程:天气的寒冷使你瑟瑟发抖,漆黑的夜晚使你产生恐惧,人际交往中不同人的表情、言语使你感觉到周遭人的远近。外界的寒冷、光线的明暗、人们的表情和言语使人产生生理上、情感上和认知上的反馈。实际上,人们在日常生活中接触感受这一过程的频率不亚于吃饭、睡觉。

在播音主持的"工序"中,也有感受这个重要的步骤。同样的内容不同的播音员主持人感受的具体内容也存在区别。播音主持中的感受有它独特的内容和特点。

播音主持的工作目的是向受众传递信息、表达情感,并通过信息和情感影响受众。这些信息、情感一方面来源于记者、编导的稿件,另一方面来源于播音员主持人的二度创作。为了向受众恰当准确地传达信息、情感并使受众产生预期的反应,播音员主持人需要对记者、编导的稿件进行感受,掌握记者、编导希望传达给受众的信息和情感;而播音员主持人的创作则来源于其对文字稿件或腹稿的感受。对记者、编导稿件的感受,播音员主持人需要透过稿件文字,调动感官去想象和体会稿件中文字所指代的具体事物,并以这种想象和体验为蓝本,引发内心的感受。而在自身创作中,播音员主持人需要直接调动感官,去感受客观存在的具体事物,并以之为刺激引发内心的感受。可见,播音主持中的感受是一种以稿件文字为主体依据,播音员主持人充分调动感官进行想象和再造想象并以之刺激内心、引发情绪的过程。

> **关键术语**
>
> 播音感受是播音员主持人因语言符号达于客观事物从而接受其刺激产生内心反应的过程。

感受是播音主持工作中必不可少的一个环节。它的质量高低决定着播音主持中的有声语言是否富有生命力,是否具有足以引起受众共鸣的张力。不同的播音员主持人由于素质、修养、阅历不同,对相同的稿件和情境会产生不同的感受。同时,同一播音员主持人由于对相同稿件和情境的重复感受,也会产生不同的理解。这些全部都会体现在播音员主持人的有声语言里。

二、形象感受

由于播音员主持人绝大部分工作都是由语言符号引起的,因此,这种感受必须是具体的。包括视觉、听觉、味觉、嗅觉、触觉、空间知觉、时间知觉、运动知觉等,是由稿件引起的内心体验。

例如下面一句话:

多轻多软的雪花啊,在空中飘舞着,追逐着,像一朵朵精致的雪绒花。

这句话是引发视觉感受的典型例子。播音员主持人在读这句话时,似乎"看到"了雪花漫天飞舞的景象,那"轻"、那"柔"似乎在我们的脑海中升腾起了雪花的视觉状态,同时伴生着空间知觉和运动知觉的感受。

例如下面一段话:

我慢慢地、慢慢地了解到,所谓父女母子一场,只不过意味着,你和她的缘分就是今生今世不断地在目送他的背影渐行渐远。

(龙应台《目送》)

这句话也是引发视觉感受的典型例子。播音员主持人在读这句话时,最后一部分"目送"和"渐行渐远"很能引发强烈的视觉感受。

例如下面一段话:

时间是一只藏在黑暗中的温柔的手,在你一出神一恍惚之间,物走星移。

(龙应台《目送》)

这句话是引发空间知觉的典型例子。"时间"是看不见、摸不着的东西,但是作者却把它变成了"藏在黑暗中的温柔的手",一下使我们似乎看到了时间、感到了它的存在,特别是"物走星移"这个词使空间知觉在播音员主持人的有声语言中得以具象化。

感受是播音员主持人艺术创作中的重要环节,是播音员主持人用以调动内心情感的重要手段。那么感受的具体内容是什么?应该如何去感受呢?

根据心理学理论,身处不同的情境,人们会本能地产生与之相应的感情、态度。比如在一望无际的田野,人们会感到一种舒畅与释然;而在一个密闭阴暗的地下室,人们会感到一种压抑与忧郁。悲哀、愤怒、忧愁、快乐……这些日常生活中的情感、态度往往并不是我们主观意志的产物,而是身处不同的情境自然产生的。这些情感、态度产生后,又会随着我们与周围事物的互动、交流而宣泄转移。在我们与他人进行有声语言交流时,这些情感、态度就以我们的声音为载体,传达给了受众。播音员主持人的工作目的之一,就是通过有声语言向受众传达信息和情感、态度,这其中的情感、态度就来自于播音员主持人对于某种具体情境的感受。

什么是形象感受呢?形象感受就是播音员主持人充分调动各种感官和想象接受稿件所营造的情境的刺激,充分调动各种感官接受现实情境的刺激,从而产生内心情绪、态度的过程。

播音员主持人在传达稿件中的信息和情感时,往往不可能亲临稿件中所提到的情境,只能通过稿件中的文字描述,利用记忆联想、再造想象,假想出当时所处的环境,感觉和理解作者寓于稿件中的情感、态度。

当播音员主持人传达内心的情感、态度时,这种情感、态度往往来源于现场所处的情境。此时播音员主持人需要充分调动自身的视觉、听觉、嗅觉、味觉、触觉来感受周遭的事物,敞开内心去接受外部环境的各种刺激,获得与环境相应的情感、态度。播音员主持人传达自身创作的内容时,其接受的刺激也并不完全来源于外部环境,比如当播音员主持人在回忆往事或憧憬未来时获得的情感、态度,依靠的就是自身的记忆和想象。

在进行形象感受时,有两点需要注意:

首先,形象感受不是一种感知觉或情境中某一点的感受,而是人体全部感知觉及整个情境的感受。在进行形象感受时,不能仅仅重视视觉的感受而忽略听觉、嗅觉、味觉、触觉的感受,也不能囿于情境中某一个人、某一个物而忽略整体情境。

其次,形象感受是一种手段而不是目的。想象清晰的图景并不是形象感受的完成。在想象情境的同时产生相应的情感、态度才是形象感受需要完成的任务,播音员主持人在进行形象感受时,切忌只是想象画面,忘记情感体验。

三、逻辑感受

在日常生活的交流中,人们的思维与表述都是线性的。所谓线性,就是在某个特定的时间节点上,人们在交流中的思维和表述只能专注于特定的内容上,而不能同时思考和表述两件完全不相干的事情。当不同的时间节点串联起来,这些特定的内容也彼此先后有序地联系在一起时,便形成一个思维逻辑的链条,链条上的每一个环节既是上一个环节的后续,也是下一个环节的起点。人们在进行语言交流时,往往带有特定的意图,这种意图隐藏在具体的语言背后,左右着语言的创作与应用。

在播音主持工作中,播音员主持人的有声语言同样要遵循特定的逻辑链条和交流目的。这一逻辑链条和交流目的使播音员主持人明确了所要表达的内容。因此,在进行表述前,除了要进行形象感受外,还要进行逻辑感受。这里的逻辑感受,就是指播音员主持人对表述内容中的逻辑链条和语句目的进行感知,从而获得语言表述思路和意图的过程。

逻辑感受包括:并列、对比、递进、转折、主次、总括等多种感受。

比如下面这一片段:

桃树、杏树、梨树,你不让我,我不让你,都开满了花赶趟儿。红的像火,粉的像霞,白的像雪。花里带着甜味儿,闭了眼,树上仿佛已经满是桃儿、杏儿、梨儿!花下成千成百的蜜蜂嗡嗡地闹着,大小的蝴蝶飞来飞去。野花遍地是:杂样儿,有名字的,没名字的,散在草丛里像眼睛,像星星,还眨呀眨的。

(朱自清《春》)

这段话是对春天景物的描述,主要的逻辑关系是并列关系,播音员主持人在进行有声语言创作时,主要体现的就是并列关系的逻辑感受。其中,后半部分"眨呀眨"就是对"像眼睛""像星星"的一个总括。

于千万人之中,遇见你要遇见的人。于千万年之中,时间无涯的荒野里,没有早一步,也没有迟一步,遇上了也只能轻轻地说一句:你也在这里吗?

(张爱玲《爱》)

这段文字中的"没有早一步"和"也没有迟一步",在具体的有声语言创作过程中要把它处理成递进关系。

在播读他人创作的稿件时,播音员主持人特别需要进行逻辑感受,体察作者行文的内在逻辑和创作目的,以使"转述"质量准确高效。

还需要强调的是,逻辑感受并不只是停留在对表述内容进行大段划分的层次上,它还需要深入到小节与小节、句与句、词与词、字与字的层次。如果只是对整个表述内容的逻辑链条和表述目的有较粗的理解,却对其中的小节、词句间的联系毫无知觉,那么有声语言的表述效果和质量也将是粗糙的。

第二节 具体感受和整体感受

"形象感受和逻辑感受都是从具体稿件的具体环节上产生的,因此,都是具体感受。"[①]如果只有具体感受,我们的播音主持工作只完成了思想感情运动状态的一部分内

---

① 张颂:《播音创作基础》(第三版),中国传媒大学出版社2011年版,第63页。

容。也就是说,具体感受只是"万里长征"的第一步。在播音主持的学习过程中老师经常会说这个学生的语感不错,那个学生的语感有待加强。"语感,即语言的感受,听说读写离不开它,言谈话语也缺不了它。语感极其广泛,又十分微妙。语感是立体的、动态的,几乎涵盖了人类所有的感受力。"[①]在播音主持的学习过程中,要达到具体的形象感受和具体的逻辑感受完美统一是十分不易的,需要艰苦的有声语言实践作为前提,只有这样才不会顾此失彼。

"整体感受是感受的深化,而不是各具体感受的混合。形象感受中,就分布着逻辑感受的神经,而逻辑感受中,也充满着形象感受的血肉。"[②]可见,播音主持的学习一定要有辩证思维的能力。"具体感受与整体感受中,都以文本为依据,但不可避免地掺和着创作主体个人的感知、认识、修养。那完全吻合文本要求的,便可称为创作主体的独特感受。"[③]在播音主持的学习过程中,我们一直鼓励独特感受的出现。

在播音主持艺术中,感受是一个动态的过程。与相对静止地对某一幅画面、某一情境的想象不同,播音员主持人在进行感受时,往往是对一连串画面、一系列情境的联想和体验,据此产生起伏运动的思想感情。

由于书面语言的局限性,在展现一种情境时,不可能将情境中全部事物同时表达出来,只能一句一句地予以描述。因此,播音员主持人在通过稿件进行感受时,不能简单地将书面文字中的句子割裂开来,看到一句才感受一句,而是要充分调动感官,通过稿件的叙述展开立体、全面的想象,甚至可能会想到那些文字稿件没有提及但情境中必然出现的事物。

可见,感受并不是静止的、零碎的、孤立的,而是运动的、系统的、连贯的。

以上只讨论了依据稿件进行的感受,没有涉及播音员主持人直接面对情境的感受。实际上,由于播音员主持人处于真实的情境中,因此感受时就不会遇到由于书面文字的局限性而造成的情境割裂,但这并不是说在真实情境中感受就不会遇到问题。如果播音员主持人专注于局部,或只是凭借瞬间的印象进行感受,那样产生的情感、态度也同样是片面、浅薄的。感受的目的在于产生情感、态度,只有运动发展的感受才能产生运动发展的情感、态度。

情感是人们对某事物的心理体验。它涉及对一个事物的爱、恨、悲、喜、恐惧、忧愁、焦躁、欢乐等。

态度是人们对某事物的看法和所采取的行为。它涉及对一个事物的肯定与否定、热情与冷漠、尊重与轻视、坚持与犹豫等。

情感与态度之间的联系是密不可分的。在对一个事物持肯定、热情、尊重的态度时,往往会伴随产生喜爱、欢乐的情感;在对一个事物持否定、冷漠、轻视的态度时,往往会伴随产生憎恨、厌恶的情感。可以说,态度是情感的引线,当人们对某一事物产生某种特定的态度时,就会同时伴随产生特定的情感。

此外,感受是一个不断运动发展的过程。随着感受的横向、纵向、特定化发展,情感、

---

①② 张颂:《播音创作基础》(第三版),中国传媒大学出版社 2011 年版,第 63 页。
③ 张颂:《播音创作基础》(第三版),中国传媒大学出版社 2011 年版,第 64 页。

态度也在不断地变化。播音员主持人也因而使自身的思想感情处于持续的运动状态中。可见,播音主持的工作效果首先要看播音员主持人的思想感情是否处于运动状态,而感受这一环节的质量则决定了播音员主持人的思想感情是否处于运动状态。在进行播音主持的实践时,感受的作用和意义是不容忽视的。

第三节　思想感情的运动状态

在日常生活中,我们总会有不同的情感体验。这些情感体验又有不同的种类,我国传统文化里讲究"七情",即喜、怒、哀、惧、爱、恶、欲;在西方心理学中,最原始的情感体验包括快乐、悲哀、愤怒、恐惧。这些情感体验或舒畅,或苦闷,给人的感觉不同。

情感体验在一定程度上具有可传递性,一个人的悲伤与快乐常常会引发身边人的相似体验;情感体验又是行为的内在驱动力,它可以引发人们实施某种行为,可以在一定程度上加强或削弱某种行为的效果。比如说,当对一件事物产生热爱与厌恶两种不同的情感体验时,会产生接近或远离该事物的不同行为;同样,当怀着热爱与厌恶两种不同的心情去学习一种技能时,即使是由相同的老师教授,效果也会大相径庭。

因此,当需要动员人们做一些事时,常常需要使用"情感激励"的手段。我国古代的辩士在进行游说时,总是强调"晓之以理,动之以情"。西方传播学理论在研究态度的说服与改变时,也十分强调情感调动和引导的作用。播音员主持人作为社会大众传媒中的一分子,是传媒直接面向受众的最终环节。大众传媒要完成舆论导向的任务,播音员主持人不可避免地要运用"以情动人"的说服技巧。从传媒舆论导向功能的角度来讲,情感说服技巧的运用质量决定着播音员主持人的工作效果。

当然,运用有声语言进行情感说服并不是简单、单一的技巧就可以完成的,从整体效果的角度来讲,其中会涉及内心的情感状态和外在的表达状态。这里先介绍"以情动人"的首要条件:播音员主持人要想感动受众,首先需要内心产生相应的情感。这种情感并不是矫揉造作,而是真实自然地形成于内心的。何谓真实自然呢?一方面,情感体验并不是主观臆造的,而是自内心油然而生的。另一方面,内心的情感体验会随着稿件或节目内容的进程不断发展变化,就像水流一样,随着稿件和节目内容构建的"地形"蜿蜒流动,或迂回或直接,将喜怒哀乐贯穿在一起。

在播音理论中,这种真实自然的状态被称作思想感情的运动状态。

关键术语

所谓思想感情的运动状态,是指创作主体对语言内容进行具体感受的深化,是指创作主体由语言内容引发的思想感情从积聚到迸发的状态。一句话,是指创作主体的思想感情随着语言内容的发展而不断变化的状态。

这一状态看似简单,对于初次接触播音主持工作的人而言,却是有一定难度的。特别是根据稿件内容调动思想感情的运动状态,往往会出现机械僵硬的问题。那么,如何获得思想感情的运动状态?我们将在以下章节进行全面的论述。

第四节　实例分析与训练

一、实例分析

播音员主持人在传达稿件中的信息和情感时，往往不可能亲临稿件中所提到的情境进行感受，只能通过稿件中的文字描述，利用记忆联想、再造想象营造出当时所处的环境，感受和理解寓于稿件当中的情感、态度。

例如这段文字：

荷塘的四面，远远近近，高高低低都是树，而杨柳最多。这些树将一片荷塘重重围住；只在小路一旁，漏着几段空隙，像是特为月光留下的。树色一例是阴阴的，乍看像一团烟雾；但杨柳的丰姿，便在烟雾里也辨得出。树梢上隐隐约约的是一带远山，只有些大意罢了。树缝里也漏着一两点路灯光，没精打采的，是渴睡人的眼。这时候最热闹的，要数树上的蝉声与水里的蛙声；但热闹是它们的，我什么也没有。

（朱自清《荷塘月色》）

这段文字，播音员主持人在进行有声语言创作时，首先，形象感受是空间知觉"四面""远远近近"这些文字，因此播读的时候声音的表现应该"沉""长"，造成"荷塘"的整体空间形象。其次，视觉感受就是"树""重重围住"，播读时要有"厚重""密不透风"和"压抑"的声音形式与内心情感状态。只有在"空隙""月光"的视觉部分稍有声音"明丽"的感觉，给听者造成微微的"希望"之感。最后，是听觉感受的有声语言诠释，"热闹""蝉声""蛙声"的声音表现形式"声高气满"，表现出作者"孤独""凄冷"的内心情感状态。

这些形象感受都需要有声语言创作者认真地进行"揣摩"，找到合理的内心体验状态，同时用合理的声音形式表现出来。

在播音主持工作中，播音员主持人的有声语言同样要遵循特定的逻辑链条和交流目的，这一逻辑链条和交流目的使播音员主持人明确了所要表达的内容。因此，在进行表述前，除了要进行形象感受外，还要进行逻辑感受。

例如这段文字：

有一个人问一位文学家，我记得是雨果罢，"如果世界上的书全需要烧掉，而只许留一本，应留什么？"雨果毫不犹豫地说："只留《约伯记》。"约伯是《圣经》里面的介之推，富亦谢天，贫亦谢天，病亦谢天，苦亦谢天。

……我们的思想界尚在混沌幼稚时期，需要约伯的精神，需要介之推的觉悟。这个觉悟即是：一粥一饭，半丝半缕，都是多少年、多少人的血汗结晶。感谢之情，无由表达，还是谢天罢。

（陈之藩《谢天》）

"有一个人问一位文学家，我记得是雨果罢，'如果世界上的书全需要烧掉，而只许留一本,应留什么?'"这句话是一个设问句。设问,是一种常见的修辞手法,常用于表示强调。为了强调某部分内容,故意先提出问题,明知故问,自问自答。正确地运用设问,能引人注意,启发思考;有助于层次分明,结构紧凑;可以更好地描写人物的思想活动;突出某些内容,使文章起波澜,有变化。采取自问自答的方式"只留《约伯记》。"为了突出设问的结果,在有声语言创作过程中就应该强调重音"只留",使引人注意、启发思考的有声语言效果最佳。这就使逻辑感受在有声语言创作中的作用得以体现。

"富亦谢天,贫亦谢天,病亦谢天,苦亦谢天。"这句话是一个典型的并列关系,表示句子或词语之间具有的一种相互关联,或是同时并举,或是同时进行的关系。因此,在有声语言转化过程中,应该同等分量地强调"富""贫""病""苦",使"谢天"的结果最大化。

"我们的思想界尚在混沌幼稚时期,需要约伯的精神,需要介之推的觉悟。"这句话隐含有因果关系,需要我们把内在的因果关系的逻辑链条表述出来,"尚"在表达时应有所加重。

"这个觉悟即是:一粥一饭,半丝半缕,都是多少年、多少人的血汗结晶。感谢之情,无由表达,还是谢天罢。"这句话是总分关系,"觉悟"在表达时应该加重语气进行强调。可见在有声语言创作的过程中,逻辑感受对表达而言极其重要。

二、核心训练材料

片段练习

(一)【训练提示】以下材料要求学生通过文字提供的内容,展开联想,产生较为具体的心理感受,并体味其中的景和情,尤其要注意语言中的形象感受,即视觉、听觉、嗅觉、味觉、触觉、时间知觉、空间知觉、运动知觉以及综合感知方面的把握。

1. 锅里的水吱吱地响,老大娘里屋外屋地忙,烧完热水,又端饺子又端鸡蛋,香味伴着腾腾的热气在屋里弥漫。

(佚名)

2. 正当我们尽兴而返的时候,天渐渐黑了。霎时间,四面八方,电灯明亮,像万千珍珠飞上了天。这排排串串的珍珠,叫天上银河失色,叫满湖碧水生辉。

(谢璞《珍珠赋》)

3. 儿时,逢夜醒,耳朵里就会蹑手蹑脚溜进一个声音,心神即被它拐走了:厅堂里一盏木壳挂钟,叮当叮当,永不疲倦的样子……那钟摆声静极了,全世界似乎只剩下它。

(王开岭《耳根的清静》)

4. 雨气空濛而迷幻,细细嗅嗅,清清爽爽新新,有一点点薄荷的香味,浓的时候,竟发出草和树沐发后特有的淡淡土腥气,也许那竟是蚯蚓和蜗牛的腥气吧,毕竟是惊蛰了啊。

(余光中《听听那冷雨》)

5. 我冒着严寒,回到相隔二千余里,别了二十余年的故乡去。

时候既然是深冬;渐近故乡时,天气又阴晦了,冷风吹进船舱中,呜呜的响,从篷隙向外一望,苍黄的天底下,远近横着几个萧索的荒村,没有一些活气。我的心禁不住悲凉起来了。阿! 这不是我二十年来时时记得的故乡?

(鲁迅《故乡》)

6. 我的心随潭水的绿而摇荡。那醉人的绿呀,仿佛一张极大极大的荷叶铺着,满是奇异的绿呀。我想张开两臂抱住她;但这是怎样一个妄想呀。——站在水边,望到那面,居然觉着有些远呢!这平铺着,厚积着的绿,着实可爱。她松松的皱缬着,像少妇拖着的裙幅;她轻轻的摆弄着,像跳动的初恋的处女的心;她滑滑的明亮着,像涂了"明油"一般,有鸡蛋清那样软,那样嫩,令人想着所曾触过的最嫩的皮肤;她又不杂些儿尘滓,宛然一块温润的碧玉,只清清的一色——但你却看不透她!

(朱自清《绿》)

(二)【训练提示】以下内容要求学生根据文字描述,展开"连续的画面",注意景别层次的变化,体验不同场景中蕴含的特定情感。尤其要区别静态描写、动态描写的不同以及人物心情或作者情感态度的具体性。

1. 院子是东西长而南北短的一个长条,所以南北房不能相对;假若相对起来,院子便被挤成一条缝,而颇像轮船上房舱中间的走道了。南房两间,因此,是紧靠着街门,而北房五间面对着南院墙。两间东房是院子的东尽头;东房北边有块小空地,是厕所。南院墙外是一家老香烛店的晒佛香的场院,有几株柳树。幸而有这几株树,否则祁家的南墙外便什么也没有,倒好像是火车站上的房子,出了门便是野地了。

(老舍《四世同堂》)

2. 大雨忽然来了。一个青色的闪照在槐树上,我赶紧跑到柴草房里去。那是距我所在处最近的房屋。我爬上堆近屋顶的芦柴上,听水从高处流下来,响极了。訇——空心的老桑树倒了,葡萄架塌了,我的四近越来越黑了,雨点在我头上乱跳。忽然一转身,墙角两个碧绿的东西在发光!哦,那是我常看见的老猫。老猫又生了一群小猫。原来它每次生养都在这里。我看它们攒着吃奶,听着雨,雨慢慢小了。

(汪曾祺《花园》)

(三)【训练提示】以下内容要求学生依据文字描述的刺激,产生"感同身受"的真切体验,要注意感受的具体及变化,同时引发具体的态度判断和情感运动。

1. 我问自己,以常人的视力享受了一个小时的林中漫步而没有发现任何值得看的事物,这怎么可能?我这个看不见东西的盲人,尚能通过触摸发觉到成百上千充满趣味的事物。我曾感受叶子精巧的对称,我也曾细抚白桦柔滑的皮肤和松树粗糙不平的表皮。春日里我渴望在树干上发现一簇嫩芽,因为那预示着久经寒冬的大自然正从长眠中醒来。我感受着花瓣们令人惊喜的天鹅绒般的触感,发觉它们特别的弧线,领略大自然的鬼斧神工。偶尔,当我将双手放在小树上的时候,还能幸运地感受到高歌的鸟儿身体那愉悦的颤抖。当清凉的小溪水从我指间流过,我更是满心欢喜。苍翠的松针或柔嫩的青草铺就的郁郁葱葱的地毯,比奢华美丽的波斯地毯还要让我倾心。对我而言,一年四季壮美的变幻就是一出动人心弦、永不会落幕的戏剧,情节如小溪流的水一般,顺着我指尖缓缓流过。

(海伦·凯勒《假如给我三天光明》)

2.一阵狂风卷过,寒气阵阵袭来,伫立在签子门边的余新江浑身发冷,禁不住颤抖了一下。屋瓦上响起了哗哗哗的声音,击打在人的心上。是暴雨?这声音比暴雨更响,更加嘈杂,更加猛烈。"冰雹!"余新江听见有人悄声喊着。他也侧耳听那屋瓦上的响声。在沉静的寒气里,在劈打屋顶的冰雹急响中,忽然听出一种隆隆的轰鸣。这声音夹杂在冰雹之中,时大时小。余新江渐渐想起,刚才在冰雹之前的狂风呼啸中,似乎也曾听到这种响声,只是不如现在这样清晰,这样接近;因为他专注地观察敌人,所以未曾引起注意。这隆隆的轰鸣,是风雪中的雷声么?余新江暗自猜想着:在这隆冬季节,不该出现雷鸣啊!难道是敌人在爆破工厂,毁灭山城了么?忽然,余新江冰冷的脸上,露出狂喜,他的手心激动得冒出了汗水。他突然一转身,面对着全室的人,眼里不可抑制地涌出滚烫的泪水。

"听!炮声,解放军的炮声!"

(罗广斌、杨益言《红岩》)

(四)【训练提示】以下内容要求学生依据文字,对人物产生综合感受,注意把握描述的态度及整体性,并能较好地表现出不同人物的特色。

1.她从一棵弯曲的柳树上面探过身去,用手拨开柳丛的枝条,看到下面有一个晒得黝黑的男孩子。他光着脚,裤腿一直卷到大腿上,身旁放着一只盛蚯蚓的锈铁罐子。那少年正在聚精会神地钓鱼,没有发觉冬妮娅在注视他。

"这儿难道能钓着鱼吗?"

保尔生气地回头看了一眼。

他看见一个陌生的姑娘站在那里,手扶着柳树,身子探向水面。她穿着领子上有蓝条的白色水兵服和浅灰色短裙。一双带花边的短袜紧紧裹住晒黑了的匀称的小腿,脚上穿着棕色的便鞋。栗色的头发梳成一条粗大的辫子。

拿钓竿的手轻轻颤动了一下,鹅毛鱼漂点了点头,在平静的水面上荡起了一圈圈波纹。

(奥斯特洛夫斯基《钢铁是怎样炼成的》)

2.终于台上锣鼓停了,大幕拉开,角色出场。但不管男的女的,出来偏不面对观众,一律背身掩面,女的就碎步后移,水上漂一样,台下就叫:瞧那腰身,那肩头,一身的戏哟!是男的就摇那帽翎,一会双摇,一会单摇,一边上下飞闪,一边纹丝不动,台下便叫:绝了,绝了!等到那角色儿猛一转身,头一高扬,一声高叫,声如炸雷豁啷啷直从人们头顶碾过,全场一个冷颤,从头到脚,每一个手指尖儿,每一根头发梢儿都麻酥酥的了。如果是演《救裴生》,那慧娘站在台中往下蹲,慢慢地,慢慢地,慧娘蹲下去了,全场人头也矮下去了半尺,等那慧娘往起站,慢慢地,慢慢地,慧娘站起来了,全场人的脖子也全拉长了起来。他们不喜欢看生戏,最欢迎看熟戏,那一腔一调都晓得,哪个演员唱得好,就摇头晃脑跟着唱,哪个演员走了调,台下就有人要纠正。说穿了,看秦腔不为求新鲜,他们只图过过瘾。

(贾平凹《秦腔》)

(五)【训练提示】 理解文字的过程中,除了形象感受,还要调动逻辑感受,即并列感、对比感、递进感、转折感、主次感、总括感等多种逻辑感受的综合把控,从而凸显上下文的内在联系。尤其是缺少关联词的部分,应通过鲜明的语气准确体现其逻辑关系。

1. 长征是宣言书,是宣传队,是播种机,长征是人类历史上的奇迹与光荣。

(《中国革命历史歌曲管乐合奏专场音乐会》主持词)

2. 冬天的百草园比较的无味;雪一下,可就两样了。

(鲁迅《从百草园到三味书屋》)

3. 血雨腥风,毛竹青了又黄,黄了又青,不向残暴低头,不向敌人弯腰。竹叶烧了,还有竹枝;竹枝断了,还有竹鞭;竹鞭砍了,还有深埋在地下的竹根。

(袁鹰《井冈翠竹》)

4. 对于一个在北平住惯的人,像我,冬天要是不刮风,便觉得是奇迹;济南的冬天是没有风声的。对于一个刚由伦敦回来的人,像我,冬天要能看得见日光,便觉得是怪事;济南的冬天是响晴的。自然,在热带的地方,日光是永远那么毒,响亮的天气,反有点叫人害怕。可是,在北中国的冬天,而能有温晴的天气,济南真得算个宝地。

(老舍《济南的冬天》)

5. 一个没有梦想的民族是可悲的。一个只有梦想的民族,同样没有前途。离开扎扎实实的苦干,任何美好的愿望都只是空中楼阁。

(人民日报《用实干鼓起梦想的风帆——神十归航话精神之三》)

6. 五年过去,从神舟七号到神舟十号,中国载人航天事业的发展高歌猛进,其他领域的创新态势同样喜人。"蛟龙"入海,载人下潜成功突破7000米,神奇的海洋世界一览无余;高铁让人们体验"贴地飞行"的快感,动车组技术引领全球;"走你"风靡网络,"航母style"抒发着欢乐场面背后的自豪情怀……一系列创新突破,与航天领域的跨越一道,标注着创新型国家建设的铿锵步伐,也让国际媒体惊叹"创新势头在地理上正向东方转移"。载人航天勇攀高峰的创新精神,正成为各行各业争相学习的榜样,推动着整个中国奋力转型。

(人民日报《为梦想插上创新的翅膀——神十归航话精神之二》)

综合练习

【训练提示】《舌尖上的中国》是中央电视台制作并播出的电视纪录片,以美食作为窗口,让观众领略中华饮食之美,进而感知中国的文化传统和社会变迁。

本篇主要训练以下内容:(1)运用自己的生活积累来充实和丰富词语感受,迅速调动起符合文字内容的态度和情感。(2)作为篇章综合练习,要特别注意处理好各层次、段落、语句之间的内在联系,逻辑链条要连贯清晰,避免平、散。

《舌尖上的中国》第 2 集《主食的故事》(节选改编)

主食是餐桌上的主要食物,是人们所需能量的主要来源。中国人的烹调手艺与众不同,从最平凡的一锅米饭、一个馒头,到变化万千的精致主食,都是中国人辛勤劳动、经验积累的结晶。而从南到北,广袤的国土,自然地理的多样变化,让生活在不同地域的中国人,享受到截然不同的丰富主食。

从每年农历十一月开始,老黄每隔三天,会拉着自己家里做的七百个馍馍,骑一个半小时的三轮车,到县城里去卖。老黄卖的黄馍馍,就是用糜子面做成的馒头。这是陕北人冬天最爱吃的一种主食。糜子,又叫黍,是中国北方干旱地区最主要的农作物。

擀面,是中原女孩子在成为女人的成长中,必须要掌握的生活技艺。按照中国人的风俗礼仪,过生日贺寿是一定要吃面条的,中国人称为长寿面。为什么中国人过生日要吃面?面条是怎么成为中国人贺寿的象征?有一个说法是面的形状长瘦,谐音长寿。面条成为讲究讨口彩的中国人最喜欢的主食。

陕西岐山人过寿也吃面。每逢老人做寿,岐山人都会聚在一起,请来秦腔剧团搭台唱戏。这时候一碗热腾腾酸辣可口的岐山臊子面,作为台前台后的最佳配角,是绝不可少的。吃臊子面最讲究的要数流水席。早上天刚亮,吃面的流水席就开了。据当地的史志记载,岐山臊子面起源于3000年前,只吃面,不喝汤,是当地人约定俗成的饮食规矩。陕西人把肉丁炒制的配料叫臊子。岐山臊子的制作更为讲究,肉丁切得薄而匀,干煸至透明状,再配以醋和秦椒辣面,文火慢炒。上等的臊子应该色泽鲜红纯正,口感酸辣突出。这样一勺色泽油亮,辣而不燥的红油臊子,正是岐山臊子面的精髓所在。臊子面的配菜讲究五色:木耳、豆腐寓意黑白分明,鸡蛋象征富贵,红萝卜寓意日子红火,蒜苗代表生机勃发,红黄绿白黑五种颜色代表了岐山人对生活的美好祝福。几千年来,臊子汤在岐山村村落落的面锅里翻滚着,岐山臊子面更成为一件精彩绝伦的艺术品。

几乎所有的中国人都知道一个概念:北方人喜欢吃面食,而南方人则离不开米饭,这就是中国独特的"南米北面"的主食格局。

嘉兴人踏实放心的一天就是从一个个热腾腾的肉粽子开始的。太湖流域的嘉兴素以"天下粮仓"著称。如今,快节奏的生产和生活方式正使这个几千年来一直都具有礼仪节令气质的食物变成一种日常的主食。在现代化流水线上,粽子这个古老的食物,呈现出与传统方式不一样的生命力。刘光荣,这个从四川来嘉兴打工的裹粽技师,从每天上午8点到下午4点,要完成超过3000只粽子。平均每分钟裹7个粽子,每一个粽子,用的时间不到10秒钟。在这个标准化的车间里,一只粽子36道工序,每个工作日会有100多万只粽子被生产出来。

从农耕文明走到工业文明,技术的进步,使得粽子不再局限于地域和时令。但是对中国人来说,顺应自然,亲手做合适的食物,更意味着对传统生活方式的某种延续。

每年晚稻成熟,就到了宁波人打年糕的时候。孩子们约好都从宁波回到村里来看望阿公阿婆,四代同堂的一家人像今天这样围坐在一起的日子,一年只有难得的两三次。在这个颇为丰盛的餐桌上,自然少不了孩子们最喜欢吃的年糕。宁波水磨年糕用当年新产的晚粳米制作,经过浸泡、磨粉、蒸粉、揉捣的过程,稻米的分子得到重组,口感也得以改善。揉捣后的米粉团,在铺板上使劲揉压,再揉搓成长条,一条最普通的脚板年糕就成型了。5岁的宁宁最高兴的事情就是跟着曾祖外婆一起做年糕。等宁宁长大,可能不会记得年糕的做法,但那种柔韧筋道的口感,承载着家庭的味道,也许会留在宁宁一生的记忆里。

春节,对于中国人来说,是一个属于家庭的节日。

饺子是中国民间最重要的主食,尤其年三十晚上,吃饺子取"更岁交子"之意。在中国人的习惯里,无论一年过得怎样,春节除夕夜合家团圆吃"饺子",是任何山珍海味所无法替代的年终盛宴。当众多的手工食品被放到流水线上复制,中国人,这个全世界最重视家庭观念的群体,依然在各自的屋檐下一年又一年地重复着同样的故事。此时,在中国人心里,没有什么是比跟家人在一起更重要的,这是他们全部的希望。

这就是中国人,这就是中国人的传统,这就是中国人关于主食的故事。

三、补充训练材料

片段练习

(一)描写语句

1. 月下,这白玉般的石桥。描画在空中的,直的线,匀净的弧,平行的瓦楞,对称的庑廊走柱,这古典的和谐。

(陆蠡《桥》)

2. 每当桂花飘香的时节,坡上,墨绿墨绿的,点缀着一片金金、银银。这样的时候,那甜丝丝的桂花香,灌得满屋都是,人整个儿都浸在香味中,时间长了,身上渗出来的细汗也香,飘起,悠悠的,味儿很淡,但也耐闻。

(赵和平《桂花坡》)

(二)描写空间场景的片段

1. 穿过古柏参天、处处都是花圃的园林,来到这个社稷坛前,突然有一种寥廓空旷的感觉。在庄严的宫殿建筑之前,有这么一个四方的土坛,屹立在地面,它东面是青土,南面是红土,西面是白土,北面是黑土,中间嵌着一大块圆形的黄土。这图案使人沉思,使人怀古。遥想当年帝王们穿着衮服,戴着冕旒,在礼乐声中祭地的情景,你仿佛看到他们在庄严中流露出来的对于"天命"畏惧的眼色,你仿佛看到许多人慑服在大自然脚下的神情。

(秦牧《社稷坛抒情》)

2. 四点半之后,当晨光初显的时候,水门汀路上和巷子里,已被这些赤脚的乡下姑娘挤满了。她们有的在水龙头旁边舀水,有的用断了齿的木梳梳掉紧粘在头发里的棉絮,有的两个一组两个一组地用扁担抬着平满的马桶,吆喝着从人们身边擦过。带工老板或者打杂的拿着一叠叠的名册,懒散地站在正门出口——好像火车站检票处一般的木栅子前面。楼下的那些席子、破被之类收拾了之后,晚上倒挂在墙壁上的两张板桌放下来了。十几只碗,一把竹筷,胡乱地放在桌上,轮值烧稀饭的就将一洋铅桶浆糊一般的薄粥放在板桌中央。她们的伙食是两粥一饭,早晚吃粥,午饭由老板差人给她们送进工厂。所谓粥,是用乡下人用来喂猪的豆腐渣加上很少的碎米、锅巴等煮成的。

粥菜?这是不可能有的。有几个"慈祥"的老板到菜场去收集一些菜叶,用盐一浸,这就是她们难得的佳肴。

(夏衍《包身工》)

(三)描写感知觉真切感受的片段

1.妹妹躲在门缝后边,眼瞧我这非凡而冒险的行动。我开始有些迟疑,最后还是好奇战胜了胆怯。当我的竿头触到蜂窝的一刹那,好像听到爷爷在屋内呼叫,但我已经顾不得别的,一些受惊的马蜂"轰"地飞起来,我赶紧用竿头顶住蜂窝使劲摇撼两下,只听"嗵"一声,一个沉甸甸的东西掉下来,跟着一团黄色的飞虫腾空而起,我扔掉竿子往小门那边跑,谁料到妹妹害怕,把门在里边插上,她跑了,将我关在门外。我一回头,只见一只马蜂径直而凶猛地朝我扑来,好像一架燃料耗尽、决心冲撞的战斗机。这复仇者不顾一切而拼死的气势使我惊呆了。我抬手想挡住脸,只觉眉心像被针扎似的剧烈地一疼,挨蜇了!我捂着脸大叫。不知道谁开门把我拖进屋里。

(冯骥才《捅马蜂窝》)

2.那年轻的农夫领着我走到稻埕中间,伸手抓起一把向阳一面的谷子,叫我用力地嗅,那时稻子成熟的香气整个扑进我的胸腔,然后,他抓起一把向阴的埋在内部的谷子让我嗅,却是没有香味了。这个实验我深深地吃惊,感觉到阳光的神奇,究竟为什么只有晒到阳光的谷子才有香味呢?年轻的农夫说他也不知道,是偶然在翻稻谷晒太阳时发现的,那时他还是大学学生,暑假偶尔帮忙农作,想象着都市里多彩多姿的生活,自从晒谷时发现了阳光的香味,竟使他下决心要留在家乡。我们坐在稻埕边,漫无边际地谈起阳光的香味来,然后我几乎闻到了幼时刚晒干的衣服上的味道,新晒的棉被、新晒的书画,光的香气就那样淡淡地从童年中流泻出来。自从有了烘干机,那种衣香就消失在记忆里,从未想过竟是阳光的关系。

(林清玄《光之香》)

(四)描写人物神态、心理及活动的片段

1.小达子其貌不扬,短脖短腿,灰眼灰皮,软绵绵赛块烤山芋;站着赛个影子,走路赛一道烟儿,人说这种人天生是当贼的材料。没错!小达子眼习手疾,就是你把票子贴在肚皮上,转眼也会到他手里,还保管叫你不知不觉,连肚皮贴票子的感觉也没变。可他最看家的本事,是在电车上。你在车上要是遇到他,千万别往他身上靠,否则你身上有什么,就一准没什么。

举个例子说,比方那种穿西服的小子,要是上了电车,保他没跑!因为那种小子好时髦,钱包都披在西服裤子的屁股后边口袋里,口袋没盖,上边露着钱包窄窄一道边儿。可要想伸手把钱包抻出来,也是妄想。口袋小,钱包鼓,紧绷绷,屁股上的神经不比脸皮的神经差,一动就察觉,小达子却自有招儿。逢到此时,他往车门边的柱子一倚,等车一停,那小子下车的一刹那,他手比电光还快,刷地过去,用食指和中指的指尖夹住钱包的边儿。下车时人的重心和注意力都向下,于是口袋的钱包不用去抻,它自个儿就舒舒服服不知不觉出来了。

(冯骥才《小达子》)

2. 她身材不高,可苗条的身段挺拔,显得修长,所以他仿佛觉得她个儿很高。她肤色棕褐,但可以猜想到,白天里看上去,大概像安达卢西亚姑娘和罗马姑娘那样有着美丽的金色光泽。她那纤秀的小脚,也是安达卢西亚人的样子,穿在优雅的鞋子里整个显得贴紧而又自如。她在一张随便垫在她脚下的旧波斯地毯上翩翩舞着,旋转着,涡旋着;每次一旋转,她那张容光焕发的脸蛋儿从您面前闪过,那双乌亮的大眼睛就向您投过来闪电般的目光。

(雨果《巴黎圣母院》)

(五)调动逻辑感受,抓准语言本质,逻辑链条连贯流畅

1. 燕子去了,有再来的时候;杨柳枯了,有再青的时候;桃花谢了,有再开的时候。但是,聪明的,你告诉我,我们的日子为什么一去不复返呢?

(朱自清《匆匆》)

2. 如果中国还不至于灭亡,则已往的史实示教过我们,将来的事便要大出于屠杀者的意料之外——这不是一件事的结束,是一件事的开头。

墨写的谎说,决掩不住血写的事实。

血债必须用同物偿还。拖欠得愈久,就要付更大的利息!

(鲁迅《无花的蔷薇之二》)

3. 从自然审美上讲,古人世界要比今人富饶得多,朴素而优雅得多。地球自35亿年前出现生命以来,共有五亿种生物栖居过,如今大多已绝。在地质时代,物种的自然消亡极缓——鸟类平均300年一种、兽类平均8000年一种。如今呢?联合国环境规划署报告说:上世纪末,每分钟至少一种植物灭绝,每天至少一种动物灭绝。这是高于自然节奏上千倍的"屠杀速率"!

多少珍贵的动植物永远地沦为了标本?多少生态活页从我们的视野中被硬硬撕掉?多少诗词风光如"广陵散"般成了遥远的绝唱?

(王开岭《古典之殇》)

4. 为了筹款,她写文章、做演讲,甚至在圣诞夜的街头卖蜡烛。2002年,破落的麻风村小学盖起了六间砖木结构的教室与两间学生生活用房,这是张平宜用30万元善款换来的。腼腆的孩子露出了笑容,她继而又萌生了更大胆的想法。2003年,张平宜辞去了报社的工作,在海峡对岸创办中华希望之翼服务协会,致力于打造大营盘村的希望工程。十余载的奔波与操劳,张平宜在大凉山当地建立了国内麻风村第一所正规学校,实现了九年制义务教育,大营盘也于2005年成为正式的行政村。

(《张平宜:跨越海峡的希望之翼》,选自《感动中国·2011年度人物》)

综合练习

【训练提示】 文章选自 2013 年由中华文化发展促进会主办的大型宣传报道活动《万里海疆巡礼》。

本篇主要训练以下内容：(1)这篇报道展现了南沙守礁官兵的艰苦生活，具体写实，点线结合，请在表达时注重形象感受和逻辑感受的结合。(2)结合新闻背景，明确播讲目的，注意态度情感落实在基调中的具体和鲜明，充分表达出广大官兵昂扬向上、誓守领土主权的坚定意志和爱国情怀。

南沙守礁人：失去一切也不能割舍对祖国的忠诚

特约记者　赵健　高博　刘瑞　陈进元

自 1998 年我国海军进驻南沙以来，一代代守礁官兵克服常人难以想象的困难，忠诚履行着神圣使命，守护着祖国的主权和尊严。面对南沙特殊的战略地位，南沙人书写了"上礁就是上前线，守礁就是守阵地"的爱国情怀。

在礁上，住是个难题

1988 年 2 月至 5 月，守礁官兵住的是支在海上的竹棚高脚屋，面积不足 10 平米，生活极为艰苦。吃的是罐头和压缩饼干，睡的是地铺。海风一刮，涌浪掀起，高脚屋就好像飘在无边大海上的摇篮，没有勇气和胆魄的人还真没有办法在高脚屋上生活和工作。

1988 年 6 月至 1990 年 6 月，守礁官兵住的是第二代高脚屋——铁皮高脚屋。由于屋顶是铁皮盖的，阳光的热量全部被铁皮吸收，因而生活在高脚屋里就像烤地瓜的感觉，守一次礁要连续脱掉几层皮。

1990 年至今，守礁官兵住的是第三代高脚屋，也称礁堡。25 年来，一批批守礁官兵靠自己的双手艰苦创业，大大改善了居住环境和生活条件。

在南沙，蔬菜水果最稀罕

一个苹果传着吃，这不是杜撰出来的影视桥段，在南沙，这是实实在在上演的家常事儿。礁上存放水果的屋子从来不用上锁，因为没有人会偷吃。他们觉得，自己吃了别人就没得吃了，所以即使吃了也不会觉得快乐。

如今，官兵背土上礁，历经一次次失败后，终于用智慧和辛劳建起了礁上菜园。在永暑礁菜园门口有一副求对的上联，目前还没有下联。上联是：无土运土无菜种菜无中生有。横批是一个字：菜。

在南沙，家里的亲人也奉献

和南沙军人同样奉献的，还有他们的家庭和亲人。有着 16 年守礁经历，并创造出一次守礁 758 天的"全国十大杰出青年"龚允冲，在写给妻子的信中有这样一段话："面对五星红旗，我心中充满自豪和骄傲，因为我是在为祖国站岗放哨，是在为人民守卫海防，每当千家万户欢声笑语，过上幸福小康生活的时候，才更加显示出我们守礁人的奉献和价值……和所有守礁的战友一样，面对自己的亲人，我心中总会涌起一种说不出的愧疚。等我退休那一天，我一定加倍补偿你们！"

南沙官兵常说,南沙的海水有多深,南沙军人对祖国的爱就有多深;南沙的鱼儿有多少,南沙军人奉献的故事就有多少。官兵们自己创作的《南沙卫士之歌》中有这样一句歌词:"吃遍南沙千般苦,人民幸福我光荣"。

一个个小小的礁盘,在官兵们心中有着至高无上的位置。为了守礁,25年间,南沙巡防区有66名官兵亲人病故不能回家尽孝,190名官兵家庭遭灾不能回家尽力,350多名官兵父母、孩子生病不能回家照顾,76名战士因为守礁错过了报考军校的机会,还有许多超到期服役的老战士无条件服从守礁需要,放弃难得的就业机会和优厚的工资待遇。

在南沙,守礁官兵可以失去财富、享受,不能割舍的是对守礁的痴情;他们可以失去健康,甚至生命,不能割舍的是对祖国的忠诚!

思考与研讨题

1. 什么是感受?
2. 感受是如何运动发展的?
3. 具体感受和整体感受是什么关系?请举例说明。
4. 什么是思想感情的运动状态?

第五章　情景再现[①]

- **本章要点**
  1. 情景再现的概念。
  2. 情景再现的过程。
  3. 情景再现中应该注意的问题。

第一节　情景再现的概念

一、何谓情景再现

情景再现是播音员主持人在有声语言创作过程中调动思想感情，使之处于运动状态，并激发播讲愿望的一种重要手段，是具有播音主持专业特点的重要术语，它准确地概括了作为创作主体的播音员主持人运用再造想象进行有声语言创作的规律。

- **关键术语**

在播音主持创作过程中，文本中的人物、事件、情节、场面、景物、情绪等，在创作主体的脑海里应该像放电影那样，形成连续的活动的画面；这画面不可能不带有创作主体的感受、态度、感情，不可能不带有文本本身所蕴含着的作者的感受、态度、感情及创作主体因此而产生的评价体验的"映象"。也就是说，创作主体理解和感受文本的过程中，不但感受到了其中的形象——"景"，而且也感受到了其中的神采——"情"，从而达到情景交融的境界。这个过程（注意，这里说的是过程，不是结果；是运动的，不是静止的；是融合的，不是孤立的），我们就叫它"情景再现"。

[张颂《播音创作基础》（第三版）]

[①] 本章内容依据中国播音学理论体系中两部著作的内容改编，以下老师为本章内容作出了重要贡献。张颂：《播音创作基础》（第三版）第七章第二节"情景再现"，中国传媒大学出版社 2011 年版，第 70～74 页；付程主编：《实用播音教程》第二册《语言表达》第二单元《情景再现》，本单元作者吴郁、王宇红，北京广播学院出版社 2002 年版，第 33～73 页。

二、对情景再现的理解

怎么理解情景再现这个概念呢？在情景再现的定义里，有三个关键点：一是感受，二是想象，三是表达。它们的关系是：感受是基础，想象是桥梁，表达是实现。

首先来说感受。感受是把文字稿件变为自己要说的话的关键环节，情景再现一定要产生于具体的感受中。播音主持创作的特殊性在于，播音员主持人播出时的感受大多数时候来自于演播室，来自于稿件本身。从文字语言到有声语言创作的第一步就要求不能见字出声，而应该发有情之声、有意之声。感受是关键的环节。感受有形象感受，也有逻辑感受，例如"雪纷纷扬扬，下得很大"这一句，在小说演播中，在现场报道中，都可能出现，南方的人和北方的人，对此也感受不同。形之于声的时候，一定是在具体的语境中，带有具体的思想感情的。

其次说想象。情景再现中的想象属于再造想象的范畴，具有很大的创造性。还以"雪纷纷扬扬，下得很大"为例，如果是第一次到南极，正好遇到下雪，觉得很神奇，现场报道的主持人很可能是用带有新奇感的语气来表达的。但是，如果是一场关于雪灾的报道，在连线时突然遇到了再次下雪，主持人很可能用担心、着急的语气来表达。那么，有没有可能把这两种语气交换使用呢？答案是否定的！

最后说表达，中国播音学非常强调表达的依据，即在理解基础之上的表达，如果见景生情，没有明确的目的来引导，很容易出现无病呻吟的状况。我们这里所谈的表达，是在理解稿件内容，明确作者的创作意图，规划设计我们的播讲意图的基础上，通过再造想象，设想和体会稿件中的情和理，然后，现身说法的表达。

所以，在播音主持过程中运用情景再现使思想感情处于运动状态，必须以节目需要为前提，不能漫无目的地进行想象和联想。情景再现的呈现是具体的有声语言的样态，是一种声音的传达。换句话说，我们要掌握情景再现这一有声语言的表达技巧，需要获得三种力：感受力、想象力和表达力。

第二节 情景再现的过程

情景再现的过程大略分四步走：

第一步，理清头绪。

拿到一篇稿件，首先要依据稿件进行创造性的设想和感知。我们可以借助再造想象将稿件中的人物、事件、图景、风貌进行设想，以便在我们的头脑里形成连续的、活动的画面，产生指导播音员主持人进行创作的真情实感。例如，稿件开头是什么？接下去是怎么变化的？以后又怎样发展？结果是怎样的？哪里是横向扩展的，怎样扩展？详细到什么程度？哪里是重点的"特写镜头"？哪里是较为粗疏的"远景""全景"？哪个"镜头"可以采用大笔勾勒一带而过的方式处理？哪个"镜头"又需要进行工笔细描的刻画，从而突出稿件的具体内容？这些在进行创作准备的时候要心中有数，不可走过场，否则，有声语言的表达就会比较简单直白，缺少活力。当然，也不可完全陷入对稿件的设想中不能自拔，否则创作时就会出现只见树木不见森林的感觉。

第二步，设身处地。

如果说设想是播音员主持人依据情景再现这个创作工具进行创作的第一步的话，设身处地则是创作中需要重点把握的地方。有声语言的创作要求调动真情实感，如果始终有"说别人的事情"这种感觉的话，播音主持时的感觉就会比较虚假。所以，需要把稿件中所叙述、描述的一切，设想和感知为自己亲眼所见、亲耳所闻、亲身经历的，让自己进入具体的事件、场景中去，不能袖手旁观，这叫设身处地。

设身处地主要是获得现场感，产生"我就在"的感觉，从而激发自己获得真实的、在场的感觉。

▋ **案例精选**

神舟九号与天宫一号的对接，是我国航天发展史上的盛举。转播时，张泉灵在虚拟的直播视频系统的支持下，模拟太空直播站的情景，以特效技术呈现对接的真实场景，讲解对接技术细节。此时主持人必须借助想象和联想的心理技术，以情景再现的方式，动态、真实地展现新闻事件。大家可以根据画面的提示，尝试自己也来解说一把：

康　辉：接下来我们还是到北京航天飞行控制中心张泉灵所在的太空直播站去看一看，泉灵在那儿会继续用这种虚拟的方式，来给大家详细地介绍一下接下来航天员开这三道门进入天宫一号的全过程。

张泉灵：你好，观众朋友，欢迎来到我们的太空直播站。现在神舟九号和天宫一号已经对接完成，那么这之后又将完成中国载人航天史上值得记录的一笔，就是我们的航天员终于要穿舱进入另一个在轨运行的航天器，也就是天宫一号的内部。那么从神舟九号到天宫一号要打开三道门，走几米的距离，但是这却要耗费两个多小时的时间。为什么需要这么久呢？有一套非常复杂的工作程序，来我们演示给大家看。有请我们的组合体登场。

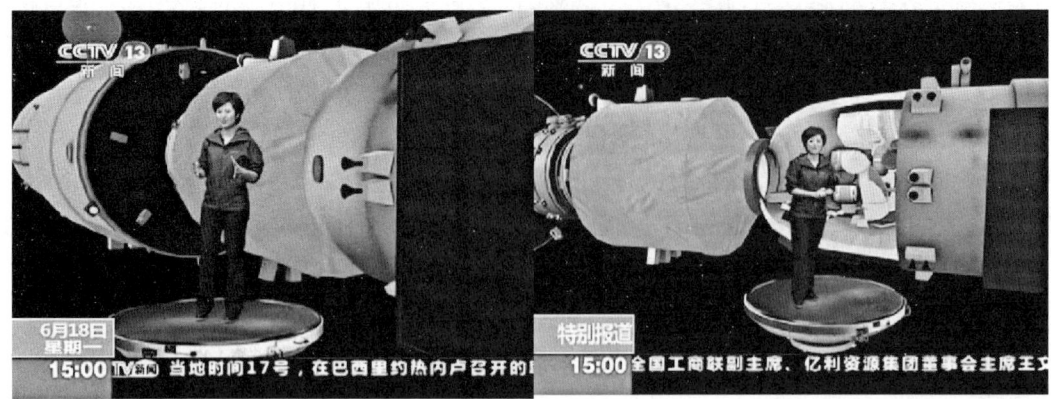

现在神舟九号和天宫一号这样的组合体已经来到我们的身旁。在它对接完成的那个时候,我们的航天员是在我对接的身后的这个舱,也就是我们神舟九号的一个返回舱的内部,为了保证他们的安全,他们的身上是穿着舱内航天服的。所以他们首要的一件事情是确认对接完成,而且轨道舱是安全的。大家看,现在舱门已经是打开了,返回舱和轨道舱之间的那个舱门,依次进到轨道舱的内部。

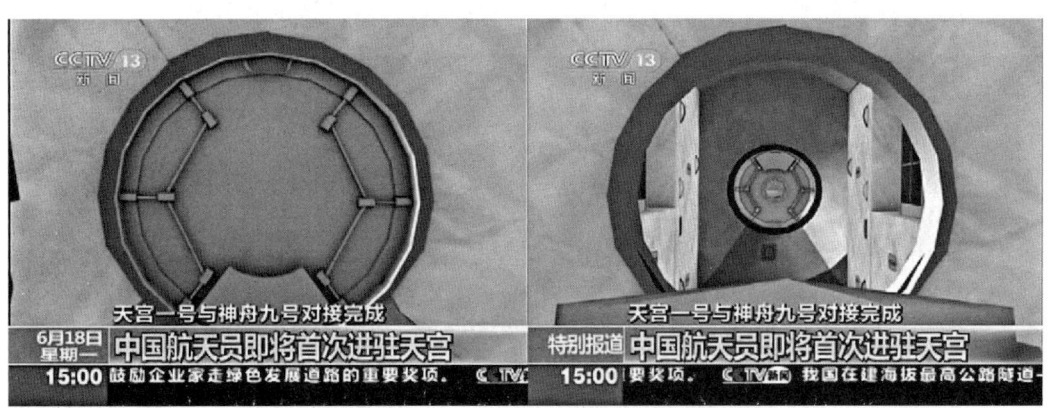

进入轨道舱之后,第一件事情他们要把自己的白色的舱内航天服脱掉,然后换成蓝色的日常工作服,之后的工作就会变得更加的顺手了。那么,换完衣服之后,接下来要做的就是平衡一下他们所在的神舟九号轨道舱和对接机构之间的气压。总结起来有三个词:第一个词要检漏,确定这个对接机构密封是完整的。第二个充气,别忘了对接机构在这个时候,它其实处于一个真空的状态。第三个是要平衡,使得我们的神舟九号对接机构里的气体是一个平衡的压力关系,然后才可以开门。那么这里就说到为什么必须是一个平衡的关系,之前我们已经知道,我们的轨道舱里面是一个多一点的大气压,而我们的对接机构里面是一个真空的状态。如果不能进行平衡的话,大家想象一下,这扇门往里开是怎么开都开不开的,等于让这个气给顶着了,所以平衡之后才能够开门。

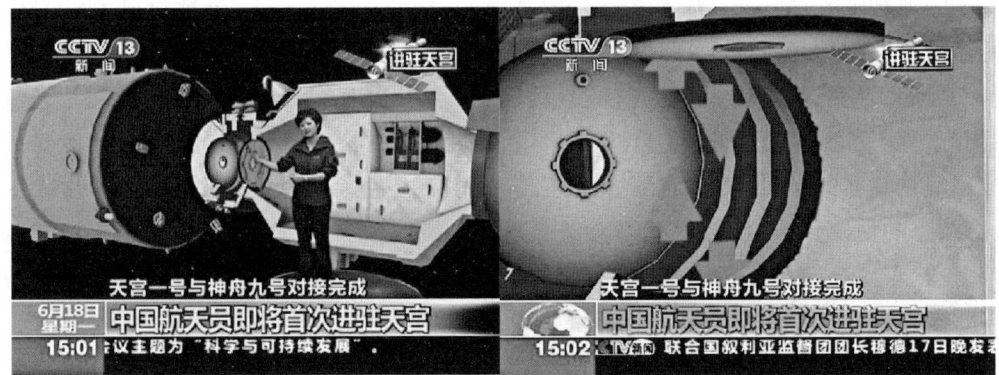

　　同样接下来要打开我们天宫一号的大门的时候,其实也需要平衡对接机构和天宫一号之间的一个气压的关系。天宫一号的体积比较大,有 15 立方米,所以这个平衡呢,可能是相当的费时间,需要将近一个小时的时间才能够使得对接机构和天宫一号来完成这个平衡。在这个时间里特别想跟大家说一下,打开天宫一号需要一把特殊的钥匙,这个钥匙是我们的航天员从神舟九号带上去的,挂在神舟九号轨道舱的舱壁上。你看,对,它其实非常像一个门的手柄,插进天宫一号的钥匙孔之后呢,向右顺时针旋转1、2、3圈,你看,现在天宫一号的大门就打开了,我们的航天员就历史性地进入一个在轨运行的航天器。

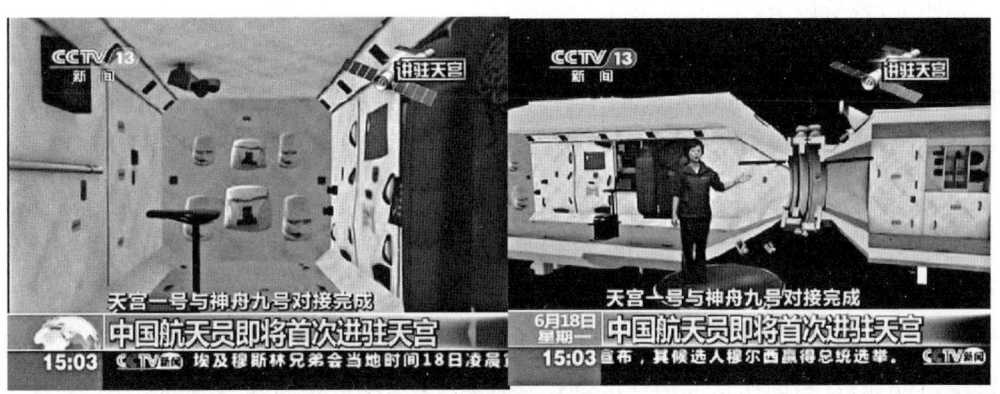

　　这个组合体形成之后,这边是我们的航天员的厨房和卫生间,它就是神舟九号的轨道舱,而天宫一号的内部就是他们的卧室、工作室、实验室和健身房,接下来航天员的生活一定会更舒适、更有趣。好,让我们祝福它一会儿一切顺利吧。

　　在这段直播中,虚拟的直播视频系统使观众能够获得如临其境的真实现场感受,太空直播站内的情景通过一幅幅模拟画面变得真实、直观。按理说,依托现代高科技手段,播音员主持人作为节目的代表能够给大家提供更直观、更鲜活的场景,调动受众的注意力,那么,有了这些是不是就不需要情景再现的内部技巧了呢?答案是否定的。为了让观众更清楚地了解天宫一号内的有关情况,张泉灵运用了大量的情景再现的技巧,比如当说到"如果不能进行平衡的话,大家想象一下,这扇门往里开是怎么开都开不开的,等于让这个气给顶着了,所以平衡之后才能够开门"时,她先向观众展示了一下打开天宫一号需要的那把特殊的钥匙(当然这只是虚拟的),然后,又设计了一个插进天宫一号钥匙孔的动作,之后,她做了向右顺时针旋转1、2、3圈的拧钥匙开门的动作,于是,我们看到天宫一号的大门被打开的情景。这段直播非常生动,直观、形象地介绍了天宫一号舱门的打开过程。如果在直播前,主持人张泉灵没有设想虚拟打开舱门的动作,并设身处地地模拟现场真实的场景,直播时紧张的工作节奏会让主持人思维混乱,难免出现头脑空白、打结巴的情况,可视性效果就不会这么强了。所以说,设身处地是建立在想象与联想基础上的,需要播音员主持人在准备稿件的时候,多用心,多动脑筋,多设想和感知观众的需要能让自己的思路更清晰。

第三步,触景生情。

当某种生活图景在脑海里浮现时,我们一定要做出积极的反应。稿件是寄情于景的,我们就要触景生情。触景生情是情景再现的核心。播音时特别强调积极的反应,在毫无准备的情况下,一个具体的"景"的刺激,马上引起我们具体的"情",且完全符合稿件的要求,刹那间动用全部经验积累,打开全部认识神经,达到"顿悟"。这种极高的要求只有通过刻苦的训练才能达到。

所以,拿到稿件之后,根据稿件的景物描写,展开积极的想象,也就是根据稿件的文字刺激,"触发"自己进行积极的心理活动,在产生具体的心理感受——喜、怒、哀、乐的基础上进行表达的设想,"触景生情"这一步就完成了。

第四步,现身说法。

既然稿件中的情景始终"我就在",那么,把这情景再现的过程转述出来,正是播音员主持人的责任。播音员主持人头脑中再现了稿件中的情景,经过自己的消化吸收、加工制作,使受众产生某种情景的再现,从中受到感染,才算完成了自己的任务。

第三节 情景再现中应该注意的问题

稿件包含的情景,是作者对生活素材加以提炼、概括而成的。对生活来说,稿件是一种再现,有声语言的创作是一种二度创作,需要把文本中的情景再次显现出来,在这一点上,也可以说是播音员主持人对生活的再现。

通过情景再现使思想感情处于运动状态的过程中,我们应当注意三个问题:

第一,情景再现运用的目的。

必须以播讲目的为中心,避免为"情景再现"而"情景再现"的现象。情景再现的运用,一切都要服从、服务于稿件,为完成播讲目的服务。该详则详,该略则略。那种不顾实际情况,不放过任何"情景再现"的机会,搞"情景再现"展览的播音主持就变成了技巧的展示,是不利于创作的一种行为。

第二,情景再现的依据。

情景再现的依据是稿件。情景再现一定是在认真分析、理解稿件之后进行的,是在理解基础上进行的感悟。播音员主持人依据稿件在脑海中进行的再造想象,只能受稿件的制约,而不能借稿件展开天马行空般的想象。特别是不能为了"生动",为了把稿件播

"活",只要稿件有一句半句的提示,就极力渲染,这种貌似"生动"、貌似"活"的播音会导致对稿件精神实质的背离。在为播讲目的服务的主要情景上,要学会用自己的经验、经历去补充和丰富,也可以用间接的经验去补充和丰富。

情景再现一定要产生于具体感受中,感受是把文字稿件变为自己要说的话的关键环节,是感受把文字稿件化为播音员主持人内心的事物,是感受催动播音员主持人的内心主动接受、容纳、消化文字稿件的多层次刺激。感受是关键,是由理解到表达的桥梁。无视感受,轻视感受,不可能做到感同身受,往往使情景再现过程有景无情,缺乏感受,也不可能产生饱满的感情,情景再现过程会景细情粗。

第三,情景再现的运用。

在准备稿件这个环节,在深刻理解、具体感受的过程中,在目的明确、感情深化的过程中,情景再现可以达到细致入微的程度,可以占用较长的时间。稿件中画龙点睛的几句话,我们可以有丰富的情景再现。这样,我们的头脑里便能产生深刻的印象、生动的情景。

在话筒前进行创作时,只需要重新唤起备稿时的那些具体感受,甚至只需要抓住某一点的感受,引发思想感情的运动就可以了,不必把所有备稿时产生的情景再现过程重复呈现出来。我们的情景再现,由语言引发,还要浓缩到语言中去,不能想老半天播一句或播一句想半天,因为这会使思想感情运动线中断,或游离于目的贯穿线之外,或停滞于某一情景之内,导致受众难以接受。

第四节　实例分析与训练

一、实例分析

第一场雪
峻　青

① 这是入冬以来,胶东半岛上第一场雪。

② 雪纷纷扬扬,下得很大。开始还伴着一阵儿小雨,不久就只见大片大片的雪花,从彤云密布的天空中飘落下来。地面上一会儿就白了。冬天的山村,到了夜里就万籁俱寂,只听得雪花簌簌地不断往下落,树木的枯枝被雪压断了,偶尔咯吱一声响。

③ 大雪整整下了一夜。今天早晨,天放晴了,太阳出来了。推开门一看,嗬!好大的雪啊!山川、河流、树木、房屋,全都罩上了一层厚厚的雪,万里江山,变成了粉妆玉砌的世界。落光了叶子的柳树上挂满了毛茸茸亮晶晶的银条儿;而那些冬夏常青的松树和柏树上,则挂满了蓬松松沉甸甸的雪球儿。一阵风吹来,树枝轻轻地摇晃,美丽的银条儿和雪球儿簌簌地落下来,玉屑似的雪末儿随风飘扬,映着清晨的阳光,显出一道道五光十色的彩虹。

④ 大街上的积雪足有一尺多深,人踩上去,脚底下发出咯吱咯吱的响声。一群群孩子在雪地里堆雪人,掷雪球。那欢乐的叫喊声,把树枝上的雪都震落下来了。

⑤ 俗话说,"瑞雪兆丰年"。这个话有充分的科学根据,并不是一句迷信的成语。寒冬大雪,可以冻死一部分越冬的害虫;融化了的水渗进土层深处,又能供应庄稼生长的需要。我相信这一场十分及时的大雪,一定会促进明年春季作物,尤其是小麦的丰收。有经验的老农把雪比作是麦子的"棉被"。冬天"棉被"盖得越厚,明春麦子就长得越好,所以又有这样一句谚语:"冬天麦盖三层被,来年枕着馒头睡。"

⑥ 我想,这就是人们为什么把及时的大雪称为"瑞雪"的道理吧。

我们都知道,情景再现是一种再造性的想象、联想活动。具体到稿件之中,还必须遵守稿件规定的目的、性质、范围、任务,要以稿件中提供的材料为原型,符合稿件的需要,服务于视听的需要。

第一步,理清头绪。

拿到一篇稿件,在经过"备稿六步"的理解感受之后,还有必要从情景再现的角度理清情景再现过程的头绪。认真地看一看,想一想,稿件是怎样开头,怎样发展和怎样结束的,在脑海中形成连续、活动的画面。只有做到成竹在胸,走向明确,主次得当,才不致在播出时头绪紊乱、主次不清。

《第一场雪》是一篇写景散文,描写的是胶东半岛上第一场雪到来时的景象。全文共有6个自然段,可分为4个层次:胶东半岛下了入冬以来的第一场雪(第1自然段);雪景(第2~4自然段);瑞雪兆丰年(第5自然段);难怪人们把及时的大雪称为"瑞雪"(第6自然段)。作者从四个方面来讲述这"第一场雪"的主题。4个层次之间情景交融,尤其是描写"瑞雪"的地方是这篇文章的核心。理清了这个头绪,文中的主次段落和态度分寸就不言自明了。理清头绪的同时,对这篇文章应该有的态度、基调我们也开始心中有数了。

第二步,设身处地。

如果置身于真正的雪景中,往往是不难唤起相应的感受的,但稿件播出的时候,未必都这么应时应景。怎么触发感情呢?怎么找到感受呢?怎么展开想象呢?必须从想象真实的雪景开始。

以"这是入冬以来,胶东半岛上第一场雪"为例,这一句,开头往往不容易播出内涵,原因是我们没有仔细理解作者的创作意图。再看下文:作者先是非常客观地描写"雪纷纷扬扬,下得很大",那么,到底有多大呢?作者描写了大片大片的雪花飘落下来、地面上一会儿就白了、静静的冬夜只听得雪落的声音、大雪下了整整一夜这几个片段。这些描写从字面上看都是相对客观的,还是看不出作者是喜是忧的态度,为下一段的描写埋下了伏笔。

通过第3和第4自然段的描写,作者的态度开始渐渐地显露出来,从"毛茸茸亮晶晶的银条儿""蓬松松沉甸甸的雪球儿""五光十色的彩虹""欢乐的叫喊声"这些词语中我们可以逐渐感知作者欣喜、愉悦的情感和态度。

在全文的结尾,作者总结为"我想,这就是人们为什么把及时的大雪称为'瑞雪'的道理吧",至此,作者对于这一场雪的态度完全显现了出来。

为什么一定要用这么烦琐的方法来整理稿件,难道不是浪费时间吗?

仔细想想，对于一场雪，我们在不同的时间、地点、场景中会有完全不同的理解和感受，有的是"瑞雪兆丰年"，有的是"雪大成灾"，不一样的感受就会引发不一样的创作目的。这篇稿件写于1962年，那时，我国正遭遇罕见的三年自然灾害，粮食问题是关系国计民生的重大问题。作者通过仔细观察分析这第一场雪，得出"瑞雪"的判断，并给出"来年是丰年"的预言，特别要联想到这场降在我国粮食主产区山东大地上的第一场雪对粮食生产的影响。于是，作者期盼粮食丰收，期盼人民吃饱的愿望跃然纸上，其忧国忧民之心溢于言表，所以，这篇稿件表达中，情感走向是冷静地观察—欣喜地发现—热烈地盼望，特别是"热烈地盼望"的感情是隐藏在文字深处的，需要仔细体会，并在表达中提示出来的。

第三步，触景生情。

当我们随着稿件产生积极的心理活动的时候，我们的思想感情也逐步发生着变化。

设想画面并不困难，但我们选择什么样的基调将这一画面再现出来，却可以反映出不同创作者的思想感情和内在素养。

(1)胶东半岛下了第一场雪——第一场雪会是一场什么样的雪？——客观的态度。

(2)雪下得很大、雪下了一夜、大街上积雪一尺多厚了——是一场很大的雪呀——人们开始欢呼啦——欣喜的态度。

(3)"瑞雪兆丰年""冬天麦盖三层被，来年枕着馒头睡"——丰收年要来啦——兴奋的态度。

(4)难怪人们把及时的大雪称为"瑞雪"——思考判断的态度。

通过这四种态度的转换，作者在这一篇稿件中的"情"显得具体而生动，整篇稿件中运动着的思想感情的红线就勾勒出来了。

通过对文章思想感情运动线索的分析，我们能够对《第一场雪》的主题有了全面的认识，这些理解对创作时形之于声是有帮助的，语言表达的方向性也因此明确了。

第四步，现身说法。

前三步完成之后，那种要向人们诉说的愿望就更强烈了。坐在话筒前，应该成竹在胸，稿件中的情景有条不紊地出现在我们的脑海中，这时，应当抓住感受，用有声语言进行表述。而我们的语言刺激了听众，在听众的心中形成相应的反应，造成情景交融的效果。让听众觉得播音员主持人讲述的这个故事很形象、很生动，似乎是播音员主持人在讲述自己的切身体会，这才是现身说法的真正含义。

这四步，可以逐步展开，也可以综合显露。一些急稿，更要边看稿边体验，使这四步融为一体。

二、核心训练材料

1.春
朱自清

【训练提示】本篇主要训练以下内容：(1)理清头绪。这篇散文具体细致地描绘了春草、春花、春风、春雨、春天的人等几幅图画，有利于视、听、嗅、触、空间等感知觉的调动，训练时请学生结合稿件，讲讲哪些地方都运用了什么感知觉。(2)触景生情。感受的调动与思想感情的运动之间有什么关系?建议学生结合自身经验充分调动综合感知,表达热爱春天、歌颂生命的情感。(3)要求各幅春之图特色独具,在统一的基调中有一定的区别变化。结尾的升华要质朴,要"水到渠成",避免外在地"歌颂"。

盼望着,盼望着,东风来了,春天的脚步近了。

一切都像刚睡醒的样子,欣欣然张开了眼。山朗润起来了,水涨起来了,太阳的脸红起来了。

小草偷偷地从土地里钻出来,嫩嫩的,绿绿的。园子里,田野里,瞧去,一大片一大片满是的。坐着,躺着,打两个滚,踢几脚球,赛几趟跑,捉几回迷藏。风轻悄悄的,草软绵绵的。

桃树、杏树、梨树,你不让我,我不让你,都开满了花赶趟儿。红的像火,粉的像霞,白的像雪。花里带着甜味,闭了眼,树上仿佛已经满是桃儿、杏儿、梨儿!花下成千成百的蜜蜂嗡嗡地闹着,大小的蝴蝶飞来飞去。野花遍地是:杂样儿,有名字的,没名字的,散在草丛里,像眼睛,像星星,还眨呀眨的。

"吹面不寒杨柳风",不错的,像母亲的手抚摸着你。风里带来些新翻的泥土的气息,混着青草味儿,还有各种花的香,都在微微润湿的空气里酝酿。鸟儿将巢安在繁花嫩叶当中,高兴起来了,呼朋引伴地卖弄清脆的喉咙,唱出婉转的曲子,跟轻风流水应和着。牛背上牧童的短笛,这时候也成天嘹亮地响着。

雨是最寻常的,一下就是三两天。可别恼。看,像牛毛,像花针,像细丝,密密地斜织着,人家屋顶上全笼着一层薄烟。树叶儿却绿得发亮,小草儿也青得逼你的眼。傍晚时候,上灯了,一点点黄晕的光,烘托出一片安静而和平的夜。在乡下,小路上,石桥边,有撑起伞慢慢走着的人,地里还有工作的农民,披着蓑戴着笠。他们的房屋,稀稀疏疏的,在雨里静默着。

天上风筝渐渐多了,地上孩子也多了。城里乡下,家家户户,老老小小,也赶趟儿似的,一个个都出来了。舒活舒活筋骨,抖擞抖擞精神,各做各的一份儿事去。"一年之计在于春",刚起头儿,有的是工夫,有的是希望。

春天像刚落地的娃娃,从头到脚都是新的,它生长着。

春天像小姑娘,花枝招展的,笑着,走着。

春天像健壮的青年,有铁一般的胳膊和腰脚,领着我们上前去。

2. 白杨礼赞(节选)

茅 盾

【训练提示】《白杨礼赞》成文于1941年3月。这是一篇托物抒情的散文,根据1940年作者从新疆奔赴延安途中的见闻和感受所写。当时抗日战争正处于艰苦的相持阶段,他亲眼目睹了北方军民在共产党的领导下同心同德、团结抗战的情形,从解放区人民的身上看到了民族解放的前途和希望,深受鼓舞,写下了这篇热情洋溢的散文。

本篇主要训练以下内容:(1)此文直抒胸臆,是"触景生情"的典型篇目,创作中先理清头绪,看看这篇稿件中都描写了白杨树的哪些形象,这些形象描写对于突出主题有什么重要作用。(2)重点把握白杨树的外形特征及内在气质,理解景物描写中所蕴含的思想感情,准确揭示白杨树的象征意义。(3)在落实"备稿六步"的基础上进行情景再现,在深刻理解、具体感受的过程中,结合播出背景,想想这篇文章在今天的播出意义是什么,找到"我要说"的愿望。

那就是白杨树,西北极普通的一种树,然而实在不是平凡的一种树!

那是力争上游的一种树,笔直的干,笔直的枝。它的干呢,通常是丈把高,像是加以人工似的,一丈以内,绝无旁枝;它所有的丫枝呢,一律向上,而且紧紧靠拢,也像是加以人工似的,成为一束,绝无横逸斜出;它的宽大的叶子也是片片向上,几乎没有斜生的,更不用说倒垂了;它的皮,光滑而有银色的晕圈,微微泛出淡青色。这是虽在北方的风雪的压迫下却保持着倔强挺立的一种树!哪怕只有碗来粗细罢,它却努力向上发展,高到丈许,两丈,参天耸立,不折不挠,对抗着西北风。

这就是白杨树,西北极普通的一种树,然而绝不是平凡的树!

它没有婆娑的姿态,没有屈曲盘旋的虬枝,也许你要说它不美丽,——如果美是专指"婆娑"或"横斜逸出"之类而言,那么白杨树算不得树中的好女子;但是它却是伟岸,正直,朴质,严肃,也不缺乏温和,更不用提它的坚强不屈与挺拔,它是树中的伟丈夫!当你在积雪初融的高原上走过,看见平坦的大地上傲然挺立这么一株或一排白杨树,难道你就只觉得树只是树,难道你就不想到它的朴质,严肃,坚强不屈,至少也象征了北方的农民;难道你竟一点也不联想到,在敌后的广大土地上,到处有坚强不屈,就像这白杨树一样傲然挺立的守卫他们家乡的哨兵!难道你又不更远一点想到这样枝枝叶叶靠紧团结,力求上进的白杨树,宛然象征了今天在华北平原纵横决荡用血写出新中国历史的那种精神和意志。

白杨不是平凡的树。它在西北极普遍,不被人重视,就跟北方的农民相似;它有极强的生命力,磨折不了,压迫不倒,也跟北方的农民相似。我赞美白杨树,就因为它不但象征了北方的农民,尤其象征了今天我们民族解放斗争中所不可缺的朴质,坚强,力求上进的精神。

让那些看不起民众,贱视民众,顽固的倒退的人们去赞美那贵族化的楠木(那也是直挺秀颀的),去鄙视这极常见,极易生长的白杨吧,但是我要高声赞美白杨树!

3. 人民英雄纪念碑浮雕上的故事

【训练提示】2013年10月1日上午,党和国家领导人与首都各界代表一起,冒雨向人民英雄纪念碑敬献花篮。当天,中央电视台新闻频道配发了有关人民英雄纪念碑的新闻资料片。以下是主持人的口播及新闻片配音部分的解说词。

本篇主要训练以下内容:(1)联系历史背景,对文字所描述的画面展开联想,移步换景,引发具体态度和情感,再现不同历史事件。(2)把握新闻背景,明确播出目的,找准基调,注意新闻片解说中"感而不入"的分寸感。

(口播)人民英雄纪念碑的碑座上有八组主浮雕和两个装饰性的浮雕,分别展现了中国近现代史上八个重大历史事件的场景,这些历史事件对中国人来说应该是耳熟能详的,那么人民英雄纪念碑又是怎样雕刻和展现的呢?

(配音)第一组浮雕是虎门销烟,记述鸦片战争前夕1839年6月3号,群众在虎门销毁鸦片的事迹。浮雕上,愤怒的群众正在把一箱箱鸦片运到海边,倾倒在放有石灰的窑坑里焚烧,一股股浓烟从石灰池上升。人群后面,有炮台和千百只待发的战船准备随时还击侵略者。

第二组浮雕是描写1851年太平天国的金田起义。在这幅浮雕上,一群拿着大刀、梭镖、锄头、土炮起义的汉壮族人民的儿女正风起云涌地从山坡冲下,旌旗迎风飘扬。

第三组浮雕是1911年辛亥革命武昌起义的庄严画面。深夜,起义的新军和市民摧毁了湖广总督门前的大炮,正向总督府里冲去。撕碎了的清朝的龙旗被践踏在地下,两千多年来的最后一个封建王朝宣告寿终正寝。

第四组浮雕是五四爱国运动。这是中国民主革命由旧民主主义革命转变为新民主主义革命的转折点。一群男女青年学生举着"废除卖国密约"的旗帜慷慨激昂地来到天安门前。人群高处,一个男学生正在发表演说,要求外争国权,内惩国贼,怒形于色的男女老少群众使整个浮雕充满了痛恨国贼、激动人心的气氛。

第五组浮雕是五卅运动。1925年5月30号,上海一万多人在南京路上举行反帝国主义大示威。英国巡捕向徒手群众开枪,死伤多人。五卅惨案引起了全上海以至全国人民的极大愤慨。成千上万的工人、学生、市民冲破英国巡捕的沙袋、铁丝网前进,带着礼帽的商人也加入了斗争的行列,被打伤的工人在战友们搀扶下继续勇往直前。

第六组是八一南昌起义的浮雕。画面上表现的是1927年8月1号早晨,一个连队的连长挥手向战士们宣布起义的场面。士兵们举着起义的信号马灯,光辉的红旗举起来了,战马在呼啸,劳动人民正在帮着搬运子弹。从这时起,中国人民有了自己的武装。

第七组是抗日敌后游击战。浮雕上显现出抗日战争时期太行山区敌后游击战的场面,青年男女农民手拿铁铲,背着土制地雷。白发的母亲送枪给儿子去打日本侵略者,老年的农民正在挖出地下的手榴弹,年轻小伙子站在指挥员身旁等候命令,准备随时投入消灭敌人的战斗。

第八组浮雕是由一个主浮雕和两块装饰性浮雕组成,这是所有浮雕中最大的一幅,描绘的是解放战争时期人民解放军百万雄师胜利渡长江,解放全中国。浮雕上,炮兵吹起冲锋号,指挥员右手高举连连向高空发射信号弹,已冲上对岸的战士直奔敌人的老巢。背后,数不清的战船正在波涛中前进。两个装饰性浮雕主题分别为支援前线和欢迎人民解放军。

(中央电视台《新闻直播间》2013年10月1日)

三、补充训练材料

1. 背 影
朱自清

【训练提示】(1)这篇文章中最感人的是关于父亲的背影的描述,播讲时注意景的描写与情的抒发之间的关系。看看随着景的转变,作者的情感是怎样变化的。(2)要注意描述和心理活动的交融,白描的手法朴素简练,表达出深沉内在的父子之情。

  我与父亲不相见已二年余了,我最不能忘记的是他的背影。
  那年冬天,祖母死了,父亲的差使也交卸了,正是祸不单行的日子。我从北京到徐州,打算跟着父亲奔丧回家。到徐州见着父亲,看见满院狼藉的东西,又想起祖母,不禁簌簌地流下眼泪。父亲说:"事已如此,不必难过,好在天无绝人之路!"
  回家变卖典质,父亲还了亏空;又借钱办了丧事。这些日子,家中光景很是惨淡,一半为了丧事,一半为了父亲赋闲。丧事完毕,父亲要到南京谋事,我也要回北京念书,我们便同行。
  到南京时,有朋友约去游逛,勾留了一日;第二日上午便需渡江到浦口,下午上车北去。父亲因为事忙,本已说定不送我,叫旅馆里一个熟识的茶房陪我同去。他再三嘱咐茶房,甚是仔细。但他终于不放心,怕茶房不妥帖;颇踌躇了一会。其实我那年已二十岁,北京已来往过两三次,是没有什么要紧的了。他踌躇了一会,终于决定还是自己送我去。我再三劝他不必去;他只说,"不要紧,他们去不好!"
  我们过了江,进了车站。我买票,他忙着照看行李。行李太多了,得向脚夫行些小费才可过去。他便又忙着和他们讲价钱。我那时真是聪明过分,总觉他说话不大漂亮,非自己插嘴不可,但他终于讲定了价钱;就送我上车。他给我拣定了靠车门的一张椅子;我将他给我做的紫毛大衣铺好座位。他嘱我路上小心,夜里警醒些,不要受凉。又嘱托茶房好好照应我。我心里暗笑他的迂;他们只认得钱,托他们只是白托!而且我这样大年纪的人,难道还不能料理自己么?唉,我现在想想,那时真是太聪明了!
  我说道,"爸爸,你走吧。"他往车外看了看说:"我买几个橘子去。你就在此地,不要走动。"我看那边月台的栅栏外有几个卖东西的等着顾客。走到那边月台,须穿过铁道,须跳下去又爬上去。父亲是一个胖子,走过去自然要费事些。我本来要去的,他不肯,只好让他去。我看见他戴着黑布小帽,穿着黑布大马褂,深青布棉袍,蹒跚地走到铁道边,慢慢探身下去,尚不大难。可是他穿过铁道,要爬上那边月台,就不容易了。他用两手攀着上面,两脚再向上缩;他肥胖的身子向左微倾,显出努力的样子。这时我看见他的背影,我的泪很快地流下来了。我赶紧拭干了泪,怕他看见,也怕别人看见。我再向外看时,他已抱了朱红的橘子往回走了。过铁道时,他先将橘子散放在地上,自己慢慢爬下,再抱起橘子走。到这边时,我赶紧去搀他。他和我走到车上,将橘子一股脑儿放在我的皮大衣上。于是扑扑衣上的泥土,心里很轻松似的。过一会儿说:"我走了,到那边来信!"我望着他走出去。他走了几步,回过头看见我,说:"进去吧,里边没人。"等他的背影混入来来往往的人里,再找不着了,我便进来坐下,我的眼泪又来了。
  近几年来,父亲和我都是东奔西走,家中光景是一日不如一日。他少年出外谋生,独力支持,做了许多大事。哪知老境却如此颓唐!他触目伤怀,自然情不能自已。情郁于中,自然要发之于外;家庭琐屑便往往触他之怒。他待我渐渐不同往日。但最近两年的不见,他终于忘却我的不好,只是惦记着我,惦记着我的儿子。我北来后,他写了一信给我,信中说道:"我身体平安,惟膀子疼痛厉害,举箸提笔,诸多不便,大约大去之期不远矣。"我读到此处，在晶莹的泪光中，又看见那肥胖的、青布棉袍黑布马褂的背影。唉！我不知何时再能与他相见！

2. 口　技

〔清〕林嗣环

【训练提示】（1）注意由声响描写的不同画面引发听众表情、神态、行动的不同反应。（2）充分调动想象，补充细节，体现"随声换景，场面分明"，使人身临其境，准确再现口技艺人的高超技艺，由衷地表达赞叹之情。

　　京中有善口技者。会宾客大宴，于厅事之东北角，施八尺屏障，口技人坐屏障中，一桌、一椅、一扇、一抚尺而已。众宾团坐。少顷，但闻屏障中抚尺一下，满坐寂然，无敢哗者。

　　遥闻深巷中犬吠，便有妇人惊觉欠伸，其夫呓语。既而儿醒，大啼。夫亦醒。妇抚儿乳，儿含乳啼，妇拍而呜之。又一大儿醒，絮絮不止。当是时，妇手拍儿声，口中呜声，儿含乳啼声，大儿初醒声，夫叱大儿声，一时齐发，众妙毕备。满坐宾客无不伸颈，侧目，微笑，默叹，以为妙绝。

　　未几，夫齁声起，妇拍儿亦渐拍渐止。微闻有鼠作作索索，盆器倾侧，妇梦中咳嗽。宾客意少舒，稍稍正坐。

　　忽一人大呼"火起"。夫起大呼，妇亦起大呼。两儿齐哭。俄而百千人大呼，百千儿哭，百千犬吠。中间力拉崩倒之声，火爆声，呼呼风声，百千齐作；又夹百千求救声，曳屋许许声，抢夺声，泼水声。凡所应有，无所不有。虽人有百手，手有百指，不能指其一端；人有百口，口有百舌，不能名其一处也。于是宾客无不变色离席，奋袖出臂，两股战战，几欲先走。

　　忽然抚尺一下，群响毕绝。撤屏视之，一人、一桌、一椅、一扇、一抚尺而已。

3. 2008年北京奥运会（第29届夏季奥林匹克运动会）开幕式解说词（节选）

【训练提示】北京奥运会开幕式气势磅礴，体现了中华民族悠久的历史和博大精深的文化内涵。

　　本篇主要训练以下内容：（1）通过电波感受开幕式的盛况和收看电视时的感觉是不一样的，在解说时要身临其境，调动听觉、视觉等全方位感受，用具体、形象的语言描述出方位、阵形、色彩、动作等一系列的变化。（2）注意每一个层次的重点不同。第一部分着重对建筑物形态、方位的介绍，第二部分突出开场击缶的动作变化。（3）具体感受要结合语境上升为整体感受，情感态度要落实在鲜明的基调上。

　　男：中央人民广播电台！
　　女：中央人民广播电台！
　　男：各位听众，香港特别行政区同胞、澳门特别行政区同胞、台湾同胞，海外侨胞们
　　合：大家，晚上好！
　　女：我们现在是在位于北京奥林匹克公园的国家体育场为您现场直播第29届奥运

会开幕式盛况,今晚,我们中央人民广播电台第一套节目中国之声、第四套节目都市之声、第五套节目中华之声、第七套节目华夏之声、第十套节目奥运之声和中国广播网,与您共同见证百年奥运梦、梦圆北京的历史性时刻。

男: 各位听众,将要举行第29届奥运会开幕式的国家体育场主体建筑呈马鞍形,从空中向下看是空间椭圆形的结构,夕阳余晖下,银光闪闪,红色看台和楼梯与银色的钢结构交相辉映,也与其西侧充满蓝色水泡的立方体建筑——国家游泳中心相互呼应,天圆地方,和谐自然。国家体育场有九万一千个座位,采用了独特的钢结构设计,因为巨型钢桁架相互连接酷似鸟巢,所以被人们亲切地称为"鸟巢"。鸟巢占地21公顷,建筑面积二十五万八千平方米。除了开幕式之外还将举行奥运会闭幕式、田径比赛和男子足球决赛,目前已经成为北京的地标性建筑。

女: 我们中央人民广播电台的现场直播席就位于国家体育场"鸟巢"的二层西南看台。我们在现场看到,鸟巢的南北两端各有一个大屏幕,现场的观众可以通过大屏幕清晰地观看到开幕式和体育比赛中的每一个细节。在体育场顶篷内侧,正对主席台的地方悬挂着五面旗帜,最中央是中华人民共和国国旗,左右两边分别是联合国旗帜和北京奥运会会旗,五面旗帜中另外两面分别是奥林匹克五环旗和奥林匹克运动发源地希腊的国旗,这两面旗帜分列左右。参加本届奥运会的所有国家和地区的国旗(区旗)在国家体育场鸟巢顶篷的内侧环绕一周,象征着本届奥运会是一次奥林匹克大家庭所有成员汇聚在一起的奥运盛会。

……

女: 现在鸟巢顶棚的东北侧升起一束耀眼的火光,火光沿着鸟巢顶棚椭圆形的环形银幕下端环绕一周,回到原点,发出巨大的轰响和耀眼的白光,光环激活了鸟巢顶棚侧面的环形银幕,鸟巢顶棚上的冷焰火如瀑布般倾泻而下,现场的所有观众抬头仰望,仿佛置身于火树银花的绚丽世界。现在,鸟巢顶棚椭圆的环形银幕上出现了中国古代计时工具"日晷"的彩色投影,分分秒秒,日晷计时针在飞快旋转,让人们听到了盛典临近的时光脚步;日晷发出耀眼的白光,从鸟巢顶棚落下投射到2008名演员组成的"击缶"方阵。方阵一角的打击乐演员开始击缶,每击一下,所击的缶就在夜幕中被内部的发光装置点亮,星星点点,光芒像波浪一样从东南向西北扩散。现在,整个"击缶"方阵2008尊缶全都被点亮,形成了一个发光的"击缶阵"。击缶的演员继续有节奏地表演,缶随着演员们的打击时亮时暗,击缶方阵利用缶的发光装置组成了各种不同的动感图案。先是2008尊缶从中间向两边依次点亮,之后又是从左到右依次闪光,由2008尊缶组成的缶阵好像一整块覆盖整个体育场场地的液晶显示屏,动作整齐划一,整个缶阵以光波律动传递着刚才投影中日晷带来的光阴概念。仿佛时间一秒一秒地从远古向今天迫近,举办奥运会这个中华民族的百年梦想即将实现。现在击缶方阵依靠发光设备呈现出白色阿拉伯数字"60"的字样,这是奥运会开幕式的倒计时时钟——50秒、40秒、30秒、20秒、10秒,9、8、7、6、5、4、3、2、1。

男: 各位听众,现在是2008年8月8日晚上8点整,北京奥运会的开幕式盛典正式开始。在现场观众的欢呼声中,国家体育场鸟巢四周的红色焰火腾空而起,交相绽放,把鸟巢装扮成了奥林匹克中心区乃至北京城夜色中的最亮丽图景。场内,演员们铿锵有力地持续击缶;场外,观众们的欢呼经久不息,共同将盛典现场变成欢乐的海洋。体育场内,2008尊缶组成的方阵在演员快节奏的击打下,有节奏地闪光,从天空中向下观察好像是花瓣簇拥着的花蕊,光芒四射。现在鸟巢顶棚侧面的椭圆环形银幕上,灯光打出了人的形象。这时2008尊缶向上射出2008副击缶的槌,演员们纷纷接住了缶槌,击打出滚滚春雷般的节奏,这是向远方朋友的致敬和欢迎。

思考与研讨题

1. 理解"情景再现"的内涵,思考播音员主持人所需要的再造想象的特点。
2. 创作中的情景交融是如何实现的?
3. 为什么说"情景再现,以情为主"?谈谈你的理解。
4. 结合一篇例稿,写出你是如何将情景再现的四个过程落实到具体创作中去的。
5. 怎样才能做到"触景生情",对于你不熟悉的稿件又该怎么办?
6. 谈谈你在话筒前"情景再现"的触发过程及体验。

第六章　内在语

■ **本章要点**
1. 内在语的含义及其作用。
2. 内在语的四大类型。
3. 内在语的把握与运用。

第一节　对于内在语的理解

在我们的日常交往中，由于表达习惯、场合环境、礼貌策略等原因，人们说话往往不会太直截了当，而是会委婉含蓄些，甚至是话里有话、一语双关。在大众传播中，这种情况也很常见。当面对文字的时候，我们的创作依据从内在逻辑链条到深层目的含义未必都会全部彰显，如果只是见字出声，不去挖掘、探求文字的内在含义，那么我们的语言难免苍白无味。当我们临场组织语句，完成即兴口语表达的时候，如果只是想哪说哪，不注意内在语言链条的承接，也很难做到流畅生动。

语句中的内在含义，即平常所说的"话里有话"的话、"弦外之音"的音，以及语句间的内在关联、"文气贯穿"的红线，也就是我们要在这一章学习的内在语。挖掘内在语，可以帮助我们把静默的文字变成要说的鲜活的话，可以帮助我们把思维成果变为有声语言的链条，可以帮助我们使思想感情处于运动的状态。内在语对有声语言表达有直接引发和深化含义的重要作用。

一、内在语的含义

我们所说的内在语，是指创作依据中没有完全或没有直接表露出来的，但需要我们在有声语言表达时加以显现并使受众领悟的语句关系和语句本质。

这里的创作依据，既包括文字稿件，也包括腹稿、提纲或素材。在创作依据中，许多内容没有完全或没有直接表露出来的原因是多种多样的，有的是因为不方便，有的是因为不可以，也有的是因为没必要。

这里的有声语言表达，既包括有文稿的表达，也包括无文稿的表达。在语言表达中，往往那些没有完全或没有直接表露出来的内容却是重要的、关键的,甚至直接体现着语句之间的内在关系和语句的本质意义,所以反而更加需要我们认真体会探求,努力加以显现,并且要用最恰切的方式,让受众准确地领悟。

背景延伸

内在语在戏剧理论中又叫"潜台词"。20世纪30年代后期,苏联剧坛用来概括斯坦尼斯拉夫斯基体系的最流行的一句话叫作"从自我出发走向角色"。对这一口号,斯坦尼斯拉夫斯基阐述为:"我们在剧本中发觉隐藏在字句里面的东西;我们把自己的潜台词放进别人的台词里去;我们确定自己对人物、对人物的生活环境的态度;我们使全部从作者和导演那里得来的材料都通过我们自己;我们在自己的内心里复制这种材料,用自己的想象补充它,使它获得生命。"

斯坦尼斯拉夫斯基曾这样定义潜台词:"就是角色明显的、内心感觉得到的'人的精神生活',它在台词底下不断地流动着,随时都在给台词以根基,赋予台词以生命。"

在戏剧艺术中,戏剧中的人物为了达到一定的目的,有的台词是直接表达台词含意的,但也有的台词,由于特殊的规定情境、微妙的人物关系等原因,说话时不直接表达台词的含意,而是叫人听起来话里有话。"潜台词"的运用,使戏剧语言充满魅力。

二、内在语的作用

内在语对有声语言的表达起着引发、深化的作用,主要表现在两大方面:

(一)承接语言链条——内在语是承续语言链条的连接点

语言链条是一种形象的说法,用来比喻语句之间按照一定的逻辑关系形成的像链子一样环环相扣的线性的结构。我们的文字,因为顺畅简洁的要求,或为意境、风格的缘故,在段落、层次间常常没有明显的承上启下的词语;同样,在句子或小层次之间也没有必要把所有衔接转换的关联词统统注明。

例如这样一句话:

有些人背上没有包袱,也有联系群众的长处,但是不善于思考,不愿多动脑筋,结果仍然做不成事业。

(毛泽东《放下包袱,开动机器》)

这句话是一个多重复句,由于行文简练的需要,各分句间的逻辑关联词没有一一标出,但是我们在读的时候,如果不去明确内在的关联词,不去体味内在的逻辑链条,不搞清语句之间的关系,只是见字出声,一句一句读下来,那就索然无味了,甚至还会削弱内在的逻辑力量,更谈不上生动可信。

而那些隐含在句子之间的作为内在语的关联词或关联短语,则像语言链条中的一个个连接点,是可以帮助我们承接语言链条的。我们可以找出这些语言链条上的连接点,也就是找到内在语,并把它用括号标注出来:

（虽然）有些人背上没有包袱，（并且）也有联系群众的长处，但是不善于思考，（也）不愿多动脑筋，结果仍然做不成事业。

找出内在语之后，我们就可以体味出它们所引发的逻辑意味，就可以帮助我们搞清语句之间的逻辑关系和内在联系，使我们获得准确的逻辑感受，从而明了语句的上下衔接、前后照应的承续关系，有利于我们准确、生动、有说服力地表达。

在一些文学性、抒情性强的文字中，文气跳跃灵动，层次需要明显转换而又不好衔接；在一些评论性、论说性强的文字稿件中，观点鲜明，逻辑严密——这时候，内在语揭示语言链条的作用就显得更为重要和不可忽视，我们会在后面的分类研究中逐一分析。

(二)揭示语句本质

任何时候，文字不可能也没必要把所包含的具体内容和思想感情表达净尽。不同的语言环境、不同的语言目的，即使是同一句话，也会表达出不同的含义和感情色彩。因此，我们认为，有声语言表达出来的思想感情有时比写出来的文字要具体、深广、丰富得多。

所以，当我们进行有声语言表达时，要想准确、鲜明、生动地表达出某一句话的精神实质，表达出这句话的本质意义，就需要在明确全篇播讲目的的前提下，从具体的语言环境中准确地把握这句话的语句目的。其实，全篇的播讲目的，就是全篇总的内在语，它对确定全篇的基调有着十分重要的意义，这在备稿的时候要特别注意。当然，在这里，我们重点学习的是语句中的内在语。

换句话说，我们在明确全篇播讲目的的前提下，只有准确把握了每一句话的内在语，才能准确把握语句的目的和态度倾向，才能更好地揭示语句本质，才能准确、鲜明、生动地表达出这一句话的精神实质，表达出这一句话的本质意义。

所以，在有声语言表达中，内在语对语句本质的揭示作用是关键的、具体的。其重要作用主要表现在两个方面：

1. 内在语是语句目的的集中体现，是确定语句重音的重要依据

重音，是最能体现语句目的的词和词组。要想准确表达出语句的内容，就必须从语句目的出发，准确确定语句重音。内在语是语句目的的集中体现，因此，找准内在语，有利于我们准确确定语句重音，也有利于我们克服一带而过或字字强调的表达习惯，摒弃习惯重音的不良影响。

例如"今天下午三点开会。"在这句话中，"今天""下午""三点""开会"每个词都可以作为重音来强调，我们当然不能全部强调。要想准确确定这一句话的重音，就要在具体的语境中，把握这句话的目的，找好内在语。比如这句话的内在语是"别迟到了"，那么重音就是"三点"；如果内在语是"别走啊"，重音就是"开会"了。

2. 内在语是态度倾向的真实体现，是确定语气的重要依据

有声语言表达是以语句为基本表意单位的。在思想感情状态支配下，语句的声音形式就是语气。语气包括内在的具体感情色彩和外在的具体声音形式两方面，而这两方面

都是由内在语决定的。同是一句话,由于内在语不同,表达的语气就不一样。

例如"他这个人可真好啊!"这句话的内在语如果是"我特别喜欢他",那么,这句话语气的感情色彩就是"由衷赞扬",声音形式就是"气徐声柔";如果这句话的内在语是"他是一个伪君子,我讨厌他",那么这句话语气的感情色彩就是"憎恨厌恶",声音形式就是"气足声硬";如果这句话的内在语是"大家互相客气客气",这句话语气的感情色彩就是"冷漠敷衍",声音形式就是"气少声平";如果这句话的内在语是"怎么可能?连他都是好人了?"这句话语气的感情色彩就是"讥讽嘲弄",声音形式就变成"气浮声跳"了……

可见,什么样的内在语,决定着什么样的表达语气。我们只有通过对更深刻的语句本质进行挖掘和把握,找准内在语,才能建立鲜明的语句关系,才能传达出恰当贴切的语气,从而体现出"这一句"的独有色彩和分量。

第二节　内在语的分类

我们按照内在语的作用——承接语言链条和揭示语句本质,可以把内在语分为四大类:

一、提示性内在语

提示性内在语用于节目、篇章之前或段落、层次、语句之间,有利于语言链条的承接,有助于更合理自然地引发话语,更鲜明准确地表达语句的逻辑关系,更恰切地转换或衔接上下句的语气,更好地与受众形成交流。

提示性内在语主要有以下几种作用:

(一)引发开头话语

播好开头是决定受众能否继续接受下去的关键,所以,我们在呼号台标,或者在节目、稿件、层次、段落之前,加上适当的词语,并把这些词语作为开头在内心说出来,与原来开头的词语自然地衔接,把其"带发"出来,这样的提示内在语可以帮助我们把开头播好。

1. 用在呼号台标之前

例如中央电视台科教频道和凤凰卫视中文台的呼号:

(各位观众,我们这里是)中央电视台科教频道
(各位观众)您现在收看的是凤凰卫视中文台

2. 用在节目开头

例如中央电视台科教频道《走进科学·周末调查》的一期节目:

(观众朋友,这里是)走进科学,周末调查。我们今天调查的对象,就是我们每天都离不开的水……

3.用在稿件开头

例如中央电视台大型系列纪录片《百年巨匠》之《齐白石》第二集《从画匠到画家》解说词的开头：

（听众朋友，您知道吗，那是在）1902年秋天，已经40岁，一心只想待在湘潭过安分日子的民间画师齐白石，先后接到了来自西安的两封信。

在话语的开头利用好提示性内在语，容易使我们一开始就进入良好的创作状态，找到亲切、自然、贴切的语气，赢得受众的好感和认同，为进一步的交流奠定良好的基础。

(二)加强逻辑关联

文字内容是用逻辑和语法建构起来的，但我们或因为顺畅简洁的要求，或为意境、风格的缘故，在段落、层次间常常没有明显的承上启下的词语，在句子或小层次之间也没有衔接转换的关联词。那些没有用话语表示出来的语句关系，具体地说就是那些体现语句逻辑关系和语法意义的隐含性关联词以及关联短语，是需要我们挖掘和体味的。

通过挖掘这种提示性内在语，使我们获得并列、递进、因果、转折、分合、假设等逻辑感受，使复杂的逻辑链条了然于胸。在播读时，通过提示，使逻辑感受更加具体、准确，前后句、上下文语言链条的衔接更加自然、顺畅和符合逻辑，同时也有助于我们获得色彩鲜明、分寸恰当的表达语气。

例如这样一段话：

车祸问题是个全社会的问题，需要各个方面配合解决。在这里，我们谨向司机同志进言……

对这段话，如果没有准确地把握其语句关系，就很可能把这两句话处理成并列关系。第一句逻辑的指向性仿佛是告诉受众，下面将要阐述社会各方面应如何配合解决车祸问题；而第二句却又说"谨向司机同志进言"，致使这两句话在逻辑上相互矛盾，造成语意不清和语言目的模糊。如果我们仔细分析，就会发现两个句子其实是一种让步转折关系。第一个句子是让步部分，居次要地位；第二个句子是转折部分，是直接体现语句目的的重点。因此，表达上就应该这样处理：

（当然）车祸问题是个全社会的问题，需要各方面配合解决。（然而）在这里，我们谨向司机同志们进言……

这样处理是把第一句"放下来"播，不做特意强调，而第二个句子用加重语气播出，就突出了一个指向明确的语句重心，从而也就突出了"司机是解决车祸问题的关键"的语句目的。

在一些评论性、论说性的文字稿件中，提示性内在语揭示语言链条的作用显得更为重要。这类文字稿件以理服人，论说性强，以鲜明的观点和严密的逻辑力量影响受众。而那些表现逻辑关联的提示性内在语，就是展示语句逻辑关系最重要、最有效的手段。尤其是对稿件中那些关系复杂而又省略了关联词的多重复句，更见功效。

例如《人民日报》社论《全社会都要关心和保护农民工》片段：

我国正处在工业化、城镇化加快发展的阶段，将有越来越多的农村富余劳动力逐渐转移到非农产业和城镇中来，大量农民工在城乡之间流动就业在我国将长期存在，解决好农民工问题，既是关系改革发展稳定全局的迫切任务，也是建设中国特色社会主义的战略任务。

这段话，就是一个省略了关联词的多重复句。如果我们不仔细分析，很容易一句一句播成并列关系，这样就显得平铺直叙，一片声音，没有内容。

我们可以尝试找出相关的逻辑关联词，并作为播读时的提示，如下所示：

（目前）我国正处在工业化、城镇化加快发展的阶段，（所以）将有越来越多的农村富余劳动力逐渐转移到非农产业和城镇中来，（从而）大量农民工在城乡之间流动就业在我国将长期存在，（因此）解决好农民工问题，既是关系改革发展稳定全局的迫切任务，也是建设中国特色社会主义的战略任务。

括号内这些挖掘出来的关联词，在播读的时候一闪而现，就可以使我们瞬间感受到分句间的逻辑意味，语气也会因此变得准确而丰富，整句话也就有了关联。

所以说，体现逻辑关联的提示性内在语，是使有声语言的链条向语言目的定向推进的路标，是使我们的语句富有内在逻辑力量的关键所在。

(三) 设问呼应衔接

在文字中，语句间总会有一些前后句转换突兀、语气不好衔接的地方，设计一个恰当的提示性内在语就可以为下句找到较为贴切的语气，使语句自然地衔接、过渡。尤其在一些文学性较强的作品中，文气跳跃灵动，层次需要做明显转换而又不好衔接，那些需要赋予有声语言以动作感、形象感，使状物抒情更具色彩和感染力的地方，那些需要与受众交流并唤起他们注意、引发他们思考的地方，则更需要我们运用提示性内在语来衔接、过渡、铺垫和转换，以找到恰当、自然和贴切的语气，从而把稿件播得文气贯通，衔接转换自然，形成一气呵成、浑然一体的效果，增强有声语言的表现力。

我们可以在句子、段落或层次中间，设计一些设问短语过渡，诸如"什么事呢？""为什么呢？""怎么样？"等等，以找到下句生动、贴切的语气，使转换衔接准确顺畅。

例如朱自清的《春》片段：

城里乡下，家家户户，老老小小，也赶趟儿似的，一个个都出来了。（出来干吗呀？）舒活舒活筋骨，抖擞抖擞精神，各做各的一份事去。（为什么？）"一年之计在于春"，刚起头儿，（所以）有的是工夫，有的是希望。

更重要的是，这种设问和呼应，是与受众心理相呼应的，因为这些设问短语往往也是受众听到此处时所产生的自然心理反应。所以，运用好这种设问呼应的提示性内在语，有助于调动受众对传播过程的参与，构成潜在的双向交流，防止我们一厢情愿、平铺直叙地表达。

(四)展示情态过程

提示性内在语还可以用来展示判断或动作的过程,使语气生动形象,富于动感,还有助于调动受众的想象,增强语言的感染力。

例如朱自清的《春》片段:

桃树、杏树、梨树,你不让我,我不让你,都开满了花赶趟儿。红的像火,粉的像霞,白的像雪。(一闻啊)花里带着甜味;闭了眼,(一想啊)树上仿佛已经满是桃儿、杏儿、梨儿。(往下看)花下成千成百的蜜蜂嗡嗡地闹着,(顺着蜜蜂再往前看)大小的蝴蝶飞来飞去。(顺着蝴蝶往远看)野花遍地是:杂样儿,有名字的,没名字的,散在草丛里,(看上去)像眼睛,像星星,还眨呀眨的。

在表现人物复杂的心理活动的时候,在塑造特定情境下的人物语言的时候,在需要表现某种特定感情色彩的时候,我们可在该句之前加一个相应的提示性内在语,来提示创作者用恰当的语气表现人物当时的心理状态。

例如《红岩》片段:

这隆隆的轰鸣,是风雪中的雷声么?余新江暗自猜想着:(不对呀)在这隆冬季节,不该出现雷鸣啊!(忽然心中一紧,不好!)难道是敌人在爆破工厂,毁灭山城么?

总之,提示性内在语是激活我们语气的一个重要方法,它以形式的灵活多样、内容的丰富多彩为我们创作思维的发挥和创作个性的施展,提供了广阔的空间。

二、寓意性内在语

寓意性内在语就是我们平常所说的"话里有话"的话、"弦外之音"的音;就是隐含在语句深层的内在含义,是要结合上下文语言环境挖掘出来的语句本质和语句目的。

寓意性内在语主要有以下几种作用:

(一)另有他意,含蓄深刻

比如,鲁迅的小说《孔乙己》中有这样一句话:

孔乙己是站着喝酒而穿长衫的唯一的人。

小说一开始作者就作了交代:到咸亨酒店喝酒的大体上有两种人,站着喝的是穿短衣做工的穷苦人,坐着喝的是穿长衫的有钱人或阔绰的读书人。这句话指明孔乙己身份的同时还揭示了他的性格特征:站着喝酒的寓意是"穷困潦倒",穿长衫的寓意是"死要面子"。当然,高明的作家如鲁迅先生,一般不会直白地说:"孔乙己是穷困潦倒又死要面子的人",而是把这种观点寓意在"站着喝酒而穿长衫"的客观描述之中。我们在进行有声语言表达的时候,却需要加以显现。

(二)一语双关,意味深长

在我们的语言中,有一种经常用到的修辞手法,叫双关。陈望道在《修辞学发凡》中说:"双关是用了一个语词,同时关顾着两种不同事物的修辞方式。"双关语也是一种独具魅力的寓意性内在语。在一定的语言环境中,利用词的多义和同音的条件,有意使语句具有双重意义,言在此而意在彼,可使语言表达得含蓄、幽默,意味深长,给人以深刻印象。

1. 利用词的同音的双关

例如:

不写情词不写诗,一方素帕寄相思。郎君着意翻覆看,横也丝来竖也丝。

这首诗利用思念之"思"与丝绸之"丝"的同音关系,深情地表达出女子对所爱之人千丝万缕的相思,含蓄隽永,意味深长。

2. 利用词的多义的双关

例如曹禺《雷雨》中繁漪的一句台词:

好,你去吧!小心,现在,(望窗外,自语)风暴就要起来了!

这里的"风暴",既是指自然界中的风暴,更寓意着生活中的巨大冲突与变故。

寓意性内在语的把握,除了参照上下文语言环境之外,还应注意结合作者的写作风格,语言习惯,文章的主题,人物的性格、身份、心理、语言和所处的环境,以及人物之间的关系,甚至还要从历史背景或播出背景等角度去分析判断。

例如散文诗《火光》片段:

现在,无论是这条被悬崖峭壁的阴影笼罩的漆黑的河流,还是那一星明亮的火光,都经常浮现在我的脑际,在这以前和在这以后,曾有许多火光,似乎近在咫尺,不止使我一人心驰神往。可是生活之河,却仍然在那阴森森的两岸之间流着,而火光,也依旧非常遥远。因此,必须加劲划桨……

《火光》是俄国杰出的批判现实主义作家柯罗连科的著名散文诗。作者年轻时因参加革命活动被流放西伯利亚6年之久,本篇是他1900年5月4日题在一个女作家纪念册上的散文诗。作者抓住生活中一个极常见的现象,揭示了深刻的哲理,使人在黑暗中看到光明,在困难中增加勇气,文笔优美而意境深远。这篇作品中主题词"火光"和这段中的"生活之河""加劲划桨"都有着深刻的寓意,我们在表达时不仅需要读懂文字的含义,还需要结合相关的历史背景、作者的写作风格以及我们播出的时代背景加以分析。

三、反语性内在语

反语就是说反话,无论是"正话反说",还是"反话正说",其实也是一种寓意。但是我们所说的寓意性内在语所体现的语句本质和语句目的,在褒贬态度、感情评价和客观事理上,一般说来与语句文字表面的意思是不对立的,是同向的。当寓意完全对立的时候,也就是语句文字表面的意思和语句本质、语句目的异向的时候,我们就把含有这种寓意的内在语专门归为一类,叫作反语性内在语。

反语性内在语直接体现了语句表层意义与语句本质意义的对立关系,需要我们在上下文语言环境中仔细把握。同时,蕴含反语性内在语的词语多为语句重音,在表达时要着重显现。

反语性内在语主要有以下几种作用:

(一)反话正说,酣畅淋漓

我们使用反语,一般多用来表达讽刺、批判的态度情感,反话正说,嬉笑怒骂,入木三分,酣畅淋漓。

例如鲁迅《纪念刘和珍君》片段:

当三个女子从容地转辗于文明人所发明的枪弹的攒射中的时候,这是怎样的一个惊心动魄的伟大呵!中国军人的屠戮妇婴的伟绩,八国联军的惩创学生的武功,不幸全被这几缕血痕抹杀了……

在这段文字中,鲁迅一连用了"伟大""伟绩""武功"等几个褒义词和"不幸""抹杀"等充满感情的词语来表达他无比悲痛的心情,"寓贬于褒",表达他对反动政府开枪镇压学生的"出离愤怒"和无情鞭挞。

(二)正话反说,温馨含蓄

在语言表达中,说反话也经常用来表达亲密无间的态度情感。正话反说,温馨含蓄,很能表现生活情趣。

例如孙犁的《荷花淀》中:

几个女人有点失望,也有些伤心,各人在心里骂着自己的"狠心贼"。

(三)风趣诙谐,营造气氛

说反话也可以用来表达轻松喜悦的态度情感,风趣诙谐,营造欢乐气氛。

例如周立波的《暴风骤雨》:

这屯子还是数老孙头能干,又会赶车,又会骑马,摔跤也摔得漂亮,"啪嗒"一响掉下地来,又响亮又干脆!

四、回味性内在语

对于隐含在语句深层的含义,虽然我们每一个表达者结合上下文语言环境挖掘出来的表述不尽相同,但基本上应该是明确的。那些只可意会无法言传的含义,那些更多是用来激发我们想象和感悟的内在寓意,我们把它们归为另一类,叫作回味性内在语。

回味性内在语一般多用于段落、层次,特别是全文的结尾处。一次语言表达创作完成,不管是漾开缓收,还是戛然而止,都要让人感到"语已尽而情尚存"或"言有尽而意无穷"。要让受众体味什么,思考什么,想象什么,憧憬什么,靠的就是回味性内在语的具体引发。

回味性内在语大体上有以下几种作用:

(一)虚实相生,营造意境

意境是中国传统美学思想的重要范畴之一,是指"特定的艺术形象和它所表现的艺术情趣、气氛以及它们可能触发的丰富的艺术联想与幻想的总合"。[①]

意境的结构特征是虚实相生。它由两部分组成:一部分是"如在眼前"的"实境";一部分是"见于言外"的"虚境"。

我们在表达时,就是要通过对"如在眼前"的"实境"的表达,去体味"见于言外"的"虚境",并通过回味性内在语的提炼,努力感受文字所呈现的那种情景交融、虚实相生的形象系统,努力进入其所诱发和开拓的审美想象空间,从而引导我们寻求最恰切的有声语言呈现。

例如温庭筠《商山早行》之次联:

鸡声茅店月,人迹板桥霜。

《商山早行》是唐代著名的羁旅行役诗之一,为诗人离开长安时所作。全篇充满了"客行悲故乡"的凄苦之情。

这一句写诗人初离驿站之所见,皆眼前实景,这一词一景的层叠渲染,为我们描摹了一幅凄清有致的霜晨早行图;同时,"难写之景如在目前,不尽之意见于言外",诗人内心寝不安眠、倍加思乡的情感,天涯孤旅、凄清孤冷之痛楚,跃然纸上。

这里的"悲客思乡、凄清孤冷",就是我们所寻找的意境回味的内在语。只有找准了这意境的回味,才能让我们更细腻地鉴赏,更准确地表达。

有时候,意境回味的内在语,并没有什么确定性的内容,我们也没必要非去探究它最准确的提炼,这种意境的回味,是"千言万语尽在不言中",就是为了营造一种氛围,引导受众或憧憬遐想,或思考体味,或自我感叹。它既是文字及所表达的色彩、分量的引申和推送,又是全篇主题思想、精神实质的挥发和伸张。

例如顾城的《一代人》:

黑夜给了我黑色的眼睛,我却用它来寻找光明……

我们有时只好用省略号,来表达这样的文字所营造的无限的审美想象空间。这种意境回味的提示对于我们寻找恰当语气也是非常重要的。

---

① 蒲震元:《中国艺术境论》,北京大学出版社2004年版,第21页。

背景延伸

意境是中国传统美学思想的重要范畴。意境理论最先见于文学创作与批评。三国两晋南北朝时,文学创作中有"意象"说和"境界"说。唐代诗人王昌龄和皎然提出了"取境""缘境"的理论,刘禹锡和司空图又进一步提出了"象外之象""景外之景"的创作见解。明清两代,围绕意与境的关系问题又进行了广泛探讨。明代艺术理论家朱存爵提出了"意境融彻"的主张,清代诗人和文学批评家叶燮认为意与境并重,强调"舒写胸臆"与"发挥景物"应该有机结合起来。近代文学家林纾和美学家王国维则强调"意"的重要性。林纾认为"唯能立意,六能创建",王国维则认为创辞应服从于创意,力倡"内美",提出了诗词创作中的以意胜的"有我之境"和以境胜的"无我之境"两种不同的审美规范。

(二)反问强调,深化交流

在有些稿件、节目的结尾,加一反问式的回味性内在语,诸如"您说对吗,听众朋友?""您同意我的观点吗?""您听懂了吗,听众朋友?"实际上是对前句语意或全篇结论的肯定与强调,同时,还具有对前句句尾语势所表现色彩的引申、指向和推送作用,能够进一步沟通传受双方,深化双向交流。

例如:

虽说现在生活好了,可咱们却不能忘了勤俭节约的优良传统呀!(您说对吗?)

延伸阅读

《中国播音学》中,"内在语"分为六大类:(1)发语性内在语,(2)寓意性内在语,(3)关联性内在语,(4)提示性内在语,(5)回味性内在语,(6)反语性内在语。其中每一类又包括多种小的类型,丰富翔实。为方便教学和训练,本书对其进行了简化,具体内容可参看《中国播音学》(修订版,北京广播学院出版社2003年版)第二十二章。

第三节 内在语的把握与运用

一、不能"望文生义"

内在语是我们对稿件理解和感受的集中概括。内在语作为语句的实在意义是随着语句目的、语言环境的变化而变化的,因此,从孤立的语句中寻觅到的内在语往往具有不稳定性和不确定性。稿件中的语句,是受传播目的、主题思想和整体基调制约的,我们需要在搞清语句表层意思的基础上,根据语句目的和上下文具体语境挖掘出语句深层的含义,并准确判断和把握具体的态度分寸。只有确定这些,内在语才是准确贴切的。

二、不用"句句都找"

在我们的创作依据中,许多语句的内在含义和逻辑关系是易于把握的,因此没有必要句句都找内在语。那些重点语句和难点语句,才需要我们深入挖掘其本质含义,才需要我们寻找内在语。

所谓重点语句,是传播目的和主题思想的落脚点,是全篇的关节所在。重点语句的内在语把握不准,就不能深刻传达出稿件的精神实质。

所谓难点语句,是指语句本质不好把握,或文气不十分贯通,播起来又不好衔接的地方,似雾里看花,扑朔迷离。往往在难点上,内在语更可以显示其巨大的功效。一个恰当的内在语能够在一定程度上弥补稿件文字的缺陷和不足,使语言表达或柳暗花明,或锦上添花。

另需注意的是,有些稿件中人物的语言,特别是人物的直接引语,也应作为内在语把握。具体情景中的人物语言,其内在语往往是比较丰富的,需要我们结合上下文语境、人物的性格特征、语言目的,以及人物之间的相互关系去仔细推敲,深入挖掘。

三、确定时"鲜明简洁"

挖掘、运用内在语的目的是深化对稿件的理解、感受,使自己的思想感情运动起来,以获得贴切的表达语气,更好地传达稿件的精神实质。因此,内在语的把握应力求避免朦胧模糊,也不要太啰唆,往往是一个准确鲜明的词或短语即可。

四、运用时"瞬间感受"

内在语的作用在于"直接引发"和"具体深化"。当我们确定了内在语之后,表达时要由此一点,瞬间感受,体会到相应的逻辑意味,感受到具体的态度情感即可,目的在于落实到准确的停连、重音和贴切的语气以及相关段落的节奏转换上。因此,不必机械地、逐字逐句地去重现所有的内在语,这样反而容易使语句不顺畅,影响表达。

第四节 实例分析及训练

一、实例分析

火 光
柯罗连科

(那是在……)

①很久以前,在一个漆黑的秋天的夜晚,我泛舟在西伯利亚一条阴森森的河上。

②船到一个转弯处,只见前面黑黢黢的山峰下面,一星火光蓦地一闪。(远处看)火光又明又亮,好像就在眼前……(看到希望,欣喜)

③"好啦,谢天谢地!"我高兴地说,"马上就到过夜的地方啦!"

④(可是)船夫扭头朝身后的火光望了一眼,又不以为然地划起桨来。"远着呢!"

⑤(?)我不相信他的话,因为火光冲破朦胧的夜色,明明就在那儿闪烁。

⑥不过船夫是对的,事实上,火光的确还远着呢。

⑦这些黑夜的火光的特点是：(什么？)驱散黑暗，闪闪发亮，近在眼前，令人神往。乍一看，再划几下就到了……(其实呢？)其实却还远着呢！……

⑧(接下来)我们在漆黑如墨的河上又划了很久。一个个峡谷和悬崖，迎面驶来，又向后移去，仿佛消失在茫茫的远方，而火光，(远处，神往)却依然停在前头，闪闪发亮，令人神往——依然是这么近，(可)又依然是那么远……

⑨(回到现实)现在，无论是这条被悬崖峭壁的阴影笼罩的漆黑的河流，还是那一星明亮的火光，都经常浮现在我的脑际，在这以前和在这以后，曾有许多火光(希望)，似乎近在咫尺，不止使我一人心驰神往。可是生活之河(现实)，却仍然在那阴森森的两岸之间流着，而火光(希望和理想)，也依旧非常遥远。因此，必须加劲划桨……

⑩然而，火光啊(希望和理想)……毕竟……毕竟(怎么样？)就在前头！……

柯罗连科，俄国杰出的批判现实主义作家。他坚决反对君主专制政体，始终关心社会上的重大问题，抨击腐败的政府和社会制度，所以他年轻时曾被流放西伯利亚6年之久。流放生活使他对社会有了更深刻的认识，他的作品充满社会政治的主题，洋溢着民主思想和人文精神，表现了人民的觉醒和他们向往自由、真理的意志。他继承了俄国民主主义文学的优秀传统，自觉地实践了文学的社会使命，被誉为"俄国人民的良心"。

柯罗连科的写作风格深受屠格涅夫的影响，擅长"以小见大"，撷取生活中一个极常见的现象，揭示深刻的哲理。《火光》就是其中著名的一篇，是他1900年5月4日即兴题在一个女作家纪念册上的散文诗。

这篇作品短小精悍，不到500字，一气呵成却文笔优美，意境深远，表现出作者高超的文字驾驭能力。作者鼓励青年人：希望就在前方，克服沮丧和烦恼的情绪，在黑暗中看到光明，在困难中增加勇气，努力前行终将会到达光明的彼岸。但是作者没有讲大道理，而是细腻地营造生动的生活场景，把自己对人生经历的认知和对青年一代的热切期望寓于生活的细节中，托物言志，把深刻的道理和抽象的概念化作具体可感的事物，使读者印象深刻。

这篇作品蕴含大量的、多类型的内在语，需要我们在播读时细腻体会，准确传达。

首先是寓意性内在语。主题词"火光"，在柯罗连科的眼里，应该是一种信念、希望、理想和期待，是一盏人类文明的航标灯，所以它"蓦地一闪"，"又明又亮，好像就在眼前"，"驱散黑暗，闪闪发亮"，"似乎近在咫尺，不止使我一人心驰神往"，这些都说明，这种信念和希望，指引着一代又一代的人向着人类文明之光前进，永不停息。

但是，生命的旅途，那"生活之河"，总是布满荆棘，所以"阴森森"，"漆黑如墨"，"被悬崖峭壁的阴影笼罩"；任何追求都不会一帆风顺，都不会触手可及，所以"还远着呢"，"依旧那么遥远"，但是，只要我们心中的那火光、那希望不灭，只要我们不畏苦难挫折，乐观忍耐，不懈追索，"加劲划桨"，就必将到达胜利的彼岸，因为"火光啊……毕竟……毕竟就在前头！"

这些包含着寓意性内在语的语句，含蓄深刻，意味深长，在播读时要注意通过合理的强调手段加以彰显，才能意象鲜明，准确传神。

其次，文章中许多省略号的地方和结尾之处，都蕴含着回味性内在语："乍一看，再划几下就到了……其实却还远着呢","依然是这么近,又依然是那么远……",播到这几处,都需仔细回味那目标的遥远、路程的艰辛和虚实相生的意境;"因此,必须加劲划桨……",回味坚持不懈的努力;结尾之处,"火光啊……毕竟……毕竟就在前头",言有尽而意无穷,需要我们体会那坚定的信念和热切的向往,强化与受众的交流。

这篇文章不到500字,却有10个自然段,起承转合,跌宕起伏,转换丰富,这就需要我们通过寻找段落和语句间的提示性内在语去把握文脉,才能播得一气呵成,贯通完整,不乱不碎。我们在文中已经标出了部分提示性内在语,有的是在段落前用来引发话语的,如:①、④、⑤、⑧、⑨自然段前的提示;有的是用来加强逻辑关联的,如"依然是这么近,(可)又依然是那么遥远……";有的是用来设问呼应衔接的,如(什么?)(其实呢?)(怎么样?)等;有的是展示情态过程,如(远处看)(远处,神往)等等。

需要强调的是,挖掘内在语的目的,是为了确定准确的停连、重音,寻找贴切的语气以及把握相关段落的节奏转换,因此,运用内在语要瞬间感受,体会到相应的逻辑意味,感受到具体的态度情感即可,不必机械地、逐字逐句地去重现所有的内在语(尤其是提示性内在语),这样反而容易使语句不顺畅,影响表达。

二、核心训练材料

1. 我爱这土地

艾 青

【训练提示】这是一首传诵广泛的抒情名篇,写于抗日战争开始后的1938年。当时日本侵略军连续攻占了华北、华东、华南的广大地区,所到之处疯狂肆虐,妄图摧毁中国人民的抵抗意志。中国人民奋起抵抗,进行了不屈不挠的斗争。诗人在国土沦丧、民族危亡的关头,满怀对祖国的挚爱和对侵略者的仇恨,写下了这首慷慨激昂的诗。这首诗以一只鸟生死眷恋土地作比,形象抒发了深沉而真挚的爱国情感。播读中要特别注意挖掘诗歌中每一个意象的寓意和最后结尾的回味性内在语。

    假如我是一只鸟,
    我也应该用嘶哑的喉咙歌唱:
    这被暴风雨所打击着的土地,
    这永远汹涌着我们的悲愤的河流,
    这无止息地吹刮着的激怒的风,
    和那来自林间的无比温柔的黎明……
    ——然后我死了,
    连羽毛也腐烂在土地里面。
    为什么我的眼里常含泪水?
    因为我对这土地爱得深沉……

2. 死 水
闻一多

【训练提示】《死水》作于1926年,是闻一多先生的杰作。诗人把黑暗腐败的旧中国比喻为"一沟绝望的死水",表达了对丑恶势力的憎恨和对祖国深沉的挚爱。在绝望中饱含着希望,在冷峻里灌注着一腔爱国主义的热情之火,是这首诗的思想特色。

闻一多在《死水》中学习和借鉴了西方现代诗的反讽方法和"以丑为美"的艺术原则。诗的中间三节,展开丰富的想象,极力把死水内在的丑恶的东西,充分地涂饰以美丽的外形,以鲜明的色彩和响亮的声音,反讽死水的肮脏、霉烂、黯淡、沉寂。通过美与丑的交织反差,营造出令人耳目一新的艺术效果。播读时,重点挖掘每一个意象中的寓意和整体的反语性内在语。

这是一沟绝望的死水,
清风吹不起半点漪沦。
不如多扔些破铜烂铁,
爽性泼你的剩菜残羹。

也许铜的要绿成翡翠,
铁罐上锈出几瓣桃花;
再让油腻织一层罗绮,
霉菌给他蒸出些云霞。

让死水酵成一沟绿酒,
漂满了珍珠似的白沫;

小珠笑一声变成大珠,
又被偷酒的花蚊咬破。

那么一沟绝望的死水,
也就夸得上几分鲜明。
如果青蛙耐不住寂寞,
又算死水叫出了歌声。

这是一沟绝望的死水,
这里断不是美的所在,
不如让给丑恶来开垦,
看它造出个什么世界。

3. 雪的面目
林清玄

【训练提示】这篇散文质朴、清新、幽远,充满了人生智慧和悲悯情怀。全文层层推进,浑然一体。播读时要通过提示性内在语的挖掘保证全文的文气贯通,还要特别注意寓意性和回味性内在语的挖掘,播出蕴藏在文字中的深刻含义,让人回味无穷。

在赤道,一位小学老师努力地给儿童说明"雪"的形态,但不管他怎么说,儿童也不能明白。

老师说:雪是纯白的东西。儿童就猜测:雪是像盐一样。老师说:雪是冷的东西。儿童就猜测:雪是像冰淇淋一样。老师说:雪是粗粗的东西。儿童就猜测:雪像沙子一样。

老师始终不能告诉孩子雪是什么,最后,他考试的时候,出了"雪"的题目,结果有几个儿童这样回答:"雪是淡黄色,味道又冷又咸的沙。"

这个故事使我们知道,有一些事物的真相,用言语是无法表白的,对于没有看过雪的人,我们很难让他知道雪。像雪这种可看的、有形象的事物都无法明明白白讲,那么,对于无声无色、没有形象、不可捕捉的心念,如何能够清楚地表达呢?

我们要知道雪,只有自己去到有雪的国度。我们要听黄莺的歌声,就要坐到有黄莺的树下。我们要闻夜来香的清气,只有夜晚走到有花的庭院去。那些写着最热烈优美情书的,不一定是最爱我们的人;那些陪我们喝酒吃肉搭肩拍胸的,不一定是真朋友;那些嘴里说着仁义道德的,不一定有人格的馨香;那些签了约的字据呀,也有抛弃与撕毁的时候!

这个世界最美好的事物都是语言文字难以形容与表现的。

就像我们站在雪中,什么也不必说,就知道雪了。

雪,冷面清明,纯净优美,在某一个层次上像极了我们的心。

4. 这样的战士

鲁 迅

【训练提示】这是鲁迅著名的一篇杂文。文中"这样的战士"指什么人?"无物之阵""一式点头""各种旗帜""各样好名称""各式好花样""胸膛的中央"分别有哪些寓意?文章中"但他举起了投枪"一句反复出现,播读时作为线索要注意把握。

要有这样的一种战士——已不是蒙昧如非洲土人而背着雪亮的毛瑟枪的;也并不疲惫如中国绿营兵而却佩着盒子炮。他毫无乞灵于牛皮和废铁的甲胄;他只有自己,但拿着蛮人所用的,脱手一掷的投枪。

他走进无物之阵,所遇见的都对他一式点头。他知道这点头就是敌人的武器,是杀人不见血的武器,许多战士都在此灭亡,正如炮弹一般,使猛士无所用其力。

那些头上有各种旗帜,绣出各样好名称:慈善家,学者,文士,长者,青年,雅人,君子……。头下有各样外套,绣出各式好花样:学问,道德,国粹,民意,逻辑,公义,东方文明……。

但他举起了投枪。

他们都同声立了誓来讲说,他们的心都在胸膛的中央,和别的偏心的人类两样。他们都在胸前放着护心镜,就为自己也深信心在胸膛中央的事作证。

但他举起了投枪。

他微笑,偏侧一掷,却正中了他们的心窝。

一切都颓然倒地;——然而只有一件外套,其中无物。

无物之物已经脱走,得了胜利,因为他这时成了戕害慈善家等类的罪人。

但他举起了投枪。

他在无物之阵中大踏步走,再见一式的点头,各种的旗帜,各样的外套……。

但他举起了投枪。

他终于在无物之阵中老衰,寿终。他终于不是战士,但无物之物则是胜者。

在这样的境地里,谁也不闻战叫:太平,太平……

但他举起了投枪!

一九二五年十二月十四日

5. 最先与最后

鲁 迅

【训练提示】这是一篇言辞犀利、充满智慧的文章。第一段最后一句话可以设计一个回味性内在语;第二段"如果偶有……"一句,注意把握反语性内在语;第三段最后一句要设计一个反语性内在语;全文最后一句话意味深长,播读时要注意挖掘内在含义,结合语气将内容准确地表达出来。

《韩非子》说赛马的妙法,在于"不为最先,不耻最后"。这虽是从我们这样外行的人看起来,也觉得很有理。因为假若一开首便拼命奔驰,则马力易竭。但那第一句是只适用于赛马的,不幸中国人却奉为人的处世金箴了。

中国人不但"不为戎首"、"不为祸始",甚至于"不为福先"。所以凡事都不容易有改革;前驱和闯将,大抵是谁也怕得做。然而人性岂真能如道家所说的那样恬淡;欲得的却多。既然不敢径取,就只好用阴谋和手段。以此,人们也就日见其卑怯了,既是"不为最先",自然也不敢"不耻最后",所以虽是一大堆群众,略见危机,便"纷纷作鸟兽散"了。如果偶有几个不肯退转,因而受害的,公论家便异口同声,称之曰傻子。对于"锲而不舍"的人们也一样。

我有时也偶尔去看看学校的运动会。这种竞争,本来不像两敌国的开战,挟有仇隙的,然而也会因了竞争而骂,或者竟打起来。但这些事又作别论。竞走的时候,大抵是最快的三四个人一到决胜点,其余的便松懈了,有几个还至于失了跑完预定的圈数的勇气,中途挤入看客的群集中;或者佯为跌倒,使红十字队用担架将他抬走。假若偶有虽然落后,却尽跑、尽跑的人,大家就嗤笑他。大概是因为他太不聪明,"不耻最后"的缘故罢。

所以中国一向就少有失败的英雄,少有韧性的反抗,少有敢单身鏖战的武人,少有敢抚哭叛徒的吊客;见胜兆则纷纷聚集,见败兆则纷纷逃亡。战具比我们精利的欧美人,战具未必比我们精利的匈奴蒙古满洲人,都如入无人之境。"土崩瓦解"这四个字,真是形容得有自知之明。

多有"不耻最后"的人的民族,无论什么事,怕总不会一下子就"土崩瓦解"的,我每看运动会时,常常这样想:优胜者固然可敬,但那虽然落后而仍非跑至终点不止的竞技者,和见了这样竞技者而肃然不笑的看客,乃正是中国将来的脊梁。

6. 全社会都要关心和保护农民工

【训练提示】这是《人民日报》2006年3月28日的一篇社论。社论是媒体编辑部就某一重大问题发表的权威性评论,集中反映并传播一定政党、社会政治集团或社会群众团体对当前重大事件和迫切问题的立场、观点、主张。党的报刊社论,不仅代表编辑部发言,而且直接表达同级党委和政府的思想观点、政治立场,具有鲜明的政策性、导向性和指导性,是其他评论文体所不能替代的。

社论相比于文学作品,没有鲜活的人物形象或故事情节线索,但观点鲜明、逻辑严谨、层层深入、以理服人,对播者的新闻素养、政策水平、理解能力和逻辑能力都有较高要求,播起来难度较大。因此,要想把社论播得条理清晰,使受众听懂接受,就必须挖掘出文章中的提示性内在语,以此来承续语言链条。我们在文中帮大家标出了部分内在语,仅供参考,同学们在训练中也可以自己挖掘。同时要注意,运用内在语时要一瞬间去感受其提示的逻辑意味,更好地承续语言链条和确定语气,不能机械地默读,这样反而会影响语言的连贯。

(听众朋友们,大家好)

新春伊始,《国务院关于解决农民工问题的若干意见》正式发布了。这是中央落实科学发展观、统筹城乡发展、解决"三农"问题的又一重大举措,对于切实保障广大农民工的合法权益,进一步改善农民工的就业环境,引导农村富余劳动力合理有序转移,推动社会主义新农村建设和中国特色的工业化、城镇化、现代化健康发展,具有重大的意义。

(我们认为:)农民工是我国改革开放和工业化、城镇化进程中涌现的一支新型劳动大军,他们广泛分布在国民经济的各个行业,为城市繁荣、农村发展和国家现代化建设作出了重大贡献。农民外出务工,一头连着城市和发达地区,一头连着农村和落后地区,为改变城乡二元结构、解决"三农"问题闯出了一条新路,是工业带动农业、城市带动农村、发达地区带动落后地区的有效形式。(目前)我国正处在工业化、城镇化加快发展的阶段,(所以)将有越来越多的农村富余劳动力逐渐转移到非农产业和城镇中来,(从而)大量农民工在城乡之间流动就业在我国将长期存在。(因此)解决好农民工问题,既是关系改革发展稳定全局的迫切任务,也是建设中国特色社会主义的战略任务。

(正因如此)

党中央、国务院高度重视保障农民工权益和改善农民工就业环境问题,近年来制定了一系列政策措施,各地区各部门做了大量工作,取得了明显成效。但当前农民工在培训就业、劳动工资、社会保障、公共服务等方面仍然面临不少问题,侵犯农民工合法权益的事情仍时有发生。(在这种情况下)国务院出台《若干意见》,充分肯定了农民工在我国经济社会发展中的地位和作用,深刻阐述了解决好农民工问题的重要性、紧迫性和长期性,明确提出了做好农民工工作的指导思想、基本原则和政策措施。(因此)落实好这个文件,解决好农民工外出务工遇到的困难和问题,必将会极大地保护和调动广大农民工的积极性,推动城乡共同繁荣,促进社会和谐稳定。

(那么,如何落实好这个文件呢?)

贯彻落实《若干意见》,必须把握文件的精神实质。一是坚持以人为本、公平对待,尊重和维护农民工的合法权益。既要充分体现社会公平和正义,使农民工和城市职工享有同等的权利和义务,又要引导农民工全面提高自身素质,努力适应新的工作、生活环境。二是坚持"两条腿走路"的方针,从我国国情出发引导农村劳动力合理有序流动。既要积极引导农民进城务工并安居乐业,又要大力发展乡镇企业和县域经济,扩大农村劳动力在当地转移就业。(另外还)要坚持农村基本经营制度,依法保障进城农民工的土地承包权,使他们进退有路。三是坚持当前和长远相结合、方向性和渐进性相统一,城乡统筹解决农民工问题。既要抓紧解决农民工最关心、最直接、最现实的问题,又要依靠体制改革和制度创新,逐步解决长期城乡分割的二元结构带来的深层次问题。

(我们认为:)农民工是活跃在城镇和乡村中最积极、最能干、最可敬的新生力量,他们在创造社会财富的同时也在塑造自己,已经与城市发展和居民生活、与农村繁荣和文明进步密不可分。(因此)各级政府要切实加强和改善对农民工工作的领导,真心实意地为农民工办实事、解难事、做好事。(怎么做呢?首先)输入地政府要把农民工纳入城市公共服务体系,统筹解决他们在就业培训、子女就学、公共卫生、居住场所、文化生活等方面存在的问题。(其次)各级工会、共青团、妇联组织要成为广大农民工温暖的家,充分发挥在维护农民工合法权益和服务工作中的重要作用。(还有)所有企业和用人单位都要强化社会责任,珍惜和爱护农民工的劳动和创造,不得违反国家法律法规和政策规定、损害农民工权益。(另外)城市社区要积极发挥在农民工管理和服务中的作用,为他们融入城市、同市民和谐相处创造良好环境和条件。(还有)新闻媒体要大力宣传农民工在改革开放和现代化建设中的重要贡献和先进典型。社会各个方面都应该尊重农民工、理解农民工、保护农民工,在全社会形成关爱农民工的舆论氛围。

"东方风来满眼春。"《若干意见》的出台,不仅农民工高兴,而且广大农民也高兴,全国人民都高兴。(所以)我们坚信,只要各地区、各部门真正把《若干意见》中的各项方针政策落到实处,就一定能够进一步激发广大农民工的积极性和创造性,有力推动全面建设小康社会和整个现代化事业的进程。

三、补充训练材料

1. 这不是理由

亦 舒

【**训练提示**】这是一篇"以小见大"的哲理散文,播读时要注意挖掘作者所列举的生活细节中的寓意性内在语。

新加坡电视台有一个可爱的节目,叫《这不是理由》。

真的,女孩子说:"我不能赴你的约,因为妈妈不准我晚归。"这不是理由,是托词。

老板说:"对不起,我们的薪水一律这么多。"那也不是理由,只不过是阁下不值得他破例。

"没有时间写作。"不,更不是理由,一切都看选择,凡事都排座次,真的想做一件事,想得厉害,想得憔悴,一定会成功。

浅而易学的事不去做,很明显是不想做,没有必要做,不值得做,以及不方便做。那么这件事在当事人心中,自然不是重要的事情。

一位律师接受访问,记者问:"你的业务繁忙,如何抽空搞音乐?"他笑答:"要是喜欢,总有时间。比如人家吃饭,我不吃;人家睡觉,我不睡,我作曲,我练习乐器。"就这么简单。

人在爱得不够、努力得不够、用心不够的时候,总是喜欢找一些不是理由的理由来开脱,以便下台。

2. 那 个

佚 名

【训练提示】这篇文章可以让读者体会到中国文字用意之广博,一个简单的词语却富有很多的深刻意义。播读中重点挖掘同一个词语在不同语境下的不同含义。

正是下班的时刻下起了雨。因为没带雨具,十几位男女老少困在办公室焦急地等待雨停。

范迪古是带了雨衣的。天有不测风云,范迪古办事周密又从不嫌累赘,雨衣属他的常备武器。然而,刚才他在准备打开提包取出雨衣很神气地离开办公室的一刹那,心里竟有些那个。此时此地,撇下一屋的同事,在众人嫉妒的目光中自己离去,不是太那个了吗?

范迪古把手从提包上缩回,脑子里闪过一个想法:把雨衣让给别人,一来做了好事,二来也免得自己那个。那么给谁呢?范迪古发愁了。科长,对,就是科长。科长坐在自己对面,如果是别人,只要瞥一眼科长那令人肃然起敬的白发也会那个的。范迪古堆起笑脸要表示自己的意思,忽然又那个了。眼下正在传下半年要评定职称,此举难免有那个之嫌。他迪古堂堂正正,还不喜欢来那个的。实在对不起了,范迪古心里对科长说。

那么把雨衣让给刘姐吧,范迪古又想。刘姐比谁都显得焦急,她得往幼儿园接儿子,去迟了阿姨会那个的。但是,迪古很快又否定了。如今男女之间稍有热情的表示就要那个!这一屋十几位,他独向她献殷勤,更何况刘姐又长得太漂亮,这就一定要落了那个。刘姐啊,你要是丑那么一点点,不就,不就那个了么?范迪古心里又说声请原谅。

那边大张在骂天。对,把雨衣让给大张。大张30多岁了,眼下正在那个。上午大张的那位头一回来电话,约大张下班看电影,该死的雨下得大张围着桌子直转磨。范迪古觉得这是一个帮忙的好机会,可话到嘴边还是那个了。这大张平时很有些那个,论资历自己算得上这办公室的元老,可大张也太那个了,动不动为点小事弄得自己在众人面前下不来台,今天主动借他雨衣,简直,简直算是那个。范迪古心里生气了。

胖李,小赵,小高……范迪古脑瓜里迅速出现过一个个人,又都一个个地那个,最后想到了老王。是啊,怎么没有想起他来呢?范迪古有点埋怨自己。老王是近邻,好友,小小老百姓,岁数大,当然还是男的,把雨衣让给他,保准那个。范迪古终于果断地把手伸向提包的拉锁,同时很响亮地喊了声老王。老王正埋头看一本小说,被他一声突然地喊吓了一跳,扭过脸来莫名其妙地看着他。忽然,办公室凳椅乱响,大家呼呼地站起往门口涌。范迪古抬起头看一看窗外,雨已经那个了。

3. 我的心

巴 金

【训练提示】这是一篇声讨假丑恶的战斗檄文,是一道召唤真善美的心灵闪电,是一声警策世人的长鸣钟。播读前需要充分挖掘关联性内在语,理顺文章脉络;挖掘寓意性和反语性内在语,增强播读的感染力。

近来不知道什么缘故，我的这颗心痛得更厉害了。

我要向我的母亲说："妈妈，请你把我这颗心收回去罢，我不要它了。"记得你当初把这颗心交给我的时候，你对我说过："你的爸爸一辈子拿了它待人，爱人，他和平安宁地过了一生。他临死把这颗心交给我，要我将来在你长成的时候交给你，他说：'承受这颗心的人将永远正直，幸福，而且和平安宁地度过他的一生。'现在你长成了，那么你就承受了这颗心，带着我的祝福。到广大的世界去罢。"

这几年来我怀着这颗心走遍了世界，走遍了人心的沙漠，所得到的只是痛苦，痛苦的创痕。正直在哪里？幸福在哪里？和平在哪里？这一切可怕的景象，哪一天才会看不见？这一切可怕的声音，哪一天才会听不到？这样的悲剧，哪一天才不会再演？一切都像箭一般地射到我的心上。我的心上已经布满了痛苦的创痕，因此我的心痛得更厉害了。

"我不要这颗心了。有了它，我不能够闭目为盲；有了它，我不能够塞而为聋；有了它，我不能吞炭为哑；有了它，我不能够在人群的痛苦中找寻我的幸福；有了它，我不能够和平地生活在这个世界；有了它，我再不能够生活下去了。妈妈，请你饶了我罢，这颗心我实在不要，不能够要了。

"我夜夜在哭，因为我的心实在痛得忍受不住了。它看不得人间的惨剧，听不得人间的哀号，受不得人间的凌辱。它每一次跟着我游历了人心的沙漠，带了遍体的伤痕归来，我就用我的眼泪洗净了它的血迹。然而它的伤痕刚刚好一点，新的创痕又来了。有一次似乎它也向我要求了：'你放我走罢，我实在不愿意活了。请你放了我，让我把自己炸毁，世间再没有比看见别人的痛苦而不能帮助的事更痛苦了。你既然爱我，为何又要苦苦地留着我，留着我来受这种刺心刻骨的痛苦？'我要放走它，我决心让它走。然而它却被你的祝福拴在我的胸膛内了。

"我多时以来就下决心放弃一切。让人们去竞争，去残杀；让人们来虐待我，凌辱我，我只愿有一时的安息。可是我的心不肯这样，它要使我看，听，说。看我所怕看的，听我所怕听的，说我所不愿听的。于是我又向它要求：'心啊，你去罢，不要苦苦地恋着我了，有了你，无论如何我不能够活在这样的世界上了。请你为了我的幸福的缘故，撇开我罢。'它没有答。因为它如今知道，既然它已被你的祝福系在我的胸膛上，那么也只能由你的诅咒来分开。妈妈，请你诅咒我罢，请你允许我放走这颗心罢，让它去毁灭罢，因为它不能够活在这样的世界上，而有了它，我也不能够活在这个世界上。

"我有了这颗心以来，我追求光明，追求人间的爱，追求我理想中的英雄。到而今我的爱被人出卖，我的幻想完全破灭，剩下来的依然是黑暗和孤独。受惯了人们的凌辱，看惯了人间的惨剧。现在，一切都受够了。可是这一切总不能毁坏我的心，弄掉我的心，因为没有得到母亲的诅咒，这颗心是不会离开我的。所以为了你的孩子的幸福的缘故，请你诅咒我罢，请你收回这颗心罢。

"在这样大的血泪的海中，一个人一颗心算得什么？能做什么？妈妈，请你诅咒我罢，请你收回这颗心罢。我不要它了。"

可是我的母亲已经死了多年了。

1929年春在上海

4. 取 钱

老 舍

【训练提示】老舍先生的文章,俗而能雅,清新活泼而又别具韵味,是中国现代文学史上最具典范意义的白话作品。老舍先生又是一位幽默大师,本文充分体现了老舍先生散文的特点,如口语般生动,正话反说,反话正说,清新俏皮却又机锋犀利。播读中要注意挖掘寓意性和反语性内在语。

我告诉你,二哥,中国人是伟大的。就拿银行说吧,二哥,中国最小的银行也比外国的好,不冤你。你看,二哥,昨儿个我还在银行里睡了一大觉。这个我告诉你,二哥,在外国银行里就做不到。

那年我上外国,你不是说我随了洋鬼子吗?二哥,你真有先见之明。还是拿银行说吧,我亲眼见,洋鬼子再学一百年也赶不上中国人。洋鬼子不够派。好比这么说吧,二哥,我在外国拿着张十镑钱的支票去兑现钱。一进银行的门,就是柜台,柜台上没有亮亮的黄铜栏杆,也没有大小的铜牌。二哥你看,这和油盐店有什么分别?不够派儿。再说人吧,柜台里站着好几个,都那么光梳头,净洗脸的,脸上还笑着;这多下贱!把支票交给他们谁也行,谁也是先问你早安或午安;太不够派儿了!拿过支票就那么看一眼,紧跟着就问:"怎么拿?先生!"还是笑着。哪道买卖人呢?!叫"先生"还不够,必得还笑,洋鬼子脾气!我就说了,二哥:"四个一镑的单张,五镑的一张,一镑零的;零的要票子和钱两样!"要按理说,二哥,十镑钱要这一套啰哩啰唆,你讨厌不,假若二哥你是银行的伙计?你猜怎么样,二哥,洋鬼子笑得更下贱了,好像这样麻烦是应当应分,喝,登时从柜台下面抽出簿子来,刷刷的就写;写完,又一伸手,钱是钱,票子是票子,没有一眨眼的工夫,都给我数出来了;紧跟着便是:"请点一点,先生!"又是一个"先生",下贱,不懂得买卖规矩!点完了钱,我反倒愣住了,好像忘了点什么。对了,我并没忘了什么,是奇怪洋鬼子干事——况且是堂堂的大银行——为什么这样快?赶丧哪?真他妈的!

二哥,还是中国的银行,多么有派儿!我不是说昨儿个去取钱吗?早八点就去了,因为现在天儿热,银行八点就开门;抓个早儿,省得大晌午的劳动人家;咱们事事都得留个心眼,人家有个伺候得着与伺候不着,不是吗?到了银行,人家真开了门,我就心里说,二哥:大热的天,说什么时候开门就什么时候开门,真叫不容易。其实人家要愣不开一天,不是谁也管不了吗?一边赞叹,我一边就往里走。喝,大电扇忽忽的吹着,人家已经都各按部位坐得稳稳当当,吸着烟卷,按着铃要茶水,太好了,活像一群皇上,太够派儿了。我一看,就不好意思过去,大热的天,不叫人家多歇会儿,未免有点不知好歹。可是我到底过去了,二哥,因为怕人家把我撵出去;人家看我像没事的,还不撵出来么?人家是银行,又不是茶馆,可以随便出入。我就过去了,极慢的把支票放在柜台上。没人搭理我,当然的。有一位看了我一眼,我很高兴;大热的天,看我一眼,不容易。二哥,我一过去就预备好了:先用左腿金鸡独立的站着,为是站乏了好换腿。左腿立了有十分钟,我很高兴我的腿确是有了劲。支持到十二分钟,我不能不换腿了,于是就来个右金鸡独立。右腿也不弱,我更高兴了,嗨,爽性来个猴啃桃吧,我就头朝下,顺着柜台倒站了几分钟。

翻过身来,大家还没动静,我又翻了十来个跟头,打了些旋风脚。刚站稳了,过来一位;心里说:我还没练两套拳呢,这么快?那位先生敢情是过来吐口痰,我补上了两套拳。拳练完了,我出了点汗,很痛快。又站了会儿,一边喘气,一边欣赏大家的派头——真稳!很想给他们喝个彩。八点四十分,过来一位,脸上要下雨,眉毛上满是黑云,看了我一眼。我很难过,大热的天,来给人家添麻烦。他看了支票一眼,又看了我一眼,好像断定我和支票像亲哥儿俩不像。我很想把脑门子上签个字。他连大气没出把支票拿了走,扔给我一面小铜牌。我直说:"不忙,不忙!今天要不合适,我明天再来;明天立秋。"我是真怕把他气死,大热的天。他还是没理我,真够派儿,使我肃然起敬!

拿着铜牌,我坐在椅子上,往放钱的那边看了一下。放钱的先生——一位像屈原的中年人——刚按铃要鸡丝面。我一想:工友传达到厨房,厨子还得上街买鸡,凑巧了鸡也许还没长成个儿;即使顺当的买着鸡,面也许还没磨好,说不定,这碗鸡丝面得等三天三夜。放钱的先生当然在吃面之前决不会放钱;大热的天,腹里没食怎能办事。我觉得太对不起人了,二哥!心中一懊悔,我有点发困,靠着椅子就睡了。睡得挺好,没蚊子也没臭虫,到底是银行里!一闭眼就睡了五十多分钟;我的身体,二哥,是不错了!吃得饱,睡得着!偷偷的往放钱的先生那边一看,(不好意思正眼看,大热的天,赶劳人是不对的!)鸡丝面还没来呢。我很替他着急,肚子怪饿的,坐着多么难受。他可是真够派儿,肚子那么饿还不动声色,没法不佩服他了,二哥。

大概有十点左右吧,鸡丝面来了!"大概",因为我不肯看壁上的钟——大热的天,表示出催促人家的意思简直不够朋友。况且我才等了两点钟,算得了什么。我偷偷的看人家吃面。他吃得可不慢。我觉得对不起人。为兑我这张支票再逼得人家噎死,不人道!二哥,咱们都是善心人哪。他吃完了面,按铃要手巾把,然后点上火纸,咕噜开小水烟袋。我这才放心,他不至于噎死了。他又吸了半点多钟水烟。这时候,二哥,等取钱的已有了六七位,我们彼此对看,眼中都带出对不起人的神气。我要是开银行,二哥,开市的那天就先枪毙俩取钱的,省得日后麻烦。大热的天,取哪门子钱?不知好歹!

十点半,放钱的先生立起来伸了伸腰。然后捧着小水烟袋和同事的低声闲谈起来。我替他抱不平,二哥,大热的天,十时半还得在行里闲谈,多么不自由!凭他的派儿,至少该上青岛避俩月暑去;还在行里,还得闲谈,哼!

十一点,他回来,放下水烟袋,出去了;大概是去出恭。十一点半才回来。大热的天,二哥,人家得出半点钟的恭,多不容易!再说,十一点半,他居然拿起笔来写账,看支票。我直要过去劝告他不必着急。大热的天,为几个取钱的得点病才合不着。到十二点,我决定回家,明天再来。我刚要走,放钱的先生喊:"一号!"

我真不愿过去,这个人使我失望!才等了四点钟就放钱,派儿不到家!可是,他到底没使我失望。我一过去,他没说什么,只指了指支票的背面,原来我忘了在背后签字,他没等我拔下自来水笔来,说了句:"明天再说吧。"这才是我所希望的!本来吗,人家是一点关门;我补签上字,再等四点钟,不就是下午四点了吗,大热的天,二哥,人家能到时候不关门?我收起支票来,想说几句极合适的客气话,可是他喊了"二号";我不能再耽误人家的工夫,决定回家好好的写封道歉的信!二哥,你得开开眼去,太够派儿!

5.《红楼梦》第五回"游幻境指迷十二钗 饮仙醪曲演红楼梦"(节选)
曹雪芹

【训练提示】《红楼梦》是一部具有高度思想性和艺术性的伟大作品。它以荣国府的日常生活为中心,以宝玉、黛玉、宝钗的爱情、婚姻悲剧及大观园中点滴琐事为主线,以金陵贵族名门贾、史、王、薛四大家族由鼎盛走向衰亡的历史为暗线,展现了一幅穷途末路的社会终将走向衰亡的图景。全书以曲折隐晦的表现手法、凄凉深切的情感格调、强烈高远的思想底蕴,在中国古代民俗、封建制度、社会图景、建筑金石等领域具有不可替代的研究价值,是中国古典小说的高峰,被誉为"中国封建社会的百科全书"。

第五回是全书的总纲。通过贾宝玉梦游太虚幻境,利用画册、判词及歌曲的形式,隐喻含蓄地将《红楼梦》众多人物的发展和结局交代出来。小说的情节发展便在此基础上展开了。

金陵十二钗正册判词是对红楼梦中身在官宦之家的薄命女子的描述。各首判词中用隐晦的诗境提前暗示了她们的命运——在封建礼教的束缚和摧残下必然"红颜未衰身先死",照应了红楼梦"千红一窟(哭),万艳同杯(悲)"的主题,反映了中国千年以来女性的悲哀,同时也反映出曹雪芹深厚的文学功底以及超凡的思想。

在播本篇时,应先知晓每一首判词所对应的人物,然后用心体会作者赋予每一个人物不同的感情色彩以及判词中所隐喻的不同命运,准确生动地表达出每一首词的内在含义。本篇难度较大,可以作为部分学生的提高训练。

宝玉看了,便知感叹。进入门来,只见有十数个大厨,皆用封条封着。看那封条上,皆是各省的地名。宝玉一心只拣自己的家乡封条看,遂无心看别省的了。只见那边厨上封条上大书七字云:"金陵十二钗正册"。宝玉问道:"何为'金陵十二钗正册'?"警幻道:"即贵省中十二冠首女子之册,故为正册。"宝玉道:"常听人说,金陵极大,怎么只十二个女子?如今单我家里,上上下下,就有几百女孩子呢。"警幻冷笑道:"贵省女子固多,不过择其紧要者录之。下边二厨则又次之。余者庸常之辈,则无册可录矣。"宝玉听说,再看下首二厨上,果然写着"金陵十二钗副册",又一个写着"金陵十二钗又副册"。

宝玉便伸手先将"又副册"厨开了,拿出一本册来,揭开一看,只见这首页上画着一幅画,又非人物,也无山水,不过是水墨染的满纸乌云浊雾而已。后有几行字迹,写的是:

"霁月难逢,彩云易散。心比天高,身为下贱。风流灵巧招人怨。寿夭多因毁谤生,多情公子空牵念。"

宝玉看了,又见后面画着一簇鲜花,一床破席,也有几句言词,写道是:

"枉自温柔和顺,空云似桂如兰。堪羡优伶有福,谁知公子无缘。"

宝玉看了不解。遂掷下这个,又去开了副册厨门,拿起一本册来,揭开看时,只见画着一株桂花,面有一池沼,其中水涸泥干,莲枯藕败,后面书云:

"根并荷花一茎香,平生遭际实堪伤。自从两地生孤木,致使香魂返故乡。"

宝玉看了仍不解。便又掷了,再去取"正册"看。只见头一页上便画着两株枯木,木上悬着一围玉带;又有一堆雪,雪下一股金簪。也有四句言词,道是:

"可叹停机德,堪怜咏絮才。玉带林中挂,金簪雪里埋。"

宝玉看了仍不解。待要问时，情知她必不肯泄露，待要丢下，又不舍。遂又往后看时，只见画着一张弓，弓上挂着香橼。也有一首歌词云：

"二十年来辨是非，榴花开处照宫闱。三春争及初春景，虎兔相逢大梦归。"

后面又画着两人放风筝，一片大海，一只大船，船中有一女子掩面泣涕之状。也有四句写云：

"才自精明志自高，生于末世运偏消。清明涕送江边望，千里东风一梦遥。"

后面又画几缕飞云，一湾逝水。其词曰：

"富贵又何为，襁褓之间父母违。展眼吊斜晖，湘江水逝楚云飞。"

后面又画着一块美玉，落在泥垢之中。其断语云：

"欲洁何曾洁，云空未必空。可怜金玉质，终陷泥淖中。"

后面忽见画着个恶狼，追扑一美女，欲啖之意。其书云：

"子系中山狼，得志便猖狂。金闺花柳质，一载赴黄粱。"

后面便是一所古庙，里面有一美人在内看经独坐。其判云：

"勘破三春景不长，缁衣顿改昔年妆。可怜绣户侯门女，独卧青灯古佛旁。"

后面便是一片冰山，上面有一只雌凤。其判曰：

"凡鸟偏从末世来，都知爱慕此生才。一从二令三人木，哭向金陵事更哀。"

后面又是一座荒村野店，有一美人在那里纺织。其判云：

"势败休云贵，家亡莫论亲。偶因济刘氏，巧得遇恩人。"

后面又画着一盆茂兰，旁有一位凤冠霞帔的美人。也有判云：

"桃李春风结子完，到头谁似一盆兰。如冰水好空相妒，枉与他人作笑谈。"

后面又画着高楼大厦，有一美人悬梁自缢。其判云：

"情天情海幻情身，情既相逢必主淫。漫言不肖皆荣出，造衅开端实在宁。"

宝玉还欲看时，那仙姑知他天分高明，性情颖慧，恐把仙机泄露，遂掩了卷册，笑向宝玉道："且随我去游玩奇景，何必在此打这闷葫芦！"

思考与研讨题

1. 什么是内在语？内在语有哪些重要作用？
2. 如何对内在语进行分类？内在语分类的作用和意义是什么？
3. 结合实际谈谈内在语对有声语言传播的影响和作用。

第七章　对象感

本章要点

1. 对象感的定义。
2. 对象感的特点。
3. 对传播对象的分析。
4. 对象感的获得与应用。

"对象感"是播音创作基础中的重要概念之一,对传播者的影响很大,是解决面前没有或只有部分接受者之外的更广阔空间传受之间关系的问题。其中,对播音员主持人调动情感的作用最为明显,是播音员主持人业务能力高低的重要指标之一。"对象感"理论的提出使传受之间的关系更为明确,特别对播音员主持人来说,是使其思想感情处于最佳运动状态的重要手段之一。

第一节　对象感的定义和特点

一、对象感的定义

在播音主持实践中,我们时常会遇到这样的现象:一些学生平时说话时比较亲切,用声也比较自如,但是一到话筒前就会变得生硬,这是怎么回事呢? 心理学的知识告诉我们,人们的心理状态决定其外在的言语状态。播音主持过程中,学生只有拥有正确的心理状态,才能掌握正确的播音主持状态,而"对象感"则是学生通往正确心理状态,进而达到正确播音主持状态的重要途径。

播音员主持人的工作,一个重要的目标就是为听众和观众服务,服务的质量也就成为检验其工作成败的关键标准。熟悉广播电视、网络音视频工作环境的人都有这样的认识:播音员主持人就是在一个相对狭小的空间内,进行有声语言和副语言信息的传播活动。大多数情况下,播音员主持人只是对着话筒和摄像机镜头完成工作。有时面前虽然会有嘉宾、观众,但节目是传播给更广大的人群收听、收看的,因此,播音员主持人必须通过对象感的充分获取,调动自己的思想感情使之处于最佳状态。

怎样才能使播音员主持人获得更为积极的工作状态? 播音员主持人要达到这样的

播讲目的需要怎样的心理状态？为了解决这些问题，我们引入了"对象感"这一概念。

在理解"对象感"之前我们要先了解"对象"这个概念。"对象"在《现代汉语词典》(第6版)中是这样解释的："行动或思考时作为目标的人或事物。"播音员主持人的工作是将稿件、腹稿、串联词外化为有声语言和副语言的较为综合、复杂的一系列行为，这一系列行为过程会集中于一定的目标。也就是说，播音员主持人外化的有声语言和副语言要有一个方向明确的目标，也就是对象。

但是前面讲了，现实的情况是播音员主持人在工作时不可能看到与其"交流"的每一位对象，甚至只是在一个封闭的小房间里独自面对话筒或摄像机进行工作。这个时候，播音员主持人要想找到他们的"交流"目标，就必须在内心中感觉到那些没有全部出现在眼前的受众。换句话说，就是心里有受众，心里能感觉到受众的存在。这种对对象的感知就是对象感。

于是，"对象感"的含义就变得很清楚了："播音员主持人必须设想和感觉到对象的存在和对象的反应，必须从感觉上意识到受众的心理——要求、愿望、情绪等，并由此而调动自己的思想感情，使之处于运动状态。"[①]因此，播音员主持人必须对对象进行设想，在播音创作过程中充分调动自己的播讲愿望。

■ 关键术语

所谓对象感，就是播音员主持人必须设想和感觉到对象的存在和对象的反应，必须从感觉上意识到受众的心理——要求、愿望、情绪等，并由此而调动自己的思想感情，使之处于运动状态。

二、对象感的作用

播音员主持人掌握对象感是十分必要的。实际上，播音主持工作的本质就是通过传播信息去影响受众的认知、态度和行为。在这一过程中，播音员主持人是否能感觉到受众的存在、发自内心地想通过传播信息去引导受众，并且在这个过程中使受众得到最大的信息满足，受众是否能感觉到播音员主持人的话是在对自己讲，这对传播效果具有决定性作用。

播音员主持人应该时刻提醒自己，我们是信息传播的主体，所传播的内容怎样能够让受众很好地接受？如果不了解受众，不为他们着想，这种传播意愿是不会很好达成的。因此，播音员主持人在稿件准备、栏目或节目定位时就应该把受众接受这个问题处理好，感受到受众有可能的情感变化。同时，受众的情感变化也将会引起播音员主持人更加强烈的播讲愿望。

可以说，"对象感，正是被创作主体用来作为使思想感情处于运动状态的一种手段、一种途径，属于某种联想、想象中的东西。"[②]我们在学习的过程中一定不要把它当成实有物来对待。

[①][②] 张颂：《播音创作基础》(第三版)，中国传媒大学出版社2011年版，第77页。

三、对象感的特点

(一)对象设想的虚拟性

播音员主持人在被媒介大环境设定的前提之下,更直接的就是被频道、栏目所设定。在这样的前提之下,播音员主持人要根据节目的具体播出内容设想对象感。

由于受众在选择收听或收看哪一档节目时存在偶然性,因此播音员主持人不可能完全准确地设想出全部受众的特点。收看、收听同一节目内容的受众群体会具有一些共同的特征。在这样的情况下,播音员主持人仍能通过日常经验和各种调查数据的总结,设想节目的受众群是哪些人,他们的特点是什么,他们的心理、素养、愿望、情绪,以及收听、收看习惯是什么样的,以此类推。不过,由于这种特定的想象是一种建立在数据和经验基础上的归纳想象,只是一个受众群体可能存在的共同特征,而不是某一个具体的受众的真实特征,因而对象设想是具有虚拟性的。

(二)对象存在的真实性

尽管对象设想是虚拟的,但在我们进行播音主持工作时,作为对象的受众又是真实存在的。不管我们通过什么样的渠道或者用什么样的方式对我们的受众进行设想,他们每个鲜活的个体都是真实存在的。虽然我们在演播室中没有办法感知此时此刻他们是以什么样的心情、方式、行为在接收我们所发出的信息,但是他们真实存在,这就是事实本身。由此可见,对象的真实性存在,是我们获取对象感的客观依据。

(三)对象感获取的可行性

一般来说,对象感的获取首先来源于对受众对象的了解。只有了解对象的特点,才能进一步去设想具有这些特点的对象,包括他们的心理状态和需求、他们在获得信息后的反应等。因此,只要能够获得有关对象特点的相关信息,对象感的设想就能够较为准确地获得。

在广播电视不够发达的年代,老一辈的播音员主持人获取对象感,主要是通过经验,以听众、观众来信等简单的信息反馈作为依据。即便在这样的条件之下,我们的前辈仍获得了空前的成功,他们的播音水平达到了后人难以超越的高度。随着广播电视技术的发展,特别是互联网的发展,我们了解对象的手段和方式发生了革命性的变化。尤其是统计学在收听率、收视率调查方面发挥着越来越大的作用,同时新媒体的深刻介入使我们对对象的了解变得更加便捷。由于统计学调查都是通过严谨的方法直接从节目受众那里获得数据,相对于以前的信件、电话等受众反馈途径覆盖面更广;相对于播音员主持人主观经验的判断,资料更加准确。这使得我们对受众的了解和对象感的获取会变得更科学。

(四)对象感设计的具体性

在播音员主持人对对象进行设想的过程中,对象的设想一定要尽可能的具体。在我们脑海里浮现的应该是具体的、活生生的人物,而不是"年龄""爱好""需求"等抽象、呆板的文字。只有这样才能使我们的对象感更有针对性,才能使我们的播音主持工作更加形象生动,才能使播音员主持人说起话来更像是在进行人际交流。

(五)对象感使用的情感性

播音员主持人有了具体的对象设想,实际上在这一刻也就决定了我们和他们之间似乎有了某种情感的交集——我们播报的内容是他们需要的,我们解读的事实是能和他们产生共鸣的,我们所释放的娱乐精神是和他们共生的,等等。实际上,就是我们的情感通过媒体介质同受众产生了共振,这种共振是以情感为纽带的。播音员主持人看不到受众,但是受众可以看到我们,并且感受得到我们的用心。

(六)对象感生发的互动性

在播音主持工作中,对象感并不是播音员主持人仅仅想到具体受众的存在就可以的。之所以要设想对象感,是为了刺激播音员主持人产生语言表达的冲动,指明信息传播的方向,并依此设计和调整语言表达中的情感。在这一过程中,播音员主持人必须设想受众在获得信息后的各种反应,并根据这些反应调节自身表达的内容和情感,推动信息的进一步传递。实际上,播音作品的创作过程就是播音员主持人与脑海中设想的对象进行一种相互的交流,并通过这一手段与真实受众达成某种现实交际中心理互动的效果。

(七)对象感运行的稳定性

大环境是一定的,频道是一定的,具体的节目单元是一定的,可能收听、收看的基本群体是一定的,在这种情况下,播音员主持人预先设想的对象感在整个节目的运行过程中就应该保持一定的稳定性。可以想象一下,如果在节目进行的过程中播音员主持人的播讲状态忽东忽西、忽左忽右,最终节目呈现出来的效果会是什么样子。因此,对象感在整个节目的运行过程中,在播音员主持人的脑海中,应该保持相对的稳定。

在这里我们只是罗列了对象感特点的最主要内容,使大家在学习的过程中能够通过这些特点认识到对象感理论的重要性,尤其是其在指导我们播音主持实践过程中的作用。由于大多数同学没有播音主持的实践经验,因此,"对象感"理论的掌握一定是"理论—实践—再理论—再实践"的过程。

第二节 对传播对象的设想与分析

前面我们阐述了对象感的定义和特点,下面开始探讨作为播音员主持人应该如何设想与分析对象。在探讨这个问题之前首先应该明确"收听率"和"收视率"的概念。

一、收听率和收视率

(一)收听率

"收听率调查,是运用抽样调查方法,对广播听众收听广播的时间、地点、工具及状态等信息进行科学、全面的收集,并运用科学的统计方法计算出广播电台(频率)或节目的收听率数据。"①

收听率调查是随着统计学的成熟和广播业的成熟发展而来的。通过统计数据,播音员主持人首先可以直观地了解到究竟是什么人在收听广播,人群锁定之后就可以深入地把握他们有什么样的心理、要求、愿望、情绪等,在这样的前提之下可有利于进行具体的对象感设想。其次,哪些频率、哪些节目、什么时间、什么样的收听行为,为播音员主持人对象感的获取提供了心理依据。例如,晨练时的收听心理、做饭时的收听心理、开车时的收听心理、午夜学习时的收听心理等等。不同状态、环境下的受众有不同的心理期许,在这样的条件之下,播音员主持人对象感的获取应该体现出明显的变化,只有这样,播音员主持人与受众之间的共鸣和交互效果才会产生。

(二)收视率

"收视率是指在一定时段内收看某一节目的人数(或家户数)占观众总人数(或总家户数)的百分比,即,收视率=收看某一节目的人数(家户数)/观众总人数(总家户数)。收视率分为家庭收视率和个人收视率,一般而言,家庭收视率大于个人收视率。"②

随着改革开放的推进,人民生活水平的提高,电视机逐渐走入家庭,20世纪90年代至今,电视成为人们获取信息的主要渠道。同收听率一样,收视率对于在电视领域中工作的播音员主持人来说,是了解对象特点,从而设想对象极有帮助的数据。

近几年随着互联网的普及,广播和电视受到了前所未有的挑战,尤其是80后、90后正逐渐成为网络领域的主要消费群。当前,各个媒体调查机构也开始通过科学的方法调查网络媒体受众的各种特点,为相关领域中的播音员主持人提供获取对象感的依据和支持。

二、节目分类和对象分析

在了解了收听率、收视率与获取对象感的联系之后,我们把视线转移到节目的分类上来。对于广播电视而言,为满足和适应受众的不同需要,会有各种各样的节目。受众需要(包括兴趣)的广泛性与多样性,导致了广播电视节目的多样性和复杂性。可见,节目内容本身也是了解受众特点的重要依据,同时也是播音员主持人进行对象感设想的重要根据。

---

①② http://baike.baidu.com/link?url=f5uSe7thF8vVTMv4Tryhq8D4Qwrx78lrldr8-M5EvNrx6Q0GcSqOmh5uc0pcWwmRZNVfjfHCfOq3gpL9YtmuV_.

这里主要想通过对广播电视节目的简单划分，使我们的学习尽可能地简单化，运用以点带面、以一带十、触类旁通的方式使我们的学习效率最大化。

"对象的设想，必须从量和质两方面去进行，质的方面又是最根本的。所谓量的方面，是指性别、年龄、职业、人数等，有关对象的一般情况。所谓质的方面，是指环境、气氛、心理、素养等，有关对象的个性要求。"[1]这是我们进行对象设想的最根本的规律。

实际上，不同类型的节目受众具有某些相同的特点，这里简单归纳如下：

第一，新闻性节目。经常收看新闻性节目的受众一般都有较好的教育背景，文化素质都比较高，对社会事务具有较为理性的判断，会有针对性地选择有用的新闻，用以指导个人行为。

第二，社教性节目（社会教育、学科教育）。经常收看社教性节目的受众一般都有强烈的好奇心理。实际上，他们并不是对所报道的事情本身有兴趣，而是对悬念和悬念之后的答案感兴趣。一般来说，这些人更多的是普通群众，在工作之余希望通过社教类节目中的故事获得精神上的放松。

第三，文艺性节目（包括娱乐性、综艺性等节目）。经常收看文艺性节目的受众主要是为了获得精神上的愉悦和放松。因此，他们比较讨厌呆板做作的表演，喜欢比较放松的环境，喜欢看"热闹"。对于以高雅艺术为内容的节目，受众往往具有较高的教育背景和文艺修养，对播音员主持人的谈吐气质要求也相对较高。

第四，服务性节目。经常收看服务性节目的受众主要是为了获得完成某项任务的信息和帮助。因此，具备某种专业气质的播音员主持人更容易获得他们的信任。

第三节 对象感的获得与应用

具体的对象设想对完善我们的工作大有裨益。"为了获得对象感，我们应尽可能多地熟知各种对象的情况。具体对象，应该是我们最了解、极熟悉的人，一想起他们，音容笑貌、举止神态都时时可感、历历在心以便更迅捷、实在地感觉到。"[2]

一、对象感的获得

在了解和设想受众对象的特点后，播音员主持人就要调动内心的感受，寻找和获得对象感。这一过程既是简单的又是困难的。简单的是，了解了受众对象的各种特点后，便很容易在心理上构建起一幅对象的图景，甚至可以"精细"地设想出对象的长相和表情。但同时，如果仅仅构建起这样一幅图景，并不能说明就找到了对象感，真正的对象感并不只是一幅关于对象的图景。

那么，对象感到底应该是一种怎样的感觉呢？在日常生活中，我们都有给人打电话，或者躺在宿舍的床上与舍友彻夜长谈的经历。在这两种情境中，我们都没有直接看到交

---

[1] 张颂：《播音创作基础》（第三版），中国传媒大学出版社2011年版，第77页。
[2] 张颂：《播音创作基础》（第三版），中国传媒大学出版社2011年版，第78页。

流对象,但是在我们的脑海里,我们会想到他们在听,会清晰地感知到他们的反应,这时的感觉和播音主持中所强调的对象感十分相似。

寻找和保持对象感是播音主持工作中的一个重点,也是难点。

获得对象感的一种途径是:在构建起受众对象的图景后,不要总是将注意力集中在对象的"形象"上,而要将注意力集中在语言的指向上,即"在对谁说"。实际上,这样的意识就是对象感的引线。

获得对象感的另外一种途径是:生活中具体感受的积累。当我们打电话,或者是在宿舍与舍友夜谈的时候,可以有意识地感受一下当时所有感官和心理上的体验。尽管看不到交流对象,但我们当时的心理状态和思维指向其实都集中于他们。

二、对象感的应用

对象感是播音员主持人通过电子传媒进行信息传播过程中,自觉引发播讲愿望的重要手段之一,可以说是其独有的特征。对象感运用的好坏,对播音员主持人作用最为明显,因为只有播音员主持人在电子传播中最具活力、最有能动性,如果对此问题掌握得好会使传播效果最大化。

播音员主持人在进行播音主持创作时,要秉持"有稿时,字字句句都要讲究'目的地'和'归宿';无稿时,言谈话语都要追求'落脚点'和'目标'。所谓'及于受众',就是'由己达人''及于耳际''达于脑际''化入心田'"[①]。

(一)内化的应用

在充分了解栏目、稿件、主持词的前提之下,对象的设想和对象感的获取,无疑对播音员主持人在头脑和内心之中树立准确的受众形象,并使之产生巨大的能量具有非常重大的作用。比如说,当设想我们的交流对象是一群天真无邪的小孩时,自然就会产生一种童真之情;当设想我们的交流对象是同龄人时,自然就会产生一种同代人之间的亲切感;当设想交流对象是一群老人时,自然就会产生一种尊敬关怀的情感。因此,对象感可以在潜移默化中刺激播音员主持人产生与设想的交流对象相匹配的内心情感,避免出现不恰当的用语和态度。这便要求播音员主持人在未开口之前,某种程度上已经在心理和情感上与对象达成了沟通。

"来源于社会生活中的人际关系,基于了解和熟悉,我们也会从芸芸众生之中,选取最适合担当'对象'的个人和群体,首先活跃在我们的心目中,然后融化在话语中,进入相似、相近的某个个人或某个群体的感应圈。即便当时并没有这些个人或群体在场,也会毫无例外地被在场的广大受众所接纳和感染。"[②]

(二)外化的应用

由于有对象感,因此在节目的整个运行过程中,一定会产生与对象关联的态度、语气、

[①②] 张颂:《播音创作基础》(第三版),中国传媒大学出版社2011年版,第80页。

眼神、姿态等外化结果,这样的结果会使受众感到播音员主持人似乎在对"我"讲述,增强了节目的效果。比如说,当播音员主持人了解到对象具有强烈的好奇心、想知道事件的真相时,自然就会让自己的播讲更富神秘感、悬念感;当想要说服对象接受某种观点时,自然就会让语言听起来很严肃、很诚恳,甚至其中的各种细微之处,都会为对象讲解清楚;当了解到受众想听些有意思的事时,便会产生一种"抖包袱"的心理,将那些带有娱乐价值的信息进行有意识的铺垫,再突然地打开"包袱",产生娱乐的效果……对象感是一种感觉上的引导,它不需要多么严谨的理性,只要构建了正确的对象,并激发出围绕这一对象的交流感,就会辅助我们完成对语言和情感表达的设计。这就是对象感外化的作用。

"对象在创作主体心目中越具体、越鲜活,就越能激发创作热情,话语的指向性越强,受众心理的接受愿望就越强。这个道理,并不深奥,现在流行的'接受美学',一样在强调'读者'的不可或缺,甚至是决定性的作用。"[1]

可以说,"对象感"是播音员主持人在学习和工作中绕不开的一个课题,如何能够掌握理论并且真正地运用于实践,将伴随播音员主持人的整个职业生涯。

第四节　实例分析与训练

一、实例分析

北京电视台科教中心于 2009 年 1 月 1 日起推出大型日播养生栏目《养生堂》。栏目以"传播养生之道,传授养生之术"为宗旨,秉承传统医学和运用现代医学理论,根据中国传统养生学"天人合一"的指导思想,结合四季变化、二十四节气来安排节目内容,既系统地介绍中国传统养生文化,又有针对性地介绍现代实用养生方法。

这档栏目的受众定位我们可以从量和质两方面进行设想。量的方面:受众年龄结构大约在 50 岁以上,女性观众多于男性,他们大多处于离退休状态,观众人数较为庞大。质的方面:受众居家时间较多,与人交流的机会相对较少,对身体、心理健康关注度较高。这些特点对主持人的交流状态都会产生影响。例如:

主持人刘婧:大家好,欢迎收看今天的《养生堂》节目我是刘婧,今天节目的一开始呢,要给大家介绍一位特殊的患者,为什么说他特殊?其实他已经在我们的舞台上了。大家来看,这是一个看上去很惬意的人形,但是实际上他没有那么的惬意,为什么呢?在他身上有三个名词很关键,我们来看大屏幕,三天发病 20 次,简单地分析一下,这位男性今年 40 岁,在三天之内有一种疾病他连发了 20 次,甚至是 20 次以上,我特别想问问咱们现场的观众,我们能猜到是什么样的疾病,有如此密集的发病率吗?来,这位阿姨您拿着话筒说。

阿　姨:大概是心脏不好吧!

(北京电视台《养生堂》,2015 年 7 月 29 日)

---

[1] 张颂:《播音创作基础》(第三版),中国传媒大学出版社 2011 年版,第 80 页。

对这个栏目受众特点的设想是主持人对象感获取的最主要途径,内化的结果就是内心要升腾起非常多的关爱之情。主持人的头脑中时刻要想起似乎有对自己爸爸妈妈或爷爷奶奶一样的理解和关爱之情,要有爱,这样的思想感情运动状态一直在自己的头脑中运动。

在内化的思想感情运动状态中,产生的有声语言结果就是,有声语言充满关爱,声音温暖,重音提炼准确清晰,语气炽烈,语言节奏偏慢。

获得对象感的一种途径,是在构建起受众对象的图景后,不要总是将注意力集中在对象的"形象"上,而是将注意力集中在语言的指向上。在进行播音主持工作的时候,你可以忘记对方的样子,但要时刻意识到你的语言的指向,即"你在对谁说"。实际上,这样的意识就是对象感的引线。

二、核心训练材料

1. 灯 泡

【训练提示】此训练的难度在于需要调动对象感,使得讲述遭遇时的情景再现与无奈诉说状态下的内在语变化,能够始终让思想感情处于积极的运动状态,语言表达彰显俏皮灵动的色彩。

在英国,所有的灯泡的包装纸上都印着这样一句警告:不要把灯泡放进口中!是不是有点搞笑?有谁会神经病地把灯泡塞进嘴里?

有一天,我和朋友谈到这个问题。他突然很认真地告诉我,有本书上也这么说,原因是灯泡放进口中后便会卡住,无论如何都拿不出来。但对此我十分怀疑,我认为灯泡表面十分光滑,如果可以放进口中,证明口部足够大,因此理论上也应该可以拿出来。回到家中,我拿起一个灯泡左思右想,始终觉得我的想法没错。本着"大胆假设,小心求证"的精神,我决定证实一下。为此我专门买了一瓶食油,以防卡住拿不出来。一切就绪后,我把灯泡放进口中,不用一秒钟灯泡便滑入口中,照这样看,要拿出来绝无问题。接着,我轻松地拉了灯泡一下,然后再加点力,又把口张大一些,妈妈呀,真的卡住拉不出来了!好在还有瓶油……

30分钟后,我倒了四分之三瓶油,其中一半倒进了肚子,可那灯泡还是动也不动。我只好打电话求救,号码才摁了一半,才记起口中有个灯泡如何说话?只好向邻居求助,我写了张纸条便去找邻居妹妹,她一见我就狂笑,笑得弯下腰还流口水。半小时后,她还是挣扎着帮我去叫了"的士"。司机一见我,也笑得前仰后合。在车上他不停说我的口太小,还说如果是他,就没问题。他的口真是大,但我好想告诉他,无论如何不要试。

在医院,我被护士骂了十多分钟,说我浪费她的时间。那些本来痛楚万分的患者,见了我都好像没病了,人人开怀大笑。医生把棉花放进我口的两旁,然后轻轻把灯泡敲碎,一片片拿出来。最后,他告诉我,下回不可再试,我告诉他我再也不试了。我想地球上一定没有像我这么白痴的生物了。

当我打开诊室的门,要离开医院时,迎面来了一个人,正是刚才那位司机,他口中正含着一个灯泡……

2. 生活小窍门

【训练提示】选择一人或两人合作主持一档服务类节目,可以发动同学们做一些道具以丰富节目内容,增强节目的直观性;要求自编串联词,将一个个妙招介绍给大家。设想在不同收视对象的节目中播出,比如设想在特定对象节目《夕阳红》老年节目中播出,设想老年观众的收视习惯,了解老年人的心理,表达时语速要和缓、体态要有分寸;若设想在《低碳生活新时尚》非特定对象节目中播出,则要做出相应的变化。

(1)炸馒头片巧省油方法

先将馒头片在一碗水里略微浸泡之后再放进油锅里炸,省油又健康,外观口感更好。

(2)巧穿旧鞋带

用久了的鞋带头儿往往会变得松散,不好穿。这时,我们只要剪一小条约1厘米宽的锡纸,在鞋带头儿紧紧地缠上几圈,之后即可轻松地穿鞋带了。巧克力等零食内的锡纸可废物利用。

(3)鸡蛋清巧粘玻璃或瓷器

用棉棒蘸取少量蛋清(做菜后鸡蛋壳内剩下的就够用了),涂抹要黏合的两块玻璃的边缘,将两块玻璃用力挤压在一起,放置24小时即可粘牢。同样适用于部分摔烂的瓷器。

(4)巧存生姜

生姜不是很好保存,一般做法是把它埋在沙土里。今天介绍个更方便的方法,就是把生姜切成稍粗的丝,用保鲜膜包起来,放进冰箱的冷冻室。记住,是冷冻室。以后随用随取即可。这个方法同样试用于葱。我们可以把葱花切好,分成几等分,同样放进冷冻室,每次炒菜用一包。这样保存葱姜不会蔫掉、烂掉,不会影响风味,而且还节省了每次炒菜切葱花、切姜丝的时间,何乐而不为呢?

(5)巧蒸蛋羹

蛋羹爽滑细腻,营养丰富,大人小孩都爱,但有个小问题,蒸过蛋羹的碗很难洗干净。只要蒸之前,在碗的内壁上薄薄地抹上一层食用油,之后再放进搅好的蛋液。吃完了蛋羹,很轻松就可以把碗洗干净了。

3.《再说长江》第一集《大江巨变》

【训练提示】20多年前的《话说长江》,曾创造了中国电视史上的收视奇迹,如今的《再说长江》则是中国电视史上规模最大的一次记录长江行动。作为《话说长江》的续篇,大型纪录片《再说长江》2006年再度全新播出。因此必须设想观众对《话说长江》的熟悉心理,以及观众对续篇《再说长江》的期待心理,以饱满的创作激情、深厚的民族情感、强烈的社会责任、高昂的时代精神讲述长江波澜壮阔的壮丽景象、多姿多彩的人文景观,呈现充满魅力的长江形象。

这是20多年前,一部史诗般的电视系列节目《话说长江》中的影像。拍摄者将镜头对准中国最长的河流——长江,记录下与它有关的神奇自然、厚重人文和长江流域人们的生存状态。20世纪80年代,一个改变中国人生活的时代正在到来,时代变迁的急促脚步成为《话说长江》中最具历史张力的影像。1983年《话说长江》播出,产生了一个万人空巷的收视奇迹。当年的报道这样描述:每到星期天的晚上,数百万中国人便坐到电视机前,收看由中央电视台播放的电视系列节目《话说长江》。对于当年的人们来说,这是一次影像的盛宴。更为重要的是,这条巨大的河流带给他们澎湃的激情和民族自豪感。一个个难忘的画面成为人们心中挥之不去的时代印记。通过电视荧屏,中国人第一次完整地看到流淌了亿万年,养育了中华民族千百年的母亲河的真实容颜。这部长达25集的系列节目来自4 000多分钟的电影胶片素材,鲜活画面的背后是历时整整一年的艰辛拍摄。1981年,一代电视人开始了这次盛况空前的拍摄,他们的足迹遍及大江两岸。之后,一部在中国电视史上具有里程碑意义的作品脱颖而出。

2004年,距离《话说长江》播出整整20年后,中央电视台《再说长江》摄制组,沿着长江开始了又一次大规模的拍摄,这是对20年前脚步的追寻。某种意义上,这是跨越不同时空的同一次记录。20年,历史中的短暂一瞬,而对于世纪之交的长江,却充满沧海桑田的意味。它的背后,是一个巨变的中国。20年前留下的画面中,长江上这些险峻的峡谷,令人想到了古诗中关于蜀道的描述。峡谷居民搏命般的水上生活,带着远古的血性和豪气。而在流域的另一些河段中,富于现代色彩的水利工程已初露端倪。20世纪80年代,长江边的城市中已出现这些规模巨大的楼群。时尚,开始成为大多数人的新鲜话题。这些情景,仍然深深地映在许多人的脑海中。甚至,每一个细节都会令人感动。来自20年前的面孔、表情和动态,让我们找到自己生活的影子。同时,也更加清晰地看到,今天的生活发生了怎样的变化。对于生活在今天的我们,这是属于每一个人的20年。从2004年起,《再说长江》摄制组开始多方寻找当年镜头中的人物,他们的人生凝聚着20年长江流域,甚至整个中国变迁的历史……

4. 新闻联播

【训练提示】新闻播报能力是播音主持专业的基本功。在这个阶段,同学们可通过对象感的训练强化新闻播报的亲和力。中央电视台《新闻联播》是一档收视率极高的节目,同学们做练习时,在考虑该节目30多年积累起来的观众收视习惯,注重观众收视心理共性特点的前提下,针对每一条新闻内容逐一设想对象,从对象的质和量两方面(人数、环境、气氛、心理状态等)设想对象对"这一条"新闻内容的心理需求,激发非说不可的愿望,调动思想感情,语言庄重不失亲切,给人以鼓舞的力量。

请下载当日的《新闻联播》进行对象感训练。

三、补充训练材料

1. 郭明义:简单中的伟大(节选)

【训练提示】为了使我们设想的对象具体有依据,要尽可能多地熟知各种对象的情况,丰富生活体验,建议上网搜集了解不同媒体对同一个人的报道角度与风格,了解网民的评价,培养对人物的感情,找到非说不可的播讲愿望,尤其注意要联系节目的播出背景、明确播出目的、在传播社会正能量的背景下依据播出目的来把握对象感,将朴实的讲述与宏大的时代背景相结合,这样获得的对象感才会有的放矢,能大大地增强说服效果。(此电视人物专访可只训练导视和解说部分)

(解说)他所做的每一件事情,我们依靠一时的热情也能做到,但是他的特殊之处,在于长期坚持。但他说他依靠的并不是理想主义和自我要求,用他的话讲"我只是一个非常天真的人"。

这个天真可爱的小姑娘名叫严函,刚满一岁,家住辽宁省鞍山市。父亲严回春是鞍钢集团矿业公司齐大山铁矿的职工。今年7月,10个月大的小严函被确诊为白血病。为了挽救孩子的生命,严函的父母卖掉了家里的房子,花光了家里的所有积蓄。在小严函的父母陷入绝望的时候,郭明义得知消息并找到了他们。

郭明义:假如说我女儿10个月大的时候得了这个病,我会怎么样呢?我会坚强起来吗?我告诉他,你别着急,我会替你想办法的。

(解说)郭明义将身上仅有的200元钱捐给了小严函的父母。随后,他多次在矿业公司范围内发起了为小严函的捐款,目前已经募集到10万余元的捐款,解了小严函一家的燃眉之急。小严函现在的治疗急需O型血小板,9月2日上午,郭明义按照事先的约定来到鞍山市中心血站为小严函捐献血小板。郭明义知道,要想从根本上挽救小严函的生命,就必须为她进行造血干细胞的移植。郭明义一边与中华骨髓库联系,一边四下奔走,尽量发展更多的捐献造血干细胞的志愿者。

这一天,他来到齐大山铁矿的机关科室进行造血干细胞捐献的宣传,目前还没有为小严函找到能够成功配型的造血干细胞,但是郭明义并没有失去信心。因为他已经成功救助了一名患白血病的孩子。那是在2006年的12月,郭明义听说工友张国斌13岁的女儿患上了白血病,立即赶到医院找到了张国斌一家人。

张国斌:得花30多万才能做骨髓移植,郭大哥过来安慰我,不要哭了,有什么事我们帮你。

郭明义:当时办公桌里有100块钱。我说这100块钱少一点,你留下吧,留下来给孩子买点吃的。回来后我就想怎么能解决这个问题,我还询问过媒体如何解决这个问题。

(解说)郭明义迅速在齐大山铁矿发起了爱心捐款活动,几天之内就为张国斌一家筹集了3万多元。为了给张国斌的女儿寻找造血干细胞的配型,郭明义开始发动身边的人参加造血干细胞的捐献,为此他专门写了一封倡议书,到矿上的70多个机关科室和班组车间宣读。

(解说)通过各种方式的宣传发动,经过四年的努力,郭明义身边汇集了1700多名捐献造血干细胞的志愿者,而且幸运地为张国斌的女儿找到了配型成功的造血干细胞。目前,张国斌女儿的病情明显好转。

(主持人)郭明义20来年都是这么过来的。他所奉献的工作时间,相当于多干了5年。根据鞍山市中心血站的统计,从1990年至今的20年时间里,郭明义无偿献血累计达到6万毫升,相当于自身总血量的10倍。

每天早上4点多郭明义从家里出发,步行40多分钟到达采矿场。这比规定的上班时间提前了两个小时。据统计,他所奉献的工作时间,相当于多干了5年的工作量。

记　者:40多公里,你走下来,那得多长时间?

郭明义:要是走完,也得两三个小时。

记　者:您路上走没遮没挡,连个休息的地儿都没有,要是下大雨怎么办?

郭明义:下大雨就这么走,我一直就这么淋着,没有事,也不感冒也不什么的。

记　者:一个人就这么走,一天走上几十公里,一个人不寂寞?

郭明义:寂寞就跟工人打个招呼,到岗位上唠一唠,工人寂寞的时候,给他们唱唱歌。

(解说)在工友们的眼中,郭明义是能够真正帮他们解决难事的人。提起他,没有一个人不佩服的。

工友A:他不是说干一件事、两件事、十件事,他20来年都是这么过来的,大伙没有不服的。你要是假的,谁能服你?

工友B:你说你肾不行了,给我整个肾。郭明义就会说:"给你,我肾给你。"

记　者:真的?

工友A:我跟你讲,今年3月,辽宁有个大学生得了肾癌,他那天中午,看到了以后,跟一个司机就直接到市医院去了。到那儿以后,就直接找大夫,说"这个孩子肾不行,给我'配'一下型。"

(解说)因为没有配型成功,郭明义最后没有捐成肾,但是学生的家长在得知后仍然非常感动。这是家住鞍山市铁西区的杨思雯和她的奶奶,在小思雯出生不到三个月时,父母就离婚并离家出走,从此小思雯的世界里只有体弱多病的奶奶和她相依为命,而她们的唯一生活来源是每个月370多元的最低生活保障金,特别是在小思雯上学之后,祖孙俩的生活变得更加紧张,加上小思雯的病情越发严重。也就是在小思雯祖孙俩陷入绝境的时候,郭明义从鞍山市希望工程办公室了解到了她们的情况,从2006年开始资助杨思雯上学。

杨思雯的奶奶:第一次见郭明义时,我合计,这人得穿得西装革履,皮鞋锃亮,起码外表一瞅特别像有钱的人。等我一见面,我的眼泪哗就往外淌,一身劳作服,穿着大头鞋,后屁股的裤子还补的,我这心真是太难受了,这人这么有爱心,都穿这样了,还赞助孩子念书,真是一般人做不到。

(解说)20多年来,他一家三口住在只有40平方米的老房子里。16年来他捐给特困家庭学生和贫困家庭的钱超过12万元。

郭明义:一个人跟我说过,就是靠你现在的名誉,你可以得到很多很多。我告诉他了,我什么也不缺,我不想要,我现在很满足。

记　者:也许你会升官了呀?

郭明义:我不想升官,因为当官了你就考虑太多了,我很可能变成另外一个人。所以我也很庆幸,我没有当上官,真的。

记　者:你这话说得太真诚了。

郭明义:真的,我能保持这种天真,50多岁了,做着再简单不过的简单的事情,我就是这样了,没有其他的。

记　　者:难道就在这个矿山里这样一圈圈地走下去吗?

郭明义:我还要走八年。

记　　者:有人会说,你这是不是太一条道走到黑了?

郭明义:就走到黑吧,就这样了。

2. 中秋双语晚会——海峡月·中华情

【训练提示】我们通过外景晚会主持来训练如何把握对象感。要突破室内环境限制,设想和感受现场"对象"的存在,设想人数之多、场面之大、现场欢乐温馨的气氛以及当地观众热切期待的心情。注意与搭档之间的交流,以及镜头前眼神的交流、与现场观众的互动。双语主持部分可根据学生的兴趣和水平,适当选择训练。

(开场歌舞:扬扬梦工厂《爱拼才会赢》)

(主持人全体六人)

鲁　　健:现场的观众朋友,

侯佩岑:电视机前的各位朋友们,

曹　　众:全世界的华人华侨朋友们,

薛晗喆:(闽南语)电视机前的各位朋友们,

季小军:(英语)女士们、先生们,

陈　　玲:大家

合:晚上好!

鲁　　健:我是中央电视台主持人鲁健,

侯佩岑:我是台湾电视主持人侯佩岑,

曹　　众:我是香港电视主持人曹众,

薛晗喆:我是福建电视台主持人薛晗喆,

季小军:我是中央电视台主持人季小军,

陈　　玲:我是厦门电视台主持人陈玲,很高兴能够在我们美丽的厦门向全国和全世界的华人同胞们送上祝福和快乐!

侯佩岑:又是花好时节,又见月圆时刻,我们又迎来了一年一度全球华人共同的节日——中秋佳节!

鲁　　健:此刻,华夏大地月华璀璨,处处月饼飘香,全球华人正举杯同庆,共赏一轮明月。

曹　　众:如果此刻您正阖家团圆,那么,今晚的月亮就是一盏明灯,照亮你的幸福,温暖你的心;

薛晗喆:如果此刻您仍漂泊异乡,那么,今宵的月光就是亲人的目光,越过高山,跨过海洋,彼此相望;

季小军:明月千里寄相思,神州万里庆团圆。这里是中国厦门,美丽的鹭岛,"海峡月·中华情"2006年中央电视台中秋晚会的直播现场。

陈　　玲：此刻，我们所在的地方是晚会的主会场——厦门国际会展中心，我们的左手边就是金门岛，台湾的同胞们正从那边向我们发出祝福！（金门起焰火）

侯佩岑：同样，我在这里也感受到了大陆亲人送给全世界华人的祝福！（大陆起焰火）

鲁　　健：头顶一轮圆月，脚下跨海连天，今夜就让我们借着大海的涛声，向海内外同胞和全球的华人道一声：

合：中秋快乐！

曹　　众：今晚，我们还为电视机前的观众朋友们准备了丰富的短信礼品。移动、联通、小灵通用户均可发送答案序号A或B至9999888参与有奖问答！

陈　　玲：相信，随着短信的接踵而来，今晚海峡两岸船上的歌声也将弥漫着无尽祝福和思念！

侯佩岑：（英语）听！思念的《船歌》已经唱响了。

（朱桦演唱《船歌》）

鲁　　健：天涯或许无限遥远，海上或许波浪滔天，天上却有一轮静静的月亮，抬头望月，我们就会想起古老的传说。

侯佩岑：传说，月亮中有一只捣药的兔子，以千古不变的姿势，俯瞰过多少人间的故事。

鲁　　健：今年的中秋晚会我们就要为全球华人奉上一份特别的心意，首次推出中秋晚会的吉祥物——团圆兔，为全球华人的传统佳节增添一份特别的欢乐。

侯佩岑：很想见见这只可爱的兔子。

鲁　　健：下面就请中国民生银行为我们揭秘晚会吉祥物——团圆兔，我们让它为全球朋友送上团圆、和谐、美好和健康！

（现场出现团圆兔）

侯佩岑：好纯洁、活泼、可爱的团圆兔！眼睛都在笑，全身都是喜气！

鲁　　健：别急，接下来还真有一双《爱笑的眼睛》。现在就让我们进入"中国移动全球通连线台北"，这是中央电视台首次在台湾室外开设分会场。

侯佩岑：就在我们101大厦前的广场，离我家很近。有请徐若瑄！

（徐若瑄演唱《爱笑的眼睛》　台北分会场）

季小军：无论大陆和台湾，今晚都很热闹、喜气！告诉大家一声，今晚中秋晚会，我们还设置了另外一个表演区。它在厦门到金门航线的"全球通号"游轮上，此刻，游轮正向着这里驶来。（英语）

陈　　玲：两岸通航，给两岸的亲人带来了便利，架起了两岸交流的桥梁。

季小军：我们脚下的海水，我们眼前的海峡，现在荡漾的不仅仅是海水，更是浓浓情意。

陈　　玲：就让我们随着游轮前进，开始我们美好的梦想！

（何润东演唱《梦想的开始》　厦门游船）

侯佩岑：浪子的心情，是流浪在外的华人刻骨铭心的记忆；

季小军：大海雕刻闽南人的性格，更承载着游子的艰辛和思念。

陈　　玲：福建有很多姑嫂塔的传说。男人为谋生远渡重洋，姑嫂俩经常爬到最高的山顶眺望,为了站得更高,看得更远,她们每回上山都带上一块石头,垫在脚下,时间一长,脚下的石头成了塔。

季小军：后来,男人们出海离家,每当姑嫂塔从视线中消失,男人们就会跪在船头,向家乡叩别,向生养自己的故土叩别。

曹　众：归来的时候,每当姑嫂塔在视线中出现,游子们也会向姑嫂塔五体投地、长跪不起!

季小军：姑嫂塔其实已经成了故乡和家园的象征。见到姑嫂塔,就等于见到了生我养我的大地。

（《姑嫂塔》双人舞 ＋ 箫 ＋ 叙事诗）

薛晗喆：观众朋友们,此刻,我们的"全球通号"游轮表演区已行进至海上花园——鼓浪屿和中山路繁华商圈之间。

季小军：此刻这艘轮船正行驶在月光中和灯光中,作为东南沿海的开放城市,厦门已成为国际性花园城市,景色也越来越美。

薛晗喆：我们也欢迎世界各地的华人都回来厦门、回来家乡看看,我们在世界这头等着你。

季小军：（用英语将薛晗喆的话再说一遍）……

（陈好演唱《我在世界这头等着你》 厦门游船节目）

（结尾：主持人六人全出 《鼓浪屿之波》音乐铺底）

鲁　健：今宵,月光如水,江山万里同沐浴；

侯佩岑：今宵,月光如银,华夏儿女心相连。

曹　众：明月见证,今宵亲人相拥,歌声浩荡；

薛晗喆：大海见证,今夜海峡欢歌,亲情无限；

季小军：但愿人长久,

陈　玲：千里共婵娟。

季小军：中央电视台2006年"海峡月·中华情"中秋双语晚会到此结束!（英语）

鲁　健：中央电视台2006年"海峡月·中华情"中秋双语晚会到此结束!

合：明年中秋我们再见!

四、拓展训练建议

"对象感"阶段的训练应该突出节目意识,学生可以选择自己感兴趣的节目形态,并且有针对性地进行节目分析,思考究竟应该怎样获得对象感,从中找到适合自己的思路和方法。

比如,关注新闻事件,自选话题,设计一个15分钟的广播访谈节目。

这一训练,重点不仅仅在于学生对新闻内容的驾驭能力,而且还可训练学生在分析事件和表达自己观点的过程中如何与真实对象、嘉宾交流,以及和镜头的交流,因为当我们具备很强的解读、评论新闻事件的能力却无法在镜头前自如交流的时候,将会遗失话语权,成为镜头前最大的遗憾。

此为拓展训练,不给出既定稿件,鼓励学生关心国家大事,发现身边的相关新闻。鼓励学生找一些自己能够驾驭的话题进行访谈。

■ 思考与研讨题

　　1. 对象感的定义是什么?你是怎样理解这个概念的?

　　2. 通过什么手段可以更好地了解受众?如何理解对象感的作用?

　　3. 通过收视率或收听率分析当下有代表性的一档广播电视节目,从而勾画你的对象设想路径。

第八章 停 连

■ **本章要点**

1. 停连的含义和作用。
2. 停连的运用原则。
3. 停连位置的确定及种类。
4. 停连的处理方法。

第一节 停连的含义和作用

一、停连的含义

停连,包括两个方面。停,指停顿;连,指连接。有停顿,有连接,才能更好地传情达意。

在播音中,语言的部分之间、层次之间、段落之间、小层次之间、语句之间、词组或词之间,有声语言总有休止、中断的地方,时间有长有短,都属于停顿的范围。那些不休止、不中断的地方,特别是文字稿件中有标点符号而不休止、不中断的地方,就是连接。[①]

二、停连的作用

停顿和连接对于有声语言的表达具有显示语意、抒发感情的作用。

停连首先是一种生理需要,言者不可能一口气不间断地播稿或者讲话,听者也不可能接受连续不断的语言刺激,两者都需要适度的停顿和连接。停连更是一种心理需要,是内容表达、情感运动的需要。在停连的运用上,生理需要必须服从心理需要,停顿和连接的地方及时间长短都不是任意的、机械的,它是思想感情起伏运动的直接体现和延伸。连接不是一口气到底,停顿也不是中断空白,停连应该是积极主动、自如流畅的,服从传

---

① 张颂:《播音创作基础》(第三版),中国传媒大学出版社2011年版,第87页。

播内容、传递情感的需要。总之,停连具有发挥有声语言对内容传播的组织、区分、转折、呼应、回味、想象等作用。

第二节 停连的运用原则

一、标点符号是参考

文字语言是按照一定的语流序列排列而成的,其中的标点符号能够帮助我们捋顺文意、理解内容,同时也是我们将文字语言转化为有声语言时进行断句和连接的提示。但是,文中的标点符号显示了文字语言的停连关系,而在有声语言转换过程中,分句与分句之间、段落与段落之间、层次与层次之间,都需要我们进行适合有声语言表达和倾听的处理及调整,因此停顿和连接才是有声语言的"标点符号"。① 我们需要建立起"适合听"的观念和意识,从有声语言表达的角度对文字语言进行再处理和转换,合理区分、有机连接,使其在听的过程中意思更鲜明、情感更到位。让我们一起来看看下面的例子:

11月13号,中央纪委常委会召开会议,传达学习∧党的十八届三中全会▲和习近平总书记重要讲话精神,结合纪检工作实际,就落实∧《中共中央▲关于全面深化改革▲若干重大问题的决定》∧作出部署。

这条新闻中出现的主要句子都比较长,为了使句意更清晰,需要我们根据句子成分和结构进行适当停顿,否则说者无法把握,听者也听不明白。

再来看另外一个例子:

全会指出,要紧紧围绕使市场在资源配置中起决定性作用深化经济体制改革,坚持和完善基本经济制度,加快完善现代市场体系、宏观调控体系、开放型经济体系,加快转变经济发展方式,加快建设创新型国家,推动经济更有效率、更加公平、更可持续发展。

可以看出,虽然这条新闻有很多小分句,但从总的意思上说,它们都是"全会指出"的具体内容,应该是一个完整的意思。如果每个分句都完全断开则整个意思就会不连贯,应该注意将分句"抱团儿",使意思完整流畅。

以上例子可以看出,没有标点的句子不能一口气念到底,有标点的句子每句一顿,或者"逢逗必扬""逢停便落"的处理方式也是片面的。也就是说,不仅要从"看"的角度出发,还要从"播"的角度、"听"的角度来考虑。有声语言表达的初级阶段,比较容易被标点符号束缚,这就需要我们从整体出发,突破标点符号的限制,克服依赖心理,熟练运用有

---

① 为了在话筒前心中有数,可以应用下列符号在稿件上标出停顿和连接的处理情况:
　▲　挫号:停顿时间短,用于没有标点符号而又不影响内容连贯性的地方。
　∧　停顿号:停顿时间稍长,用在句子或小层次中。
　⋀　间歇号:停顿时间更长,一般用于部分、大层次、段落之后。
　　　连接号:用于有标点符号而需要连接的地方。
　⌣

声语言的标点符号——停连,才能打破四平八稳的腔调,自如表达。

二、语法关系是基础

我们对文字稿件的理解感受及有声语言的表达,都必须也只有通过符合语法规范的词句才能变成现实。也就是说,每一句话都牵扯到语法问题,稿件的语句系列、词或词组系列,离开语法是不可能的,语法是我们进行有声语言创作的基础。事实上,每一个停连都是在语法关系允许的范围内进行的,一旦造成语法关系模糊、混乱,不管是什么原因都要加以调整。在播读文字稿件时,有的时候我们会因为停连不当而使语句产生歧义或表达出不该表达的意思。下面这个例子非常典型:

接下来请大家收看∧记者从现场发回的报道。
接下来请大家收看记者∧从现场发回的报道。

这个句子在节目中我们经常会遇到,在播读这个句子时很容易忽略对句子结构成分的把握。收看的是报道,什么报道?记者发回的报道,而不是收看记者——小小的一个停顿处理反映出的却是播讲者对语句意义是否真正理解了。其实,很多时候出现问题都是因为没有弄清楚语法关系而造成的。在语言序列的区分中,必须结合语意进行语法分析,并且要特别注意同一语言序列所可能有的两种以上的语法关系导致歧义的情况,准确地择取一种,舍弃另一种。因此,把握好文字的语法关系是我们能否正确表达语句意思的基础。我们还应该注意到,在按照语法关系组织起来的句、段中,同时包含着概念的运动,也同时体现着心理变化的因素。尽管有些时候某些停连可以在语法基础上侧重表现逻辑关系或侧重表现心理活动,但更多情况下却是三者的有机融合,若要硬是把它们拆开,就会"剪不断,理还乱"。

阿拉伯一些国家昨天指责美国支持以色列只让部分被驱逐的巴勒斯坦人返回家园的决定,敦促联合国实施其要求以色列让全部巴勒斯坦人返回家园的 799 号决议。

这条新闻非常典型,如果弄不清语法关系,播读的时候就会出现歧义。"阿拉伯一些国家"是主语,"指责""敦促"是并列的谓语,"美国支持以色列只让部分被驱逐的巴勒斯坦人返回家园的决定"这一句话是"指责"的宾语,"指责"的是"美国支持以色列的这个决定";"联合国实施其要求以色列让全部巴勒斯坦人返回家园的 799 号决议"这一主谓结构的句子是"敦促"的宾语,"敦促"的是"联合国实施决议"。在处理这条新闻时,如果不注意很容易搞不清楚谓语、宾语是什么而导致播读时意义不明。因此,在语言表达中,只有理清正确的语法逻辑,了解新闻背景以及心理活动,才能准确地传达出话语的本质意义。

三、情感表达是根本

文字稿件的内容、结构、语言等形之于声,是传情达意、明志省人的过程,是思想感情的一种综合性表露。究竟在哪里停顿,在哪里连接,要根据稿件内容和情感表达,联系稿件的上下文来决定,这是掌握停连运用的根本。

我们播读稿件时运用停连,是把停连作为表达全篇稿件的一个方法,而不是仅限于对单独的句子进行孤立、静止、局部的解剖,所以我们在播讲的准备及进行中,应该产生循序渐进、顺理成章、情真意切、心领神会的动感,按文意、合文气、顺文势。在这种情况下,从任何一个狭隘的侧面去分析都会有问题,需要知识的综合应用。来看下面的例子:

今天是7月1号,中国共产党迎来了建党85周年纪念日。在85年的光辉历程中,一代又一代中国共产党人团结带领全国各族人民在艰难困苦中奋起,在艰辛探索中前进。今天是7月1号,青藏铁路这条世界第一钢铁巨龙,在决策者和建设者们的奋斗下,翻崇山、越峻岭、跨戈壁、过荒漠,划破青藏高原几千年的沉寂,今天将迎来它在青藏高原上的首次穿越。此刻,我们的思绪飘荡在遥远的青藏高原,神圣的雪峰和空旷的原野正在敞开胸怀,它们将和我们一起见证今天这样一个激动人心的历史性时刻。

这段话抒发了在建党纪念日青藏铁路开通时人们的感慨和激动,整段文字坚定自豪、激情饱满,在处理时不仅要注意语句连接,表达出情感的一气呵成,比如"青藏铁路这条世界第一钢铁巨龙,在决策者和建设者们的奋斗下,翻崇山、越峻岭、跨戈壁、过荒漠,划破青藏高原几千年的沉寂,今天将迎来它在青藏高原上的首次穿越。"每个分句之间不仅要贯穿情绪的推进,而且还要注意语句间的停顿,表达出内容的层次感。这种处理方式是建立在对全段内容和情感深入理解基础之上的,在正确表达内容的前提下,每一位播讲者又会因为自身的理解感受程度以及语言习惯的差异,在停顿的长短、连接的疏密上呈现出自己的风格特色,凸显个人魅力。停连的处理是千变万化的,任何固定格式的停连处理和套用,要么显得虚伪做作,要么造成单调呆板。在有声语言的表达过程中,一定要从内容出发,进而从情感出发,整体把握。

第三节 停连位置的确定及种类

一、停连位置的确定

(一)区分语意的地方要注意停连

一篇稿件,播音员主持人自己理解了,但在播出过程中如果停连处理不当,也很可能造成语意不清,使受众不能完全理解或者曲解其本来的意思。这中间,需要对词语序列进行符合有声语言要求、符合听觉习惯的整理、加工,通过停连来区分语言序列的各种成分,表达出清晰的语意。因此,在区分语意的地方需要我们注意停顿和连接。例如:

省部级主要领导干部∧深入贯彻落实科学发展观加快经济发展方式转变▲专题研讨班开班式∧3日上午▲在中央党校举行。

这个例句比较长,且没有明确的标点符号来提示意义的区分,这就需要播讲者运用停连来区分出语句中的意思,并且从容换气,流畅表达。语句中存在的语法关系也需要我们用停连加以区分,使句意更明确,且避免歧义的产生。

需要注意的是，在语言表达过程中要运用停连来区分语意，但是区分过细也可能出现模棱两可的情况。另外，区分语意的地方不仅指稿件中词或短语之间，句与句、段与段、层与层、部分与部分之间也要注意，这其中是灵活多变的，要从稿件内容出发进行把握。

(二) 前后呼应的地方要注意停连

有声语言表达过程中常常遇到前后呼应的内容，这就需要运用停连来表现这种呼应关系。呼应关系也有不同情况，有一呼一应，逐层呼应，即大呼应套小呼应，也有一呼几应、几呼一应的情况。表达过程中要弄清楚哪个词是呼，哪个词是应，二者如何呼应等问题，然后再来确定停连的位置。

中非合作论坛北京峰会期间∧推行∧错峰上下班、公共交通车辆和地铁延长运营时间、临时交通管制、鼓励市民少开私家车等措施。

这个例句表现的是一呼多应的关系，"推行"后需要有适当的停顿以引出下面要说的内容，"错峰上下班、公共交通车辆和地铁延长运营时间、临时交通管制、鼓励市民少开私家车"则是并列关系，是对"措施"的具体解读。在这一句里，"推行"是呼，"措施"是应，句子强调的是呼应的内容，即推行的措施。其实"呼"和"应"是一种内在联系的表现，在稿件中，在语句中，有呼无应，显得不完整；有应无呼，显得没头没脑。总之，有呼无应和有应无呼都会造成语言序列的紊乱，给人以"前言不搭后语"之感。

恰当的停连会使语句内部各词、词组的关系明晰、确定，语意严谨、贯通，在较长的语句中，在多概念的语句中，尤其能发挥它的作用。另外，在全篇结构，尤其是倒叙、插叙、补叙的表述上，停连也发挥着重要的作用，可使文章层次清楚，结构完整。

(三) 强调转换的地方要注意停连

每篇稿件在内容上都有主次之分，在语言表达过程中有很多地方是重点，需要我们进行强调和突出。运用停连不仅能够突出重点，还能够使表达富于变化。在想强调的词或词组的前边、后边或者前后同时进行停顿，可以使想强调的词或词组凸显出来。

照你这么一说，这事办起来岂不是∧易如反掌！

"易如反掌"之前的停顿不仅强调出了问题可以解决，而且还能表现出人物的心理情绪和感受。

在很多情况下∧领导干部∧是决策的关键。

很明显这句要强调的是"领导干部"，在"领导干部"之前之后都停顿，就能使其凸显出来，一下子感受到它的重要性。

从文章整体来看，凡是重点层、重点段、重点句、重点词，都要学会使用恰当的停顿来强调的方法。有时这些重点非常明显，有时却需要深入理解才能发现它们，这里涉及"重音"的有关内容，留待重音部分再讲。

另外还有一种情况，随着稿件内容的发展和情节的展开，话语会由一个意思变成另一个意思，一种感情变成另一种感情，这中间需要有相应的停顿，以显示内容的转换，表现语意、文势、感情。

我国目前拥有约一万亿美元的外汇储备，引起世界瞩目，∧但在 1980 年时，我国不仅没有外汇储备，∧而且还背负着外债。

很明显，例句中有转折和递进的语句关系，在关联词前停顿，能更加充分地表现出语句意思的转换。即便有时句子中并没有出现"但是""然而"等关联词，也不能忽视对语句关系的把握。在层与层、段与段、句与句之间，也有这样的逻辑关系存在，同样要注意停连的位置和时间，具体把握，随势而变。

(四)并列分合的地方要注意停连

在稿件中经常会出现属于同等位置、同等关系、同等句式的情况，在处理这些内容的时候要注意它们之间的停顿及各成分内部的连接。凡属各并列关系之间的停顿，要求位置类似，时间近似，以显示并列关系，而它们各自内部的连接又较紧，所以停顿小，时间也不长。

对待同志像春天般的温暖，对待工作像夏天般的火热，对待个人主义像秋风扫落叶一样，对待敌人像严冬一样残酷无情。

这是《雷锋日记》里的一段话，说明了雷锋同志的人生态度，四个"对待"分句是并列的，在停顿处理上基本一致，分句间既要有停顿又不能停顿时间太长，以免造成不连贯从而破坏整个句子完整的语意。再来看一个很典型的例子：

节日期间供应品种有红、黄香蕉苹果、鸭梨、酥梨、瓢梨、京白梨、子母梨、雪花梨、胎黄梨，还有哈密瓜、伽师瓜、白兰瓜、黄金瓜、西瓜、鲜桃、葡萄、海棠、红果、石榴、沙果、香果、猕猴桃、菠萝、柠檬、洋桃、柚子、椰子、龙眼等 50 多个品种。

这个例句中出现了较多的并列成分，如果生硬地停顿，虽然显示了并列关系，但听起来却是干巴、呆板的，给人不顺畅、不明快的感觉。遇到这种情况，为了既显示并列关系，又使表达较为灵活，一般采取分组的方法。分组时，可根据内容，也可根据数量、类别等，尽量避免一个一个地读出来，造成单调乏味、机械拖沓的感觉。上文中的句子就可以大致分成三类，梨类、瓜类和其他，每一类中内容多的地方再进行细分。在有内容关联的时候，要把相近的并列成分归为一组，在保持并列感的基础上，组内并列成分之间停顿时间可以稍微缩短，各组之间停顿时间可稍长，但要匀称；在无内容关联的时候，可以根据数量分组，或二、三、一、二或三、四、二、一等等，尽量避免各组数量相同，以减少一板一眼的印象。分组表达时，还要注意组内和组间的停顿时间不可过于悬殊，保证各并列成分的相对独立。

值得注意的是在并列关系之前，往往会出现领属性词语；在并列关系之后，往往有总括性词语。在领属性词语之后、总括性词语之前，都需要有较长时间的停顿来引起下文或进行总结,这个停顿要比并列关系之间的停顿稍长一些。

　　大杂院不大,里面却住着四户人家:∧大奶奶家、五大娘家、刘二婶家,还有我家,∧大大小小,老老少少加在一块儿足有二十余口。

　　这个例句先总说有"四户人家",再分列出都是哪四家,最后总结人数还挺多,这样就形成了"总—分—总"的关系。还有一些短小的并列关系,在表达时往往不必有明显的顿挫,而常常采用曲连的方式进行处理,在后面讲解停连处理的方式时我们会详细介绍。很多文章在结构全篇的时候也采用这种"总—分—总"的方式,引出下文的领属性停顿和总结上文的总括性停顿。

　　(五)思考判断的地方要注意停连

　　稿件中经常出现表现判断、思索的内容,在这些地方需要进行恰当的停连,以表达出人物当时的内心活动和思维过程,播讲者要跟随文字的描述展开相应的思考,听众也可以在这个过程中有足够的时间反应,从而更好地理解稿件内容。

　　屋瓦上响起了哗哗哗的声音,击打在人的心上。∧是暴雨?∧这声音比暴雨更响,更加嘈杂,更加猛烈。∧"冰雹!"余新江听见有人悄声喊着,▲他也侧耳听那屋瓦上的响声。

　　这段话描写的是余新江在判断"哗哗哗的声音"究竟是什么,几个停顿的地方表现出了他边听边想的判断思考过程,同时也把听众带到了当时的情境中,和他一同思考判断。

　　他在屋中慢慢地踱着,思考着每一个细节,∧时间、∧地点、∧人物……究竟是哪里出了问题呢?∧望着窗外渐白的天际,他突然眼前一亮。

　　这段话表现的是思考的过程,每一个停顿都能展示思维的运动,思考的结果便在想的过程中逐渐呈现出来。

　　停顿绝不是思想感情的空白,不仅要在播讲中已经"明其意",而且要表现出正在"成于思",即有思维过程。我们在表达"看""听""想"等行为时,尤其需要注意运用停顿和连接展现思维过程。但是一定要避免"走过场",也就是没有判断的真实感受,还要"乱判断",也就是处处判断、句句判断,这样会导致句子零碎、不连贯,意思不清楚。

　　(六)回味咀嚼的地方要注意停连

　　很多文章的词、句、段,尤其是在结尾时的词、句、段,都不是戛然而止的,而是希望给受众留有想象、回味的空间,要达到这种效果就需要处理好结束时的停顿。这种停顿是播讲者具体的思想感情运动延续的结果,它使文章意犹未尽、回味无穷,受众可以据此展开联想,感受到其中的深意。

　　这张照片的主人已经不在人间了,照片本身也在一场浩劫中化成了灰烬,但是当时的情景,却永远留在我和妻子的心里。

这是《在彭总身边》中一个小故事的结尾。很显然,不仅是"当时的情景"留在了"我和妻子的心里",彭总的音容笑貌也留在了"我和妻子"以及全国人民的心里,这里结尾的停顿宜用缓停的方式,以表达出了人们对彭总的无限尊敬和深切怀念。

锅里的水吱吱地响,老大娘里屋外屋地忙,烧完热水又端饺子又端鸡蛋,香味儿∧伴着腾腾的热气在屋里弥漫。

这个句子描写了老大娘在屋里忙碌的场景,"香味儿"之后的停顿仿佛香气扑鼻而来,一下子把人带入了现场环境中。

无论是生动的情景、深刻的哲理还是丰富的感情、驰骋的神思,都需要我们用准确的停连为大家营造出丰富的想象天地,引人入胜,让人回味。

二、停连的种类

从准备稿件的全局出发,以稿件的内容、脉络、听者心理为依据,结合有声语言表达过程中停连使用的位置,可以将停连大致分为十种类型,虽然它们之间有交叉错杂、灵活演变的情况,但可以某种主要性质为根基,帮助我们在学习时更加清晰明确,在运用时更加自然流畅。以下十种类型的具体分析,可参见本章第五节"实例分析"部分。

(一)区分性停连

区分性停连在表达中具有切分层次、区分语意的作用。例如:

由中国海运集团自行设计建造的4.8万吨远洋教学实习船"育明"号今天正式命名交船,这是目前世界上吨位最大、最先进的远洋教学实习船。

(二)呼应性停连

呼应性停连在表达中具有体现呼应关系、突出逻辑意味的作用。例如:

去年12月3号,贝尔法斯特市议会决定取消在市政厅全年悬挂英国国旗的传统。这一决定引发了支持英国政府的当地民众的抗议。

(三)并列性停连

并列性停连在表达中具有展现并列关系、调整语言节奏的作用。例如:

人民政协要认真履行政治协商、民主监督、参政议政职能,更加主动自觉地服务科学发展、促进社会和谐、加强自身建设,为全面建成小康社会作出新的更大贡献。

(四)分合性停连

分合性停连在表达中具有体现领属关系、突出总分意义的作用。例如:

北京市已在污染严重区县启动重污染日应急方案,加大对燃煤锅炉、机动车排放、工业企业等重点大气污染源的执法检查频次,要求建材、化工等重点排污单位减排30%,要求停驶部分公务用车。

(五)强调性停连

强调性停连在表达中具有突出重点、明确目的的作用。例如:

当交通陋习遭遇罚款,闯红灯罚还是不罚真是个难题;当专项治理遭遇法难责众,被罚者服还是不服也是个难题;当遵守规则遭遇不合理交通设施,红灯前过还是不过还是个难题。

(六)判断性停连

判断性停连在表达中具有刻画场景、展现过程的作用。例如:

一阵暖风吹过来,感觉脸上润润的,鼻子里也一下子充满了泥土的味道,仔细一看,树枝上已经有了小小的绿芽,春天真的来了。

(七)转换性停连

转换性停连在表达中具有转换内容、推进情感的作用。例如:

常言道:一落叶而尽知秋,予我,还有除秋之外的东西。叶无所争,而在生活中,好多人却是相反,为了一些蝇头小利,竟像热锅上的蚂蚁一般,不顾一切、乱了心志地去争抢,而且在此过程中,很多人甚至是无所不及。叶犹那般,人却这般,何以堪?

(八)生理性停连

生理性停连在表达中具有展现特殊情况下的生理变化的作用。例如:

"你,你,你……你这人怎么这样!"一着急他就开始有点儿结巴了,引得其他的人捂着嘴偷乐。

(九)回味性停连

回味性停连在表达中具有引起思考、引发回味的作用。例如:

人生有味是清欢,这清,是欢愉的;这欢,是清澈的;这人生,是有味道的。淡淡的幸福,安静的甜蜜,悠远、绵长。

(十)灵活性停连

灵活性停连在表达中具有体现变化、丰富情感的作用。例如:

旁边传来轻轻的敲击声，我们循声走过去，是一家紫砂加工坊。一排低矮的日光灯下，是一溜排工作台，上面放满了工具和泥料，一位小伙正全神贯注地敲打着泥料，旁边两个中年师傅一个在做造型，一个在修壶面，他们全然没理会我们的存在，旁若无人，仿佛进入了另一个世界。朋友说，这就是制壶的境界，他们的心已全部融化在每一个细节之中，完全被这种文化所浸染，人与壶已融为一体。

有声语言是生动形象、充满吸引力的，任何停连都不是呆板、生硬的，无论是停连的位置还是时间，都不能生搬硬套。语言艺术的生命力贵在"变化"，对于停连的把握需要具体内容具体分析，坚持从稿件整体内容出发，以稿件的语意、情感、情节、脉络为依据，以听者心理感受为依据，从思想感情的运动状态中去确定和把握，灵活处理。在语意清晰、语言链条完整、思想感情运动状态活跃的基础上，或移动停顿位置，或延缓、缩短停顿的时间，或增多、减少连接，改变某些固定的处理，做到活而不乱、出奇制胜，给人以新鲜活泼的感觉。

第四节　停连的处理方法

在了解了停连运用的原则以及停连位置的确定、停连的种类之后，还需要掌握停连处理的方法。停连的处理和运用直接影响着稿件内容和情感的表达，如果在语言表达过程中方法运用不当，即使理解分析正确、找准了位置，也同样达不到准确表达文章内容和思想感情的目的，有时候甚至还会产生歧义。当然，停连的处理方法因内容、态度、情感不同而千变万化，常见的方式可以归纳为以下几种：

一、落停

这种方式一般用在完成句中，也就是一个完整的意思讲完之后。它的特点是，停顿时间相对较长，句尾声音顺势而落，或急收或缓收，或强收或弱收，都要停住，不能失去控制。总之，其表示一个完整意思的终结。

中宣部等单位今天上午在人民大会堂举办形势报告会，劳动和社会保障部部长在会上作了关于我国劳动社会保障现状及发展前景的报告。↓

一缕粽香，寄托着我们浓浓的思念；五彩花线，裹着我们深深的祝福。愿那翠绿的粽叶给你带去一份安详与如意，那甜甜的馅儿能给你送去无限开心与甜蜜，让那长长的五彩花线连同一种朴素的思想、纯洁的情愫，融入浓浓的端午粽香，随风悠悠飘散。→

为了实现中华民族伟大复兴的共同理想，我们共同奋斗、携手并肩就一定能构建出伟大祖国繁荣富强的盛世欢颜。↗

这三个例句是比较典型的三种落停的方式。第一个例句是一条新闻，陈述事实，语句结束自然落收；第二个例句是抒情性文字，表达情感，结尾时偏缓偏弱平收；第三个例句结尾时语势向上，语气强收，表达出自豪奋进的激情。通过这几个例子可以看出，落停在句尾即意义完结时的具体运用,包括语势走向、声音强弱、情绪抑扬等,需要根据文字的内容和情绪来确定。

二、扬停

扬停这种方式一般用在未完成句中,分句间关系密切、共同陈述一个内容,或句子中没有标点,一个意思还没有说完而中间又需要停顿的地方。它的特点是,停顿时间较短,停时声停气未尽,停之前的声音或稍上扬或平拉开,停之后的声音或缓起或突起,具体的处理方式需要视内容而定。扬停的运用能使语意"抱团儿"、语势连贯、节奏明快,在形成收听期待感的同时将内容整体推进。在新闻播报中,扬停是区分语意、衔接"抱团儿"经常使用的方法。例如:

全国"两会"召开前夕,中央对作为年度政府"施政纲领"的《政府工作报告》展开密集研讨,↗并广泛征求民意。后金融危机时代,↗保持经济平稳较快发展、↗加快转变经济发展方式,↗保持政策的连续性和稳定性,↗调整优化经济结构等被屡次强调,↗透露出今年中国施政的一些关键指向。

这段新闻列举了《政府工作报告》中的一些内容,其中透露出政府施政的一些关键指向。在播报这些文字时需要完整、"抱团儿",体现出内容的整体性。运用扬停的处理方式能避免语句过碎,使语言流畅完整。

今天召开的全国教育工作座谈会强调,要把教育摆在优先发展的战略地位,↗普及和巩固义务教育,↗加快发展职业教育,↗提高高等教育质量。

从每个分句看,表达需要意思的区别,但从整体内容看表达又需要连贯完整,因为"强调"后面表示的内容是一个整体,联系非常紧密,必须完整呈现,否则就会显得语意凌乱。

三、直连

这种方式一般用于有标点符号而内容又联系比较紧密的地方,它的特点是顺势连带,不露接点,有时甚至不用换气,紧连快带,给人中间没有接点的感觉。

火车进站的汽笛一响,她立刻背上包袱,拽着儿子,抱起才一岁多的女儿,匆匆跟随大家往里涌,生怕挤不进去。

这是一段描写动作的文字,由于人物的动作是连贯完成的,所以尽管文中有标点符号,但在处理时需要连接得比较紧密以突出动作的紧凑感。

博尔特百米潇洒飞越,菲尔普斯泳池狂揽八金,刘春红举重力拔山兮……奥运会上不断刷新的纪录,书写着人类超越自我、挑战极限的梦想。

在表述"博尔特百米潇洒飞越、菲尔普斯泳池狂揽八金、刘春红举重力拔山兮"等精彩瞬间时语言要连贯,以突出精彩的瞬间一个接一个,而正是这些瞬间体现了人类超越的激情和壮举。在语句的连贯表达中,自豪、激动的情感也会自然而然地流露出来。

四、曲连

这种方式一般用于标点符号两边既需要连接又需要有所区分的地方,特别是一连串的顿号相间,或者是排比句式之类的连接点。它的特点是:连环相接,连而不断,悠荡向前,给人似停非停之感。平时常用"顿挫"来形容,当然这种顿挫是以连接为主的。

一项名为"境外华文媒体老总最关心的'两会'话题"的调查今天揭晓,房价、物价、教育、医疗等民生话题成为最受关注的"两会"热点。

这条新闻第一个分句比较长,需要适时区分,准确表意,后面部分"房价、物价、教育、医疗"四个关键词则既有区分又联系密切,它们共同构成"两会"的热点话题,处理时要停中带连,环环向前。

我国东部沿海地区以及西南地区东部等地今日出现大雾或霾,福建、江苏、安徽、贵州省气象台相继发布大雾黄色预警。气象专家表示,未来两天,四川盆地、重庆、贵州、福建西部、华南南部等地局部地区还会有雾出现。

与上面的例子相似,地名并列出现也需要运用曲连来使内容前后连贯、清晰明确。

在纷飞的战火中,你是那样刚强!敌人把你的城镇变成了废墟,你没有哭;敌人把你的家园烧成了灰,你没有哭;敌人杀死了你的亲人,你没有哭;敌人把你绑在大树上,烧你,烤你,你没有哭;你真是一把拉不断的硬弓,一座烧不毁的金刚!

这段话运用了排比的修辞方式,曲连的运用使每个小分句间既有区别又有机地构成一个整体,表达出语势的连贯和情感的推进。

语言表达中停连的处理方式是非常灵活的,这里提到的四种停连的方式是比较基础的,不能生搬硬套地使用。在表达过程中,应遵循"从内容出发并符合思想感情运动的需要"这一原则,可以在这几种方式的基础之上结合自身的语言表达特点和自身的创造性进行处理。同时,停连的处理还需要注意和其他技巧的密切配合,重音、语气、节奏不同,停连的处理也会有所不同,需要我们进行整体把握、全面观照。

第五节 实例分析与训练

一、实例分析

例句1.

由中国海运集团自行设计建造的∧4.8万吨远洋教学实习船"育明"号∧今天正式命

名交船,↗这是目前世界上▲吨位最大、最先进的∧远洋教学实习船。

句子的主语是"'育明'号","由中国海运集团自行设计建造的"是对它进行修饰的定语,第一个停顿将定语和主语进行了区分,虽然"4.8万吨远洋教学实习船"也是定语,但由于其和后面的主语连接很紧所以不用停顿。同样,"吨位最大、最先进的"也是对船的修饰,其前后的停顿不仅区分了语意还强调了船的特点。第一个分句陈述完基本事实以后,第二个分句是对内容的补充说明,两个分句构成完整的意思,因此两个分句之间要运用扬停的方式使之连贯、流畅。

例句2.

去年12月3号,贝尔法斯特市议会决定∧取消在市政厅全年悬挂英国国旗的传统。这一决定引发了∧支持英国政府的当地民众的抗议。

在这个句子中有两层呼应关系。第一层"决定"是"呼","取消……传统"是"应",第二层"引发"是"呼","抗议"是"应"。"决定"和"引发"后面的两处停顿,使语法关系更清晰,意思更准确。

例句3.

人民政协要认真履行∧政治协商、民主监督、参政议政职能,更加主动自觉地∧服务科学发展、促进社会和谐、加强自身建设,∧为全面建成小康社会▲作出新的更大贡献。

"履行"和"主动自觉地"之后的停顿是为了区分语意,"政治协商、民主监督、参政议政"以及"服务科学发展、促进社会和谐、加强自身建设"这些词组都是并列关系,它们之间既要有所区分又要连接"抱团儿",需要采用曲连的方式加以处理。三个分句之间又存在分总关系,前两句是陈述人民政协要履行的职能和进行的工作,最后一句则是陈述人民政协工作的目标,"加强自身建设"后面的停顿要体现出这种分总关系。

例句4.

北京市已在污染严重区县启动重污染日应急方案,∧加大对燃煤锅炉、机动车排放、工业企业等重点大气污染源的执法检查频次,↗要求建材、化工等重点排污单位减排30%,↗要求停驶部分公务用车。

这个句子有明显的总分关系,第一个分句讲"启动重污染日应急方案",后面几个分句是在介绍应急方案的具体内容包括哪些。第一个分句后的停顿有总起作用,而后面几个分句间则用扬停的方式"抱团儿"连贯。

例句5.

当交通陋习遭遇罚款,闯红灯∧罚∧还是不罚∧真是个难题;↗当专项治理遭遇法难责众,被罚者∧服∧还是不服∧也是个难题;↗当遵守规则遭遇不合理交通设施,红灯前∧过∧还是不过∧还是个难题。

排比的三个分句整体意思是比较连贯的,句子中的"罚还是不罚""服还是不服""过还是不过"是并列关系,都带有选择的意味,是重要的表达语句意义的词语,需要给予强调。前后的停顿有效地突出了重点,同时也使语言充满了节奏感。

例句 6.

一阵暖风吹过来,∧感觉脸上润润的,鼻子里也一下子充满了泥土的味道,仔细一看,▲树枝上已经有了小小的绿芽,∧春天真的来了。

"一阵暖风吹过来"之后的停顿,展现了感受风吹来的过程,正是因为有了这个停顿,脸上润润的感觉和鼻子闻到的泥土味道才更真实细腻。"仔细一看"之后的停顿,同样展现了看的过程,只有仔细地看才能发现树枝上不经意的变化。正是因为风带来的感受和看到的绿芽,我们才得出结论"春天真的来了",因此最后一个停顿充满了判断总结的意味。

例句 7.

常言道:一落叶而尽知秋,予我,还有除秋之外的东西。∧叶无所争,∧而在生活中,好多人却是相反,▲为了一些蝇头小利,竟像热锅上的蚂蚁一般,不顾一切、乱了心志地去争抢∧,而且在此过程中,很多人甚至是无所不及。∧叶犹那般,人却这般,何以堪?

第一个停顿和最后一个停顿呈现的是三个分句间"总—分—总"的关系。第二个分句有两层逻辑关系,"而在生活中"之前的停顿表现了第一层逻辑关系——转折,"而且在此过程中"之前的停顿表现了第二层逻辑关系——递进。

例句 8.

"你,∧你,你……你∧这人∧怎么这样!"一着急他就开始有点儿结巴了,引得其他的人捂着嘴偷乐。

引号里人物话语的处理其实是灵活的,只要表达出人物在特殊情况下导致的话语不流畅即可。

例句 9.

人生有味是清欢,∧这清,是欢愉的;这欢,是清澈的;这人生,是有味道的。∧淡淡的幸福,安静的甜蜜,悠远、绵长。⋀

整个句子透着人生感悟,尤其是最后一个句子"淡淡的幸福,安静的甜蜜,悠远、绵长",在处理时要注意平缓弱收,充分停顿,让人回味无穷。

例句 10.

旁边传来轻轻的敲击声,∧我们循声走过去,是一家紫砂加工坊。∧一排低矮的日光灯下,是一溜排工作台,上面放满了工具和泥料,▲一位小伙正全神贯注地敲打着泥料,旁边两个中年师傅一个在做造型,一个在修壶面,∧他们全然没理会我们的存在,旁若无人,仿佛进入了∧另一个世界。∧朋友说,这就是制壶的境界,他们的心∧已全部融化在每一个细节之中,完全被这种文化所浸染,人与壶∧已融为一体。∧

句子一开始描写的是制壶加工坊的场景,几个小分句要连接抱团儿,"一位小伙"之前的停顿表现视角的转换,即由描述场景转而描述师傅们的工作状态。几个描写人物工作细节的小分句同样要注意连接。其实这段话除了写实还有写虚,它描述了观制壶以后人们产生的心理感受,于是有的地方的停顿便更加灵活,以表达情绪感受为主,比如"他们的心"之后的停顿,和"另一个世界""已融为一体"之前的停顿,既能突出重点又能让人回味,使播讲者与受众之间达到更默契的交流。

二、核心训练材料

(一)基础练习

【训练提示】通过以下例句的练习,体会停连位置的确定及其运用原则,对停连的使用有一个初步的了解和认识,为综合运用停连打下基础。

1. 哥白尼认为日月星辰绕地球转动这种学说是错误的。
2. 阿拉伯一些国家昨天指责美国支持以色列只让部分被驱逐的巴勒斯坦人返回家园的决定,敦促联合国实施其要求以色列让全部巴勒斯坦人返回家园的799号决定。
3. 朝鲜《民主朝鲜》29日发表评论谴责美韩将在朝鲜西部海域进行大规模联合军演,称这将极大地扰乱东北亚地区的和平与安定。
4. 联合国安理会通过决议,没收伊拉克在海外的价值约10亿美元的与石油有关的资产,用以赔偿伊拉克入侵科威特时受害者的损失和支付联合国派往伊拉克的武器检查小组的费用。
5. 据一些目击者说,一些"穿军装的人"30号晚开始抢劫一些商店。从30号中午开始,总统卫队的数十名军人开始了激烈的报复行动,因为总统卫队的一名军人29号在洛美市内反多哥总统埃亚德马的反对派势力很强的一个居民区遭到杀害。人们尚不知道军人这次惩罚性行动造成的伤亡损失到底有多大。
6. 7月24号,土耳其应对极端组织的策略作出重要调整。当天,土耳其首次出动战机打击了叙利亚境内的极端组织,并且正式允许美国等国使用土耳其境内的因吉尔利克空军基地,来打击在叙利亚和伊拉克境内的极端组织。
7. 德国一家研究所7月30号发表声明说,彗星着陆器"菲莱"在"丘留莫夫-格拉西缅科"彗星表面的尘埃中发现水、一氧化碳和甲烷等多种有机化合物,其中有4种首次在彗星上发现,这些化合物中有不少可参与重要生化反应生成可合成糖等"生命基石"的关键分子。"菲莱"2014年成功登陆目标彗星,但一度因电力不足而休眠。今年6月"菲莱"苏醒,曾多次传回数据。但7月9号后,"菲莱"又不再传回数据了。
8. "互联网+"效应不只体现在电子商务、现代物流等方面,以互联网为核心,迅速发展的大数据、云计算、物联网等新技术、新模式,正在更快地融入到传统产业。

9. 日前地质专家证实,在北京市门头沟区妙峰山镇斜河涧村白龙沟新发现的大量冰川遗迹,世界范围也属罕见。可以初步判定这些罕见的冰川遗址形成于250万年前,为第四季冰川。

10. 2008年12月26日以来,中国海军护航编队已安全护送341批、3 968艘中外船舶,成功解救40余艘遭海盗袭击船舶,成功接护和救助8艘遭海盗劫持的船舶,为维护海上交通运输秩序,保障各国船只和人员安全作出了重要贡献,充分展示了负责任大国和威武、文明、胜利之师的良好形象,展示了中国海军维护世界和平、捍卫国家利益、构建和谐海洋的坚强决心。

(二)新闻一组

【训练提示】 播读以下新闻时,注意停连的综合运用。要求创作者熟练掌握停连的应用原则,对所播的内容大到一条新闻的层次转换,小到一句话的语意区分,都要做到心中有数。

1. 国家主席习近平将应邀出席博鳌亚洲论坛2015年年会开幕式并发表主旨演讲。

亚美尼亚总统萨尔基相、奥地利总统菲舍尔、印尼总统佐科、尼泊尔总统亚达夫、斯里兰卡总统西里塞纳、乌干达总统穆塞韦尼、赞比亚总统伦古、澳大利亚总督科斯格罗夫、哈萨克斯坦总理马西莫夫、马来西亚总理纳吉布、荷兰首相吕特、卡塔尔首相阿卜杜拉、瑞典首相勒文、俄罗斯第一副总理舒瓦洛夫、泰国副总理兼外长塔纳萨等外国领导人将应邀来华出席年会。

(中央电视台《新闻联播》2015年3月19日)

2. 新华网布里斯班11月14日电(记者张小军 魏建华) 国家主席习近平14日抵达布里斯班,应澳大利亚联邦政府总理阿博特邀请出席二十国集团领导人第九次峰会,并应澳大利亚联邦总督科斯格罗夫和总理阿博特邀请对澳大利亚进行国事访问。

当地时间晚9时50分许,习近平乘坐的专机抵达布里斯班国际机场。习近平和夫人彭丽媛走下专机,科斯格罗夫总督在舷梯旁迎候,澳大利亚总检察长布兰迪斯、昆士兰州州长纽曼等高级官员也到机场迎接。

习近平向澳大利亚人民致以诚挚问候和良好祝愿。习近平指出,从深秋的北京来到初夏的布里斯班,一下飞机,我感受到的不仅仅是澳大利亚的浓浓夏意,更有澳大利亚人民的热情友好和中澳两国人民的深情厚谊。我期待通过这次访问,同澳大利亚领导人和各界朋友一道努力,将中澳关系提升到新高度,推动两国各领域合作迈上新台阶。

(新华网,2014—11—04 http://news.xinhuanet.com/world/2014—11/14/c_1113257577.htm)

3. 国务院办公厅日前印发《关于加快转变农业发展方式的意见》,这个国家层面首个系统部署转变农业发展方式工作的重要文件,明确把转变农业发展方式作为当前和今后一个时期加快推进农业现代化的根本途径,以发展多种形式农业适度规模经营为核心,以构建现代农业经营体系、生产体系和产业体系为重点,走产出高效、产品安全、资源节约、环境友好的现代农业发展道路。

《意见》围绕转变农业发展方式的关键领域、薄弱环节,系统部署了七方面重点任务:增强粮食生产能力,提高粮食安全保障水平;创新农业经营方式,延伸农业产业链;深入推进农业结构调整,促进种养业协调发展;提高资源利用效率,打好农业面源污染治理攻坚战;强化农业科技创新,提升科技装备水平和劳动者素质;提升农产品质量安全水平,确保"舌尖上的安全";加强农业国际合作,统筹国际国内两个市场两种资源。

(中央人民广播电台《新闻和报纸摘要》,2015年8月8日)

4. "一带一路"建设不是中国一家的独奏,而是沿线国家的合唱,目前"一带一路"倡议已经得到沿线60多个国家和国际组织的积极响应。今年上半年,在全球需求放缓和全球外商直接投资下滑的大背景下,我国与"一带一路"沿线国家的投资贸易合作,均实现逆势增长,"一带一路"建设正在全方位加速推进。

眼下是白俄罗斯最适宜施工的季节,在白俄罗斯首都明斯克市以东25公里,中国和白俄罗斯的300多名工人正在紧张忙碌着。他们正在建设的,就是中白两国合作的旗舰项目,占地91.5平方公里的中白工业园。

参与园区建设的安德烈告诉记者,中白工业园不仅能给白俄罗斯带来先进的技术和大量的投资,还能给当地人提供许多就业机会。

基础设施建设提速的同时,入园的企业也纷至沓来。目前,有意向入园的企业已经占到整个园区面积的85%,除了中白两国的企业外,还有远道而来的印度、土耳其乃至巴西的企业。而首家入园的中国企业,从项目立项到落地,仅仅用了两个月的时间。

想不到的速度背后,是国家简政放权、深化改革的一系列动作。从去年10月份《对外直接投资管理办法》实施以来,商务部受理的7 703项申请中,99.6%都是备案的,而且手续非常简便。

商务部的数据显示,上半年,我国对"一带一路"沿线的直接投资同比增长了22.2%,达到70.5亿美元。在"一带一路"沿线,我国对外投资存量达到了1 634亿美元,占对外投资总额的两成左右。

以开放促进改革,以改革推动开放;资本在"一带一路"沿线流动更加顺畅的同时,沿线的贸易往来也更加便捷。5月1日起,青岛、郑州、乌鲁木齐等十个海关,整合成了一个丝绸之路经济带通关区,并正式纳入全国通关一体化行列,"多关如一关"的通关模式,正在打造一条贯穿丝绸之路经济带的通关高速路。从山东临沂出口到哈萨克斯坦的毛毯,过去要从青岛港出口,现在可以选择更近的连云港,不仅距离缩短了100公里,通关成本也明显降低。

费用降下去,速度提起来。上半年,在我国总体出口微增0.9%的情况下,对孟加拉国、巴基斯坦、以色列、沙特阿拉伯和埃及等"一带一路"沿线国家出口实现了两位数的高增长。扩大开放和深化改革的相互促进,正在推动"一带一路"倡议快速转化为一项项成果。

(中央电视台《新闻联播》,2015年8月6日)

5. 据美国中文网报道,8月6日,美国官方宣布,为了加强美国的国家安全,将收紧对全球38个国家的免签证计划,当中包括许多欧洲国家,因这些欧洲国家有许多居民前往叙利亚和伊拉克加入 IS 等武装团体。

目前美国的"免签证国"有 38 个国家,分布在欧洲、亚洲、澳洲和南美,这些国家的居民如果到美国进行 90 天以内的旅游,不需要到美国领馆申请签证,而只是提前填写一个表格就可以。

美国国土安全部表示,新安全措施要求免签证计划的国家应允许在飞往美国的航班上安排更多的美国法警,并使用装有晶片的护照,可验证指纹等识别技术。此外,这些国家还必须建立可与美国自动分享的旅行记录资料库,以便查阅丢失和被盗的护照。

同时,美国国土安全部也将对所有"免签证国"进行审查,看看这些国家是否按照规定对护照进行检查。

(中国新闻网,http://www.chinanews.com/hr/2015/08-08/7455391.shtml,2015 年 8 月 8 日)

6. 据外媒 5 日报道,迪拜即将再次新增"全球之最"纪录,当地政府持有的美丹集团前日宣布大型商住度假地产项目"美丹一号"(Meydan One),当中包括高达 711 米的全球最高住宅大厦"迪拜一号"(Dubai One),以及全长 1.2 公里的世界最大型室内滑雪场。

据悉,"美丹一号"所有数据都非常惊人,当中将设有一个巨型喷水池,能喷出高达 420 米的水柱,另外设有 350 个房间的酒店、100 个泊位的码头、容纳 6 万人的大型商场、300 米长海滩及总面积达 2.5 万平方米的巨型室内运动场等。项目同时会兴建一条长达 1.2 公里的世界最长室内滑雪道,打破当地 10 年前创下的纪录。

(中新网 8 月 6 日电,http://www.chinanews.com/gj/2015/08-06/7450868.shtml)

(三)综合训练

1. 特写:台湾娘子上凉山

【训练提示】每个人的一生都要面临无数次的选择,作为 2011 年度感动中国人物之一的张平宜,选择辞去在台湾百万年薪的工作,成立了"中华希望之翼服务协会",致力于麻风病人子女教育。在过去的十多年里,她选择将自己的命运跟四川凉山麻风村的孩子们紧紧联系在一起。张平宜以她的爱心、善意和坚持在亿万观众的心里激荡起了巨大的暖流,带给我们一种弥足珍贵的感动。在表达时,注意从通篇的角度综合运用停连,特别注意扬停、缓连和直连的运用,避免习惯性停连,要恰到好处地把握情感的推进并体现出人物的精神实质。

"蜀道难,蜀道难,台湾娘子上凉山……跨越海峡,跨越偏见,她抱起麻风村孤单的孩子,把无助的眼神柔化成对世界的希望……"这是 2011 年度感动中国十大人物获奖典礼上的一段颁奖词。颁奖词中提到的台湾娘子就是张平宜。

感动中国的人物,张平宜是首位获此殊荣的台湾同胞。2 月 3 日晚,当张平宜的故事被再次讲述的时候,一个看起来温婉纤细的女子,却在亿万观众的心里激荡起了巨大的暖流。

张平宜是台湾云林人,原是台湾《中国时报》资深记者,然而在过去的十多年里,她的命运却跟四川凉山麻风村的孩子们紧紧地联系在了一起。

2000年,张平宜因采访来到凉山彝族自治州越西县麻风病康复村——大营盘村。在这里,张平宜看到,村里唯一的一所小学教室破败不堪,没有一扇完整的窗户,许多学生只能站着听课。如果连这所学校都垮了,这些生长在麻风病阴影下的孩子还能有什么希望呢?从此,张平宜开始在海峡对岸为这个令人恐惧的村庄呐喊。

2002年,她用筹集到的善款给麻风村的孩子们建成崭新的校舍。

2003年起至今,张平宜辞去百万年薪的工作,在台湾成立了"中华希望之翼服务协会",致力于麻风病人子女教育。

这个台湾来的张阿姨会跑到辍学孩子的家里劝说孩子继续读书,还会筹款建水窖,解决学生的饮水问题。在她的努力下,那座曾经"快要撑不下去的小学",如今已经有了100多个毕业生,13个公办教师。

这段被外界称作爱心长征的故事是如何开始的呢?用张平宜的解释来说是源于一种"最朴素的母性"。她说,作为一个母亲,看到麻风村的孩子,她无法掉头离去。因为大营盘小学而改变命运的孩子越来越多,甚至邻近的孩子都会到这里求学。张平宜说,希望"麻风病人的孩子都能够正常地融入外部社会"。

诚然,点滴鲜活事实的力量远远大于逻辑严密的说辞。当人们看到久违的笑容和自信浮现在麻风村人的脸上,希望之翼的真正含义不表自明。张平宜的爱心、善意和坚持,让我们看到每颗心都是小小的太阳,只要愿意,都能散发光亮;张平宜的爱心、善意和坚持,让我们看到生活方式的变化并没有扭曲价值取向,当有人愿意成就别人人生的时候,收获的将是一路掌声;张平宜的爱心、善意和坚持,还让我们看到,一只青鸟愿意飞过海峡,落在对岸被遗忘的角落,这对于曾经经历过战火与分离的两岸同胞而言,自然又是一种弥足珍贵的感动。

(人民网,http://tw.people.com.cn/GB/17026028.html)

2. 人生自然的节奏(节选)

林语堂

【训练提示】在播读这一稿件时,注意对停连的综合运用。要求创作者在运用停连的表达方式时,不必受标点符号的限制,而应随着思想感情运动的需要,该停则停,该连则连。文章中并列语句的内部停顿和它们之间的连接,可以作为练习的重点。

在我们的生活里,有那么一段时光,个人如此,国家亦复如此,在此一段时光之中,我们充满了早秋精神,这时,翠绿与金黄相混,悲伤与喜悦相杂,希望与回忆相同。在我们的生活里,有一段时光,这时青春的天真成了记忆,夏日茂盛的回音,在空中还隐约可闻;这时看人生,问题不是如何发展,而是如何真正生活;不是如何奋斗操劳,而是如何享受自己拥有的那宝贵的刹那;不是如何去虚掷精力,而是如何储存这股精力以备寒冬之用。这时,感觉到自己已经到达一个地点,已经安定下来,已经找到向往的东西。这时,感觉到已经有所获得,和以往的堂皇茂盛相比,是可贵而微小,虽微小而毕竟不失为自己的收获,犹如秋日的树林里,虽然没有夏日的茂盛葱茏,但是所拥有的却能经时而历久。

我爱春天,但是太年轻。我爱夏天,但是太气傲。所以我最爱秋天,因为秋天的叶子的颜色金黄,成熟,丰富,但是略带忧伤与死亡的预兆。其金黄色的丰富并不表示春季纯洁的无知,也不表示夏季强盛的威力,而是表示老年的成熟与蔼然可亲的智慧。生活的秋季,知道生命上的极限而感到满足。因为知道生命上的极限,在丰富的经验之下,才有色调儿的和谐,其丰富永不可及,其绿色表示生命与力量,其橘色表示金黄的满足,其紫色表示顺天知命与死亡。月光照上秋日的林木,其容貌枯白而沉思;落日的余晖照上初秋的林木,还开怀而欢笑。清晨山间的微风扫过,使颤动的树叶轻松愉快地飘落于大地,无人确知落叶之歌,究竟是欢笑的歌声,还是离别的眼泪。因为是早秋的精神之歌,所以有宁静,有智慧,有成熟的精神,向忧愁微笑,向欢乐爽快的微风赞美。

三、补充训练材料

1. 通讯:66小时的跨国救援飞行

【训练提示】 本文以时间为序,通过细节描写展现了救援飞行的全过程并推进了情感的发展。在播读时,要求创作者对所播内容做到心中有数,在停连位置和时间的把握上注意体现应有的紧迫感、使命感,体现出层次和语意的转换衔接。

历经长达66个小时的艰辛跋涉,飞越了3万多公里的空中航程,飞越了7个国家,辗转了4个城市,承担紧急运送中国医疗防疫救援队飞赴海地的中国东方航空公司一架机号为B2382的大型客机于27日下午顺利返回始发站上海虹桥机场,圆满完成了一次重要的国际救援飞行任务。

根据国家有关部门的要求,23日下午紧急运送中国医疗防疫救援队飞赴海地的东航包机从虹桥机场起飞,15时抵达北京首都机场。由于海地太子港机场震后情况极其复杂,各国救援飞机还有1 400余架都在申请降落时刻,而太子港机场仅有5个停机位,每天最多只能允许120架次起降,经过反复争取,接管机场的美国军方终于允许东航包机最早于国际时间25日20时降落。

经过焦急的等待,24日17时50分,东航包机搭载着中国医疗防疫救援队49人和灾区紧缺的药品及医疗设备23吨,顺利从首都机场起飞。

由于东航包机要飞越7个国家,航路动态和天气变化异常复杂,为确保包机安全平稳运行,东航运行控制部门的专家们也在日以继夜地紧张忙碌着,详细研究沿途天气变化,时刻监控飞机具体位置,实时保持机组沟通联络,及时为飞行机组提供最新的航行情报和天气情况,全程为包机的安全飞行提供坚实的运控技术支持。

北京时间26日凌晨2时40分,当东航包机终于顺利飞抵海地首都太子港时,正是海地艳阳高照的一个普通下午,狭小的太子港机场各国救援飞机往来异常繁忙,搭载中国救援队的东航包机显得特别醒目和亮丽。

在太子港机场没有地面装卸服务的情况下,随机的东航员工们和中国地震救援队队员们都成了装卸工,不到3个小时就把所有药品、食品和救护物资卸下了飞机,并把侨民的托运行李和回撤设备都装上了货舱。

此时离美军给定的起飞时间还有1个多小时,东航毅然决定迅速做两件事:机组准确估算了回程航班所需的水和食品后,全体机组人员在客舱中展开了接力搬运,把飞机上剩余的矿泉水和方便面全部都搬下飞机留给了中国医疗防疫救护队;回程时货舱还有空间,东航员工迅速把数日前南航救援货机来不及撤回的18块集装板全部装上货舱,抢运回了总价值近15万美元的重要飞机装卸设备。

北京时间26日7时许,东航包机搭载着中国侨民48人、先期赴海地的中国地震救援队50人、搜救犬3条及救灾设备5吨,离开满目疮痍的海地。

在飞机短暂经停金斯敦飞往温哥华途中,东航机组得知机上的两名地震救援队队员正逢生日,于是东航在万米高空为两位凯旋的寿星送上了生日祝福,乘务员们就地取材,拿出机上配备的香槟酒和小蛋糕,共同举杯欢庆,随着全体机组人员和救援队队员共同唱响生日歌,客舱中处处洋溢着温馨和谐的氛围。

北京时间27日6时55分,东航包机平稳地降落在北京首都机场。

(中央人民广播电台2010年1月27日播出)

2. 新闻特写:南阳小伙江中连救六人

【训练提示】郭胜涛是一个平凡的不能再平凡的小伙子,然而他用自己的实际行动告诉我们:每一个平凡人都可以成为英雄!在发现有人遇险的千钧一发的时刻,郭胜涛不顾生命危险在第一时间跳入刺骨的江水,成功救助了六名落水者。他的英勇壮举化作新春的第一份感动,流淌在美丽的丹江水中,也印刻在每一个人的心中。在表达时,可注意:(1)通过适当的紧连、直连,把受众带入紧张的场面中去。(2)避免全篇一紧到底,在文章的开始和结尾可适当运用缓连和扬停。(3)请注意长句子的处理。

2012年1月24日,大年初二,在南水北调中线渠首河南省南阳市淅川县丹江岸边,出现了一幕英雄连救6名落水者的动人场景:当载着6人的小轿车(其中3人是儿童,最小的只有两岁)失控冲入江中后,27岁的移民小伙子郭胜涛当即从轮渡上跳入水中施救,在周围群众的帮助下,6人全部获救。

靠在丹江打鱼、卖鱼为生的淅川县仓房镇渔民周建国目击了救人的全过程。他回忆说,当天下午5点左右,他正在码头边卖鱼,看到轮渡从对岸开了过来,等在江边的游人和汽车陆续向码头挪动。就在这个时候,停在岸边高处的一辆小轿车启动后突然失去控制,快速冲向30米外的丹江水中。

岸边的人们都被这突发的一幕惊呆了。在"快救人"的呼喊声中,轮渡紧急开往出事地点,准备用船头阻止小轿车继续下滑,但由于船大无法接近而失败。

此时,小轿车已全部没入水中。危急时刻,一个小伙子果断地从轮渡上跳入了刺骨的江水。这个小伙子叫郭胜涛,老家在淅川县盛湾镇,2003年参军,退伍后一直在丹江边的船上打工,去年移民到新野县溧河铺乡。

紧接着,周建国找来绳子,为了递绳子,樊云芝女士也跳进了水里。郭胜涛敏捷地把绳子从落水车辆天窗递进去,首先救出了一名两岁多的孩子。

接着,他又将司机和一名60多岁的老人拉了出来。车辆后车门打开后,郭胜涛又救出了两个人。

最后的一个人，似乎是出于本能反应，紧紧抓住了车里的某个东西，施救的人连拉几次也没能够拉出来。眼见情势十分危急，郭胜涛又一头扎进水里，最终竭尽全力把他救了出来。时间就是生命。从车辆落水到6个人全部获救，只用了短短几分钟的时间。周围群众纷纷脱掉自己的衣服给落水者换上，而后周建国将他们带到自己家中，拿出棉衣、棉被，架起柴火让他们取暖。对于众人的种种援助，被救司机郭晓燕及其亲友感动不已。

当记者见到文质彬彬的救人英雄郭胜涛，和他提及救人一幕时，戴着眼镜的郭胜涛朴实地说，他当时也没有来得及多想，脑海里只有一个念头就是快救人，所以就跳了下去。

如今，丹江又恢复了往日的恬静，英雄救人的壮举则化作新春的第一份感动，流淌在美丽的丹江水中。

(改编自《中国青年报》2012年2月2日第1版要闻)

3. 老人与海(节选)

海明威

【训练提示】播读以下稿件时，要求创作者积极主动地运用停连的表达方式，从稿件的全局出发，把停顿和连接结合起来，自如地服从思想感情运动的需要，恰到好处地运用停顿和连接，不必受标点符号的限制。停顿和直连是本篇练习的重点。可以运用停顿表示强调或思考；运用直连表达紧迫感，烘托气氛；两个人配合的衔接部分需要特别注意停连的运用。

女：那老人再一次扛起他的桨朝海边走去，这时候远处的地平线刚刚出现白色。借着微弱的天光，老人理了理他的鱼钩、鱼叉和那张绕在桅杆上的旧帆。

男：已经第85天了，一条鱼也没有打到呀！我好像已经老了，开始背运。可我的胳膊倒还是有着劲儿啊！

女：淡淡的太阳从海上升起，将他憔悴的身影和他的船冷冷地印在海上，他感到背后有海风吹来。他慢慢地升起那张补过几次的旧帆，那帆看上去就像是一面永远不失败的旗帜。

男：太阳升起来了，太阳刺痛了我的眼睛。这耀眼的阳光，已经把我的眼睛刺痛了一辈子了。我感到有点老了，有点力不从心了。可年轻的时候，我是个好水手。

女：船划得久了，汗珠从脊背上一滴滴流淌下来。老人想：

男：我可以任船漂流，打个盹儿，或者系个绳扣儿，把鱼绳拴在脚趾上。

女：他没有那样做。他相信，那条大鱼就藏在附近的什么地方。不知过了多久，老人发现，那绿色鱼竿急速地向水底沉去。他拉了拉鱼绳，感到了沉重的分量。

男：我钩住的是条什么样的鱼？它几岁了？我还从来没有见过鱼有这么大的劲儿呢，它只要一跳，或者往前一窜，也许就会要了我的命。

女：老人全身心地等待着他和这条大鱼的最后搏斗。他想，他这辈子不会再遇到这么大的鱼了，他要最后再赢一次。太阳落下去了，夜晚来临，老人感到寒冷。那条鱼拖着老人的船在海上游了一夜。老人没想到，等待一场搏斗需要这么长时间。第二天，当太阳再一次升起，老人又冷又饿，疲惫不堪。又一个白天过去了，那鱼仍拖着他的小船，只是越游越慢。

男：我已经感到了你的力量，让我们面对面地斗一斗吧！我和你谁也没有帮手，这很公平！来吧，让我看看你是谁？我知道你是谁，用你的大尾巴来拍碎我的船，用你那坚硬的长吻来刺穿我的身体吧，我早已经做好了准备，我不会后悔死在一条金枪鱼的手里。

女：当夜晚再一次降临，老人筋疲力尽。

男：它不会有那么大，不会的。

女：它就是那么大，大得出乎老人的意料。老人看见鱼的大尾巴从水里露出来，满身紫色条纹，它伸展着巨大的胸鳍，围着小船打转转。老人看见了它的眼睛。

男：我只有一次机会，这是生死搏斗，不是我叉死它，就是它撕碎我。

女：老人觉得自己快要撑不住了，他用绵软的双手努力握紧他的鱼叉，将鱼叉举过头顶，他将鱼叉举到了不可能再高的高度。

男：来吧，冲着这儿来吧，做一次临死前最后的决斗！我老了，没什么力气了，我跟你磨了三天，我等了你一辈子。嗨，老兄，我还从来没有见过比你更大、更美、更沉着的鱼呢。来吧，让我们看一看究竟谁杀死谁?!

女：那条鱼挣扎着向老人的小船冲过来，它游得那么快，那么有力，坚硬的长吻，就像一把利剑。老人拼尽他最后的生命，将鱼叉扎入了大鱼胸鳍后面的鱼腰里，那鳍挺在空中高过老人的胸膛，老人扎中了大鱼的心脏。大鱼生机勃勃地做了最后一次挣扎，它跳出水面，跃向空中，把它的长、它的宽、它的威力和它全部的美都展现了出来。尔后，轰隆一声落入水中。

女：老人赢了，他战胜了自己，战胜了那条鱼，那条他一生都没有见过的美丽的大鱼。他没有发现，一群无所畏惧的鲨鱼正嗅着血迹，朝这里涌来。

男：你们这群厚颜无耻的强盗，真会选择时机。但我不怕你们，我不怕你们！人，并不是生来要给打败的，你可以消灭他，可就是打不败他，你们打不败他！

女：成群结队的鲨鱼向船边的大鱼发起了猛攻。那撕咬鱼肉的声音，使老人再一次站立起来。他重新举起鱼叉，悲壮地站在船头，他决心捍卫他的战利品，就像捍卫他的荣誉！当老人终于回到出海时的那个港口，天空第三次黑暗下来，他的船边只剩下大鱼粗长的白色脊骨，夜晚的潮水遥望着那条美丽、硕大的尾巴。老人无力上岸回到他的小屋，就在船上躺下了，头枕着那张补过几次的旧帆。

男：人，并不是生来要给打败的，你可以消灭他，可就是打不败他，打不败他……

女：老人睡着了，他梦见了年轻时候的非洲，他梦见了狮子。

思考与研讨题

1. 什么叫停连？
2. 停连运用的原则有哪些？
3. 播读当中哪些地方需要注意停连的运用？
4. 举例说明停连的处理方式。

第九章　重　音

本章要点
1. 重音的含义和作用。
2. 重音的运用原则。
3. 重音的确定及种类。
4. 重音的处理方法。

第一节　重音的含义和作用

一、重音的含义

关键术语

在广播电视语言传播过程中，播出的稿件或者话语是由许多表达独立意思、蕴含一定情感的语句组成的，语句中的词或词组并不处于完全并列、同等重要的地位，其中，有的重要些，有的次要些。对那些重要的、主要的词或词组，播讲时要着重强调，以便突出地、明晰地表达出具体的语言目的和具体的思想感情。我们着重强调的词或词组就是重音。

在理解重音的概念时要注意以下两点：

第一，重音不同于轻重格式，重音存在的单位是语句，一般以单句、复句为限。也就是说，要在独立、完整的意思中确定重音，不能和词或词组的轻重格式混为一谈。词或词组的轻重格式是指音节与音节的音强比较，是约定俗成的，在一般情况下具有较大的稳定性。重音是以句子为基本单位，因语言环境、语句本质而具有较多流动性的词与词的主次关系，音强只是重音的一种表现形式。

第二，重音不同于重读，把重音仅仅理解为声音上的加重，无论从内容的主次关系上看，还是从重音的表达方法上看，都是片面的。在重音的处理过程中，我们应该在把握重音与思想感情的运动状态的内在联系上下功夫，不能望文生义。

二、重音的作用

停连解决了稿件内容语句构成的逻辑关系的问题，重音要解决的是稿件内容词语之间的主次问题。任何人在表达自己的思想感情时都有明显的或潜在的目的，没有重音就没有真切的目的。任何一个句子里都有重音，都有最能表明自己说话目的的主要词语，只是因为句子在整个稿件中的作用、地位不同，因而重音强调的程度和方法有所不同罢了。在语言表达中，重音的处理使语意更准确、思想情感更鲜明、话语逻辑更清晰。

例如：

(1) 我是播音与主持艺术专业的学生。
(2) 我是播音与主持艺术专业的学生。
(3) 我是播音与主持艺术专业的学生。
(4) 我是播音与主持艺术专业的学生。

从文字上看，这四句话没有区别，但如果按照不同的重音用有声语言将其表达出来，则会传递出不同的意义。(1)句中强调"我"，是在回答"谁是播音与主持专业的学生"这个问题，不是别人而是"我"。(2)句中强调"是"，是在回答"你是播音与主持艺术专业的学生吗"这个问题，是对疑问的一种肯定。(3)句中强调"播音与主持艺术专业"，是在回答"你是学习什么专业的学生"这个问题，强调自己所学的专业。(4)句强调"学生"，是在回答"你是播音与主持艺术专业的学生还是老师"这个问题，是对自己身份的一种解释。可见，选择的重音不同，表达的语意就不同。我们在日常生活中遇到的"一语双关""话里有话"在很大程度上就是由重音表现出来；有时我们所要表达的内容被对方理解成另外一个意思，也常常是由重音的选择失误造成的。

第二节 重音的运用原则

在语言表达中，语言目的包含着思想感情和逻辑关系，因此，总的来讲，重音的运用必须以突出语言目的为首要标准，综合考虑思想感情和逻辑关系表达的需要进行取舍，并且还要符合语流变化的需要。我们要从内容的高度着眼，精细地分析语句的实质，联系上下文，明确语句目的，然后根据遣词造句的具体情况来确定重音的位置，做到主次分明又符合听和说的正常习惯，自然流畅不生硬。

一、少而精

这一条原则是针对重音的确定来讲的。少指量少，重音包括主要重音、次要重音，当然还有非重音，主要重音是最能突出和表达句子意思的字词，对表达语句目的有非常重要的作用，这样的字词不能多，一多就没有重点了。重音过多，必然影响语速，会给人拖沓之感，也会影响听者对句子意思的理解。当然，主要重音之外的次要重音该强调的也是需要强调的。精指精准,也就是要准确无误地把能突出语意的字词找出来,不能找的重音过少,且找出来的还不是正确的重音,那就无法表达句子真正的含义了。

从昨天开始,凡在欧盟25个国家及瑞士、挪威和冰岛等国家机场登机的旅客,随身携带的液态和胶状物品都将受到严格限制,机场对乘客的检查也将更加严格。

这个例句的主要是讲液态和胶状物品在机场登机时会受到限制。很显然在这个句子中主要重音是"液态和胶状物品"这个词组,例句中其他一些成分是次要重音(下横线标注词语),如果将这些词语全部都作为主要重音强调出来,就会造成重音过多、欠准确、语意不清,给人用力浊且欠流畅之感,因此在表达时,主要重音和次要重音要分清楚并且搭配使用。

二、有对比

这条原则是针对重音的处理来讲的。我们知道,句句强调、字字强调等于没有强调,处处着力、处处强调等于没有重音。所以在重音处理上必须主次重音协调配合,有强有弱、敢拎敢放,注意重音与非重音的对比,避免平均用力。一般情况下,一个语句中最主要的重音只有一个(并列成分和对比成分除外),次要重音可根据不同情况有一至数个。强调重音都是在对比之中实现的,任何时候都是有强才显弱,有快才显慢,有虚才显实,只有在加强对比的过程中才能突出重要的内容,明确语句的真正目的。

再以上个例句为例,我们可以采用在播读到"液态和胶状物品"时语势稍上扬,或者在其前面稍作停顿以及重读的方式来突出它,以强调重音。但在表达过程中,更关键的还是要处理好其他句段,不要每处都着力强调,尤其是对那些次要重音的处理,不能喧宾夺主,把意思讲清楚、流畅就可以了,只有这样才能真正突出主要重音,明确话语目的。做到这一点并不容易,尤其是初学者容易认为处处都是重音,舍不得"放",认为"放"了意思就不清楚了,其实正是因为有了"放"的地方,"拎"出来的东西才更明显。这需要我们加深理解,在实践中不断摸索,逐渐做到游刃有余。

三、讲分寸

在重音的处理过程中还要讲究分寸,不能一味地为了加强对比而强调某个字词或弱化某个字词,虽然造成了听感上的强弱起落变化,但会显得刻意、不自然。更重要的是,在表达语意的时候还要注意强调的分寸,有的时候如果处理不当,就会使句子本来的意思出现偏差,产生不必要的问题。

"黄段子"又叫"荤段子",何时出现无法考证,现在手机短信成了"黄段子"的载体。由于越来越多的中学生用上手机,"黄段子"竟然开始在学校里流传起来。

这个句子的核心是"黄段子"通过"手机短信"在"学校里"流传。"黄段子"这个词在句中出现了三次,如果过分强调这个词,容易使听众过多地关注它,产生一些联想,从而忽略不良信息影响中学生这一主要问题;对于这个词语处理的分寸不当,还会使这条信息听起来层次较低。除了这种情况之外,在表达反语意义的内容时尤其需要注意,否则会产生歧义,过犹不及。

四、多变化

这里讲的多变化首先是指在文章当中不是每个字都是重音,我们要依据目的将主次区分出来;其次,确定了重音之后,轻重的表达方式也要有所区别。只有这样语言才是流动的、灵动的。

这一年,我们用理想凝聚力量,用信念铸就坚强,用真情凝结关爱;这一年,没有饥荒,没有流民,没有瘟疫,没有动荡;这一年,超过百万的受灾群众实现就业,孩子重新露出笑脸,老人不再感到孤单,新的家庭开始组建;这一年,一批又一批的援建者来到四川、陕西和甘肃灾区,洒下辛勤的汗水;这一年,中国让世界看到了无比的力量与勇气!

这是中央电视台在汶川地震一周年时播出的一段文字,我们能从中感受到真挚的情感、饱满的热情以及战胜困难的坚定信心。这段文字在重音的处理上,完全是跟随着内容和情感的起伏而变化的,没有格式化的设计,自然真诚,不刻意不做作。

可以看出,重音的处理要从全篇把握入手,在语流中把握。重音依据稿件内容而存在,内容表达的需要是确定重音的基础,不突出稿件内容的重音不应该出现。由于稿件内容千变万化,重音的处理也要随之而变,不能机械地、一成不变地按照某种习惯来突出某些词语,形成习惯重音,这不但符合内容表达的需要,还会影响语意的准确表达。重音的处理方式、表达样式灵活多样,情绪感受不同、创作主体不同、创作氛围不同等都会使凸显重音的表达方式各不相同,不能一概而论,否则便会流于形式、空洞无味。

第三节 重音的表达方法

确定重音以后要想恰当地表达出语句目的,还需要掌握重音的表达方法。方法运用不恰当,也会影响表情达意的准确性,影响传播的效果。强调重音并不是单纯地加重加强声音、一味"硬砸",要避免单调、生硬,体现出语言的灵动性。

一、高低强弱法

在语言表达过程中用声音的轻重、高低变化来强调重音,"欲高先低,欲强先弱"或"低后渐高,弱中渐强",这就是高低强弱法。

信息产业部今天发出通知,开始在全国范围内开展域名注册服务规范整顿工作。

这句话中"域名注册服务规范整顿"是重音,我们可以用加重加强的方式来突出,其他不需要强调的词语轻读带过即可。

多么坚强的同志!为了我这样的小鬼,为了革命,他被这可恶的草地夺去了生命!

这句话中"坚强"和"生命"都是要强调的重音,表现对老同志牺牲的悲痛惋惜以及深深的崇敬之情。这两个重音可以采取不一样的强调方法,"坚强"可以用重读并抬高声调的方式表现,"生命"可以加强语气、降低音调来处理,这样既表现出了强烈深沉的情感,又使表达有了变化。

可见,重音不光可以用强和高的声音来强调,强中见弱、高中显低也不失为有效的方法。当然高低强弱法在运用时要随着感情的运动自然地流露,这样才能不着痕迹、自然流畅。

二、快慢停连法

在语言表达过程中,把次重音或非重音快速带过去,这就是"快";强调重音时,用"慢或延长音节"来处理,这就是"慢"。在强调重音时还可以在重音的前后运用停顿或连接来进行表达。这种用声音的急缓、长短、停连等变化来强调重音的方法就是"快慢停连"法。

他悄悄走到她的身后,∧一把抓起她挎在肩上的皮包,飞快地冲了出去。

为了更形象地描述抢包的前后动作,"悄悄"这个重音可以放慢语速、压低声音来进行强调,并在这句之后做短暂的停顿,这一慢一顿为后面的动作做了铺垫。在强调"一把抓起"和"冲"的动作时,声音加重、语速加快、衔接更紧,使这个迅速、有力的抢包动作更加生动鲜活。

在这种艰难困苦的情况下,我们只有互相帮助∧才能坚持到最后。
在许多场合,∧司机∧是决定出不出车祸的关键。

这两个句子重音的处理方式在停连部分曾经讲到过,可以参考。

三、虚实结合法

这是一种通过声音的虚实变化来强调重音的方法。

云中的神啊,雾中的仙,神姿仙态桂林的山。山几重啊,水几重,水绕山环桂林城。

这句话中"神""仙""山"都是重音,但是强调的方法却不一样。桂林山水奇特秀美,身在其中犹如置身仙境,因此"神""仙"可以采用偏虚一点的声音来表达,以营造出一种意境美;而"山"写到了实实在在的山水,因此声音可偏实一些,表现出山的奇丽。这样虚实结合,既能准确地传达出文字内容,又可以使表达更加形象且富于变化。

宴酣之乐,非丝非竹,射者中,弈者胜,觥筹交错,坐起而喧哗者,众宾欢也。苍然白发,颓乎其中者,太守醉也。

"欢"字写实,"醉"字写意,一实一虚,一动一静,聚会的欢愉与太守的心境都清晰地呈现了出来。

重音的处理和运用是语言传情达意的基础,它直接关系语句目的的突出和情绪感受的呈现,在运用时要牢牢抓住语句目的和内在情绪,全篇把握、主次搭配。重音的表达方法灵活多样,并且在实际运用中,各种方法并不是单独使用的,它们往往综合应用在语句之中,且根据文字的内容千变万化,这需要我们用心体会。

第四节　重音的选择及种类

一、重音的选择

重音的选择是建立在正确理解语句意思、明确语句目的基础之上的。如何选择重音可以从以下方面入手:

(一)陈述事实的核心词语

陈述事实的核心词语是指在语句中占主导地位和最能揭示语句本质意义的词或词组,它们准确、鲜明地传达着语句的目的。

1.突出主要信息点的词语

有些语句的目的主要是传达清楚事实,在这类语句中,突出主要信息点的词语,如交代人物、时间、地点和事件概况的主要词语就需要作为重音进行处理。

中国国家主席习近平将于近日对特立尼达和多巴哥、哥斯达黎加、墨西哥三国进行国事访问。

这段话要讲清楚的基本事实是谁、干什么,所以"习近平""特立尼达和多巴哥、哥斯达黎加、墨西哥""国事访问"就是可以突出信息点的重要词语。

12月17日凌晨,意甲第16轮首场角逐,AC米兰客场2比2战平佛罗伦萨。

这是一条体育方面的消息,比赛的双方和比赛的最终结果是受众主要关注的信息点,这就是我们需要强调的重音。

祭天、歌舞、书福、赏梅……春节期间市属公园的文化活动丰富多彩。

"祭天、歌舞、书福、赏梅"都是文化活动丰富多彩的体现,是本句的基本信息点,应该作为并列重音进行强调。

从以上这几个例子可以看出,突出信息点的词语可以是名词、动词、数量词等,不管是什么词性的词语,总之是陈述事实的主要词语。需要注意的是,在这类以说清事实为主要目的的语句中,并不是所有的呈现信息点的词语都有必要强调,还需要看它们对说清事实有多大影响,要有主有次。

2.展现态度和判断的词语

有些语句的目的主要是表明肯定或否定的态度,那么这类语句中的判断或起判断作用的词语就是陈述事实的核心词语,需要作为重音加以强调。

目前组成希腊联合政府的三大政党在这个问题上意见不一,新民主党赞成保留美在希腊的军事基地,泛希社运主张进行谈判,左翼与进步联盟则要求美国撤走军事基地。

这条新闻主要讲的是组成希腊联合政府的三大政党对于美国在希腊的军事基地问题上持有的三种不同态度:保留、谈判、撤走。在处理时,重点突出这几个词语才能清楚地阐明三大政党的不同立场,而三大政党的名字可以作为次要重音加以强调以突出区别,这样才能达到这条消息的播出目的。再来看一组例句:

没错,他是学播音的!

农村村民法治状况问卷调查显示,45.3%的村民不愿意打官司。

以色列外长利夫尼日前发表讲话表示,以色列同意建立独立的巴勒斯坦国。为了实现这个目标,以色列准备放弃部分土地,以换取以色列的安全。

在上面的这些例句中,标出的重音都展现了对事实的态度和判断,对于陈述清楚事实有重要的作用,强调这些词语正是为了突出语句的目的。

(二)抒发情绪感受的词语

表情达意是有声语言的基本功能,因此语言表达除了将事实本身表述清楚准确以外,还需要抒发思想感情、情绪感受,使语句能感染人。在把握陈述事实的核心词语以及带有特殊意义的主要词语之外,我们还需要对那些抒发情绪感受的词语加以处理。

1. 起说明、修饰、限制作用的主要词语

在表达中我们常常需要对事件定位、定性,或者强调其性质、特点、地位等,这时候我们往往会在语句中加入说明、修饰、限制等作用的词语,这类语句对事件本身起着重要的补充说明作用,与语句目的直接相关,需要我们将之作为重音来处理。

故事发生在一个风雨交加的夜晚。

在这个紧要关头,他奋不顾身地冲了上去。

"风雨交加"是对夜晚的说明,也正是在这样一个特殊的夜晚才有了接下来发生的故事,让人充满期待。"奋不顾身"生动形象地表达出了他在紧要关头的义无反顾。强调修饰词语对营造故事氛围、生动表达情态、引起听众兴趣起到了重要作用。

第一次参加比赛的她没有丝毫的失误,以近乎完美的表现赢得了所有裁判的高分。

句子中"丝毫""近乎完美"都是对选手比赛情况的修饰,可以看出这是一场让人赏心悦目的比赛;修饰语"第一次"更充满意外惊喜,因为首次参加比赛就有这么好的表现很不容易,而"所有"裁判都给出了高分,更让人兴奋不已。这个句子中的这些修饰、说明性词语对语句感情的抒发起到了重要的作用。

在关系到原则的问题上绝对没有半点儿商量的余地。

很显然,说话者坚定的态度和不可动摇的立场通过"绝对没有半点儿"这个修饰语充分地表达了出来。

值得注意的是,说明、修饰、限制性的词语并不一定都需要强调,我们强调的是那些与表达情绪感受、突出语句目的有直接关系的主要词语。

2. 渲染氛围、意境的词语

这类词是指那些对显露丰富的感情色彩、情景神态和烘托气氛等有重要作用的比喻、象声词或词组。它们可以使特定环境中的语句目的生动形象地凸显出来。

(1)比喻性词语

有些语句中常用打比方的手法来叙述抽象的或难以理解的事物和道理,这样可以使人听来通俗易懂、生动形象。这类比喻词也可以成为重音。

他对这一切毫不在意,把它们当作蛛丝一样轻轻抹去,只是在万分必要时才给予答复。

这是《在马克思墓前的讲话》中的一句话,"蛛丝"是个比喻,通过强调这一词语,表现出"他"对"它们"的轻蔑,形象而通俗地表明了语句目的——赞扬马克思那种不计个人得失、无所畏惧的革命精神。

会场里响起了雷鸣般的掌声。

"雷鸣"是个比喻,强调它既可以让人知道"会场里响起了""掌声",又可以烘托出一种热烈的气氛。

(2)象声词

有些语句中,常常用象声词来突出人物或事物的情状,表达某种感情。这种象声词在一定的语句中也可以成为重音。

风,呼呼地刮着。雨,哗哗地下着。黑暗笼罩着大地。

这是《草地夜行》里的一句话,借景抒情,表现了红军老战士牺牲之后,小战士心情的沉痛。因此,"呼呼"和"哗哗"这两个象声词,在这里都带有深刻的寓意。我们恰当地强调这两个词,就可以点染出全句的感情色彩,把小战士内心的思想感情与客观环境一同表达出来。

(三)体现逻辑关系的词语

在语句中,有些词语具有转折、呼应、对比、并列、递进等作用,是语句目的实现过程中的重要逻辑线索,为保证话语意思顺畅清晰,需要我们将之作为重音进行处理。在语句中有明显的逻辑关系,如关联词引领的两个或两个以上意义密切的句子,我们可以依据关联词,如"不但……而且""虽然……但是""因为……所以"等,来找出语句间的逻辑关系,把握体现逻辑关系的重音。但有时候句子中会出现潜在的逻辑关系,即没有关联词出现,这就需要我们理解语句意义,找出真正体现逻辑关系的词语加以强调。来看下面这个例子:

植树节前夕,洛阳市政府统计全市所辖九个县去年的造林面积,下面汇总上报的数字是42万亩,(但是)市政府林业局到各县进行现场丈量、核实的结果是全市造林面积实有28万亩。(不仅如此)在这28万亩中,真正合格的也只有16万亩。(因此)市领导突然发现:一向引以为自豪的全省绿化先进单位的称号,原来里面竟掺进了这么大的水分!

可以看出在这段话中,虽然没有一个关联词却隐藏着三层逻辑意思,转折关系、递进关系和因果关系,体现这几层关系的词语则是我们需要重点强调的逻辑重音。"下面""现场"以及三个数据的重音处理可以在对比中将逻辑关系呈现出来,使意思更清楚、态度更鲜明。

我们要造成民主风气,要改变文艺界的作风,首先要改变干部作风,改变干部作风首先要改变领导干部的作风,改变领导干部的作风首先从我们几个人改起。

这是一个递进关系的复句。它没有使用一般的关联词,而是在回环往复之中一次次地推出新的意思,最终说出这句话的核心——要造成民主风气、改变文艺界的作风首先要从我们几个人改起,这才是语句的根本目的。在表达时,如果强调句中反复出现的词语,会使语意模糊、逻辑不清,语句目的无法突出。把重点放在"干部""领导干部""我们几个人"这几个不重复、有区别的词语上,才能显出层层递进的逻辑线索,突出最根本的语句目的。

在带有对比、并列、转折、呼应等关系的语句中,关联词只是把握逻辑重音的参考,真正的重音还需要我们深入理解语句内容来确定。此外,在表达时要先获得逻辑感受,才能更好地确定逻辑重音,逻辑重音又加强了这种感受,从而使语言流畅清晰,环环相扣。

(四)有特殊含义的主要词语

在语句中时常会出现一些词语,它们的使用意义与字面本来的意义不太相同,在语句中或是借用词语内在的其他含义,或是强调其延伸的意义,或是表达与词语的表面意义完全相反的意思。这种词语特殊含义的运用,不仅表达了某种意义,还因为换了个说法而显得更加灵活通俗,起到了增加趣味或调侃的目的,使语句更有意味。对于这些词语的处理要特别留意,以突出其在语句中的特殊含义。

1. 延伸意义

元旦、春节将至,一系列"文化下乡"活动在各地红红火火地展开。然而一些在城里无法立足的"草台班子"也鱼目混珠,将那些趣味低下、内容陈腐的所谓文艺节目送到农村"贺岁",跳艳舞、唱煽情歌曲,极尽污秽表演之能事而骗取不义之财。"打一枪换一个地方"的"游击战术"让管理部门防不胜防。

"打一枪换一个地方""游击战术"这两个短语本是形容军队运动作战策略的,出其不意、攻其不备、声东击西、避实击虚,是我军克敌的灵活有效的制胜法宝,此处借用这两个短语的内在延伸意义,来形容骗子们流动性强,一旦得手就跑到别的地方再次行骗,给管理带来极大不便。强调这两个词,骗子们的惯用伎俩和唯利是图的形象便生动地展现在我们面前,既增加了语言的可听性,同时又凸显了语句的真正目的。

2.相反意义

在一些稿件中,作者为了揭露事物的本质,有时利用正话反说或反话正说的修辞手法,目的在于把要否定的事物的不合理性表达得更充分,将作者的愤怒和憎恨之情表达得更强烈,把要肯定、赞美的事物的特点表现得更鲜明。这样往往比正面说的效果更好些。

还是以上面的句子为例,这段话中还有几个词语是有特殊意义的。"文艺节目"本来是丰富人民精神文化生活的健康积极的东西,但这里那些"趣味低下、内容陈腐"的东西显然不是正经的文艺节目,"贺岁"只是某些人打出的幌子,他们的实际目的就是为了挣钱。因此,这里的"文艺节目"和"贺岁"要强调出来,正话反说,以表达讽刺、批评的意味。

你们把困难全都要走了,一点都不给我剩,可真够"自私的"。

这个例句中的"自私",是正话反说,属于反义性重音,意在表达对此事的肯定。如果播成否定的重音,语句目的就错了。

重音的选择是灵活多样的,有一定的规律可循,但并不是一成不变和没有例外的。上面介绍的几种选择方法只是给大家提供一些参考,真正的运用还需要我们在实践中不断练习、摸索。

二、重音的种类

重音的确定需要我们精细地分析语句的实质,联系上下文,明确语句目的,然后根据遣词造句的具体情况来确定。

(一)并列性重音

显示段落、语句中并列关系的词语叫并列性重音。并列性重音在处理上,各个重音的分量是一致的。例如:

评论指出,永不停顿永不止步的信心,源自道路自信、理论自信、制度自信。

(二)对比性重音

重音本身有主次之分,突出语句中词语对比关系,以明确观点、渲染气氛、深化情感的词语叫对比性重音。例如:

已经85天了,一条鱼也没有打到,老人已经精疲力竭。

(三)呼应性重音

揭示上下文呼应关系的词语叫呼应性重音,包括问答式呼应、分合式呼应、线索式呼应。例如:

这些石刻狮子,有的母子相抱,有的交头接耳,有的像倾听水声,千态万状,惟妙惟肖。

在这个句子里,"石刻狮子"和"千态万状,惟妙惟肖"是呼应性重音;"母子相抱""交头接耳""倾听水声"是并列性重音。从句子整体看,这里的并列性重音是主要重音。

(四)递进性重音

揭示更深的含义,展现更新或更多的事物,显示递进关系的词语叫递进性重音,这里后一个重音往往是主要重音。例如:

第二次上课,不但他没有来,而且全部男生都没有来,这下可把老师给气坏了。

(五)转折性重音

揭示相反方向的内容变化,表示说话者意图的词语叫转折性重音。例如:

初春,一切乍暖还寒,树没绿、花没开,小草却悄悄地冒出了头。

(六)肯定性重音

表达对事物肯定态度的词语叫肯定性重音。一般有两种情况,一种是要肯定"是什么",一种是要肯定"是"还是"不是"。例如:

最近几天,没有雷雨,天气以晴为主。

(七)强调性重音

句子中,在程度、范围等方面加以修饰限制,以突出某种感情色彩的词语叫强调性重音。例如:

任何困难都不能阻止他前进的步伐。

(八)比喻性重音

表达中化抽象为具体,变深奥为浅显,增强内容的形象性、可感性,使语言顿生情趣的比喻性词语叫比喻性重音。例如:

他的话犹如晴天霹雳,我一下子瘫坐在地上。

(九)拟声性重音

表达中描摹场景、烘托气氛的象声词叫拟声性重音。例如:

屋瓦上响起了哗哗哗的声音,击打在人的心上。

(十) 反义性重音

表达中正话反说或反话正说的词语叫反义性重音。例如：

狼总是不甘寂寞，它在吃了羊之后，还要表示自己是"善良"的。

这十种类型的重音不是孤立的，而是互相补充、互相联系的。这个分类不可能包含所有的重音类型，它们只起引路的作用，更丰富的重音内容还需要有声语言创作者在实践中不断探索和补充。

第五节　实例分析与训练

一、实例分析

1. 新闻：政协工作报告发布

中国人民政治协商会议第十一届全国委员会常务委员会工作报告指出，过去五年，是我国改革开放和社会主义现代化建设战胜严峻挑战、取得非凡成就的五年，也是人民政协事业在继承中创新、巩固中发展的五年。五年来，在中共中央高度重视和坚强领导下，人民政协紧紧围绕党和国家中心工作，认真履行政治协商、民主监督、参政议政职能，充分发挥协调关系、汇聚力量、建言献策、服务大局作用，为推动科学发展、维护和谐稳定、促进祖国统一、扩大对外交往作出了重要贡献，在人民政协史上续写了新的篇章。

人民政协是中国政治生活中发扬社会主义民主的一种重要形式，政协工作报告的发布是我国政治生活中的重大事件，新闻整体语气是庄重大气的。第一句要把名称播报清楚，突出是哪个部门做出的工作报告，接下来的句子是对报告内容的具体叙述。接下来的内容叙述中出现了几组排比、对仗的词语，如"战胜严峻挑战、取得非凡成就""继承中创新、巩固中发展""政治协商、民主监督、参政议政""协调关系、汇聚力量、建言献策、服务大局"，这些词语需要作为并列重音进行强调。当然，在处理时不能一味重读，而要结合停连进行灵活处理，让句子听起来更灵动。此外，一些限制、修饰性的词语也要注意，比如"高度""坚强""重要""新的"，这些词语对程度的展示、语气的表达都有重要作用。

2. 短评：损害公信力　党纪政纪不容

偷着吃，说明已经有所忌惮，但也说明心存侥幸。转作风不是一阵风，反对公款吃喝成为整风肃纪的抓手，就是要淘汰不上饭局事难办、推杯换盏搞交易的潜规则，铲除惊人浪费和饭局腐败。一张餐桌，事关民心向背，中央既有踏石留印、抓铁有痕的意志，也有常态化、制度化的设计，更有全方位监督和深化改革的手段。和中央禁令玩躲猫猫，和社情民意对着干，这样的行为，已经损害了党和政府公信力，必然为党纪政纪所不容！

勤俭节约是中华民族的传统美德，但随着人们生活水平的日益提高，铺张浪费的现象越来越多,尤其是公款消费导致的浪费更是惊人。在中央要求厉行勤俭节约,反对铺张浪费,狠刹浪费之风以后,明目张胆的公款乱消费已经有所收敛,但还是有些领导干部不能自我约束,变着法子进行公款消费。此文针对这一现象进行评论,态度严肃、语气权威。一个"偷"字描述出了某些人既"有所忌惮"又"心存侥幸"的心态。文中明确提出中央对于铲除"惊人浪费和饭局腐败"的问题,既有"意志",也有"设计",更有"手段",并且这些意志、设计和手段比以往更坚定、更细致、更有效,那些和"中央禁令""社情民意"对着干的人,必然为"党纪政纪所不容"。文中出现的这些重音,在突出语句目的上作用明显,突出了中央打击腐败、浪费的决心,对那些顶风作案的腐败分子起到了警示震慑作用。

3. 听听那冷雨(节选)

听听,那冷雨。看看,那冷雨。嗅嗅闻闻,那冷雨,舔舔吧,那冷雨。雨下在他的伞上这城市百万人的伞上雨衣上屋上天线上,雨下在基隆港在防波堤海峡的船上,清明这季雨。雨是女性,应该最富于感性。雨气空蒙而迷幻,细细嗅嗅,清清爽爽新新,有一点薄荷的香味,浓的时候,竟发出草和树林沐浴之后特有的腥气,也许那竟是蚯蚓和蜗牛的腥气吧,毕竟是惊蛰了啊。也许地上的地下的生命也许古中国层层叠叠的记忆皆蠢蠢而蠕,也许是植物的潜意识和梦,那腥气。

著名诗人余光中的散文作品《听听那冷雨》抒发了浓浓的思乡之情,这种乡情寄托在"雨"中,通过对"雨"的描述流淌而出,淋漓尽致,细腻入心,让人感同身受。节选的这段文字韵律优美、韵味十足。作者感受"雨"不仅从听觉角度出发,"听听",还要"看看"(视觉角度)、"嗅嗅闻闻"(嗅觉角度)、"舔舔"(味觉角度),雨韵、雨情通过这几个动词表现得别有风韵,同时,短句简洁干脆,有参差跳跃之感。"雨下在他的伞上这城市百万人的伞上雨衣上屋上天线上,雨下在基隆港在防波堤海峡的船上,清明这季雨",此句较长,可一气呵成,表达出连绵不断的思绪,营造出向前推进的气势。接着作者把"雨"比作"女性",充满让人向往的"感性",然后围绕嗅觉展开通感,"薄荷的香味""腥气",这些都是思乡的味道。表面上是在听雨、看雨,实际上是在感悟雨,借雨寄托乡情。文章层次分明、诗情画意的描写,要通过细腻、雅致的表达来呈现,从而在文字美的基础上带给人听觉的美感。

二、核心训练材料

(一)基础练习

【训练提示】通过以下例句的练习,对重音的使用有一个初步的了解和认识,对不同类型的重音加以掌握并学会区分主次重音,为综合运用重音打下基础。

1.如果说科研工作是探索、发现真理,那么教学工作的一个重要内容应该是说明、传播真理。

2.辩论先务实还是先务虚,先谋生计还是先有爱的追寻,先增加财富还是先提高文明水平,似乎都是无聊的逻辑。

3.今后出现食品安全问题,不但要追究制售者的责任,还要追究政府主管部门的责任。北京市食品安全委员会日前正式出台文件,即日起生效。

4. 据外交部领事司介绍,从7月1日起,凡是在北京符合因公护照申请要求的人员,都可以申领因公电子护照,传统因公护照将逐步淡出"历史舞台"。此前办理的传统护照在有效期内仍可正常使用。

5. 中科院《2011中国新型城市化报告》对中国50个城市的上班路上平均花费时间进行了排名,北京以38分钟高居榜首。对比去年数据,各城市普遍减少10分钟以上。

6. 应中国国防部外事办公室邀请,来自36个国家的38名驻华武官今天上午参观了位于北京怀柔区的国防部维和中心,并听取了国防部关于中国军队维和情况的介绍。这是维和中心落成以来,首次正式迎接驻华武官团的参观。

7. 香港杜莎夫人蜡像馆今天重新开馆,全新的蜡像馆将展出100多位栩栩如生的国际及中国名人蜡像。目前全球共有六家杜莎夫人蜡像馆,香港是亚洲区内首家永久展馆。

8. 2015年苏迪曼杯羽毛球混合团体赛决赛,中国队3∶0轻取日本豪取六连冠。闽将林丹2∶0力克上田拓马立下大功,同时也收获了个人第19个世界冠军,成为中国体育史上获得世界冠军最多的夏季项目男选手。

9. 在今天凌晨进行的南非世界杯决赛中,西班牙经过加时赛1∶0击败荷兰捧得冠军。而赛后,本届世界杯的最佳射手也揭开谜底——攻入五球并有三次助攻的德国小将穆勒荣膺"金靴"。

10. 以色列外长利夫尼日前发表讲话表示,以色列同意建立独立的巴勒斯坦国。为了实现这个目标,以色列准备放弃部分土地,以换取以色列的安全。

(二)新闻一组

【训练提示】在播读以下新闻时,注意对重音的综合运用。在重音方面,要求明确传播目的,抓住核心词,依照重音的运用原则在语流中准确把握体现语句目的的词语。

(1)习近平就南水北调中线一期工程正式通水作出重要指示

本台消息:南水北调中线一期工程12日正式通水。中共中央总书记、国家主席、中央军委主席习近平作出重要指示,强调南水北调工程是实现我国水资源优化配置、促进经济社会可持续发展、保障和改善民生的重大战略性基础设施。经过几十万建设大军的艰苦奋斗,南水北调工程实现了中线一期工程正式通水,标志着东、中线一期工程建设目标全面实现。这是我国改革开放和社会主义现代化建设的一件大事,成果来之不易。习近平对工程建设取得的成就表示祝贺,向全体建设者和为工程建设作出贡献的广大干部群众表示慰问。

习近平指出,南水北调工程功在当代,利在千秋。希望继续坚持先节水后调水、先治污后通水、先环保后用水的原则,加强运行管理,深化水质保护,强抓节约用水,保障移民发展,做好后续工程筹划,使之不断造福民族、造福人民。

中共中央政治局常委、国务院总理李克强作出批示,指出南水北调是造福当代、泽被后人的民生民心工程。中线工程正式通水,是有关部门和沿线六省市全力推进、20余万建设大军艰苦奋战、40余万移民舍家卫国的成果。李克强向广大工程建设者、广大移民和沿线干部群众表示感谢，希望继续精心组织、科学管理，确保工程安全平稳运行，移民安稳致富。充分发挥工程综合效益，惠及亿万群众，为经济社会发展提供有力支撑。

中共中央政治局常委、国务院副总理、国务院南水北调工程建设委员会主任张高丽就贯彻落实习近平重要指示和李克强批示作出部署，要求有关部门和地方按照中央部署，扎实做好工程建设、管理、环保、节水、移民等各项工作，确保工程运行安全高效、水质稳定达标。

(中央电视台《新闻联播》2014年12月12日)

(2) 北京食品办称麦乐鸡添加含橡胶成分合法

昨日，北京市卫生监督所副所长郭子侠表示，根据《食品安全法》要求和北京食品安全的部署，麦当劳属于餐厅，其内现场制售的一切食品，包括麦乐鸡，都属于卫生监督部门的日常监管范围。目前对麦乐鸡等油炸快餐食品安全的日常监管方式，主要是对半成品、食用油和成品的抽检，包括检查油的卫生状况、制作过程中使用的食品添加剂是否安全、超量。

对于麦乐鸡曝含化学成分一事，郭子侠称，从目前了解的有限信息看，橡胶类化学物质"不属于食品添加剂的日常检测项目"，不过卫生监督部门会密切关注包括麦乐鸡在内的油炸快餐食品中，所有食品添加剂的安全状况。如果事态有进一步发展，负责餐饮食品安全的国家食品药品监督管理局和北京市卫生监督部门都会及时调查。

北京市食品安全监控中心也在昨日监测到了美国麦乐鸡含化学成分事件。有关负责人称："正在关注这件事情，积极组织研究。"

市食品办也向记者确认，聚二甲基硅氧烷和特丁基对苯二酚确实是属于国家允许使用的合法食品添加剂。从麦当劳目前的回应情况来看，是合法的，至于麦当劳在麦乐鸡的具体使用中是否会超量，有待相关职能部门检查。

(新华网，http://news.xinhuanet.com/politics/2010-07/06/c_12301105_2.htm)

(3) 世界首个特高压直流输电工程投入运行

据新华社电 7月8日，我国自主研发、设计和建设的世界电压等级最高、输电距离最远、输送容量最大、技术最先进的具有自主知识产权的"向家坝—上海"800千伏特高压直流输电示范工程投入运行，标志着上海成为世界上最大的"绿电城市"。

该工程被誉为"绿色能源大通道"，四川向家坝的水电将通过这一通道源源不断地送往上海。据了解，目前上海每年用电量中，有100多亿千瓦时来自三峡水电。该工程投运以后，每年将为上海新增350亿千瓦时的水电，这样，上海一半以上的用电量将来自清洁能源，每年可节约原煤1 600万吨，减排二氧化碳超过2 600万吨。

该工程在世界上首次研制并应用6英寸晶闸管，额定电流达到4 000安，最大连续输送容量达到7 200兆瓦。它的投运标志着我国已建立了特高压直流输电标准体系并已全面应用于工程建设。

(中国质量新闻网，http://www.cqn.com.cn/news/zgzlb/dier/327099.html)

(4)国际援助组织呼吁对非洲中西部加大援助力度

乐施会、国际慈善组织救助儿童会等十家国际人道主义援助组织8日在内罗毕发表联合声明说,目前非洲中部及西部至少有1 000万人处于赤贫或极度饥饿状态,呼吁国际社会尽快对相关国家及地区加大援助力度,提升援助水平,扩大援助范围。

这些援助组织代表在联合记者会上说,世界上最不发达国家主要集中在非洲中部及西部,粮食歉收、虫灾及粮食价格飞涨导致当地大批妇女儿童营养不良,但国际社会对其援助力度却远未达到相应水平。

援助组织发表的声明说,目前粮食危机最严重的国家是尼日尔,有700多万人处于饥饿状态,约50万不满五岁儿童营养严重不良,亟待人道主义援助。乍得饥饿人口已超过200万人,一些地区妇女营养不良比例达27%。马里、毛里塔尼亚、布基纳法索及尼日利亚北部地区也都面临不同程度的粮食危机,当地民众不得不以草根、树叶为食,饮用水安全也同样令人担忧。

声明强调,当地逐渐恶化的状况需要国际社会为此及时制定长期的扶持和援助策略,联合国也应发挥整合、协调作用,尽快向相关地区派出粮食危机政策代表,指导监督资金的落实。

声明说,联合国世界粮食计划署已计划将其在尼日尔的援助人数由现在的200万人提升到450万人,但距离理想的援助目标尚有很大差距。声明呼吁更多的国家和团体加入到援助队伍中,为当地提供迅速且力所能及的援助。

(网易新闻,http://news.xinhuanet.com/world/2010-07/08/c_12314400.htm)

(5)关注英法海底隧道偷渡事件

英国外交大臣哈蒙德3号表示,在英法两国的合作下,非法移民从法国加来"强闯"隧道偷渡英国的问题目前已经逐步得到控制。

哈蒙德说,为控制偷渡问题,英法两国和欧洲隧道集团采取了加固防护网,雇佣更多警卫人员等措施。这些措施目前已初步见效。

连接英法的英吉利海峡海底隧道全长50.5公里,法国城市加来位于隧道东端。近期,大量聚集在这里的非法移民,试图藏身卡车偷渡至英国。在两国加强监控和安保工作后,近几天,试图穿越的人数从每天大约两千人次降到了三四百人次。

面对愈演愈烈的偷渡问题,英国首相卡梅伦表示,化解移民危机应该从源头抓起,设法让移民来源国恢复政局稳定。

捷克总统米洛什·泽曼日前在接受《捷克闪电报》采访时表示,欧洲近期遭遇的偷渡潮是由西方国家在伊拉克、利比亚和叙利亚展开的军事干预引起的,这些行动导致上述国家恐怖组织频繁活动,最终迫使民众逃离前往他国。

(中央电视台《新闻联播》2015年8月4日)

(三)综合训练

1. 扶贫会上小车多,发人深思

【训练提示】这篇新闻报道通过扶贫会上小车多这一现象揭示了要加强党风廉政建

设的严肃主题。特别要掌握好反义重音和递进重音的运用,从而表达出否定、讽刺的色彩,使报道态度鲜明,具有说服力和感染力。

省七届人大一次会议刚刚闭幕,记者来到郑州市中州宾馆,看到这里小轿车一部接着一部,鱼贯而入。经打听,说是来参加全省贫困地区经济开发工作会议的。

据会务人员介绍,省政府通知各地市有关贫困县参加会议的人员共246名,如果一个单位来一部车,算下来超不过50部。但是,到元月30日下午,光是向会议正式报到的人带来的小轿车就有84部,其中,相当一部分是进口车。车多宾馆内停放不下,一部分小轿车只好开到附近几家宾馆、招待所安歇。

穷得出名的贫困县——卢氏县共派六位同志参加,居然带了四部小轿车,天天叫喊财政吃紧的洛宁县也派六人开会,县经济开发办公室提出派一部面包车把开会的人送来,但是县长不同意。他独自坐一部全县最好的小轿车,风行数百里,直抵郑州,其他人也分乘两部小轿车尾随其后。

省直机关一位参加会议的同志对记者说:"现在正是年头岁尾。'朝拜''进贡'之风又起。这小轿车除为参加会议的人'壮行'之外,还有没有别的'用武之地'?"历史上贫困出名的河南省,现在大部分地区温饱问题已经基本解决,但是仍有一些老、边、山、灾地区没有脱贫,靠财政补贴的县还占相当大的比例。这些地区出现的一个值得注意的现象是,办脱贫工厂没钱,搞救灾没钱,办教育更没钱,却有钱建办公大楼,盖高级招待所,买高级小轿车,请客送礼,有的贫困地区的领导还坐着高级轿车上省城、跑北京要扶贫款、要救济钱。

(选自河南广播电视新闻中心 作者:石建华)

2. 总政要求军队团以上干部下连当兵

【训练提示】 播读时,需要创作者首先弄清楚意思,其次明确哪些词语承载重要的信息点,要敢于突出强调。特别是对于"下连当兵"和"蹲连住班"不同的人员条件和具体要求,要通过重音准确清楚地表达出来。

经中央军委习近平主席批准,解放军总政治部日前下发《规定》,要求全军和武警部队组织团以上领导和机关干部下连当兵、蹲连住班。

《规定》明确,领导和机关干部下连当兵,就是要戴列兵军衔,以士兵身份,与连队官兵实行"五同";蹲连住班,就是要蹲在一个连级单位,一般住在班排,搞好对所在连队的指导帮带,并进行"解剖式"调研。

《规定》要求,当兵和蹲连,主要安排55岁以下的领导和机关干部,没有基层任职经历的干部和连职以下机关干部一般安排当兵。旅团级单位的机关干部每三年、军师级单位的每四年、总部和军区级单位的每五年,一般应安排当兵或蹲连一次。旅团级单位每季度、军师级单位每半年、总部和军区级单位每年至少安排一次当兵蹲连,每次不少于15天。当兵重点安排在先进基层单位和驻边远艰苦地区部队,蹲连重点安排在基础相对薄弱单位、小散远直单位和执行重大任务单位。

《规定》强调,当兵和蹲连人员要自备个人生活用品,按标准交纳伙食费,不得接受宴请,不得游山玩水,不得收受礼品,不得插手基层敏感事务。

(新华网,http://news.inewsweek.cn/news-48776.html)

3. 通讯:贵州山区百姓 300 手印留挂职书记

【训练提示】这是一篇有关山区村民集体挽留挂职书记的通讯。文章通过描写寇强在仁活洞村的几个故事,生动地展示了这位第一书记扎根基层、心系群众的实干精神,和他真情为民、勤勉敬业的公仆情怀,具有很强的感染力。播读时,在重音的选择和处理上需要体现出文章的精神实质,紧扣中心,潜心开掘能够体现人物精神实质的重音。

一封语言不流畅的挽留信,316 个村民的红手印,只为让挂职的村支书多留一年。这不是文艺作品中的一幕,而是发生在贵州省六盘水市钟山区老鹰山镇仁活洞村的真实故事。挂职期间,寇强始终坚持为当地办实事,与村民相互尊重,赢得了村民的信任和赞许。当挂职期满时,全村 316 个村民集体按下红手印希望可以挽留下寇强。

寇强是六盘水市钟山区文体广电旅游局群体中心主任,2010 年 4 月被选派到基层挂职。

"到农村工作,最重要的是改变人的观念。"在贵州省六盘水市钟山区老鹰山镇仁活洞村挂任村党支部第一书记的寇强告诉记者,仁活洞村是钟山区较为偏远贫困的一个村,人均耕地 0.43 亩,一些村民 30 多岁了还没见过 100 元的钞票。

刚到仁活洞村时,看到村里道路泥泞、垃圾遍地、污水横流,寇强首先想到的就是改变村容村貌,让居住环境好起来。在寇强的努力下,仁活洞村争取到五万元经费,修建了八个垃圾池,村里原来的垃圾堆放地改成了篮球场,寇强每天自己到村里打扫卫生。另外,寇强还为村里争取到价值两万元的健身器械。

寇强说,最初,当他在村里扫街时,也会有村民与自己一起扫,但那是村民觉得领导在扫地,抹不开才跟着扫。只要他不动,就没人主动出来打扫卫生了。

为此,寇强感到要改变村里贫困的面貌,就一定要改变村民"等、靠、要"的观念。

之后,寇强在四个月的时间里走访了村里 80% 的村民,了解村民困难,并尽力帮助解决。

村民苏连军的儿子患严重癫痫病,寇强带他们到六盘水市的医院四处咨询治疗,并建议苏连军带孩子到北京治疗,同时帮苏连军联系农村医疗报销事宜。

村民侯建香丈夫去年去世,留下三个孩子。她腿有残疾,她的孩子为补贴家用,每天要爬好几处悬崖峭壁去采摘市价一块多钱一斤的蕨苔去卖。了解情况后,寇强立即召开会议落实了侯建香家低保和少数民族建房补助款的问题,第二天就为侯建香家送去 4 000 元补助。

"以前听亲戚说寇支书好,想去找他反映困难,但又不好意思。想不到寇支书亲自上门帮忙来解决了困难。"侯建香说。

当寇强渐渐与村民熟悉,村民也愿意跟着寇强尝试改变固有的种植模式,发展经济。

2010 年以来,寇强为仁活洞村协调经费,修通村里 7.8 公里的通组公路;邀请农业专家,到村调研,分析农业结构,争取到一个 50 亩的葡萄园示范基地、黑山羊养殖基地、魔芋基地以及核桃、板栗种植基地等项目。

"自己也没有什么宏大的目标,就是希望在自己任内,能让更多人愿意跟着改变种植结构,让他们每户年收入能增加1 000元。"寇强说。

今年4月,寇强挂职期满,当村里人知道这个消息时,便自发用按手印的方式向上级反映希望留下寇强。316个红手印是村民对寇强的信任和肯定。

"寇强带领我们发展的工作才有了个开头,我们希望能跟他在一起苦几年、干几年,让村里的发展有个好结果。"70岁的村民,按手印活动的发起人陈顺达说。

寇强65岁的父亲告诉记者,寇强的妻子在去年七八月份的时候患上了甲亢,身体一下就瘦了下来,两岁的儿子身体不好经常生病,寇强经常是刚到家,就因工作被叫回村里,照顾不了妻儿,全都是靠老人来帮他照顾。

面对家里的困难,寇强最后还是决定在挂职期满后再留一年。他告诉记者,村民的挽留让自己感动,他也愿意把村民当家人、当朋友,带着村民一起在脱贫路上奋斗。

(改编自贵州新闻网,http://www.gz.chinanews.com/content/2012/05-06/11258.shtml)

4. 新华时评:"学历打假"还应公布"黑名单"

【训练提示】 播读本篇评论时,要注意把握文章句与句之间、层与层之间的逻辑关系,合理选择重音,做到论点突出,观点鲜明。特别要注意对比重音、转折性重音的运用,做到逻辑严谨,说服力强,同时强调重音要分寸得当。

教育部近日公布中外合作办学名单后,不少送孩子出国留学的家长对照发现,孩子花大钱就读的中外合作办学机构根本不像其宣称的"国家承认学历",而是未获教育部批准的非法机构。当前正值高校招生高峰期,记者通过电话联系发现,此类非法机构仍在打着"教育部批准"的幌子招揽生源,而且底气十足。公布名单之后"学历打假"该怎么走,令人深思。

对中外合作办学,教育部有严格规定,然而近20年来国内中外合作办学市场的无序发展状况远非常人能够想象。就拿眼下北京的情况来说,教育部批准的本科教育中外合作办学机构仅两家,合作办学项目仅17个,然而记者上网查到的中外合作办学广告就有三四十种,其中相当一部分"草台班子"挂在知名高校名下。

教育部在公布名单时提示广大就学者"要选择经政府部门审批设立的机构或项目,应避免选择非法办学,以免遭受不必要损失"。然而提醒容易辨别难!非法办学机构大都公开吹嘘"与教育部合作""教育部门核准"等,加上有知名大学的金字招牌,具有极强的欺骗性,学生和家长难辨皂白。

值得注意的是,非法办学活动的危害远远超过当前公众普遍关注的假学历问题,上当受骗的学生及其家长才是最大的受害者,花费几万元甚至几十万元血汗钱,耗费了几年精力,到头来却发现是"竹篮打水一场空"。

针对非法办学乱象,教育部曾下发通知明令禁止以中外合作办学名义开展"外国大学预科班"等教育活动,但几年来的情况证明,只有禁令而没有跟进措施,是无法禁止非法办学活动的。此次公布合法办学机构名单,可谓一个进步。但只公布合法机构名单,还不足以威慑非法办学行为。若能进而公布非法机构名单,或许能有效遏制非法办学现象。

中国融入世界发展的程度不断加深,近年来出国留学人数有增无减,教育部门有责任顺应形势加强管理,规范中外合作办学行为,为满足国民教育需要创造良好条件。公布合法机构名单之后,人们希望在规范中外合作办学市场方面还能有进一步的作为。

(新华网,http://news.xinhuanet.com/comments/2010-07/23/c_12365574.htm)

5. 想和做

胡 绳

【训练提示】本文通过分析现实生活中的两种人,说明了做任何事想和做都必须联结起来的观点,并提出了应该如何联结的方法。全文论点突出,论证层层深入,逻辑性极强。在选择语句重音时,要注意联系上下文,恰当地运用对比性重音、转折性重音和递进性重音,不仅要使语句目的准确,还要使句与句之间的逻辑关系清晰,同时还要注意重音的运用原则,特别注意避免重音过多。

有些人只会空想,不会做事。他们凭空想了许多念头,滔滔不绝地说了许多空话,可是从来没认真做过一件事。

也有些人只顾做事,不动脑筋。他们一天忙到晚,做他们一向做惯的或者别人要他们做的事。他们做事的方法只是根据自己的习惯,或者别人的命令,或一般人的通例。自己一向这样做,别人要他们这样做,一般人都这样做,他们就"依葫芦画瓢",照样做去。到底为什么要做这件事,为什么要这样做,有没有更好的办法,他们从来不想一想。

我们瞧不起前一种人,说他们是"空想家",可是往往赞美后一种人,说他们能够"埋头苦干"。能够苦干固然是好的,但是只顾埋着头,不肯动动脑筋来想想自己做的事,其实并不值得赞美。

这种埋头做事不动脑筋的人简直是——说得不客气一点——跟牛马一样。拉磨的牛成年累月地在鞭子下绕着石磨转,永远不会想一想为什么要做这件事,为什么要这样做,有没有更好的办法。能够这样想的只有人。人在劳动中不断地动脑筋,想办法,才清清楚楚地知道自己做这件事为什么目的,有什么意义,有什么缺点,才渐渐想出节省劳力、提高效率的方法。人类能够这样劳动,能够一面做,一面想,所以文化能够不断地进步。要不,今天的人类就只能像几万年以前的人类一样,过着最原始最简单的生活了。

一事不做,凭空设想,那是"空想"。不动脑筋,埋头苦干,那是"死做"。无论什么事情,工作也好,学习也好,"空想"和"死做"都不会得到进步。想和做是分不开的,一定要联结起来。

想和做怎样才能够联结起来呢?我们常常听说"从实际出发"这句话,这就是想和做联结起来的一条路。想的时候要从实际出发,就不能"空想",必须去接近实际。怎样才能够接近实际?当然要观察。光靠观察还不够,还得有行动。举个例子来说,人怎样学会游泳的呢?光靠观察各种物体在水中浮沉的现象,光靠观察鱼类和水禽类的动作,那是不够的;一定要自己跳下水去试验,一次,两次,十次,几十次地试验,才学会了游泳。

如果只站在水边,先是一阵子呆看,再发一阵子空想,即使能够想出一大堆"道理"来,自己还是不会游泳,对于别的游泳的人也没有好处。这样空想出来的"道理"其实并不算什么道理。真正的道理是在行动中取得的经验,再根据经验想出来的。而且想出来的道理到底对不对,还得拿行动来证明:行得通的就是对的,行不通的就是错的。

一面做,一面想。做,要靠想来指导;想,要靠做来证明。想和做是紧密地联结在一起的。

在学校里,有些同学很"用功",可是不会用思想。他们学习语文,就硬读课文。因为只读不想,同一个语言文字上的道理,在这一课里老师讲明白了,出现在别一课里,他们又不理解了。他们学习数学,就硬记公式。因为只记不想,用这个公式算出了一道题,碰到同类的第二道题就又不会算了。从旧经验里得到的道理,不能应用在新事物上,这就是不会用思想的缘故。另外也有些同学,他们能想出些省力的有效的方法,拿来记住动植物的分类,弄清历史的年代。我们固然不赞成为了应付考试想出一些投机取巧的办法;但是我们承认,在学习各种功课和训练记忆力上,是可以有一些比较省力的有效的方法的。这些方法也得从学习的经验中取得。假如只是埋头苦读,不动脑筋想一想,那就得不到。除了学习功课以外,做种种课外活动,也要把想和做联结起来。例如开会,演说,办壁报,组织班会和学术团体,这些实际的行动,如果光凭一腔热情,埋头苦干,不根据已有的成绩和经验,想想怎样才能把这些事情做得更好,更有效果,那么,结果常常会劳而无功。

无论什么人,不管他怎样忙,应该抽点工夫来想一想。想什么?想他自己做过的事,想自己做事得到的经验。这样,他脑子里所有的就不是空想,他的行动也就可以不断地得到进步。

6. 五味的调和

【训练提示】本篇解说词节选自纪录片《舌尖上的中国》,主要以美食的"五味"入手,结合具体实例让海内外观众领略中华饮食之美,并从饮食文化中感知中国的文化传统和处世之道,我们可以从中看到包容、质朴、安然的中国原味。播读时要注意恰当地运用重音,使逻辑关系清晰,语句目的明确,表达准确得当。

不管在中餐还是在汉字里,神奇的"味"字,似乎永远都充满了无限的可能性。除了舌之所尝、鼻之所闻,在中国文化里,对于"味道"的感知和定义,既起自于饮食,又超越了饮食。也就是说,能够真真切切地感觉到"味"的,不仅是我们的舌头和鼻子,还包括中国人的心。

和全世界一样,汉字也用"甜"来表达喜悦和幸福的感觉。这是因为人类的舌尖能够最先感受到的味道,就是甜,而这种味道则往往来源于同一种物质——糖。

对于阿鸿来说,糖不仅表示着甜,更意味着一切。糖葱薄饼,潮州著名的传统甜食,阿鸿的手艺是祖传的。今天,阿鸿准备多做一些糖葱,明天就是当地隆重的节日——冬节。祖祠中,随着大戏的开场,人们怀着敬意,把各种色泽艳丽的甜品奉献给祖先,同时为自己的生活祈福。阿鸿的心愿,是他的传统手工技艺能继续为整个家庭带来富足。

中国人在品尝生活的甘甜之时,似乎也很善于欣赏苦。

10月的果园,茶枝柑由青转黄,气味芬芳。味苦带甘的新会陈皮就出自这些饱满的果实。储存年份的长短,决定了陈皮的等级和价值。在南中国,陈皮甚至能决定一家餐馆的兴衰。

三、补充训练材料

1. 特写:好人的泪与笑
—— 全国道德模范与身边好人现场交流活动侧记

【训练提示】下面这篇新闻人物特写通过主人公的一些典型事例生动地表现出了文章的主题,具有一定的感染力。在有声语言的再创造中,重音的运用要准确、自如,要注意突出人物言行的内在情感。

"'好人'是一个最朴素的指称,又是一个最崇高的称谓。"16日在福建三明举办的全国道德模范与身边好人现场交流活动中,来自福建各地的数十位"身边好人"现身说法,用自己的感人故事激起了全场热烈的掌声。这些好人的泪水和欢笑"充盈"了许多人的眼眶。

来自三明将乐县古镛镇桃村的普通农妇张水英,丈夫在1998年遭遇车祸身亡,只上过两年小学的她始终惦记着丈夫留下的五万多元债务。为了还债,五年中,张水英一人承包了12亩田地,起早贪黑地干,之后只身辗转广东、福州打工,捡垃圾、当保姆、在餐厅洗碗等,什么活都干过,直至债务还清。她满含热泪地说:"我们夫妻恩爱了十个年头,丈夫死了,债务不能'死',我就是要饭也要把债还上。"

汶川地震发生后,张水英徒步六公里赶到县里为灾区捐款,当她从外出打工时所带的竹筒和八宝粥罐子里倒出2 275元硬币时,现场的人无不为之动容。因为执拗的诚信和无私的爱心,张水英2009年荣登中国诚实守信好人榜。

为残疾儿童服务了30多年的福州市聋哑学校校长钱秀榕说,自己以前最大的痛苦就是别人把"残疾"和"残废"画等号,用异样的目光打量身体有缺陷的孩子。而现在,聋哑学校的孩子们能得到16年的免费教育,能在家门口上大学,能在五星级酒店上班,自己感到非常欣慰。"我的一位学生入选了中国残疾人艺术团,并且在中央电视台的春节联欢晚会上参演了引起轰动的舞蹈《千手观音》,在电视机前看到孩子的那一刻,我泪流满面,所有的辛苦都化成了喜悦和激动。"钱秀榕说。

泉州晋江商人赖金土在汶川地震中手提28万元现金赶赴灾区,今年又组织上千名志愿者赶到玉树地震灾区,抱着"只帮忙、不添乱,只尽力、不逞强"的原则,志愿者队伍徒手救起了十多人。回想当时的场景,被人亲切地称作"阿土"的赖金土说,志愿者身处高寒缺氧地区,却主动选择露天拥衣入眠。"有天半夜我被冻醒了,跑到火堆边时,一面正在废墟上迎风飘扬的五星红旗突然映入眼帘,顿时,一种强烈的情感贯穿了我的全身,这面国旗给我的感动和力量让我终生难忘。"

在侨乡泉州石狮,12年来活动着一支著名的"农民义务110"队伍。为保一方平安,年逾花甲的队长黄光蚕不仅自费维持队伍日常活动,遇有情况时还常常冲锋在前。2008年,老黄曾与四名歹徒搏斗,身中20多刀。谈起遇到过的危险,早在1977年就开办工厂的老黄用闽南人的幽默解释说:"我年纪大了,没什么后顾之忧,哪怕有一天真的意外'光荣'了,成本也比较低。"

短短两个多小时,活动现场的人群中不时迸发出热烈的掌声,听到典型好人那些感人至深的故事细节时,不少人眼中泛起了泪花。参加活动的三明市歌舞团成员童桂贤说:"这些好人都是生活在我们身边的平常人,却用自己的经历写下了传奇和光荣,他们和那些载入史册的英雄一样让我们感动、给我们力量。"

(新华网,http://news.xinhuanet.com/2010-07/16/c_111963554.htm)

2. 评论:打好"最难就业年"突围战,放飞青年梦想

【训练提示】 近年来,高校毕业生的就业问题越来越成为大家关注的焦点。在播读本篇评论时,需注意重音的选择,要特别关注体现逻辑关系的词语及展现态度和判断的词语。在重音的处理上还要注意重音的运用原则。

高校毕业季,就业问题一方面关系着经济增长和社会稳定,另一方面也关系着青年能否在工作岗位上更好地实现自我价值,为"中国梦"注入活力。

近日,习近平总书记在天津考察时指出,要切实做好以高校毕业生为重点的青年就业工作。他勉励当代大学生志存高远、脚踏实地,转变择业观念,同时要求加大对高校毕业生自主创业支持力度,对就业困难毕业生进行帮扶,增强学生就业创业和职业转换能力。

年初以来,签约率低、就业难等字眼频现媒体。教育部新近公布的数字称:2013年全国高校毕业生达699万人,比2012年增加19万,成为新中国成立64年以来,高校毕业生最多的一年。而来自用人一方的数字显示,今年计划招聘岗位数同比平均降幅约为15%。一增一减,使得就业形势颇为严峻,不少网友调侃今年为"最难就业年"。

造成"最难就业年"的原因,既有大学扩招、高校人才培养与社会需求间的结构性矛盾问题长期存在等积累的历史因素,也有中国经济增长速度放缓、产业结构调整导致部分行业就业需求下降等新原因。除此之外,毕业生目标不明确,很多毕业生期望过高、无法摆正心态,也是增加就业困难的因素之一。

就业是民生之本,促进就业是安国之策。"最难就业年",若百万毕业生的就业问题不能得到重视和解决,必将助长社会悲观情绪,动摇社会稳定的根本。

破解就业难,政府部门必须撬动政策杠杆,从政策层面拓展就业渠道、完善就业服务。目前,中央已出台相关政策,一方面立足稳增长、促发展带动就业,如近期国务院作出批示,通过简政放权方式激发市场创造活力和发展内生动力,提供更广的就业门路、更多的就业机会;另一方面,致力拆除就业的种种藩篱,营造公平公正的就业环境——继教育部发出"三个严禁"反就业歧视之后,国务院办公厅于16日发出通知,要求不得对求职者设置性别、民族等条件;招聘高校毕业生,不得以毕业院校、年龄、户籍等作为限制性要求。在中央作出批示之后,各地相关部门应紧跟中央步伐,高度重视就业问题,落实中央

政策，同时从地方实际出发解决就业难问题。

其次，高校作为人才输送的大本营，也必须加快改革，做好人才输送的服务工作。资料显示，目前大约1/3的毕业生在从事与其所学专业无关的工作，部分专业毕业生就业的专业对口率不到30%。高校课程设置脱离实际，使得不少毕业生走向社会之后很难适应企业的招聘要求，导致就业困难。高校只有改变人才培养方式，向社会输送更多符合社会需求的毕业生，同时做好毕业生的就业指导，才能提高毕业生签约率。

此外，广大毕业生提高自身竞争力的同时，也应转变"高不成低不就"的就业观念，放宽视野，顺时而动，"危"中寻"机"，尝试下基层、自主创业等方式，在脚踏实地的历练中积累经验，开辟自己的人生舞台。

就业是青年踏上社会后放飞梦想的第一步。"最难就业年"突围战，需要政府、社会、高校协同努力，为青年创造更公平公正的就业环境；而青年在梦想实践的起点，也应克服求职过程中遇到的问题，以勇于创新创造、立志艰苦奋斗的信念灵活就业，在工作中实现自我价值，放飞青春梦想，为中国梦的实现汇集点滴动力。

（央视网评，http://opinion.cntv.cn/2013/05/17/ARTI1368789659672249.shtml）

思考与研讨题

1. 什么叫重音？
2. 重音运用的原则有哪些？
3. 播读当中应该如何选择重音？
4. 举例说明重音的处理方式。

第十章 语　气

■ **本章要点**
1. 语气的内涵。
2. 语气的色彩和分量。
3. 语气的声音形式。

语气是有声语言创作过程中重要的表达方法之一。无论是广播还是电视，无论是有稿还是无稿，只要是运用有声语言传情达意、与受众交流沟通，都需要用好语气。语气尤其在传情达意上起着重要的作用。如果说停连、重音比较善于客观信息的传达，那么语气则更长于感情态度的表露。比如说"他走了"，在停连、重音不变的情况下有声语言可以表达出多种不同的感情态度：肯定、疑惑、坚定、犹豫、欢快、悲伤、活泼、严肃、紧张、轻松，等等，这便是语气的力量和魅力。

第一节　语气的内涵

"语气"这个词我们在生活中经常使用，并常与"口气""语调"等相互替代。应该说它们之间确有相近之处，生活中我们更多地是"意会"，并不去细究它们之间的差别。不过，作为一个专业术语，我们有必要从理论上对播音学中的语气概念有一个明确的界定，以利于认识语气并掌握语气运用的方法，避免因概念的模糊而带来实际运用上的偏差或理论上的误区。

一、语气和语调

(一) 语气的一般概念

在现代汉语中，对语气内涵的认识并不完全一致。有的是从语法范畴将句子划分为陈述语气、疑问语气、祈使语气、感叹语气四种；有的除了前面的四种语气外，还包括"说话的口气"。

> **延伸阅读**
>
> 句子的语气可以分为陈述、疑问、祈使、感叹四种。表达语气的主要手段是语调,其次是语气词。
>
> (胡裕树《现代汉语》)
>
> 语气:①说话的口气。②表示陈述、疑问、祈使、感叹等分别的语法范畴。
>
> [《现代汉语词典》(第6版)]

对于"口气"的认识,总体来说,普遍认为口气与思想感情的关系比较密切。但就表现手段来说,重点还是放在修辞、语法手段的运用上,对于有声语言方面的表达特点只是偶有提到。

> **延伸阅读**
>
> 句子有种种口气,例如肯定与否定、强调与委婉、活泼与迟疑,等等,都用于思想感情方面种种色彩的表达。句子的口气,与修辞有密切关系,跟语法也有联系。
>
> (胡裕树《现代汉语》)
>
> 口气:①说话的气势。②言外之意;口风。③说话时流露出来的感情色彩。
>
> [《现代汉语词典》(第6版)]

对于有声语言表达来说,如果语气只包含陈述、疑问、祈使、感叹四种,显然无法满足丰富的思想感情表达的需要。而说到"口气",虽然强调了其"用于思想感情方面种种色彩的表达",但表达方法主要是修辞和语法手段的运用,不足以满足有声语言表达的需要。因此,语法范畴中无论是"语气"还是"口气"与有声语言表达中的语气概念都有所不同。

(二)关于语调

语调属于语音学的范畴。虽然不同书中对语调的说法不大一样,但核心基本一致,都认为语调跟句类或情感特点有关。不过,对于语调的外延,说法却不大一致,有的将停顿、重音、升降全部纳入语调的范畴,有的却不包括停顿和重音。

> **延伸阅读**
>
> 一般的陈述句、命令句、感叹句和含特殊疑问词的问句等,多用降调的口气语调。一般的问句、未完的句子,或句子的前一些部分,或有含蓄的句子,多用升调。表示踌躇、迟疑或夸张、强调的时候往往用得着曲折的语调。
>
> (罗常培、王均《普通语音学纲要》)
>
> 句子里这种用来表达意思和感情的抑扬顿挫的调子,叫作语调。一般来说,它主要包括停顿、重音、升降三个方面。
>
> (胡裕树《现代汉语》)

语调主要由超音质成分,即音高、音强和音长组成。不带有任何感情色彩的语调称为中性语调。带有感情色彩的称为感情语调。

(林焘、王理嘉《语音学教程》)

应该说,播音学中的语气与语调更为接近,但为什么不直接用语调这个词呢?一方面,如我们前面所说,语音学中的语调外延本身不统一,而且如果将停连、重音等都包含在语调运用中,也不利于学习训练;另一方面,在语音学中,谈及语调运用时经常与语法学中的语气相对应,如陈述句、命令句、感叹句、特殊疑问句多用降调,一般的问句多用升调等,这很容易造成语言表达的简单化、形式化和固定腔调。尽管一个句子可以从词语和句子的类别表现该句子一定的含义和感情色彩,但远远不能揭示这个句子可能蕴含的诸多感情色彩。同一个句子可以蕴含多种多样的思想感情,其语调选择必然是不同的。

例如:你为什么没去上学?

这句话虽是疑问句,但可能蕴含不同的感情色彩,这就需要用不同的语调来表现:

亲切询问:平直调。严厉责问:下降调。

冷嘲热讽:弯曲调。疑惑好奇:上升调。

所以,语音学中的"语调"也不能满足播音学中语气表达的需要,语调的运用特点更不能作为有声语言表达的规律来使用。

二、播音学中语气的概念

在播音学中,语气的运用更强调思想感情的地位,而不拘泥于句子语法意义上的语气特点;同时,作为表达方法,也注重声音形式在表现语气中的要求,其声音形式的曲直升降不与某种思想感情进行简单对应,强调声音形式的恰当和变化。

张颂在《播音创作基础》(第三版)中,这样给语气下定义:语气是思想感情运动状态支配下语句的声音形式。

我们可以从以下三个方面来理解播音学中所说的语气:

第一,具体的思想感情是语气的灵魂,在语气中处于支配地位。不管是陈述句还是疑问句,我们必须把握语句所蕴含的具体的思想感情,将之作为语气表达的内在依据。正因为如此,我们有时说表达的语气对或不对,常常是指所表达的感情态度对或不对。

第二,声音形式是语气的外形,是具体思想感情的载体。语气作为一种表达方法,不只体现充分的内在依据、积聚的内在情感,更加注重声音的外化、听觉的可感,强调准确而丰富的曲折变化。因此,掌握语气的表现方法,是我们这一阶段学习的重点。

第三,语气以句子为单位。一个语篇由一个或一系列句子构成,不管句子数量多少,在语篇中每个句子都具有特定的意义。在由不止一个句子构成的语篇中,不同的句子之间既有联系也有区别,我们不仅需要把握各个语句的共性语气,更需要体现它们的区别,即该语句在该语篇中的个性语气,这样才能使语气表达准确恰当、富有变化。

第二节　语气的感情色彩和分量

语气中具体的思想感情包括语气的色彩和分量。要使我们的语气表达准确，首先要准确地把握各个语句所包含的具体的思想感情。

一、语气的感情色彩

语气的感情色彩主要是指语句所包含的是非和爱憎等。是非，是指态度方面的具体性质，比如赞扬、支持、亲切、活泼、坚定、批评、反对、严肃、郑重、犹豫等等。爱憎，是指感情方面的具体性质，比如喜悦、热爱、焦急、悲伤、憎恨、冷漠等等。

对语气的感情色彩的把握，我们特别强调要准确贴切、丰富有个性。

(一)语气感情色彩准确贴切

语气感情色彩准确贴切，就是要准确把握语篇中"这一句"语气的特点。要根据上下文语境和主题来确定"这一句"的基本感情色彩，符合该句子在上下文中的本意，做到不偏离，这是语言内容或客观事实对有声语言创作主体的客观要求。这点在有稿播音中尤为重要，因为已有的文字很容易让我们受句子本身词语和句式结构的影响，进而造成对"这一句"感情色彩和力量把握的偏离，所以我们需注意两点：一是要把握不同语句间不同的语气感情色彩；二是把握相近语气感情色彩之间的差异。

①又是秋天，妹妹推我去北海看了菊花。②黄色的花淡雅，白色的花高洁，紫红色的花热烈而深沉，泼泼洒洒，秋风中正开得烂漫。③我懂得母亲没有说完的话。④妹妹也懂。⑤我俩在一块儿，要好好活……

（史铁生《秋天的怀念》）

上面这段话是史铁生的散文《秋天的怀念》中的最后一段话。这一段主要表现了在经历了双腿瘫痪，特别是母亲病逝后"我"的转变。这一段话共有五个句子，如果不看上下文，这段话中的①②句可以用喜悦、轻松、活泼的色彩来表现，事实上这也是全篇感情色彩最明朗的一段。但联系上文，可以看出，作者"我"从拒绝看花到能感受不同花的品质，不是说明"我"懂花，而是反映了"我"从逃避、抵制生活到已经能够平和地面对生活、品味生活的心理变化，所以，如果用我们日常逛公园看花时的喜悦心情来表现这两句就不准确了。从上下文看，明朗而沉静可以作为这两句语气的基本色彩。而③④⑤与①②句语气色彩相近，与上文"我"暴躁、绝望的心态相区别，语气的共性色彩都较平和，不过它们在共性的基础上又有些区别，③④句较①②句多了些怀念和感悟，第⑤句添了些坚定感。

由此可看出，不同语句的语气色彩往往有一定的差异。就一句话来看，语气色彩也不一定是简单一种或浮于字面，常常需要我们根据上下文来把握"这一句"到底蕴含着怎样的内在情感。

(二)语气感情色彩丰富有个性

在语气色彩准确贴切的基础上,进一步细心体味,把握语气感情色彩的个性特点,这既是不同语句对语气的客观要求,也是创作主体的能动追求。这里加入了创作主体的个性体验和对传播对象、播出背景、传播目的的现实观照,是主客统一的结果。在语气准确贴切的基础上体现个性是必要的,既能避免脱离客观要求,为个性而个性,又能避免与别人雷同,表达千篇一律。比如大家都很熟悉徐志摩的《再别康桥》,我们即使都掌握了这首诗相同的背景资料,表达也不会完全相同。当我们听某个人朗诵《再别康桥》时,与其说是听徐志摩的《再别康桥》,不如说是在感受朗诵者心中的《再别康桥》。这也正是有声语言的魅力之一。

正是因为同样的话语可呈现出丰富多彩的情感,因此,语气表达要准确丰富,关键在于对语气感情色彩的把握要准确细腻,丰富且有个性。

二、语气的分量

语气的分量表现为对语气色彩程度的把握,主要有两个方面:一是对语句本身所含语气色彩浓淡的把握,即对语气个性分量的把握;二是对语气色彩在整体上主次的把握,即对语气主次分量的把握。为便于理解和运用,我们将语气分量大概分为重度、中度和轻度。一般来说,表现重度分量时,感情色彩非常鲜明,口腔控制和气息控制都相对较强,重音很突出,而中度和轻度分量则呈递减趋势。实际上,不同等级分量间的层次是极为丰富的,重度、中度、轻度之间有区分,也有联系,相邻分量之间还存在许多层次,即使是同一分量里面也存在多重层次。所以,把握好语气分量实际上就是把握好语气的"度",把握准语气的分寸。分寸是否得当对传播的准确性和有效性将产生直接的影响。

(一)语气的个性分量

语气个性分量的区别主要体现为同一语气色彩浓淡程度上的区别。它既是语句本身通过具体的词语和结构特点表现出来的语句个性色彩,同时也离不开创作主体的理解和感受。

① 忽然,余新江冰冷的脸上,露出狂喜,他的手心激动得冒出了汗水。

② 现在,才五年,孩子就成了一名光荣的中国人民解放军军官,当母亲的哪能不高兴?她整天像喝了蜜似的,养猪、铲草、料理家务,干什么都来劲。

③ 谁知这一回他(彭总)抬起头来,笑呵呵地坐正了,说:"照吧!"

以上三句我们从句子本身就能体会到它的感情色彩及其程度,它们都具有喜的感情色彩,但程度不同,从①到③分量呈递减趋势。①句里余新江的内心非常激动,处于"狂喜"状态,表达时,语气分量应为重度。②句主要表现母亲"像喝了蜜似的"喜悦和满足的心情。虽也是高兴,但程度不及①句,表达时语气分量可处理为中度。而③句,彭总在同意照相时显露出的"笑呵呵"的表情,主要表现了彭总随和亲切的神情和态度,虽也愉快,但绝不是欣喜若狂,所以应用轻度分量来表现。当然,上面三句话的语气里,除了"喜"还有别的色彩,在表达时要注意多种语气色彩的综合。

除了根据词语和句式本身的特点来把握语气的个性分量外,我们还常常要结合上下文来把握语气的分量。例如:

他轻轻拂去战士肩头的积雪,猛然发现他身上竟然穿得那样单薄,单薄得像一张纸。"棉衣,棉衣呢?为什么没发给他棉衣?"军长两眼发红:"军需处长呢?"警卫员在发愣。"给我找军需处长!"还是没有人应声。"快!给我找军需处长!"

军长因战士被冻死,要找"军需处长",在军长说的这三句话前,没有明确描写或提供军长的情绪状态的词语,但从上下文来看有由问到命令的一个变化,并且在最后多了一个"快"字,表现出了军长急迫的情绪状态。创作主体根据上下文的这些变化,展开想象,可以体会到这一过程中军长愤怒的情绪具有不断加强的趋向,而不是减弱或同样的状态。如果缺乏上下文的比较,就容易忽视人物心理状态的变化,语气分量容易一样,也就很难恰当地把握好这些相似语句语气不同的个性分量。词语本身或上下文虽然给我们提供了线索和依据,但要做到准确把握还需要创作主体深入地理解和感受。

(二)语气的主次分量

语气的主次分量要求创作主体站在语言整体的高度来把握,依据语句在全篇中的主次地位而定。一般来说,最能体现主题、目的的语句,最能体现基调色彩和主体态度的语句,语气分量就较重。而那些尽管在字面上看起来感情分量较重的语句,如果在全篇处于次要地位,那么表达时其语气分量在整体上不可太重。这里特别强调整体的创作观,首先要把内容放在现实语境中来把握,明确播出目的,不能就稿论稿。其次要把句子放在全篇的上下文中去考察,根据主题、目的分清主次,把握语气的分量,不能见句生情、见字生情,随心所欲,喧宾夺主。

干粮早就吃光了,皮带也煮着吃了。我空着肚子,拖着两条僵硬的腿,一步一挨地向前走着。背上的枪支和子弹就像一座山似的,压得我喘不过气来。唉!就是在这稀泥地上躺一会儿也好啊!

这段话是《草地夜行》中的一个自然段。如果单独地看这些句子,我们可以表现出不同的感情色彩,而且因不同的目的,语气分量也不一样。如果文章全篇是要突出那时艰难到什么程度,体现"我"想歇息的强烈愿望,我们可以把每一句的分量都处理为重度。但从文章的整体看,主要是为了表现一个红军老战士在那种艰苦的环境中舍己为革命、为战友的高尚精神,目的是展现和传扬红军精神。所以,这一段中的几个句子虽然表现的是红军的艰苦,但从全篇看它们仅仅是铺垫,是为了衬托红军老战士在那样艰苦的环境中所表现出的高尚的精神。因此,这一段不是全篇的重点,各语句的语气分量不宜用重度。在把握语气分量时,语气的个性分量要服从语气的主次分量,要从整体着眼,避免只从句子个体出发,见字生情,主次颠倒,造成局部合理而整体不准确的问题。

总的来说,语气色彩的多样性和个性,语气分量的区别性和主次性,既是客观的,即语句本身存在的,也是主观的,即来自不同创作主体在理解感受上的个性差异,这与主体的性格、经历、修养、审美取向等都有密切的关系。所以,在把握语气的具体思想感情时,播音员主持人一方面要整体把握好语句本身所蕴含的个性特点,另一方面要发挥主体性,加强独特感受,去捕捉、挖掘、丰富语气的个性。这既可使我们的语言表达丰富、有变化,又可从中体现创作主体的创作个性。

第三节 语气的声音形式

语气并不满足于仅对内在情感的准确把握,它更强调外部的呈现,就是要通过具体的声音形式把内在的东西展现出来,让他人听到、感受到。声音形式是情感的物质载体,是人们感知创作主体内心情感状态的重要媒介。虽然由于个体差异,每个人的表达不可能都一样,但声音形式在表现某种情绪时却有着共性特征,并具有共通性。正因为如此,人与人之间的交流才得以正常进行,即便在双方语言不通的情况下,彼此也能通过声音感知对方的情绪、态度。因此,了解和掌握各种语气声音形式的基本特点是非常重要的。

在把握思想感情与声音形式的关系上,我们可以从两方面入手:一方面是把握不同语气色彩声音形式的具体特点;另一方面是认识和把握整体语流中语句与语句之间声音形式的动态变化特点。

一、具体的思想感情与声音形式

同样一句话我们之所以能表现出不同的语气色彩和分量,是由于不同的思想感情会有不同的声音形式呈现,也就是相同或相近的思想感情其声音形式具有相似性。具体的思想感情与声音形式具有的这种稳定的关系,是人们通过听觉直接感受表达者内在情感的基础,也是我们在表达时需要遵循的基本规律。

人的心理与生理关系密切,心理的变化必将导致或影响生理的变化。表现在声音上就是气随情动,声随气变,以声传情,也就是情的变化导致声音、气息的变化,而声音、气息的不同状态又反映了情感的不同特点。声音形式由口腔状态、气息状态、声音状态三方面构成,表达不同感情色彩时,口腔、气息、声音有哪些不同的特点呢?张颂在《朗读学》[①]里进行了具体的归纳和描述:

感情色彩	声音形式特点
爱的感情	气徐声柔:口腔宽松,气息深长
憎的感情	气足声硬:口腔紧窄,气息猛塞
悲的感情	气沉声缓:口腔如负重,气息如尽竭
喜的感情	气满声高:口腔似千里轻舟,气息似不绝清流

---

① 张颂:《朗读学》,北京广播学院出版社1999年版,第229页。

续表

感情色彩	声音形式特点
惧的感情	气提声凝：口腔像冰封，气息像倒流
欲的感情	气多声放：口腔积极敞开，气息力求畅达
急的感情	气短声促：口腔似弓箭，飞剑流星；气息如穿梭
冷的感情	气少声平：口腔松软，气息微弱
怒的感情	气粗声重：口腔如鼓，气息如橡
疑的感情	气细声黏：口腔欲松还紧，气息欲连还断

以上对不同感情色彩所用声音形式特点的概括，反映了一定语气感情色彩和一定声音形式之间的对应规律，反映了语气感情色彩和声音形式之间具体的相对稳定的关系，对我们认识和学习如何运用语气很有帮助。不过，这并不是量的对应，只是一种状态描述，在具体应用中切不可过于机械。

二、语势

(一)语势的内涵

虽然具体的思想感情与声音形式有某种稳定的联系，但并不意味着这一句话中每个字的口腔、气息、声音状态都一样。由于语句内部词与词之间的作用和地位不同，语篇语流中思想感情在不断变化，声音形式必然要在符合基本感情色彩的前提下有所变化。反映在一句话中，声音的高低强弱会有所不同；反映在语流中，就要跟随思想感情的变化而起起伏伏。如果说我们前面谈过的感情色彩与声音形式的对应规律反映了两者的稳定状态，那么语势则反映了思想感情动态变化的特点。为了认识语流中声音形式的动态变化特点，为了与前面所说的声音形式相区别，我们提出语势的概念。

关键术语

语势，指一个句子在思想感情的运动状态下声音的态势，或者说有声语言的发展趋向。

[张颂：《播音创作基础》(第三版)]

我们可从以下角度认识语势：

第一，语势是动态曲折的，反映了思想感情是变化的这一基本特点。语势与具体的思想感情没有稳定的对应关系，语势的变化趋向并不因具体的某一色彩或分量而有固定的方向，即我们不能说凡表现高兴的情绪时声音都上扬，也不能说只有表现高兴的情绪时声音才可上扬，否则将造成语势的单调、呆板。创作主体思想感情的运动状态，语流中不同语句语气色彩和分量的差异，句与句之间的衔接与变化，语句内部词与词之间的主次关系等内在动因，形成了有声语言前行的基本特点和要求——波浪式前进的态势。这种曲折起伏、波浪式前进的声音态势,既反映了创作主体的内在心理变化,也满足了受众的听觉审美需要。

第二,语势的变化由口腔状态、气息状态、声音状态变化呈现,语势是个立体概念,口腔的松紧、前后、开闭,气息的深浅、快慢、多少,声音的高低、强弱、明暗、虚实,都要在语流的行进中发生变化,并因此形成了丰富多变的语势。我们在学习时,可以分别从以上三方面来考察语势运用的情况,分析自己的问题所在,但在具体运用时要注意综合运用。

第三,语无定势。语气的色彩和分量,创作主体的理解和感受,传播对象的特点和需要,传播环境的动静与大小,个人的声音特点和审美追求等等,都会影响语势的态势走向与高低变化。因此,一句话用什么语势,句与句之间如何衔接转换,并没有什么标准答案。只要体现出思想感情的变化状态,符合和满足人们的听觉需要即可。

总之,语势与具体的思想感情之间不具有稳定的对应关系,语势的曲折性是对语气总的声音形式特点的抽象概括,它反映的是一个句子及语流中句与句之间的基本变化特点,强调的是有声语言声音形式的动态变化,在运用上强调语势的曲折性和语无定势。

(二)语势的基本类型

虽然语无定势,但为了更好地了解与把握语势的基本特点,我们尝试着对动态的语势作一定的截取,进行静态的分析。如图:

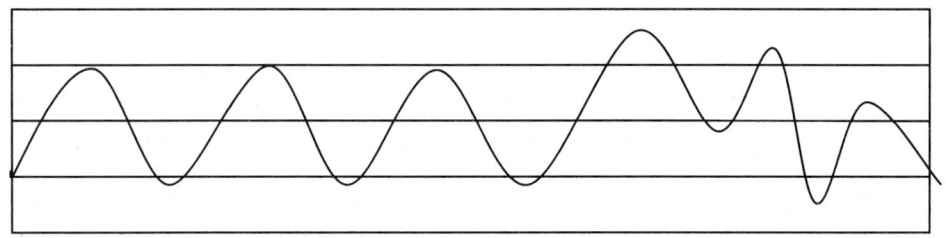

如果把上图模拟的语势波浪式形态在不同位置进行切分,可以获得语势的五种基本类型:波峰类、波谷类、上山类、下山类、半起类。在具体的表达中,语言表达很少有像前半部分那么标准的图形,很少有那样有序的变化,更多的情况是像后半部分那样不那么规则。五种基本类型根据需要,时而连续运用某一类型,时而不断交错变化。不同的人表达相同的内容,语势的特征也不一定相同。这也正是我们所说的语无定势。

由于口腔与气息状态难以用图形表示,以下我们只是从声音高低的角度对语势类型加以说明,在实际训练中,应对口腔、气息、声音三个状态予以综合要求。

1.波峰类

波峰类语势的特点是:语句的两端低,中间高。即声音的发展态势是由低向高再向低行进的。具体运用时,波形虽有时也会呈现较标准对称的情况即波峰恰好在句子的中央,但更为普遍的是以非对称波形出现,特别是较长的句子,语势虽然整体表现为波峰状,但中间有可能由许多小的波峰类或非波峰类语势构成。一般情况下,重音在句腰时多用波峰类语势。如:

世界上没有花的国家是没有的。

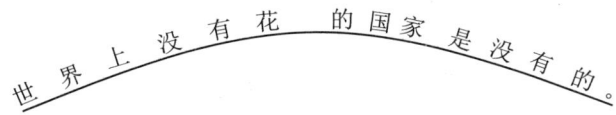

2. 波谷类

波谷类语势的特点是：语句的两端高，中间低。即声音的发展态势是由高向低再向高行进的。与波峰类相似，波谷类语势具体运用时并不都是典型的单一的波谷形状，但总的趋向是由高向低再向高发展。一般情况下，语句重音在句首和句尾时多用波谷类。如：

乔治·华盛顿是美利坚合众国的第一任总统。

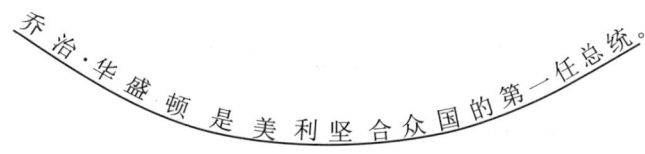

3. 上山类

上山类语势的特点是：句首声音相对较低，继而逐渐上行，句尾声音相对最高。即声音的发展态势是由低向高行进的。不过并不是所有上山类语势都呈现步步高的情况，曲折上升的态势也极为普遍。如：

让暴风雨来得更猛烈些吧！

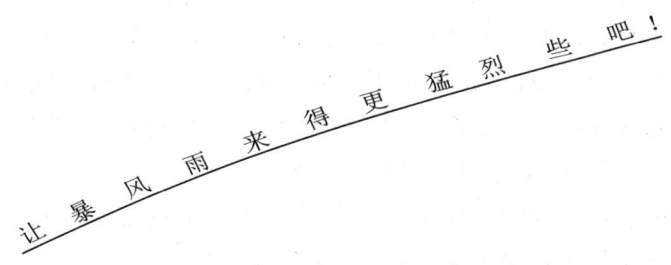

4. 下山类

下山类语势的特点是：句首声音相对较高，然后逐渐下行，句尾声音相对较低。即声音的发展态势是由高向低行进的。运用时，在总的趋势呈下行的前提下，有时是字字下行，有时是曲折下行，后者更为多见。如：

疑是银河落九天。

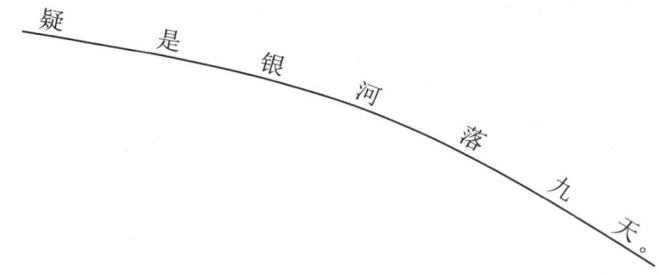

5. 半起类

半起类语势的特点是：状似上山类，句首起点相对较低而后上行，但上至一半声音便停止，不再继续向上，所以称为半起。此时往往是声停气未尽，给人话未说完或等待别人回答的感觉。如：

（为什么西湖的声名特高，）吸引着特多的游人？

以上我们分析了语势的五种基本类型。这些简单图形只是为了我们能够较直观地认识语势曲折性的特点，以便初学者学习掌握。在实际运用中我们应明确以下认识：

第一，语势的变化是非常丰富的，每一个波形都可以衍生出无数相似却不相同的变体，再加上气息与口腔状态的变化，必将形成语势的千变万化。因此，我们绝不是将有声语言的表达僵硬地套在这五种框架中，如果每一句话都要对号入座，便违背了我们的初衷，也违反了有声语言表达的规律。

第二，语势反映了创作主体的内在情感运动状态以及外在的表达个性。前面我们已经提到，同样的内容不同的人表达语势可能会有明显的不同，这是由创作主体自身的差异造成的，不同的人对内容理解、感受的差异，主体间个性的差异，审美理想的差异，以及各自基本条件的差异等，都会对语势的运用产生影响。外显的语势不仅是作品的内在要求和创作主体的情感运动状态的反映，也体现着主体的创作特色，所谓"气势磅礴""委婉含蓄""活泼灵动"的风格在语势运用上必然各有特色。

第三，从个体和整体两方面把握语势。对语势个体方面的把握主要着重于对语句语势的把握。即一个句子的语势是怎样的状态，是波谷还是波峰？如果是波峰，它是典型状态还是其内部有丰富的变化，句子中词组之间以及音节之间语势是如何进行衔接变化的？这些都需要我们深入体会。而对语势的整体把握，主要体现在从整体出发把握各个语句之间语势的发展变化。我们不断地强调语势的波浪式前进态势，这不仅体现在一句话里，也体现在语言表达的整个过程中。在整个语流中，语势的波形不应该是相同的，也许时而惊涛拍岸，时而微波荡漾，即使整体看似风平浪静，那细微的波澜却无处不在。语流中，句与句之间有着密切的联系和区别，我们不仅要注意一个句子的语势变化，还要把握句与句之间语势是如何承接转换的,上句句尾落到何处,下句句头怎样接应并接着向何处行进等。这样的语流才会流畅而不失变化,变化而不觉生硬。这点我们将在下面进行具体分析。

(三)语势的运用

当我们了解了语势的特点、基本类型和要求之后,还需要掌握语势运用的具体方法。这里关键要把握语势变化的三个关键部位:句头、句腰和句尾。

1. 语句中的语势运用

我们已经明确,要避免"平"的表达语势就要有曲折变化,这个变化在句子中主要是通过句头、句腰、句尾声音形式的变化体现的。在一个句子的表达过程中,从句头到句腰再到句尾,其间声音的高低长短、口腔的强弱松紧、气息的虚实缓急都在内在情感的支配下沿着语句的词语序列不断地变化着。

我们暂且把语言表达的幅度变化设为5度,作为一个句子的语势我们需要考虑句头声音的起点应在怎样的高度,气息、口腔状态如何,接下去如何发展,构成怎样的句腰波形,最后句尾落到几度及收音的特点如何等。比如:

那就是白杨树,西北极普通的一种树,然而实在不是平凡的一种树。

这句话由三个分句构成,整体上可以用波谷类语势表达,但在具体处理上要避免语句两端声音的高度、力度都一样,假如我们开始时的起点高度从2.5度起的话,到"白杨树"声音呈现一个上升态势可以到3.5度,但到第二分句开始要顺势而下,可从2度低起并逐渐向上运行,以"平凡"为最高点,可上行到4度以上。

当然,以上分析只是一个参考,不同的人或不同的场合要求不一样,体现在语势的变化幅度和口腔、气息状态上也会有所不同。一般来说,在舞台上朗诵时语势变化幅度较大,力度较强;同样的内容在朗读时变化会略小,力度相对弱些;而生活中的表达对比幅度就更小些。我们要根据内容、目的、场合、对象等灵活运用语势。

我们也可以以分句为单位来把握语势,特别是分句较长时,其自身往往可以构成一个完整的波形,而当分句之间的并列性较强时,更要注意相互间语势的区别变化。

2. 语流中的语势运用

这里我们观照的是语言表达的整个过程。在一句话里我们要体现语势的曲折变化,在整个语流中也要注意语言的起伏变化,避免表达"平"的问题。语流中的"平"主要表现为两种情况:一种是每个句子都缺少起伏;另外一种是虽然从一个句子看有起伏,但每个句子的语势都雷同,语流整体缺乏变化,形成了一种固定腔调。后一种情况更具有欺骗性,看似在变实则未变,像我们通常说的"主持调""唱调"等都属于这种固定腔调。要解决语流中的固定腔调,除了内在情感的真诚和运动外,在语势运用上我们需要把握以下三点:

第一,句首起点不宜同一。即相连句子的句首起点在声音和口腔、气息控制方面应有所不同。比如:

①部队集合了。②妇女们打开竹篮,分赠着礼物。③孩子们爬上大炮,把红叶插上炮口。④小吉普也被无数的彩纸条和成串的纸花缠成了花车。

(魏巍《依依惜别的深情》)

以上这段话描述了志愿军准备离开朝鲜回国时朝鲜人民送别的一个场景。后三句易出现语势雷同的情况。要避免雷同,我们可以根据每一句的特点在句首起点上有所区别。①句是段落的起始句,与上一段的情景有较明显的转换,同时为了体现部队所处空间较大,句首起点可在中度略高即3度左右的位置,口腔控制为中度,吐字不宜急促,稍有远送感。②③句都是写人送别时的动作,但妇女和孩子有稳重和活泼的区别,所处位置有高低之别,所以②句比①句的起点可略低些,约在2~2.5度之间,而且由于视点较具体,空间感缩小,吐字较前一句要紧凑但控制略松;③句由于孩子们的行为特点——"爬上大炮",句首起点可略高,约在3.5度左右,并形成继续向上的态势。④句与③句相比,视点有一个由高向低、由点向面的转换,句首起点可在2.5~3度之间,口腔控制为中度,字要叼住。由于是表现送别时的场景,"依依不舍"之情充满了人们的内心,因此整个段落不能处理得太欢快,句头不宜太放和有力,也不宜太轻松,其力度需要用心去体会。

有不少学生存在句头起点同一的现象,使整个语流缺乏推进感,像是原地踏步。当然,在具体表达时我们不必句句设计,但当出现表达平的问题时,我们不妨想想在句头的处理上是否可以做些改进。

第二,句腰波形不宜同一。即相连句子语势的波形最好不要都一样,特别是长句子中句式相同或具有并列关系的分句之间更要注意有所区别。句腰本身是最具变化的部分,也最能体现句子之间的变化,如果相邻句子的波形都一样就易形成固定腔调。因此,在语流中,我们尽量不让相连句子的语势相同,即使属同一波形,也要注意有所差异,比如语势都是波峰类,相邻的句子可在波峰所处位置的前后上或波峰、波谷的对比幅度上有所区别。比如:

它有丰饶的水草,有绿发似的森林。

上面这句话的语势很容易处理为两个相同的波形,听上去缺少变化。为了有变化,我们可以根据不同语句的特点在句腰波形的处理上有所区别。前一句可处理为波峰类,"丰饶"在最高峰大概3度左右,接下去向下运行至2~2.5度,缓收,表现"水草"低而广阔的特点;后一句可处理为上山类,句头起点上比前一句要高,然后向上推进,在"似的"处略低,很快带过,总体呈上山类,到"森林"为最高,可在3.5度左右,体现出森林的高远特点。这样,两句就因波形不同而避免了表达都一个样的问题,同时也能体现出内容特点和我们内在情感的变化状态。当然我们也可以有其他不同的处理方式,只要符合内容和内在情感特点,符合人们的接受习惯就可以。

第三,句尾落点不宜同一。即在句子结束时词组或音节声音的高低强弱、虚实长短应有所不同。在表达时,我们很容易忽略句尾的处理,或因为一句话要结束了,或因为气息支撑不住了,到句尾时就很容易随意带过,使这一句的表达前功尽弃;还有人甚至形成了句尾下坠的习惯,每一句都给人结束感,使整个语流不仅缺少变化,而且不够连贯流畅,似乎每一句都独立存在,缺少联系。其实,语流是由一个个句子构成的,它们既独立又有密切的联系,句尾既是这个句子发展趋势的落脚点,也是下一句起始的基础。仍以前面的例句为例:

①部队集合了。②妇女们打开竹篮,分赠着礼物。③孩子们爬上大炮,把红叶插上炮口。④小吉普也被无数的彩纸条和成串的纸花缠成了花车。

①句作为陈述句,句尾下降似乎是没有问题的,特别是"了"作为虚词没有什么实在的意义。如果这句话独立存在,在句尾声音放松下降给人结束感确实没有问题,但这句话在这里不仅是告诉人们"部队集合了"这件事本身,更是为了说明因"集合"所引发的一系列行为,因此第一句的句尾虽然可以有下降趋势,音节短轻,但不可太松懈,应声停气不泄,预示语言还要继续前进的态势,句尾落点可在2~2.5度之间。②句句头可以顺势接过再向前推进,句子略呈上山状。也就是说,句尾"礼物"一词的声音不必下落,反而可以托住并略微上扬,约在3度左右。这样处理一方面可以体现送礼物人的真诚,有一种把礼物递到战士手里的动作感,另一方面也为下一句的扬起做好铺垫。③句句尾"炮口",因其位置较高,孩子们要向上攀爬才够得上,表达时语势先上行至结尾处略微下滑,总体呈波峰状,落点可在2.5~3度之间。接下来视点转低到"小吉普",因所描述的场景的气氛特点——依依不舍,大家都在克制难过的心情,所以④句的句头可接着上句的句尾继续转低,总体为波峰类语势,句尾落点可在2~2.5之间。以上分析在表达中并不是绝对的,每个人在符合内容和内在感情需要的前提下都可以有自己的处理方式,关键是要少单一,多变化。

总的来说,在语流中我们不仅要把握每个句子本身的语势变化,还要把握语句之间语势的变化和衔接,而语势的变化和衔接与语言内容、主体的情感运动状态、表达习惯,以及受众特点、表达的场合等都有关系,因此,在学习过程中不能为变化而变化,需要在有充分心理依据的基础上,运用适当的方法进行恰切的表达。

在学习和运用语气的过程中,需避免走两个极端:一是只重情感运动,忽视声音形式的把握,以为只要"心里有"就自然能表现出来;另一个是只重声音形式,忽视内心情感的运动和具体感受,陶醉于"玩技巧"。尽管语气重视声音形式的运用,但是缺乏真情实感的声音形式是没有生命力的。思想感情的运动导致声音形式的变化,外在的声音形式表现内在的思想感情,二者本应是完美的统一体,但在实际运用中有些人却常常出现"心口不一""貌合神离""固定腔调"等现象。因此,掌握语气的运用方法,需要我们对它的内涵、特点、表达规律进行具体的研究,并进行科学的训练,这样表达实践时语气才会准确、贴切、丰富、深刻并富有变化。

要点小结

1. 播音语气是思想感情运动状态支配下语句的声音形式。思想感情是语气的灵魂,声音形式是思想感情的载体,是语气的外形。

2. 具体的思想感情包括语气感情色彩和分量,要准确贴切,丰富有个性。

3. 具体的思想感情要通过具体的声音形式体现,要掌握声音形式的基本特点。

4. 语势反映了思想感情变化的基本态势,突出特点是曲折性。语势的五种类型不是公式,而是为我们了解语势、掌握语势变化特点提供了可具操作性的方法。

5.语无定势,这与思想感情的丰富变化、创作主体差异、接受主体不同等有直接的关系。但应避免为变化而变化。

第四节　实例分析与训练

一、实例分析

①多少一点困难怕什么。②封锁吧,封锁十年八年,中国的一切问题都解决了。③中国人死都不怕,还怕困难吗?④老子说过:"民不畏死,奈何以死惧之。"⑤美帝国主义及其走狗蒋介石反动派,对于我们,不但"以死惧之",而且实行叫我们死。⑥闻一多等人之外,还在过去的三年内,用美国的卡宾枪、机关枪、迫击炮、火箭炮、榴弹炮、坦克和飞机炸弹,杀死了数百万中国人。⑦现在这种情况已近尾声了,他们打了败仗了,不是他们杀过来而是我们杀过去了,他们快要完蛋了。⑧留给我们多少一点困难,封锁、失业、灾荒、通货膨胀、物价上升之类,确实是困难,但是比起过去三年来已经松了一口气了。⑨过去三年的一关也闯过了,难道不能克服现在这点困难吗?⑩没有美国就不能活命吗?

(毛泽东《别了,司徒雷登》)

《别了,司徒雷登》被收录在《毛泽东选集》第四卷中,是毛泽东 1949 年 8 月在美国政府发表《对华关系白皮书》之后写的五篇时评之一。文章针对《对华关系白皮书》中的观点,针对当时"对于美国怀着幻想的善忘的自由主义者或所谓'民主个人主义'者们"的糊涂认识,揭露了美国政府的真面目及他们的对华政策是彻头彻尾的侵略政策的实质,以"说服、争取、教育和团结"那些对美国抱有幻想的人,"使他们站到人民方面来,不上帝国主义的当",表明了中国人民是有骨气的,面对封锁,我们一定能够战胜困难,取得胜利的决心与信心。

上面选录的一段话是文章在揭露了美国的对华政策就是侵略政策后讲的。我们很容易感受到字里行间所饱含的坚定无畏的豪迈气概,并应在表达中突出体现。但是在具体表达过程中,如果每一句都同样"豪气"就不够贴切了。下面具体分析一下:

示　　例	示例分析
①多少一点困难怕什么。②封锁吧,封锁十年八年,中国的一切问题都解决了。③中国人死都不怕,还怕困难吗?	①语气色彩坚定、无畏,避免虚张声势;语气分量为中度;语势为波峰类。句头起点略高,起伏较大。 ②语气色彩豪迈、藐视;语气分量为重度;语势可为上山类,句头起点略低,向上推进,但句尾不必太扬,可稳劲收住。 ③语气色彩充满自信;语气分量可为中度偏重;语势呈波峰状。"死都不怕"处在峰顶。"还怕困难吗"气息不必太冲,口腔叼字力度较强。需注意体现自信,避免出现教训人的语气。

续表

示　例	示例分析
④老子说过:"民不畏死,奈何以死惧之。"⑤美帝国主义及其走狗蒋介石反动派,对于我们,不但"以死惧之",而且实行叫我们死。⑥闻一多等人之外,还在过去的三年内,用美国的卡宾枪、机关枪、迫击炮、火箭炮、榴弹炮、坦克和飞机炸弹,杀死了数百万中国人。	④语气较平和,波峰类,句头起点偏低,起伏不大。 ⑤语气转为指责色彩,分量中度略轻;语势总体呈波谷类,中间有一定的起伏,变化幅度不大。 ⑥语气逐渐转为愤怒、痛惜,分量由中渐强;总的语势上行较明显,句尾略低,字要叼住,不能松懈。
⑦现在这种情况已近尾声了,他们打了败仗了,不是他们杀过来而是我们杀过去了,他们快要完蛋了。	⑦语气转为欣慰、痛快、坚定自信,重度分量,口腔与气息控制渐强趋势;语势为上山类。
⑧留给我们多少一点困难,封锁、失业、灾荒、通货膨胀、物价上升之类,确实是困难,但是比起过去三年来已经松了一口气了。⑨过去三年的一关也闯过了,难道不能克服现在这点困难吗?⑩没有美国就不能活命吗?	⑧转折前的句子,语气平和、坦率真诚;转折后语气多了些欣慰与自信。语势由两个波峰构成。 ⑨语气具有鼓动性,分量渐强,波峰类语势,避免句尾太扬。 ⑩语气自信、坚定,重度分量;口腔、气息都为强控制,叼字有力,不要太冲,避免指责语气,句尾收住;波峰类语势,变化幅度较大。

二、核心训练材料

(一)不同语气色彩的短篇练习

1. 喜庆欢乐的色彩

【训练提示】以下两段练习总的来讲语势以扬为主,跳跃感较强。练习时,需注意结合不同的播出语境和现场气氛,把握好喜庆欢乐色彩的分量和语气的交流意味,在声音形式上要有所区分,尤其可体会语势变化幅度的不同。

(1)香港回归 16 周年嘉年华活动隆重举行

2013 年 7 月 1 日是香港回归祖国 16 周年纪念日,香港各界举行了异彩纷呈的庆祝活动,共同欢度这个喜庆的日子。在中环添马公园举行的主会场活动以及分布在全港各地的 20 多个分会场活动,参加的市民达到 22.5 万人。

下午在添马公园举办的"手牵手,庆回归,献爱心"嘉年华会主会场启动礼的节目精彩丰富,格外引人注目:不仅有女高音歌唱家郑颖芬的金曲演唱,还有传统的民乐表演;不仅有电视台艺员的精彩演出,还有普通中小学生展示优美的芭蕾舞姿;不仅有香港警察银乐队的表演,还有来自学校和青年团体的步操演练。

庆典筹委会为参加活动的民众准备了"礼物包",里面装有饮用水、扇子、帽子等防暑用品。

活动筹委会主席李家杰表示,香港已回归祖国 16 年,经济繁荣,政治多元,充分体现了"一国两制"的精神。期望社会各界继续同心协力,发挥香港优势,共创美好将来。

(改编自新华网消息,http://news.xinhuanet.com/gangao/2013—07/01/c_116360774.htm)

(2)中央电视台 2013 年春节联欢晚会开场主持词

亲爱的观众朋友们,大家过年好!这里是 2013 年中央电视台春节联欢晚会的直播现场,我们台上所有的主持人给全国各族人民、全世界的中华儿女拜年啦!

今天是个团圆的日子,关东塞北,川西江南,无论您在何处,我们都怀着最大的热诚邀请您一起共迎新春!

今天是个喜庆的日子,在过去的一年,无论您收获什么,今夜我们都会邀您一起举杯欢庆,同贺新禧!

今天是个迎新的日子,去旧图新,万象更新,无论您是几零后,今夜我们都邀您一起欢歌热舞,尽展新意!

今天是个祈福的日子,连年有余,四季平安,无论您对新年有什么样的期待,我们都邀您一起抖擞精神,共谱新篇!

今天是个好日子,新春新意,新禧新篇,汇在一起就是新春中国。我们将给大家送上一顿很丰盛的新的年夜饭!

今夜尝不尽的是五湖四海的中国味,今夜美不够的是欢乐祥和的中国年!

(中央电视台《2013 年春节联欢晚会主持词》)

2. 亲切柔和的色彩

【训练提示】以下选段总体来讲感情较为细腻,在有声语言表达时要求叙述亲切,声音形式表现为气息平稳,轻而不着力,虚实结合,平中有变。同时需要注意语气的逻辑意味和交流意味。

朋友,你到过天山吗?天山是我们祖国西北边疆的一条大山脉,连绵几千里,横亘准噶尔盆地和塔里木盆地之间,把广阔的新疆分为南北两半。远望天山,美丽多姿,那常年积雪高插云霄的群峰,像集体起舞时的维吾尔族少女的珠冠,银光闪闪;那富于色彩的不断的山峦,像孔雀正在开屏,艳丽迷人。

天山不仅给人一种稀有美丽的感觉,而且更给人一种无限温柔的感情。它有丰饶的水草,有绿发似的森林。当它披着薄薄云纱的时候,它像少女似的含羞;当它被阳光照耀得非常明朗的时候,又像年轻母亲饱满的胸膛。人们会同时用两种甜蜜的感情交织着去爱它,既像婴儿喜爱母亲的怀抱,又像男子依偎自己的恋人。如果你愿意,我陪你进天山去看一看。

(碧野《天山景物记》)

3. 怒的色彩

【训练提示】表达时注意以恰当的声音形式体现怒的色彩。总的来讲,语势以扬为主,气足声硬,带有挤压感。具体表达时要结合人物的性格特点及规定情境准确把握感情态度和分量,声音形式虽以强控制为主,却不能一喊到底,要注意变化。

眼前,这"雷神爷"为何又甩帽?人们目瞪口呆!只见他在台上来回踱了两步又站定,双手扦腰,怒气难抑。终于,炸雷般的喊声从麦克风里传出:"我的大炮就要万炮轰鸣,我的装甲车就要隆隆开进!我的千军万马就要去杀敌!就要去拼命!就要去流血!!可刚才,有那么个神通广大的贵妇人,她竟有本事从几千里之外,把电话要到我这前沿指挥所!此刻,我指挥所的电话,分分秒秒,千金难买!可那贵妇人来电话干啥?她来电话是让我给她儿子开后门,让我关照关照她儿子!走后门,她竟敢走到我这流血牺牲的战场上!我雷某不管她是天老爷的夫人,还是地老爷的太太,走后门,谁敢把后门走到我这流血牺牲的战场上,没二话,我雷某要让她儿子第一个扛上炸药包,去炸碉堡!去炸碉堡!!"

(李存葆《高山下的花环》)

4. 赞扬肯定的色彩

【训练提示】在播读下面的感动中国人物的事迹时,要注意把握好语境。表达时,声音有力而不拙,气息饱满而不冲,语言要舒展大气,上行趋势明显,把握好语气的交流意味。

他们带上年幼的孩子,是为了更多的孩子。他们放下苍老的父母,是为了成为最好的父母。不是绝情,是极致的深情;不是冲动,是不悔的抉择。他们是高原上怒放的并蒂雪莲。他们就是感动中国人物胡忠、谢晓君夫妇!

在去四川藏区福利学校支教前,胡忠、谢晓君夫妇都是成都的中学老师。2000 年,胡忠看了一篇关于甘孜州康定县塔公乡一所孤儿学校急需老师的报道,便动了支教的念头,得到妻子的大力支持。三年后,谢晓君带着三岁的女儿也来到这里支教。2006 年 8 月,一所位置更偏远、条件更艰苦的学校创办了,她主动前往当起了藏族娃娃们的老师、家长甚至是保姆。这两位老师让我们知道:人最大的富庶在于爱和信念的坚持,他们用生命提携了孤儿的成长。在一个物质繁盛的时代里,他们仍然让世界相信:精神无敌。

(改编自中央电视台《2012 年感动中国人物颁奖词》)

5. 批评否定的色彩

【训练提示】以下内容观点明确,逻辑性较强,表达时应有较强的逻辑意味,并注意语气色彩的准确把握,恰切体现出语句所蕴含的丰富的内在语。

我欣幸有机会看到许许多多的"官":大的,小的,老的,少的,肥的,瘦的,南的,北的,形形色色,各人有自己的一份"丰采"。但是,当你看得深一点,换言之,就是不仅仅以貌取人的时候,你就会恍然悟到一个真理:他们是一样的,完完全全的一样,像从一个模子里"磕"出来的。他们有同样的"腰",他们的腰是两用的,在上司面前则鞠躬如也,到了自己居于上司地位时,则挺得笔直,显得有威可畏,尊严而伟大。他们有同样的"脸",他们的"脸"像六月的天空,变幻不定,有时温馨晴朗,笑云飘忽;有时阴霾深黑,若狂风暴雨之将至,这全得看对着什么人,在什么样的场合。他们有同样的"腿",他们的"腿"非常之长,奔走上官,一趟又一趟;结交同僚,往返如风,从来不知道疲乏。但当卑微的人们来求见,或穷困的亲友来有所告贷时,则往往迟疑又迟疑,迟疑又迟疑,最后才拖着两条像刚刚长途跋涉过来的"腿",慢悠悠地走出来。"口将言而嗫嚅,足将进而趑趄",这是一副样相;对象不同了,则又换上另一幅英雄面具:叱咤,怒骂,为了助一助声势,无妨大拍几下桌子,然后方方正正地落座在沙发上,带一点余愠,鉴赏部属们那份觳觫的可怜相。

(臧克家《官》)

6. 客观公正的色彩

【训练提示】客观公正的色彩在有声语言表达时首先要以客观公正的心态准确传达事实或观点,其次声音要稳,避免语势起伏过大,但要有内在的力量。

中国政府今天发表了首部专题型国防白皮书《中国武装力量的多样化运用》。

白皮书全文约一万五千字,以中、英、法、俄、德、西、阿、日八种文字发表,由前言和新形势、新挑战、新使命,武装力量建设与发展,捍卫国家主权、安全、领土完整,保障国家经济社会发展,维护世界和平和地区稳定等五部分组成。这是自1998年以来中国政府发表的第八部国防白皮书。

白皮书在对安全形势作出新判断的同时,首次阐释武装力量多样化运用原则,首次正式公布陆军18个集团军番号,首次透露陆军机动作战部队和海军、空军员额及第二炮兵装备导弹型号,进一步增加了中国武装力量的透明度。

在阐释中国武装力量多样化运用原则时,白皮书强调:第一,维护国家主权、安全、领土完整,保障国家和平发展。坚持"人不犯我,我不犯人,人若犯我,我必犯人"。第二,立足打赢信息化条件下局部战争,拓展和深化军事斗争准备。第三,树立综合安全观念,有效遂行非战争军事行动任务。第四,深化安全合作,履行国际义务。第五,严格依法行动,严守政策纪律。

(中华人民共和国国防部网站,http://www.mod.gov.cn/auth/2013-04/16/content_4442765.htm)

7. 坚定昂扬的色彩

【训练提示】2008年四川汶川"5·12"地震发生后,全国人民心中都蕴藏着无尽的悲哀。在事发一周后的5月19日14时28分,全国人民共同向汶川等地的遇难同胞进行深切的哀悼,全国默哀三分钟。下文是中央电视台康辉在默哀后通过屏幕向全国人民说的一番话。在那个举国同悲的时刻,坚定的信念、昂扬的斗志正是需要播音员着重把握并表现的。康辉在表达时,声音深沉有力,坚定自信,鼓舞人心,充满感召力。我们在播读时需用心体会和激发坚定昂扬的内在情感,同时也要根据文稿的特点,把握不同语句的语气个性色彩,避免语气雷同,语势单一。

公元2008年5月19日14时28分,为了数万个在一瞬间集体陨灭的生命,华夏山河呜咽,神州大地悲泣,悲伤的泪水,汇流成河。这无尽的悲怆,这一声声汽笛,这长鸣的警报,是我们对所有逝去同胞不舍的呼唤,是我们对所有遇难亲人不忍的告别,是整个民族无限的痛楚和创伤,更是共和国对汶川特大地震所有遇难者最后的庄严敬礼!

举国的哀悼不仅是对死难同胞生命的悼念、敬畏和尊重,也是对生者的精神慰藉。我们为哀悼低下头,我们更要为战胜困难挺起胸!

擦干眼泪,我们还有太多的事情要做。废墟里还有顽强的生命等待我们救援,失去父母的孩子还需要我们抚慰,毁坏的家园还要等待我们重建。擦干眼泪,我们把悲痛化作力量。逝去亲人对于人生美好的愿望、对于祖国强大的期待,这些未竟的遗愿将由我们继续完成!擦干眼泪,坚强、坚持、坚守是我们唯一的选择!我们已经相互扶持着度过了最艰难的开始,现在,只要有顽强的意志、不懈的努力,我们就一定能够渡过难关!

中国人民曾经历经沧桑,饱受磨难,然而在灾难面前,中华民族始终展现出无比的坚韧和顽强,不服输、不放弃,灾害无法阻止中华民族奋发进取、不畏前行的坚强步伐。我们坚信,不久的将来,在曾经地震的废墟上,一座又一座更加美丽的英雄的城市和乡村将拔地而起,我们能够听到学校里朗朗的读书声、工厂里轰鸣的机器声,我们能够看到街市热闹的嬉戏、农田欢快的劳作。这是我们所有活着的人对逝去同胞的承诺,我们一定能做到!

全国哀悼日,更是全国人民的壮行日!我们记住这个时刻,我们用这种形式,寄托我们的伤痛和哀思,表达我们的信心和勇气。在鲜艳的五星红旗下,我们并肩站立!在不屈的中华大地上,我们众志成城,为我们历经磨难的民族积蓄生的力量!

8. 深情怀念的色彩

【训练提示】 成长的过程中,母亲往往是给予我们最多关爱与引导的人。以下选段表面虽然平淡无奇,然而在文章的"平"和"淡"背后却隐藏着更深的"情"。我们可以看到作者在淡淡的笔墨中流露出的深情,没有半点矫揉造作,却有动人心弦的力量。在表达时,情感要真挚,声音可较为低缓、深沉。

我一生有两个母亲:一个是生我的那个母亲;一个是我的祖国母亲。

我对这两个母亲怀着同样崇高的敬意和同样真挚的爱慕。

我六岁离开我的生母,到城里去住。中间曾回故乡两次,都是奔丧,只在母亲身边待了几天,仍然回到城里。最后一别八年,在我读大学二年级的时候,母亲弃养,只活了四十多岁。我痛哭了几年,食不下咽,寝不安席。我真想随母亲于地下。我的愿望没能实现。从此我就成了没有母亲的孤儿。一个缺少母爱的孩子,是灵魂不全的人。我怀着不全的灵魂,抱终天之恨。一想到母亲,就泪流不止,数十年如一日。如今到了德国,来到哥廷根这一座孤寂的小城,不知道是为什么,母亲频来入梦。

我的祖国母亲,我这是第一次离开她。离开的时间只有短短几个月,不知道是为什么,我这个母亲也频来入梦。

(季羡林《怀念母亲》)

9. 思考议论的色彩

【训练提示】 以下选段以思考、议论的语气为主,语言的逻辑意味较浓,表达时需注意声音稳健,气息下沉,语言洒脱。另外,需注意半起类语势的运用。

(1) 由于人在室内改变了自然,我们就不容易明白冬天午后的阳光有多么可爱,也不容易体知夏夜庭院,静听蟋蟀鸣唱任凉风吹拂的快意了。因为温室栽培,我们四季都有玫瑰花,但我们就不能亲切知道春天玫瑰是多么的美;我们四季都有杜鹃可赏,也就不知道杜鹃血一样的花是如何动人了。

(林清玄《秋声一片》)

(2) 细细想来,若论水,西湖不及太湖,不及洱海;若论山,双峰不及雁荡,更不及黄山。为什么西湖的声名特高,吸引着特多的游人?是因为湖山掩映,相得益彰么?是因为阴晴明晦,湖山的变化四时无穷么?后来游灵隐,我才想通了这个问题。这里峰峦挺秀,树木参天,流水潺湲,正是"泉声咽危石,日色冷青松"。山名飞来峰,下有许多石洞,最大的曰"龙弘",其中倒悬着许多冰柱一般的石钟乳。石壁上有千年以来历代的石刻佛像,其中不少艺术珍品。在洞的深处,有自然形成的裂隙,仰首窥视,可以看见一线苍天,所以名曰"一线天"。这么清幽的地方,谁见了能不惊叹!但是人们流连不去,不只因为有这山、这树、这泉、这洞、这石刻,还因为有一座庄严的庙宇;又不只因为有这庙宇,还因为与这庙宇相关的有一个为人民所喜爱的人物,他对权贵嬉笑怒骂,对平民扶危济困,就是在传说中被神化了的济癫僧。自然的美,人工的美,伦理的美,这一切综合为美的极致。

(于敏《西湖即景》)

10. 骄傲自豪的色彩

【训练提示】 在表达骄傲自豪的感情色彩时,可以激情澎湃,也可以内在含蓄,在表达时要注意区分感情色彩的浓淡强弱,即语气分量的差异,由此来把握声音形式上的区别。

在表达以下内容时,骄傲自豪感要由衷而发,语气的交流意味鲜明,声音形式以扬为主,但总体不一定张扬。

一些古老的建筑,历经几个世纪的沧桑,至今还在被人津津乐道。这就是苏州的古典园林。这些建造于11~19世纪的园林,以其精雕细刻的设计,折射出中国文化中取法自然而又超越自然的深邃意境。上世纪90年代末,苏州古典园林成功申报世界遗产。苏州园林,从此不再仅仅属于苏州。当它卓绝的风姿进入国际视野的那一刻,不但为世界打开了一扇探寻中国古老文化精髓的大门,更将保护世界遗产、保护文化遗存的国际理念,以及更为开放的国际意识,渗透进苏州园林保护的肌体。苏州古典园林入遗15周年,在保护这一世界性历史遗存真实性和完整性方面,苏州以务实的城市性格为之付出了切实的努力,并且创造了一系列具有中国特色的经验样本。"有成就,也有遗憾",苏州市园林与绿化管理局局长衣学领感慨,因为众多客观因素的制约,苏州古典园林保护工作还留有不少的空白。但是,探索之路永远都是骄傲与遗憾相伴相随,古老的建筑与年轻的现代化保护理念的完美结姻,不仅仅是一代人的使命,也不仅仅是一座城市的使命,它的路依然很长。

(人民网,http://su.people.com.cn/n/2012/0927/c210214-17532135.html)

(二)综合练习

1. 社论:构筑捍卫正义的国家记忆

【训练提示】2014年12月13日,南京举行南京大屠杀死难者国家公祭仪式,将曾经的苦难上升到国家记忆的层面,以国家之名祭奠死难同胞,蕴藏一个民族的历史记忆,彰显尊重生命、爱好和平的国家价值;同时更是对忘记历史、背叛历史甚至歪曲历史者最有力的反击。在表达这篇社论时,既要体现出对死难同胞的深切缅怀,又要表现出其中所蕴含的坚强不屈的民族精神与坚定不移的民族态度。让人们在获得心灵洗涤的同时,也感受到有声语言所带给我们的强化记忆:死难同胞,应该被国人永记于心。这既是同胞情谊使然,也是生命尊严的召唤,更是血的历史对未来的深沉启迪。

今天是第一个南京大屠杀死难者国家公祭日。在这个难以忘却的日子里,让我们深切哀悼南京大屠杀死难者和所有在日本帝国主义侵华战争期间惨遭杀戮的死难同胞,让这段不屈抗争的历史,成为我们民族的集体记忆,成为捍卫和平的强大意志,成为实现中华民族伟大复兴的力量之源。

1937年12月13日,在中国犯下了无数滔天罪行的侵华日军,开始在南京制造一场震惊世界的大屠杀,30多万同胞在长达六周的时间里惨遭杀戮。无论死亡人数,还是行凶手段,南京大屠杀都堪称灭绝人性的反人类暴行,与奥斯维辛集中营纳粹大屠杀一样,成为法西斯带给人类巨大灾难的见证。

面对惨绝人寰的大屠杀,中国人民没有屈服,地不分南北,人不分老幼,全民族空前团结、浴血奋战,全国上下同仇敌忾、共抗外侮,最终用血肉铸就新的长城,赢得了中国人民抗日战争的伟大胜利,成为近代以后百年来中国人民第一次取得完全胜利的伟大的民族解放战争。

事实就是事实,公理就是公理;黑的就是黑的,白的就是白的。南京大屠杀铁证如山,所有审判早已对这一罪行下了历史结论和法律定论。对战争性质和暴行罪恶的认定,是中国人民抗日战争和世界反法西斯战争胜利的重要成果,也是战后国际秩序重建的重要基础。历史事实不容篡改,国际正义不容蔑视,人类良知不容挑战。

和平和光明前进一分,战争和黑暗就后退一分。我们设立国家公祭日,就是为了强化国家记忆,凝聚中华儿女"勿忘国耻,振兴中华"的共同精神信仰,朝着"两个一百年"奋斗目标大踏步前进;就是为了昭告国际社会,诚实面对历史才能真正走向未来,中国将毫不动摇地坚持走和平发展道路,同时呼吁国际社会为推进人类和平与发展的崇高事业不懈奋斗。

饱经沧桑、历经磨难的中华民族,更加热爱和平,更懂得珍惜和平。今天,我们比历史上任何时期都更接近中华民族伟大复兴的目标。在爱国主义的旗帜下团结一心,捍卫人类尊严和历史正义,维护国家主权和世界和平,我们就一定能够开创崭新的未来,共圆中华民族伟大复兴的中国梦。

(《人民日报》2014年12月13日)

2. 我喜欢出发
汪国真

【训练提示】作者运用独特的视角、清晰的思路和精妙的语言向我们列数了"出发"的美妙之处。表达时一要体现其中所蕴含的哲理意味,二要注意将那美妙的文字用富有变化的语气色彩和语势表达出来,让人在获得心灵滋润的同时,也感受到有声语言的魅力。文章中有大量的排比句式,表达时需要注意避免语气色彩和语势的单一。

我喜欢出发。

凡是到达了的地方,都属于昨天。哪怕那山再青,那水再秀,那风再温柔。太深的流连便成了一种羁绊,绊住的不仅有双脚,还有未来。

怎么能不喜欢出发?没有见过大山的巍峨,真是遗憾;见了大山的巍峨没见过大海的浩瀚,仍然遗憾;见了大海的浩瀚没见过大漠的广袤,依旧遗憾;见了大漠的广袤没见过森林的神秘,还是遗憾。世界上没有不绝的风景,我有不老的心情。

我自然知道,大山有坎坷,大海有浪涛,大漠有风沙,森林有猛兽。即便这样,我依然喜欢。

打破生活的平静便是另一番景致,一种属年轻的景致。真庆幸,我还没有老。即便真老了又怎样,不是有句话叫老当益壮吗?

于是,我还想从大山那里学习深刻,我还想从大海那里学习勇敢,我还想从大漠那里学习沉着,我还想从森林那里学习机敏。我想学着品味一种缤纷的人生。

人能走多远?这话不是要问两脚而是要问志向;人能攀多高?这事不是要问双手而是要问意志。于是,我想用青春的热血给自己树起一个高远的目标。不仅是为了争取一种光荣,更是为了追求一种境界。目标实现了,便是光荣;目标实现不了,人生也会因这一路风雨跋涉变得丰富而充实;在我看来,这就是不虚此生。

是的,我喜欢出发,愿你也喜欢。

3. 秋天的怀念
史铁生

【训练提示】在菊花盛开季节中的怀念,是那样的苦涩、凄切而悲凉,同时又诠释了对生命的敬畏,教人学会感恩,学会坚强,学会正视,鼓励人们善待生命,善待生活。表达时,语气要随着具体的情境发生变化,要注意符合人物性格及场景的语气转换,注意不要沉湎于对母亲深切怀念的语气中而忽视了全篇热爱生命的基调。

双腿瘫痪以后,我的脾气变得暴躁无常,望着望着天上北归的雁阵,我会突然把面前的玻璃砸碎;听着听着李谷一甜美的歌声,我会猛地把手边的东西摔向四周的墙壁。母亲这时就悄悄地躲出去,在我看不见的地方偷偷地听着我的动静。当一切恢复沉寂,她又悄悄地进来,眼圈红红的,看着我。"听说北海的花儿都开了,我推着你去走走。"她总是这么说。母亲喜欢花,可自从我瘫痪以后,她侍弄的那些花都死了。"不,我不去!"我狠命地捶打这两条可恨的腿,喊着:"我活着有什么劲!"母亲扑过来抓住我的手,忍住哭声说:"咱娘儿俩在一块儿,好好儿活……"

可我一直都不知道,她的病已经到了那步田地。后来妹妹告诉我,母亲常常肝疼得整宿整宿翻来覆去地睡不了觉。

那天我又独自坐在屋里,看着窗外的树叶"刷刷啦啦"地飘落。母亲进来了,挡在窗前,"北海的菊花开了,我推着你去看看吧。"她憔悴的脸上现出央求般的神色。"什么时候?""你要是愿意,就明天?"她说。我的回答已经让她喜出望外了。"好吧,就明天。"我说。她高兴得一会儿坐下,一会儿站起。"那就赶紧准备准备。""哎呀,烦不烦?几步路,有什么好准备的!"她也笑了,坐在我身边,絮絮叨叨地说着:"看完菊花,咱们就去'仿膳',你小时候最爱吃那儿的豌豆黄儿。还记得那回我带你去北海吗?你偏说那杨树花是毛毛虫,跑着,一脚踩扁一个……"她忽然不说了。对于"跑"和"踩"一类的字眼儿,她比我还敏感。她又悄悄地出去了。

她出去了,就再也没回来。

邻居们把她抬上车时,她还在大口大口地吐着鲜血。我没想到她已经病成那样。看着三轮车远去,也绝没有想到那竟是永远的诀别。

邻居的小伙子背着我去看她的时候,她正艰难地呼吸着。别人告诉我,她昏迷前的最后一句话是:"我那个有病的儿子和我那个还未成年的女儿……"

又是秋天,妹妹推我去北海看了菊花。黄色的花淡雅,白色的花高洁,紫红色的花热烈而深沉,泼泼洒洒,在秋风中正开得烂漫。我懂得母亲没有说完的话。妹妹也懂。我俩在一块儿,要好好儿活……

4. 谢 天
陈之藩

【训练提示】这是一篇激发我们生命中感激意识的文章。一个人的力量是有限的,成功离不开众人的支持与合作,因此,我们不可忘记别人对我们的真诚帮助。在人生的路上,我们应永远携带一颗感激之心:对日月心怀感激,对山川心怀感激,对生命中的每一个早晨心怀感激;对父母心怀感激,对朋友心怀感激,对所有帮助过我们的人心怀感激……在播读时,一要仔细揣摩内在情感,特别是把握好积极肯定和思考议论的语气色彩。二要注意语气的逻辑意味,注重前后呼应。此处是节选,建议学生查看全文,以便更深入地理解文章内涵。

常到外国朋友家吃饭。当蜡烛燃起,菜肴布好,客主就位,总是主人家的小男孩或小女孩举起小手,低头感谢上天的赐予,并欢迎客人的到来。

我刚一到美时,常闹得尴尬。因为在国内养成的习惯,还没有坐好,就开动了。

以后凡到朋友家吃饭时,总是先嘱咐自己,今天不要忘了,可别太快开动啊!几年来,我已变得很习惯了。但我一直认为只是一种不同的风俗仪式,在我这方面看来,忘或不忘,也没有太大的关系。

前年有一次,我又是到一家去吃饭。而这次却是由主人家的祖母谢饭。她雪白的头发,颤抖的声音,在摇曳的烛光下,使我想起儿时的祖母。那天晚上,我忽然觉得我平静如水的情感翻起滔天巨浪来。

在小时候,每当冬夜,我们一大家人围着个大圆桌吃饭。我总是坐在祖母身旁,祖母总是摸着我的头说:"老天爷赏我们家饱饭吃,记住,饭碗里一粒米都不许剩,要是糟蹋粮食,老天爷就不给咱们饭了。"

刚上小学的我,正念打倒偶像,破除迷信,我的学校就是从前的关帝庙,我的书桌就是供桌。我曾给周仓画上眼镜,给关平戴上胡子,祖母的话,老天爷也者,我觉得是既多余,又落伍的。

不过,我却很尊敬我的祖父母,因为这饭确实是他们挣的,这家确实是他们立的。

我感谢面前的祖父母,不必感谢渺茫的老天爷。

这种想法并未因年纪长大而有任何改变。多少年,就在这种哲学中过去了。

我在这个外国家庭晚饭后,由于这位外国老太太,我想起我的儿时;由于我的儿时,我想起一串很奇怪的现象。

祖父每年在"风里雨里的咬牙",祖母每年在"茶里饭里的自苦",他们明明知道要滴下眉毛上的汗珠,才能捡起田中的麦穗,而为什么要谢天?我明明是个小孩子,混吃混玩,而我为什么却不感谢老天爷?

这种奇怪的心理状态,一直是我心中的一个谜。

一直到前年,我在普林斯顿,浏览爱因斯坦的《我所看见的世界》,得到了新的领悟。

这是一本非科学性的文集,专载些爱因斯坦在纪念会上啦、在欢迎会上啦、在朋友的葬礼中,他所发表的谈话。

我在读这本书时忽然发现爱因斯坦想尽量给听众一个印象:他的贡献不是源于甲,就是源于乙,而与爱因斯坦本人不太相干似的。

就连那篇亘古以来崭新独创的狭义相对论,并无参考可引,却在最后天外飞来一笔,"感谢同事朋友贝索的时相讨论"。

其他的文章,比如奋斗苦思了十几年的广义相对论,数学部分推给了昔年好友的合作;这种谦抑,这种不居功,科学史中是少见的。

我就想,如此大功而竟不居,为什么?像爱因斯坦之于相对论,像我祖母之于我家。

几年来自己的奔波,作了一些研究,写了几篇学术文章,真正作了一些小贡献以后,才有了一种新的觉悟:无论什么事,得之于人者太多,出之于己者太少。

因为需要感谢的人太多了,就感谢天罢。无论什么事,不是需要先人的遗爱与遗产,即是需要众人的支持与合作,还要等候机会的到来。越是真正做过一点事,越是感觉自己的贡献之渺小。

于是,创业的人,都会自然而然地想到上天,而败家的人却无时不想到自己。

三、补充训练材料

(一)新闻类综合练习

1. 颜展红:扛着煤气罐助学 坚强肩膀撑起希望

【训练提示】为了一句助学的诺言,一人打三份工,挣钱资助十多个贫困家庭的孩子上学。从2002年至今,他已经坚持了九年。今年47岁的颜展红通过搬运煤气罐资助了18名贫困学生,默默传递着正能量。在他的感召下,越来越多的爱心人士开始了助学行动。本篇以深情赞扬为总的感情色彩,但文章中具体语句的感情色彩差异及分量都是鲜明的,我们需仔细斟酌。

他是银行的水电维修工,也是煤气公司的送气工,还是证券公司的守夜人;他身兼数职,拼命挣钱,不是为了自己,而是为了资助更多的贫困学生。他叫颜展红,是从江苏省江都市周西乡走出来的一名普通农民工。身边的人习惯称呼他"老颜"。生活的艰辛并没有让颜展红消沉,相反,能资助困难孩子继续读书,让他内心充满了阳光。在颜展红随身携带的腰包里,是那些受帮助孩子的来信和成绩单,那就是他干活的动力所在。

1997年,颜展红夫妇俩进城打工时,为了筹集女儿的借读费,东拼西凑还差500元。当学校破例收下他女儿后,颜展红就许了个愿:等自己有钱了,一定要帮助困难孩子,让他们踏踏实实在学校读书。

2002年1月,颜展红决定不再坐等"有钱时",而采取积少成多的办法。"每送一个煤气瓶能赚两元,我就从里面拿出五角存起来资助困难学生。送一个煤气瓶扣五角钱,一天扛十瓶,一个月就能省下100多元,一年就能帮助两个孩子。"这么一算,颜展红激动得再也坐不住了。

从那以后,颜展红每天干完活回家,脸都顾不上洗,就急着把一枚枚硬币投进储蓄罐,再用劲摇一摇,听着清脆的"哗哗"声,心里甭提多高兴了。两个月后,他就联系到两名特困学生,包揽了他们的学费。

为了能够帮助更多的孩子上学,从2007年开始,颜展红同时打三份工:白天在江都市信用联社维修水电管道,下班后挨家挨户送煤气瓶,晚上给证券公司看门值班。

颜展红的时间是这样安排的:早上六点到八点,骑三轮车上门收空煤气瓶;八点半到下午五点半,维修水电管道,中午抽空给煤气瓶充气;下午五点半到晚上九点,送煤气瓶;九点以后,到证券公司看门。

在信用联社做临时工,每个月挣600元;在证券公司看大门,每月200元。自己送一瓶煤气,不分楼层高低,一律收两元,这当中必须要拿出五角钱资助贫困生,不足的再补。"我自己只读过四年书,对于没有文化的苦头,体会太深了,再苦也不能荒了孩子上学,再穷,我资助孩子的钱都会兑现!""我资助孩子有自己的原则,不公开自己的姓名和职业,不跟他们的家庭发生任何关系,不跟学生见面,因为我不想加重他们的精神负担。"颜展红说,孩子都有自尊心,你真心帮他们,就不要给他们负担。"他们能读书,能进步,对我来说就是最大的快乐。我不要有任何回报,如果这些孩子将来有能力了,就回报社会吧。"

2009年年底,颜展红和他的队友成立了爱心志愿服务队。老颜说,人不多,但自愿加入的志愿者现在都成为他的"爱心铁杆伙伴"。"奉献爱心是个辛苦但快乐的事情,欢迎热心公益事业的朋友加入。"说完,他乐呵呵地笑了起来。

世界上还有许许多多像颜展红一样的人,他们平凡,像一粒沙,却不卑微。他们默默地帮助他人,在别人遭遇困难时伸出援手,雪中送炭般给予热情帮助,生命也因此而不同寻常。正是他们,让我们发现了美,让世界充满了爱。

(改编自央视网,http://news.cntv.cn/china/20121106/106502.shtml)

2. 生死航程　英雄壮歌——记海军南海舰队潜艇支队372潜艇官兵群体

【训练提示】只要心中有座指引航程的"灯塔",在大洋深处追逐中国梦、强军梦就不会偏航。从372潜艇官兵身上,我们看到了"有灵魂、有本事、有血性、有品德"的新一代革命军人的本色,感受到了"特别讲忠诚、特别敢担当、特别有血性、特别能打仗"的红色基因传承,更领略到了强军梦的强大精神召唤和清晰的实现路径。本篇以深情歌颂和坚定昂扬为总的感情色彩。

突发险情,他们临危不惧,创造了世界潜艇史上的奇迹;带"伤"出征,他们不辱使命,义无反顾挺进大洋;强"敌"环伺,他们斗智斗勇,成功突破外军舰机围追堵截……

他们,就是海军南海舰队潜艇支队372潜艇官兵群体——

在前不久海军组织的一次实战化紧急拉动和战备远航训练中,在突遇掉深、进水等重大险情后,指挥员沉着冷静果断指挥,全艇官兵舍生忘死奋力排险,克服重重困难,圆满完成后续任务。

生死航程,英雄壮歌。怀着对党、对国家、对人民最真挚的爱,他们用青春和热血浇铸起一道坚不可摧的水下长城!

在生与死的考验面前,他们齐心协力处变不惊,打赢了与死神的遭遇战

暗流涌动的大洋深处,一个王红理一辈子也忘不了的夜晚:

那个深夜,执行战备远航任务的372潜艇,这艘有着"大洋黑洞"之称的新型常规潜艇,正悄无声息地潜航。

深海潜航,凶险莫测,极其复杂多变的海洋水文环境,处处暗藏危机。虽然距离交更还有十几分钟,海上指挥员、支队长王红理已来到372潜艇指挥舱内,检查值更情况。

一切看上去都是那么平静,井然有序:值更官兵有的操纵着设备,有的注视着仪表,有的穿梭于舱室间巡查管线……个个动作准确娴熟,人人口令清晰流畅。

此时此刻,没有人会想到,危险正一步步逼近。

"不好,掉深了!"正在操纵潜艇航行的舵信班副班长成云朝一声惊呼,骤然打破了指挥舱内的宁静——潜艇深度计指针突然向下大幅跳动,艇体急速下沉!

"前进二!""向中组供气!"当更指挥员、支队副参谋长刘涛迅即下达增速、补充均衡、吹除压载水舱等一系列指令。

"深度继续增大!"在成云朝焦急的报告声中,尽管实施多种应急处置,潜艇仍在加速掉深。

向下的洋流犹如一双无形的巨手,与惯性合力拽着潜艇向极限深度逼近。

怎么办?艇舱里的气氛一下子紧张得让人透不过气来。

掉深,通常指潜艇遇到海水密度突然减小,潜艇由于浮力突然减少而急剧下沉的一种现象,形象地说就是遭遇了"水下断崖"。

"就像一辆疾驶的汽车,突然掉下悬崖,那种境况十分惊险。"回忆起当时的情形,372潜艇艇长易辉至今心有余悸。

潜艇掉深是世界海军的噩梦。有专家曾指出,50多年前,外军的一艘潜艇在深潜试验时,正是因为掉深而失事沉没,造成艇上人员全部遇难,成为世界潜艇史上的悲剧。

祸不单行!就在官兵们忙着处置掉深险情时,更大的危险接踵而至:由于压力陡然增大,主机舱一根管道突然破裂,大量海水瞬间涌入舱室。

"主机舱管路破损进水!"广播器里传来电工区队长陈祖军急促的报告声。主机舱是潜艇的心脏部位,舱内遍布各种电气设备,一旦被淹受损,就会造成动力瘫痪,甚至可能因短路引发火灾。

更可怕的是,如果进水得不到有效控制,潜艇将加速下坠……

"在潜艇工作过的人都知道,潜艇有三怕:一怕掉深,二怕进水,三怕起火。在已经形成掉深惯性、舱室进水、失去动力的情况下,两种最危险、最难处置的险情叠加,对艇队官兵来说的确是一场生死考验。"随艇执行任务的海军司令部参谋马泽说。

"损管警报!""向所有水柜供气!"生死关头,指挥员王红理当机立断,果断下令。

伴随着刺耳的损管警报声,全艇上下闻令而动。

——当警报骤然响起时,陈祖军、朱召伟和毛雪刚三名同志正在主机舱值班。管路爆裂进水的一刹那,陈祖军瞬间作出反应,迅速关停工作设备,按损管部署迅速封舱。

陈祖军说,"那一刻,我心里非常清楚,封舱就意味着断绝了退路,而一旦堵漏失败,我们三人没人能活着出去!"

——当警报骤然响起时,位于舱底的轮机兵朱召伟毫不犹豫地扑上去关闭破损管路的阀门,尽管高压海水将他一次又一次冲了回来,尽管被螺杆划破的后背血流不止,但他丝毫不顾疼痛,拼尽全力摸到战位,用液操将阀门关闭,阻止了海水继续涌入。

在水雾弥漫、视线模糊的舱室里,电工班长毛雪刚从前跑到后,从上跑到下,一口气摸索着关闭大小阀门40多个,并成功向舱室供气建立反压力,延缓了进水速度……而他,整个人却被高压气体挤压得呼吸困难,耳膜刺痛,脑袋嗡嗡作响……

——当警报骤然响起时,正在休更的舰务区队长练仕才本能地从床上弹起来,光着脚冲向战位,一边向指挥员请示使用高压气,一边打开供气阀门,因为如果高压气供不上来,潜艇将继续往下掉,直至跌入黑暗的海底。

——当警报骤然响起时,雷弹班长曾刚一把抓住通风插板手柄,双手转得像飞速旋转的陀螺一样,20秒左右就完成了平时需要一分多钟才能完成的动作,将其完全关闭,防止了损害扩散。事后,他的双臂肿得连筷子都拿不起来。

……

在警报骤然响起后，不到10秒钟，应急供气阀门全部打开，所有水柜开始供气；一分钟内，上百个阀门关闭，数十种电气设备关停；两分钟后，全艇各舱室封舱完毕——官兵们以令人难以置信的速度，与死神赛跑。

"该做的都已做完，而这时，掉深速度虽有减缓，但受潜艇掉深惯性的影响，深度还在下降。"随艇远航的支队政治部主任何占良回忆说，"时间一秒一秒过去，每一秒都显得那么漫长、那么煎熬……"

大约3分钟后，在372潜艇即将下沉到极限工作深度时，在所有人的祈盼中，掉深终于停止。紧接着，潜艇在悬停10余秒后，深度计指针缓慢回升——艇体，终于开始上浮！

可是，掉深虽已停止，死神并未走远——

"主机舱大量进水，潜艇出现大幅尾倾，如果姿态控制不好，很可能倾覆；压载水排出后，潜艇上浮速度将越来越快，最后会像过山车一样冲出海面，又重重砸回水里，很可能造成断裂；万一浮起上方有船只，潜艇一头撞上，必然艇毁人亡……"种种可能撕扯着王红理早已紧绷的神经。

然而，此时艇上的高压气已所剩不多，浮出水面的机会只有一次，就是利用供到所有水柜里的高压气产生的巨大浮力直接上浮——从这样大的深度应急浮起，别说与潜艇打了几十年交道的王红理从没干过，就是教科书里也找不到先例。

然而，此时的局面已容不得他犹豫！

在确认海面平静后，王红理立即下令："控制潜艇姿态，直接上浮，不要停留！"一米、两米、三米……上浮的速度越来越快！最终，在一阵剧烈的振荡过后，372潜艇像一头巨鲸跃出海面，摆脱困境！

脱险了！像电光火石一样短暂，又好似一个世纪那么漫长！

"从潜艇掉深进水到安全脱险，他们把握住了最关键的三分钟。面对如此复杂、如此严峻的险情，372潜艇官兵能够成功处置，怎么评价都不过分。"潜艇艇长出身、在潜艇部队任职30多年的海军潜艇学院院长支天龙评价说，"这是一场生与死的较量，也是一个成功处置潜艇险情的范例，完全可以进入教案、进入课堂，使之成为海军潜艇部队一笔宝贵的财富。"

(选自新华社多媒体数据库，2014年12月17日，有删改)

(二)文学类综合练习

1. 感动是一种能力(节选)

毕淑敏

【训练提示】文章用实在又优美的语言让我们感受着"感动"，让我们体验到"感动"的美好、"感动"的力量，继而向往享受"感动"，珍惜"感动"。不过，尽管"感动"贯穿全篇，但就表达来说，并不是每句的语气都在"感动"，我们需要在语流中细腻地体会和体现不同的语气色彩，语势在基本平稳的语流中曲折前进。

感动最望文生义最平直的解释就是——感情动起来了。你的眼睛会蒸腾出温热的霞光,你的听觉会察觉远古的微响,你的内心像有一只毛茸茸的小松鼠越过,它纤细而奔跑的影子惊扰你思维的树叶久久还在曳动。你的手会不由自主地出汗,好像无意中捡到了天堂的房卡,你的足弓会轻轻地弹起,似乎想如赤脚的祖先一般迅跑在高原……

感动的来源是我们的感官。如果封闭了我们的感官,就戕杀了感动的根,当然也就看不到感动的花和感动的果了。感官是一群懒惰的小精灵,同样的事物经历多了,感官就麻痹松懈了。现代社会五光十色瞬息万变,感官更像被塞进太多脂肪的孩子,变得厌食和疲沓。如今人渐渐丧失了感动的能力,感动闪现的瞬间越来越短,感动扩散的涟漪越来越淡。因为稀缺,感动变成了奢侈品。很多人无法享受感动,于是他们反过来讥讽感动,诟笑感动,把感动和理性对立起来,将感动打入盲目和幼稚的泥沼之中。

感动是一种幸福。在物欲横流的尘垢中,顽强闪现着钻石的瑰彩。当我们为古树下的一株小草决不自惭形秽,而是昂首挺胸成长而感动的时刻,其实我们想到的是人的尊严。我上小学的时候,在一次考试中,得到了有生以来最差的分数。万念俱灰之时,我看到一只蜘蛛锲而不舍地在织补它残破的网。它已经失败了三次,一次是因为风,一次是因为比它的网要凶猛百倍的鸟,第三次是因为我恶作剧的手。蜘蛛把它的破坏者感动了,风改了道,鸟儿不再飞过,我把百无聊赖的手握成了拳。我知道自己可以如同它那样,用努力和坚韧弥补天灾人祸,重新纺出梦想。我也曾在藏北高原仰望浩渺星空而泪流满面,一种博大的感动类似天毯,自九天而下裹胁全身。银河如此浩瀚,在我浅淡生命之前无数年代,它们就已存在,在我生命之后无数年代,它们也依然存在。那么,我的存在又有什么意义呢?在这个惶然的瞬间,我被存在而感动,决心要对得起这稍纵即逝的生命。

引发感动的导火索,也许举不胜举,可以有形,也可以是无所不在的氛围和若隐若现的天籁。感动可以骑着任何颜色的羽毛,在清晨或是深夜,不打招呼地就进入心灵的客厅,在那里和我们的灵魂倾谈。

珍惜我们的感动,就是珍惜了生命的零件。在感动中我们耳濡目染,不由自主地逼近那些曾经感动过我们的灵魂。也许有一天,我们也在无意间成了感动的小小源头,淙淙地流向另一个渴望感动的双眸。

2. 故都的秋(节选)

郁达夫

【训练提示】《故都的秋》是一篇描写秋之韵味的美文。作者之所以爱故都的秋,除了其拥有南方没有的浓浓的秋意外还有别的原因吗?作者在文中是喜爱秋天的,但与朱自清《春》中对春的喜爱的那种感情色彩一样吗?与峻青的《秋色赋》意蕴是否一致呢?建议学生:一是查看全文,细细地品味文章弥散出的韵味,全身心去感受那令人难忘的故都的秋,并结合自己的亲身体验,把握句子中所蕴含的丰富独特的感情色彩;二是注意语势舒展绵延,避免过于跳跃。

秋天,无论在什么地方的秋天,总是好的;可是啊,北国的秋,却特别地来得清,来得静,来得悲凉。我的不远千里,要从杭州赶上青岛,更要从青岛赶上北平来的理由,也不过想尝一尝这"秋",这故都的秋味。

　　江南,秋当然也是有的,但草木凋得慢,空气来得润,天的颜色显得淡,并且又时常多雨而少风。一个人夹在苏州上海杭州,或厦门香港广州的市民中间,混混沌沌地过去,只能感到一点点清凉,秋的味,秋的色,秋的意境与姿态,总是看不饱,尝不透,赏玩不到十足。秋并不是名花,也并不是美酒,那一种半开,半醉的状态,在领略秋的过程上,是不合适的。

　　不逢北国之秋,已将近十余年了。在南方每年到了秋天,总要想起陶然亭的芦花,钓鱼台的柳影,西山的虫唱,玉泉的夜月,潭柘寺的钟声。在北平即使不出门去罢,就是在皇城人海之中,租人家一椽破屋来住着,早晨起来,泡一碗浓茶,向院子一坐,你也能看得到很高很高的碧绿的天色,听得到青天下训鸽的飞声。从槐树叶底,朝东细数着一丝一丝漏下来的日光,或在破壁腰中,静对着像喇叭似的牵牛花(朝荣)的蓝朵,自然而然地也能感觉到十分的秋意。说到了牵牛花,我以为以蓝色或白色者为佳,紫黑色次之,淡红色最下。最好,还要在牵牛花底,叫长着几根疏疏落落的尖细且长的秋草,使作陪衬。

思考与研讨题

　　1. 如何理解播音语气?
　　2. 具体的思想感情包括哪些内容?
　　3. 思想感情与声音形式具有怎样的关系?
　　4. 如何理解语势? 语势的特点是什么?
　　5. 为什么说"语无定势"?
　　6. 语势运用的方法有哪些?
　　7. 如何避免固定腔调?

第十一章 节 奏

■ **本章要点**

1. 艺术节奏的实质及其特征。
2. 播音节奏及其类型。
3. 有声语言转换的基本技巧。
4. 节奏的整体把握。

第一节 对于节奏的基本认识

无论在自然界，还是在人们的社会生活以及艺术创作的领域，节奏无处不在。它对我们的生活产生着重要的影响，尤其对艺术的创作与鉴赏至关重要。节奏仿佛包罗万象，但又一言难尽。长期以来，人们一直没有对节奏形成一个比较统一的认识。因此，我们十分有必要对节奏的相关概念进行梳理与辨析。

■ **背景延伸**

节奏(rhythm)一词，源于希腊语"pntmoc"，在古希腊语中表示程度、程序、匀称等意思。公元前6世纪末，古希腊的毕达哥拉斯学派提出了"美是和谐"的观点，认为事物的性质是由某种数量关系决定的，万物按照一定的数量比例而构成和谐的秩序，音乐的和谐由高低长短轻重不同的音调按照一定的比例组成，节奏就是指一切均匀而有规律的运动。

一、自然节奏与艺术节奏

我们认为，节奏分为自然节奏和艺术节奏两大类。

所谓自然节奏，是指现实世界中一切有规律的运动和变化。包括人类社会生活在内的一切物质运动的交往更替、盈虚涨消、升降沉浮、和合分离，呈一定规律的变化，就构成了自然节奏。

如自然界中，寒来暑往、日出日落、花开花谢、人类社会生活中的春种秋收，以及人的吐纳呼吸、生老病死、脉搏的跳动,各类机器的运转快慢等等,这些都是自然节奏。

艺术节奏,是指在艺术作品中,各种对比成分和变化因素连续不断地交替所构成的一种有规律的完整有序的运动形式。艺术节奏比自然节奏更为典型完善,更为集中鲜明,更加符合人的审美心理,在艺术创作和鉴赏中有着特殊而重要的作用。

不同的艺术门类有着不同的艺术节奏的表现形式:在音乐中,节奏是交替出现的有规律的音的轻重缓急的变化和重复,具有听觉的时间感;在艺术设计或美术创作中,节奏是指同一视觉要素有序地对比显现,具有视觉的运动感;在舞蹈艺术中,节奏是指融入情感的肢体动作的快慢起伏,具有韵律感;看似静止的建筑,被称为"凝固的音乐",其节奏表现为空间组合的远近高低错落;在戏剧影视作品中,节奏则更为多样,它包括剧本故事结构的起承转合、情节冲突的张弛跌宕、镜头剪辑的快慢对比,还包括人物内心情感的波澜起伏和外在行为及语言的抑扬顿挫……

巧妙地运用和创造艺术节奏,会带来引人入胜而又耐人寻味的美感,从而吸引着人们探寻其内容和情感、气韵和意味。

二、艺术节奏的实质与表现形式

长期以来,人们对于节奏之所以众说纷纭,主要原因有二:一是混淆了自然节奏同艺术节奏的区别;二是把节奏(尤其是艺术节奏)的表现形式当成了节奏的实质。

例如《辞海》中对节奏的定义:"音响运动的轻重缓急形成节奏",这个定义就是把音响运动的外在表现形式当成了节奏的实质。不只在音乐艺术中,所有的艺术门类都有其表现形式上的对比变化。

那么,艺术节奏的实质是什么呢?

我国古代音乐文献《乐记》中说:"乐者,心之动也;声者,乐之象也;文采节奏,声之饰也。君子动其本,乐其象,然后治其饰。"由此可见,艺术创作的核心目的是抒情,是"心之动",因此,艺术节奏与人的情感紧密相关。

初唐大儒,著名经学家孔颖达在注疏《乐记》时指出:"节奏,谓或作或止,作则奏之,止则节之,……或节或奏,随分而作,以会其宜……足以感动人之善心……"这个认识是非常深刻的,它包含了多方面的含义:第一,艺术作品的外在呈现形式是"作"与"止"两种不同的运动状态,这两种对立的状态包含了所有外在形式的对比关系;第二,"奏"与"节",是产生这两种状态的原因,更是转换这两种状态的重要手段;第三,"或节或奏"等所有手段的运用,要"随分而作,以会其宜",就是要与作品的内容、形式、情感、目的相适应;第四,"作则奏之,止则节之",实质上是创作者的纵控过程,这就从创作主体的角度,揭示了"节"与"奏"是有目的的手段的运用,不仅仅是为了满足创作者情感的需要,更是为了"足以感动人之善心",是为了接受者内心情感起伏的需要、审美目的的需要。

所以我们认为,情感的起伏才是艺术节奏的实质。至于各门类艺术中所表现出来的轻重、缓急、强弱、长短、快慢、明暗、虚实、粗细、浓淡、疏密以及力度、幅度、层次等等,都是艺术节奏的表现形式。

■ **背景延伸**

中国古代对于节奏的研究较早见于音乐理论专著《乐记》。目前比较公认的观点认为《乐记》成书于西汉，但其思想资料来源于先秦。《乐记》中的"乐"兼指诗、歌、舞三者，但主要以论述音乐为主。作为先秦儒学美学思想的集大成者，《乐记》体大精深，包容其他各派思想，论述了音乐的起源与本源、音乐的特点与功能、音乐与政治的关系、音乐与社会价值、音乐形式与内容的关系等问题，涉及乐器演奏、音乐创造、音律理论等问题。其丰富的美学思想，对两千多年来古典音乐的发展有着深刻的影响，在世界音乐思想史上占有重要的地位。

三、艺术节奏的特征

(一) 多重统一

艺术节奏在感知上是多重统一的。

作为表现情感起伏的艺术节奏，它首先是主观和客观的统一。自然万物中的一切有规律的运动和变化，都是客观存在的，都是按照自己的规律在运动的，如冬去春来，日月更替，潮涨潮落；世上的万物生灵，在亿万年的进化中，也会适应自然的节奏，花开花谢，北雁南飞，春生秋储，繁衍生息，这些都是客观存在的自然节奏，是不以人的意志为转移的，不管有没有人欣赏，它都年复一年，依然如此。但是，只有人类，不仅适应着自然的节奏，还会赋予它特殊的情感，例如看到花开花谢，就会想到年华易老；看到春水东流，则不禁感叹逝者如斯。

王国维在《人间词话》中说："昔人论诗词有景语、情语之别。不知一切景语皆情语也。"比如我们看到"淫雨霏霏，连月不开，阴风怒号，浊浪排空"则会有"满目萧然，感极而悲者矣"；看到"春和景明，波澜不惊……岸芷汀兰，郁郁青青"则会有"心旷神怡……其喜洋洋者矣"。可见，人类的主观情感是受客观的自然环境和社会环境影响的，是客观刺激的反应。所谓"触景生情"，正表明情与景的关系。

同时，人类的主观情感又在很大程度上影响着对客观环境的观照，形成独特的审美体验，所谓"物是人非"，说的就是这个意思。比如"感时花溅泪，恨别鸟惊心"，比如"泪眼问花花不语，乱红飞过秋千去"。

在艺术创作中，艺术家经常利用自然节奏来抒发情感或用来揭示人物的内心活动。自然节奏一旦被艺术家运用，同人的情感相结合，就成了变化万千的充满魅力的艺术节奏了。比如客观存在的风雨交加和电闪雷鸣，既可以表现主观世界矛盾的激化，也可以表现坚定的信心；蛙叫、蝉鸣既可以表现心烦意乱，也可以表现安静舒适。

作为表现情感起伏的艺术节奏，它又是人类生理和心理的统一。心理感受和生理反应是紧密相关的，这一点具有人类的普遍性，不同种族、地域、文化的人们，虽有差别，但是大体相近。比如鲜红的色彩，给人的感受或热烈刺激，或紧张惊悚，或醒目警告，这是因为人类的血液是红色的；又如两拍子的节奏，一般会给我们安全、稳定、坚定、行进的感受，这与人类的一收一舒的心跳和一左一右的双腿行走直接相关。当然，同样是两拍子，胎教音乐带给人们的是平和舒展；《威廉·退尔》序曲则如冲锋号角般带给人们以激情和力量。

因此，人们对于艺术节奏的感知，是主观和客观、生理和心理的多重统一。它以人们的生理反应为基础，生活经验为前提，是我们直接感应到的外部形式变化而产生的生理体验的心理化。

(二)对比照应

艺术节奏在形式上是各种不同要素的对比照应。

对比照应是中国美学重要的形式法则，也是艺术节奏在形式上的重要特征。艺术的节奏，是指在艺术作品中，各种对比成分和变化因素连续不断交替所构成的一种有规律的完整有序的运动形式。这种交替，就是对比照应。

沈宗骞在《芥舟学画编·取势》中说："将欲作结密郁塞，必先之以疏落点缀；将欲作平衍纡徐，必先之以峭拔陡绝；将欲虚灭，必先之以充实；将欲幽邃，必先之以显爽。"所以，在艺术创作中，人们十分重视一张一弛、一起一伏的妙用。弛是为了张，伏是为了起，反之亦然。对比，使事物的特征更加鲜明，更易于为人觉察感知。

比如音乐的节奏，是指交替出现的有规律的音声的强弱、长短变化；绘画的节奏，表现在线条、色彩、光影及构图的明暗、虚实、粗细、浓淡、疏密以及力度、层次的变化上；诗的节奏，主要表现在韵律、平仄等要素的交替变化上；小说的节奏，则表现在情节的轻重缓急及文字的疏密浓淡上。有声语言的节奏更是如此，它既包括声音的轻重、强弱、缓急等"时值"方面的因素，还包括抑扬、纵控等"力"的关系。正如朱光潜先生在谈到声音的节奏时所说："有段落才可以有起伏，有起伏才可以见节奏。音波始终单调一律，无节奏；轻重相间见节奏。"

因此，不同艺术门类中，各自表现形式(诸如强弱、长短、明暗、虚实、轻重、缓急、抑扬、纵控等)的不同要素的对比显现，正是构成艺术节奏的关键。

(三)规律有序

艺术节奏在结构上是整体的规律有序。

人们最早对于节奏的感知与认识，其实是与生产劳动紧密相关的。因为有一定规律和节拍的劳动不仅能够提高效率，还可减轻疲劳；有些集体劳动，如没有统一有序的节拍，就不可能取得动作上的协调一致，力量就会相互抵消，集体劳动就无法进行。人们意识到，世界是物质的，物质存在的形式是有规律的运动，掌握和契合这种运动的规律，对人们的生产或生活是非常重要的。因此，节奏这个词，最早在古希腊语中表示的就是"程度、程序、匀称"等意思。

艺术的节奏更是如此。在艺术创作和艺术鉴赏活动中，人们对于艺术形式的对比变化要求是明确而具体的。但是这种对比和变化，如果处于一种无序状态，与人们的生理心理感受无法统一，和自然的规律与生命的律动也无内在联系，那就不可能形成节奏，毫无美感可言。只有富有规律的有序变化，才能满足人们的审美期待，进而使人们获得审美的满足与愉悦。

第二节　播音节奏及其类型

节奏也是有声语言表达的重要技巧，对于播音创作至关重要。

一、播音节奏的含义

(一)播音节奏的定义

在播音中，节奏是由整个文本生发出来的，创作主体思想感情的波澜起伏所造成的抑扬顿挫、轻重缓急的声音形式的回环往复。

(二)对播音节奏定义的理解

1. 播音节奏的核心是什么？——声音形式的"回环往复"

节奏是要素有秩序的律动，所以，声音形式的"回环往复"是播音节奏的核心。在播音创作中，没有两个以上具有相似特点的声音形式的呼应、反复，是无节奏可言的。所谓"相似特点的声音形式"，就是指相似的语气、相似的语势和相似的转换形式。这些相似性一般反映在重点语句、重点段落和重点层次之中。它们的反复出现，构成了回环往复的节奏特征，所以，具有一定特点的声音形式在语流中回环往复，才能使人感应到某种鲜明的节奏。

2. 什么样的声音形式？——抑扬顿挫、轻重缓急

人类丰富的内心情感与具体可感的外部声音形式之间，存在着一种相互对应的关系。如果没有这种对应关系，情感就无法通过与它相应的形式得以表现。平板、单调的声音形式不可能表现出丰富的思想感情。只有与内心情感相对应的、流动变化的声音形式，才是我们所追求的外部形式。

在我们的语流中，抑扬顿挫、轻重缓急、高低强弱、快慢停连等声音形式组成播音节奏的基本要素。它们通过承续、分合、对比等多样的变化组合，形成回环往复的有序的律动，形成播音节奏的存在形式。

3. "抑扬顿挫、轻重缓急"的依据是什么？——创作主体思想感情的波澜起伏

播音节奏是艺术节奏的一种，必然也是"主观与客观的统一、生理和心理的统一"。也就是说，声音形式的变化必须要有内心的依据。

播音节奏外在的表现，是抑扬顿挫、轻重缓急的声音形式的回环往复。但这种变化的声音形式，不是凭空而来的，也不是创作者为了变化而变化，它是以创作主体的思想感情运动为依据的。

对于播音员主持人来说，一方面通过对内容与形式的整体把握，使创作依据与创作氛围等相关因素的关系了然于心，成为播音"有感而发"的客观依据；另一方面还应有"由衷而发"的主观意向，能够能动地接受创作依据的刺激，使自己的思想感情处于积极的运

动状态,产生生理节奏的适度变化,唤起心理节奏的相应变化。情真意切,才会有"思想感情的波澜起伏"。而这"波澜起伏"的体验越是精确,它们从口头上表达出来的时候,就越需要节奏这种表现形式来体现。

4.创作主体的思想感情凭什么波澜起伏?——来自于对整个文本的把握

播音节奏是由"整个文本生发出来的",它立足于全篇,由播出目的和作品主题所统率,被基调所制约。一篇稿件的基本节奏具有相对稳定的鲜明个性,同时又富有变化,并寓变化于整齐之中。节奏与基调关系密切。播音基调是创作文本总的感情色彩和分量,以及播音创作主体的态度感情的统一。这种统一,要靠语气和节奏的声音形式来体现。节奏在体现基调的过程中主要起着构建整体的作用,也就是说,一篇播音作品中节奏的起伏,显现出文本叙事的发展脉络和由此引发的情感的变化运动过程,这是一个有机的整体,而非零散碎落、有句无章的随意闪烁。

当然,创作主体有时也需要重构文本的节奏,比如同一篇文章,因栏目、对象等的不同,有声语言变化对比的幅度、整体速度等都会有所不同。这一点,我们将在下一节论述。

二、播音节奏的基本类型

播音节奏的类型,一般是从声音形式的强弱、起伏、快慢等方面的变化来归类的。相同的节奏类型,表现为有较多相似特点的声音形式。运用节奏时,一方面要掌握节奏的基本类型,以确保思想感情的表现准确、鲜明、完整;另一方面也要注意节奏的丰富和变化,以烘托思想感情变化的层次性,增强生动感人的力量。

我们着眼于节奏的声音形式及其精神内涵的特点,把节奏分为六种基本类型:轻快型、凝重型、低沉型、高亢型、舒缓型和紧张型。这六种类型,主要是从声音形式的速度快慢、力度强弱和亮度的明暗虚实等方面的特点来划分的。各节奏类型的具体特点只是轮廓上的大体相似,并没有刻板划一的模式。

这六种节奏类型声音形式上的特点简要分析如下:

(一)轻快型

多扬少抑,声轻不着力,语流中顿挫少,且顿挫时间短暂,语速较快,轻巧明丽,有一定的跳跃感。全篇重点处的基本语气、基本转换,都比较轻快。

典型例稿:《珍珠鸟》。

(二)凝重型

多抑少扬,多重少轻,音强而着力,色彩多浓重,语势较平稳,顿挫较多,且时间较长,语速偏慢。重点处的基本语气、基本转换都显得分量较重。

典型例稿:《草地夜行》。

(三)低沉型

声音偏暗偏沉,语势多为下山类,句尾落点多显沉重,语速较缓。重点处的基本语气、基本转换多偏于沉缓。

典型例稿:《十里长街送总理》。

(四)高亢型

声多明亮高昂,语势多为上山类,峰峰紧连,扬而更扬,势不可遏,语速偏快。重点处的基本语气、基本转换都带有昂扬积极的特点。

典型例稿:《海燕》。

(五)舒缓型

声多轻松明朗,略高但不着力,语势有跌宕但多轻柔舒展,语速徐缓。重点处的基本语气、基本转换都显得舒展徐缓。

典型例稿:《桂林山水甲天下》。

(六)紧张型

声音多扬少抑,多重少轻,语速快,气较促,顿挫短暂,语言密度大。重点处的基本语气、基本转换都较急促、紧张。

典型例稿:《麻雀》。

这六种节奏类型声音形式的特点,只是概略地反映其具有代表性的规律,实际上每个类型都还包含有许多不同的变化。我们对节奏的类型进行基本的分类,分析了解不同类型节奏在声音形式上的典型特点,有利于我们对节奏声音形式的感知和驾驭。

第三节 播音节奏的形成

一、形成播音节奏的因素

在播音创作中,有声语言节奏的形成有多方面的因素。

首先,创作者要体察存在于创作客体的节奏。

播音的创作客体,包括现场语境和文本依据。现场语境的节奏是流动的、灵活具体的,具有很强的刺激作用,易于我们感应和捕捉。在现场做报道或主持节目的人,一般都能很快从中受到感染,从而调整自己的生理、心理节奏,进而调整自己的语言节奏,力求与现场节奏相吻合。

文本依据所反映的客观事物或思想情感的节奏,是透过凝固的文字反映出来的。由于文字的抽象性和间接性,我们体察文本的节奏就要从两方面入手:一是从整篇作品中体察思想感情的运动节奏;二是从具体语言文字的风格特点,看其对节奏的影响。只有兼顾这两个方面,才能准确地体察文本的节奏特点。

比如女词人李清照《声声慢·寻寻觅觅》一词,若只看词牌,慢词本就具有赋的铺叙特点,蕴藉流利,匀整而富于变化。《声声慢》的曲调,韵脚本押平声韵,调子相应地也比较徐缓,再加上我们对悲秋之作的大致理解感受,就会以为此词的节奏是低沉舒缓的。

但是，如果我们从具体的文字语言风格来体察，就会发现，李清照的这首词在写作手法上是有创造性的。这首词改押入声韵，并屡用叠字和双声字，变舒缓为急促，变哀婉为凄厉。因此，这首词是"以豪放纵恣之笔写激动悲怆之怀"，既不委婉，也不含蓄，不能列入婉约之体。可见，体察文本的节奏，必须要考虑文字特点、风格样式这一因素对节奏的影响，这样捕捉到的存在于客体的节奏才是全面、准确的。

其次，创作者还要激活自己的生理、心理节奏。

我们在敏锐地体察创作客体的节奏之后，还必须迅速调节自身的生理节奏，并激活自己的心理节奏。在这个过程中，我们不仅对客体节奏产生生理的感应，还应该从客体的节奏中看出它所表现的情感的性质及特征。一般来说，通过体察与激活，主体与客体节奏应该是一致的。但在某些情况下，我们与创作客体对事物反应评价的态度并不完全相同，或因为传播立场及具体目的的不同，或出于优化传播效果的需要，还要对自身的内部节奏作出适当调整。

再次，还要考虑受众对节奏的心理需求。

播音节奏作为一种手段，是为了更好地达到语言传播的效果，因此，播音创作节奏的形成，还要考虑接受者在节奏方面的心理需求和承受能力。

事实上，我们的播音创作一直十分注重依据受众的接受心理调整语言节奏。受众接受心理不是孤立存在，也不是静止不变的，它必然受到时代的文化氛围、不同的传播方式和具体的收听环境等的影响。在不同的历史时期，播音节奏在语速和力度上都有着明显的不同；即使在同一时期、同一天，不同的播出时间、不同的节目定位、不同的受众群体，受众的心理节奏的需求也是不同的，我们需要据此不断调整播音的节奏。

最后，播音节奏的形成，还需要创作者熟练掌握声音形式的转换技巧。

作为播音创作主体，要想运用好节奏，创造好节奏，必须熟悉有声语言的节奏要素，熟练掌握声音形式的转换技巧，不断提高语言功力，通过我们巧妙自由的驾驭，使语言节奏鲜明，让人一听了然，从而生动地传播出文本内容的深刻意蕴。

二、形成播音节奏的技巧——转换

在有声语言创作中，形成节奏的关键，在于声音形式的转换。这种转换，依内容的具体变化可能处于层次之间或段落之间，也可能是在自然段里的小层次或语句之间，需要我们通过感受作品的内部节奏来整体把握。更重要的是，要想运用好有声语言的节奏，我们还必须了解声音形式转换的基本类型和基本规律，掌握具体的转换承接技巧。

(一)语言转换的基本类型

语言的转换，既包括内容和感情色彩上有明显反差的转折过程，也包括前后感情色彩基本一致，只是从不同的角度，不断积累、逐步深化感情的变化过程。

在这两个过程中，语言转换从转换的速度上可分为突转和渐转；从情感的幅度上可分为大转和小转。

1. 突转

突转是转换速度较快的一种语言转换形式，一般在内容发生较大、较明显的变化时采用。突转往往用在句与句,或段与段之间,较少出现在句子中。

如《麻雀》中的一段:

猎狗慢慢地走近小麻雀,嗅了嗅,张开大嘴,露出锋利的牙齿。突然,一只老麻雀从一棵树上扑下来,像一块石头似的落在猎狗面前。

这两句之间的转换就是突转。第一句,"猎狗慢慢地走近小麻雀,嗅了嗅,张开大嘴,露出锋利的牙齿",语速由缓渐快,语气渐低沉,情绪渐紧张;而第二句,老麻雀的出现,是突然间的事,说时迟,那时快,出乎人们的意料。这两段之间的停顿很短,迅速由低沉的色彩转换为紧张扬起的色彩。

2. 渐转

渐转指声音形式转换时采用缓转慢回的办法,往往在比较统一而略有变化的段落中出现。

如《春》里描绘春草的一段:

小草偷偷地从土里钻出来,嫩嫩的,绿绿的。园子里,田野里,瞧去,一大片一大片满是的。坐着,躺着,打两个滚,踢几脚球,赛几趟跑,捉几回迷藏。风轻悄悄的,草软绵绵的。

这段文字的节奏十分轻快。人们带着欣喜的心情,发现春天,扑向春天,享受春天,充满热爱春天、热爱生活的清新气息。这短短的几行字,细致的观察、细腻的心理活动,有一个由静到动,又由动到静的内心变化过程。这段话中的声音转换适宜用渐转的方式,渐渐地在"慢"中渗入"快",在"轻"中渗入"强",逐步增强,到最后一句,再转成"轻悄悄""软绵绵",形成这一段轻快的节奏。

3. 大转

大转与突转有类似的地方,同是声音形式的明显转换,不过,大转一般用在前后内容衔接不是那么紧凑的地方,语速没有突转那么快。尤其在同一段落中,如果句与句之间前后独立性较强,有着明显的转换,那么转换前的停顿有时甚至长于段落间的停顿。

如《麻雀》中的一段:

①猎狗慢慢地走近小麻雀,嗅了嗅,张开大嘴,露出锋利的牙齿。②突然,一只老麻雀从一棵树上扑下来,像一块石头似的落在猎狗面前。③它蓬起了全身的羽毛,样子很难看,绝望地尖叫着。④在它看来,猎狗是个多么庞大的怪物啊!⑤可是它不能站在高高的没有危险的树枝上,一股强大的力量使它飞了下来。

这一段共五句话,是全篇的高潮。如前所述,②句承接①句,是突转;③句紧承②句,是全篇最紧张、分量最重的部分;⑤句是全篇的"文眼",是主题的升华,所以,④句"在它看来,猎狗是个多么庞大的怪物啊!"这是极其高明的一笔,在连续的紧张中渗入一句舒缓,为最后一句一气呵成、感奋激越地升华主题作铺垫。所以,④句和③句之间的转换语速没有那么快,不像①②句之间那么突如其来。这里的转换就是大转,而不是突转。

4. 小转

小转是指在转换时也采用缓转慢回的办法,这种转换前后的色彩未必是统一的,往往是有着转折关系的,但幅度不大,主要是分寸尺度上的变化,多用在语句之间或语句中。如《故都的秋》中的一段:

江南,秋当然也是有的,但草木凋得慢,空气来得润,天的颜色显得淡,并且又时常多雨而少风。一个人夹在苏州上海杭州,或厦门香港广州的市民中间,混混沌沌地过去,只能感到一点点清凉,秋的味,秋的色,秋的意境与姿态,总看不饱,尝不透。赏玩不到十足。

这一段中"……秋当然也是有的,但草木凋得慢……","……只能感到一点点清凉,秋的味,秋的色……",这几处转换,前后的色彩未必统一,虽有转折关系但幅度不大,主要是分寸尺度上的变化。所以这几处都是小转。

综上所述我们可以看出:突转和大转,往往在转换前后色彩变化明显,或猛然转折,或突然迸发,或大力推进,而且一般转换之前的内容是铺垫、映衬,转换之后的内容是重点。它们的区别在于突转偏重于转换速度之快,大转偏重于转换幅度之大。这两种转换类型都给人以陡转突折的生理和心理感受,从而增强了有声语言的吸引力和感染力。

渐转和小转,往往是转换前后的内容一般没有明显的主次之别,多处于并列或递进的关系中,转换前后虽有色彩变化,但其中蕴含的思想感情基本属于同类色彩,因而语言的转换主要呈现出变化的层次性。它们的区别是:渐转,是对比因素的渐次渗入,有一定的数量并列,多用于句中、句间;小转,则偏重于转换幅度上的特点,多用于不同色彩间的轻度转换。这两种转换类型都给人以渐转慢回的感觉,能十分具体、细腻地表现作品内部节奏变化的动态过程,因而也同样能增强有声语言的吸引力和感染力。

突转、渐转、大转和小转,这些转换类型的运用,要视文本的具体内容、具体的思想感情运动方向和状态而定。在具体的语言表达中,这些类型并不是一成不变的,我们要依据思想感情的运动节奏,合情合理而又巧妙地作出语言形式上的转换处理,既可以某一种转换为主,也可是多种转换类型的综合运用。这样的播音节奏才是自然可信的,也才能起到强化感情、吸引听众的作用。

(二)语言转换的基本技巧——欲"A"先"非A"

声音的高低、轻重、快慢、强弱、明暗、虚实等不同的对比组合关系,构成语言节奏的基本声音形式。而这些基本声音形式的转换方法,是形成语言节奏的重要手段。我们在对声音形式转换的基本类型有所了解之后,还必须掌握运用这些类型进行具体的转换承接的技巧。

最常见的转换技巧有以下三种:

1. 欲扬先抑,欲抑先扬

"扬"和"抑",内在是指情绪的纵控,外部表现为声音的高低。一般来说,情感"扬",外在声音多向高的趋势发展;情感"抑",声音多向低的趋势变化。当然,在有声语言表达中,未必都如此对应,并且情绪、声音的"抑"或"扬"也是相对而言的,本身也有很多层次,没有什么绝对标准。但是,无论我们情感的"扬"和"抑"有多少级差,声音的高低有多少层次,以抑作扬的铺垫,以扬作抑的衬托,才能富有变化,形成节奏。扬抑的组合,其色彩的浓淡、分量的轻重,与主次有关。以扬为主要色彩的,节奏转换变化中扬的色彩要浓烈些,抑的色彩作为扬的铺垫和陪衬而存在,如《春》中春雨一段的静谧,就是为了全篇的欣喜明快作映衬。反之亦然,以抑为主要色彩的,节奏转换变化中抑的色彩要浓烈些,扬的色彩作为抑的铺垫和陪衬而存在,如《草地夜行》。

2. 欲快先慢,欲慢先快

语流的快慢转换变化,是形成节奏的又一对重要的组合关系。语流的快与慢,是由吐字音节长短的差异、顿挫次数的多少,以及顿挫之后衔接的紧松来区分的。

快与慢的层次也是十分丰富的,二者在语流中常常交替进行,快与慢本身要适度。慢,不能使人有"拖沓"和"抻"的感觉;快,也不应让人产生"耳"不暇接或"赶"的急促感受。故此,要想"慢而不拖""快而不乱",在节奏运用上可以注意"慢中有快,快中有慢"的互补组合。也就是说,在缓慢的语流中找到可以适当加快语速的地方,或在较疾的语流中找到可以适当放慢的地方。这种快慢相间的组合,既可以用在段落间、句群间、句子间,也可以用在词组或音节间。如此,快慢的变化会更丰富、更自然,可避免单一、刻板的弊病。

为了做到"快而不乱",我们还可以借鉴戏曲表演中"紧拉慢唱"的表现手法,即内心节奏的快与外在语言节奏的控制相结合,表现在句与句之间衔接很紧,而句子里边不"开快车"。这是一个既使内容传达清楚,又表达出急切之情的好方法。

对于舒缓节奏的处理,一方面要求气息长而轻匀,处在一种持续时间较长而控制力精微的弱控制状态,心理状态舒展、充分,"慢而不断";另一方面也要在慢中找到能够稍为加快的地方,做到"慢而不拖"。

3. 欲重先轻,欲轻先重

声音形式的轻与重,与吐字力度、口腔松紧及气息密度都有关。吐字力度强,口腔控制紧,气息密度大,声音就重;反之则轻。轻与重还与声音的虚实有关,虚则显得轻,实则显得重。

为了更巧妙地运用声音的轻重转换,除了形成轻重或虚实的前后对比外,还应注意它们之间的交叠过渡,做到重中有轻,轻中有重,实能转虚,虚能转实。一般播音语流中的"虚",指略带气音的虚实结合之声,而不是耳语般的完全的虚声。

以上我们只是通过"抑扬""快慢""轻重"三组对比照应关系,分析了构成语言节奏的基本声音形式的转换技巧,这些都是形成语言节奏的重要方法。

在实际运用时,声音形式是丰富多样的,还可以有"高低""强弱""明暗""虚实""疏密""浓淡""松紧""起伏"等很多种对比成分和变化因素,这些转换形式往往也是多种交织在一起综合运用的。正是通过这些连续不断的声音形式的有序交替,构成有规律的完整的声音的运动形式,形成充满魅力的语言的节奏。

第四节 播音节奏的把握

一、把握播音节奏的根本途径——总体布局，树立大局观

播音节奏是在播音创作的整体中体现出来的，我们在对播音创作依据进行艺术构思时，必须树立大局观，立足全篇，从整体上考虑节奏的安排。

节奏的总体布局，要考虑两个部分的关系：一是形成节奏的主导部分的语言色彩，它的回环往复要鲜明；二是起烘托映衬、铺垫对比作用的辅助部分的语言色彩，它要与主导部分相和谐。二者相辅相成，相得益彰，对比显现，形成全篇的整体节奏。

如《草地夜行》的主导色彩是凝重的，主要表现在重点层次、重点段落、重点语句中，重音上多用较重较强的力度，音调上多抑少扬，较为低沉，语速较慢；语言的转换形式以由抑转扬为主，而且多采用突转、大转的方法。文章第一部分描写草地的险恶环境及小战士疲惫掉队的情形是"抑"；第二部分表现老战士鼓励并背起小战士去追赶部队，先是一扬，后又转抑；第三部分表现老战士牺牲自己，救出小战士，是由抑转扬，扬到接近顶点，紧接着是重重的一抑；第四部分，写小战士牢记老战士的嘱咐大步追赶部队，由抑而转扬。全篇节奏大体呈抑—稍扬—稍抑—扬—最抑—再扬这样一个运动布局，采用波浪式推进，整体上显示出凝重的节奏安排。

节奏的总体布局尤其要避免单调。切忌一高亢就"一扬到底"，一低沉便从头至尾"抑而不起"。必须悉心找到"扬中有抑""抑中可扬"之处，以形成有对比、有变化的运动的节奏。总之，要注意节奏的鲜明性、丰富性、变化性和整体性，只有这样才可能运用好这一技巧，真正实现节奏对于思想感情的表现功能。

二、把握播音节奏的基本要求——对比适度，纵控有节

声音形式有规律的运动变化，是形成节奏的重要条件。不同声音形式的对比显现，形成节奏的规律。但是，对比的运用必须适度，不可抛开思想感情运动的内心依据，也不可为显出节奏的变化而随意夸张声音形式的对比，否则易误入形式主义或玩弄技巧的歧途，从而破坏播音作品的整体表现力。

三、节奏把握中易出现的问题

节奏的运用，要以思想感情运动状态为前提条件，以声音弹性为物质基础。无此两点，就可能只在形式上做文章，无依据地乱变；或是心里有，转化为声音形式时却力不从心。在把握节奏时，往往易在两方面出现问题：

（一）对比失度

在同中找异，实际上不仅是找对立因素，同时也要找相关因素，把它们结合起来，避免"一快就乱""一高就喊"，或"一重就拙""一弱就软""一慢就断""一低就懒"等极端

化的毛病。再者,转换并不一定只有突转、大转,还有渐转、小转这类较为和缓的方法。"扬",也不是只有"重扬",还有"轻扬""虚扬"。诸多的声音高低、强弱、快慢、虚实的排列组合,从技术角度为我们提供了控制节奏、避免对比失度的方法。总之,可以从声音形式对比因素中的辩证关系入手,来控制、调节播音节奏的对比变化。

(二)转换时机失当

转换时机失当主要有两种表现:转换超前和转换迟滞。

转换超前,往往是因创作主体感情运动积极,但缺乏大局观,缺乏整体把握和控制,或表达技巧、转换手段单一造成的。转换超前的情况大多出现在由抑转扬、由慢转快、由重转轻之时,而且常常是重点处,一到这里,立时声高气急,声音也加重地"顶"上去,"起"得早,又"步步高"地顶上去,往往本想浓墨重彩,却气息急促,声嘶力竭,功亏一篑。

转换迟滞,多数是因为思想感情运动状态不佳,口比心快;也有的是因为缺乏控制经验,转换不及。转换与停顿有密切关系,我们往往可以在停顿时找到转换的契机。

这就要注意,无论停顿时间长短,思想感情不可断线。转换时,要以情景再现、内在语等内部技术,唤起我们情感的变化,或者思维轨迹中的逻辑感受,体验到文字内部节奏或松或紧、或主或次的变化,从而抓住停顿时机,主动、及时地调节有声语言的转换,形成语言的节奏。

第五节　实例分析与训练

一、实例分析

麻　雀
屠格涅夫

我打猎回来,走在林荫的路上。猎狗跑在我的前面。(舒缓)

突然,我的猎狗放慢脚步,悄悄地向前走,好像前面有什么野物。(稍紧张)

风猛烈地摇着路旁的白桦树。我顺着林荫路望去,看见一只小麻雀呆呆地站在地上,拍打着小翅膀。它嘴角嫩黄,头上长着绒毛,分明才出生不久,是从窝里摔下来的。(舒缓)

猎狗慢慢地走近小麻雀,嗅了嗅,张开大嘴,露出锋利的牙齿。突然,一只老麻雀从一棵树上飞下来,像一块石头似的落在猎狗面前。它蓬起了全身的羽毛,样子很难看,绝望地尖叫着。在它看来,猎狗是个多么庞大的怪物啊!可是它不能站在高高的没有危险的树枝上,一股强大的力量使它飞了下来。(紧张)

猎狗愣住了,它可能没料到老麻雀会有这么大的勇气,慢慢地,慢慢地向后退。(稍紧张)

我急忙唤回我的猎狗,带着它走开了。(舒缓)

屠格涅夫是享有世界声誉的现实主义文学艺术大师。他的作品不仅真实地反映了俄国当时的社会现实,而且善于通过生动的情节和恰当的言语、行动,通过对大自然情境交融的描述,塑造出栩栩如生的人物形象。他的作品充满爱国主义情怀和民主精神,同时又有挥之不去的悲观情绪。他的语言简洁、朴质、精确、优美,富有哲理,极富表现力,尤其是本文,"大手笔写小文章",短短300多字,却形象鲜明,波澜起伏又意味深长,"不着一字尽显风流",令人回味无穷。

老舍先生说:"一个母亲必定是一位英雄。"屠格涅夫却让我们明白:伟大的母爱并不限于人类。

全篇节奏类型属于紧张型,但是又加入了很多舒缓型的渗入句,"紧张—舒缓"交替变化,构成本文跌宕起伏、回环往复的节奏。

全篇一共六个自然段,第一段语速较慢,情绪舒缓,为下面的紧张作铺垫。

第二段,稍紧张,速度略有变化,后半句略带判断色彩。

第三段接第二段,却是一个大转,"宕开一笔",手法高明。既与第二段形成对比,又是全篇情绪最为舒缓的部分,语气中充满怜爱色彩,为下面全篇最紧张的高潮进行铺垫。

第四段是全篇的高潮。全段情绪紧张,语速都较快,但又有轻重缓急的变化:第一句,"猎狗慢慢地走近小麻雀,嗅了嗅,张开大嘴,露出锋利的牙齿。"稍紧张,语气渐重,速度稍快,引人关注。第二句和第三句,"突然,一只老麻雀从一棵树上飞下来,像一块石头似的落在猎狗面前。它蓬起了全身的羽毛,样子很难看,绝望地尖叫着。"这两句一气呵成,但层层加强。第二句是一个突转,分量加重,速度加快,表现千钧一发之际,突如其来的变故,令人震惊,第三句紧接上句,紧张至极,分量最重,速度却比第二句稍慢。第四句"在它看来,猎狗是个多么庞大的怪物啊!"在全篇情绪最紧张、速度最快、分量最重的时候,插入一句舒缓句,一下子与上面两句形成对比,又为第五句作了铺垫,构成重要的节奏变化。第五句"可是它不能站在高高的没有危险的树枝上,一股强大的力量使它飞了下来。"这是全篇的主旨句,是"题眼",在第四句舒缓渗透的衬托下,再次将情绪推向高潮。

第五段又是一个大转,稍紧张,分量变轻。

第六段,还是大转,语气已经舒缓,与第一段呼应,但又有思考和感悟的色彩,耐人寻味。

二、核心训练材料

(一)轻快型

珍珠鸟
冯骥才

【训练提示】轻松愉快地叙述,细腻有趣地诉说,在观察中体味,在细节里抒情。

真好!朋友送我一对珍珠鸟。放在一个简易的竹条编成的笼子里,笼内还有一卷干草,那是小鸟舒适又温暖的巢。

有人说,这是一种怕人的鸟。我把它挂在窗前,那儿还有一盆异常茂盛的法国吊兰。我便用吊兰长长的、串生着小绿叶的垂蔓蒙盖在鸟笼上,它们就像躲进深幽的丛林一样安全;从中传出的笛儿般又细又亮的叫声,也就格外轻松自在了。

阳光从窗外射入,透过这里,吊兰那些无数指甲状的小叶,一半成了黑影,一半被照透,如同碧玉;斑斑驳驳,生意葱茏。小鸟的影子就在这中间隐约闪动,看不完整,有时连笼子也看不出,却见它们可爱的鲜红小嘴从绿叶中伸出来。

我很少扒开叶蔓瞧它们,它们便渐渐敢伸出小脑袋瞅瞅我。我们就这样一点点熟悉了。

三个月后,那一团愈发繁茂的绿蔓里边,发出一种尖细又娇嫩的鸣叫。我猜到,是它们有了雏儿。我呢?决不掀开叶片往里看,连添食加水时也不睁大好奇的眼去惊动它们。过不多久,忽然有一个小脑袋从叶间探出来。哟,雏儿!正是这小家伙!

它小,就能轻易地由疏格的笼子钻出身。瞧,多么像它的母亲:红嘴红脚,灰蓝色的毛,只是后背还没有生出珍珠似的圆圆的白点;它好肥,整个身子好像一个蓬松的球儿。

起先,这小家伙只在笼子四周活动,随后就在屋里飞来飞去,一会儿落在柜顶上,一会儿神气十足地站在书架上,啄着书背上那些大文豪的名字;一会儿把灯绳撞得来回摇动,跟着逃到画框上去了。只要大鸟在笼里生气地叫一声,它立即飞回笼里去。

我不管它。这样久了,打开窗子,它最多只在窗框上站一会儿,决不飞出去。渐渐地它胆子大了,就落在我的书桌上。它先是离我较远,见我不去伤害它,便一点点挨近,然后蹦到我的杯子上,俯下头来喝茶,再偏过脸瞧瞧我的反应。我只是微微一笑,依旧写东西,它就放开胆子跑到稿纸上,绕着我的笔尖蹦来蹦去;跳动的小红爪子在纸上发出"嚓嚓"响。

我不动声色地写,默默享受着这小家伙亲近的情意。这样,它完全放心了,索性用那涂了蜡似的、角质的小红嘴,"嗒嗒"啄着我颤动的笔尖。我用手抚一抚它细腻的绒毛,它也不怕,反而友好地啄两下我的手指。

白天,它这样淘气地陪伴我;天色入暮,它就在父母再三的呼唤声中,飞向笼子,扭动滚圆的身子,挤开那些绿叶钻进去。

有一天,我伏案写作时,它居然落到我的肩上。我手中的笔不觉停了,生怕惊跑它。待一会儿,扭头看,这小家伙竟趴在我的肩头睡着了,银灰色的眼睑盖住眸子,小红脚刚好给胸脯上长长的绒毛盖住。我轻轻抬一抬肩,它没醒,睡得好熟!还呷呷嘴,难道在做梦?

我笔尖一动,流泻下一时的感受:

信赖,往往创造出美好的境界。

(二)凝重型

草地夜行
王愿坚

【训练提示】这是一篇革命回忆录,回忆了当年长征途中的一段经历,歌颂了先烈们的革命精神。叙述是从一个孩子的视角展开的。文章的整体可归结为凝重型节奏,但并不代表全文都是凝重甚至低沉的语气。文章的开头讲述长征的艰苦，节奏凝重；中间部分描写革命友谊，气氛轻松；高潮部分节奏紧张，最后凝重收尾。

茫茫的草海，一眼望不到边。大队人马已经过去了，留下一条踩得稀烂的路，一直伸向远方。

干粮早就吃光了，皮带也煮着吃了。我空着肚子，拖着两条僵硬的腿，一步一挨地向前走着。背上的枪和子弹就像一座山似的，压得我喘不过气来。唉！就是在这稀泥地上躺一会儿也好啊！

迎面走来一个同志，冲着我大声嚷："小鬼，你这算什么行军啊！照这样，三年也走不到陕北！"

他这样小看人，真把我气坏了。我粗声粗气地回答："别把人看扁了！从大别山走到这儿，少说也走了万儿八千里路。瞧，枪不是还在我的肩膀上吗？"

他看了看我，笑了起来，和我并肩朝前走。他比我高两头，宽宽的肩膀，魁梧的身材，只是脸又黄又瘦，两只眼睛深深地陷了下去。

"小同志，你的老家在哪儿？"他问我。

"金寨斑竹园！听说过吗？"

"啊，斑竹园！有名的金寨大暴动，就是从你们那儿搞起来的。我在那儿卖过帽子。"

一点儿不错，暴动前，我们村里来过几个卖帽子的人。我记得清清楚楚，爸爸还给我买了一顶。回家来掀开帽里子一看，里面有张小纸条，写着"打倒土豪劣绅"。真想不到，当年卖帽子的同志竟在这里碰上了。

我立刻对他产生了敬佩的感情，就亲热地问他："同志，你在哪部分工作？我怎么从来没见过你呀？"

"我吗？在军部。现在出来找你们这些掉队的小鬼。"他一边说，一边摘下我的枪，连空干粮袋也摘了去，"咱们得快点走呀！你看，太阳快落了。天黑以前咱们必须赶上部队。这草地到处是深潭，掉下去可就不能再革命了。"

听了他的话，我快走几步，紧紧地跟着他，但是不一会儿，我又落下了一大段。

他焦急地看看天，又看看我，说："来吧，我背你走！"我说什么也不同意。这一下他可火了："别磨蹭了！你想叫咱们俩都丧命吗？"他不容分说，背起我就往前走。

天边的最后一丝光亮也被黑暗吞没了。满天堆起了乌云，不一会儿下起大雨来。我一再请求他放下我，怎么说他也不肯，仍旧一步一滑地背着我向前走。

突然，他的身子猛地往下一沉。"小鬼，快离开我！"他急忙说，"我掉进泥潭里了。"

我心里一惊，不知怎么办好，只觉得自己也随着他往下陷。这时候，他用力把我往上一顶，一下子把我甩在一边，大声说："快离开我，咱们两个人不能都牺牲！……要……要记住革命！……"

我使劲伸手去拉他，可是什么也没有抓住。他陷下去了，已经没顶了。

我的心疼得像刀绞一样，眼泪不住地往下流。多么坚强的同志！为了我这样的小鬼，为了革命，他被这可恶的草地夺去了生命！

风，呼呼地刮着。雨，哗哗地下着。黑暗笼罩着大地。"要记住革命！"——我想起他牺牲前说的话。对,要记住革命!我抬起头来,透过无边的风雨,透过无边的黑暗,仿佛看见了一条光明大路,这条大路一直通向遥远的陕北。我鼓起勇气,迈开大步,向着部队前进的方向走去。

(三)舒缓型

桂林山水甲天下
陈 淼

【训练提示】对于舒缓型节奏的处理,一方面要求气息长而轻匀,同时心理状态要舒展、充分,做到"慢而不断";另一方面也要在慢中找到能够稍为加快的地方,做到"慢而不拖"。

这篇散文节奏舒缓,表现为音节较长,句子停顿较多。这里的停顿,一般采取延长停顿前的音节而后衔接的方法,并不是加长停顿的时值。另外,在句中找到可以加快的音节,如"漓江的水真静啊"中"漓江的水"几字可适当加快,而"真静啊"可以拉开了"真——静——啊——"。从快慢组合上,巧妙地运用对比,欲慢先快,使语流显得更悠长、更舒展。与此同时,延长停顿前的音节而后衔接的方法,也保证了语流的舒缓和流畅。

人们都说:"桂林山水甲天下。"我们乘着木船荡漾在漓江上,来观赏桂林的山水。

我看见过波澜壮阔的大海,玩赏过水平如镜的西湖,却从没见过漓江这样的水。漓江的水真静啊,静得让你感觉不到它在流动;漓江的水真清啊,清得可以看见江底的沙石;漓江的水真绿啊,绿得仿佛那是一块无瑕的翡翠。船桨激起的微波扩散出一道道水纹,才让你感觉到船在前进,岸在后移。

我攀登过峰峦雄伟的泰山,游览过红叶似火的香山,却从没看见过桂林这一带的山。桂林的山真奇啊,一座座拔地而起,各不相连,像老人,像巨象,像骆驼,奇峰罗列,形态万千;桂林的山真秀啊,像翠绿的屏障,像新生的竹笋,色彩明丽,倒映水中;桂林的山真险啊,危峰兀立,怪石嶙峋,好像一不小心就会栽倒下来。

这样的山围绕着这样的水,这样的水倒映着这样的山,再加上空中云雾迷蒙,山间绿树红花,江上竹筏小舟,让你感到像是走进了连绵不断的画卷,真是"舟行碧波上,人在画中游"。

(四)紧张型

危急关头沉着冷静,创造飞行奇迹的空军试飞员——梁万俊

【训练提示】梁万俊,空军特级试飞员,上校军衔。先后执行某重点型号飞机火控系统定型试飞、某型系列飞机鉴定试飞等数十项重大科研试飞任务,全部取得准确数据,多次成功处置空中重大特情。

2004年的7月1日,梁万俊试飞国产某新机01号。当他按规程做完动作后,突然发现飞机推力下降,油量指示有异。两分钟后,油表指针停在了0刻度。发动机空中停车!在这种情况下,飞行员完全可以选择跳伞,但科研新机关系着我国在国际航空界的声誉,关系着空军战斗力的提升,关系着无数科研人员的心血,很有可能影响到一代战机的

研制。

梁万俊做出最后决定:一定要保全试验数据!一定要保住科研新机!哪怕只有万分之一的希望!

这惊天一落,使梁万俊成为2004年感动中国十大人物之一。更为重要的是,这惊天一落,避免了一次重大事故,挽救了整个项目。这惊天一落,带回了宝贵的故障数据,大大缩短了科研进程。无论从哪个角度看,这惊天一落都堪称世界航空史上的一个奇迹。

2004年感动中国十大人物颁奖晚会给他的颁奖词这样写道:"鹰是天空中最娴熟的飞行家,但是他却有比鹰还要优秀的飞行技能。万米高空之上,数险并发之际,他从容镇静,瞬间的选择注定了这次飞行像彩虹一样辉煌。生死八分,惊天一落,他创造了奇迹!为你骄傲!中国军人,钢铁是这样炼成的。"

本片充分运用电视手段,以大量的第一手素材和当事人的采访,真实地报道了当时"千钧一发""惊心动魄"的情景,在解说时要注意把握全篇"舒缓—紧张—舒缓—紧张—舒缓"的节奏变化,同时要注意解说与其他素材的整体和谐。

(解说)

2004年7月1日,经过一夜风雨之后,晴空万里。是一个难得的飞行好天气。梁万俊,空军某部特级试飞员,这一天一大早就来到飞机场。下午1点09分,梁万俊登上了准备就绪的新型战机,他飞的第二个架次,飞行科目是发动机万米高空加力试验。飞机很快划出跑道,14分钟后,迅速爬升至12 000米的高空,这时飞机距机场110公里。正当他做完第一组试验后,意外的情况发生了。

(采访)

梁万俊:起飞以后就向北爬高,直接爬到12 000(公里),距机场110公里,然后就回转。回转以后就向南飞行。开完加力以后我就发现,功率箱油量它本来不应该动的,它在往下降。

空军某部试飞大队大队长:当时他报的油量是1 800,因为它全部载油量是2 900升,2 900(升油量)起飞。那么我们飞到那个位置的时候,(油量)不应该少于2 400升,那么它现在1 800升。当时我就说,我说你让它关加力。

梁万俊:完了以后,二号监控室指挥员也在问我。当时他就问我,5V5是不是亮了?我说已经亮了。这时一号塔台也听到了,他说5V5亮了吗,我说是。

空军某部特级飞行员:它消耗的速度太快,超出我们的想象,我们就意识到可能这个系统出了比较大的问题了。

(解说)

梁万俊接到塔台指令后,立即掉转机身,向机场方向返航。在返航的过程中,飞机漏油的情况出乎所有人的意料。

(采访)

梁万俊:这是在我这个对讲下降高度以后,然后我就看,主要是观察供油箱的油量,看这个供油箱油量一直在慢慢地减少,而且减少比较快,基本就从550升,下降到后边的129升,也就是400多升油,只有4分多钟。

空军某部试飞大队大队长： 当时我就跟他说，赶紧把胶阀、直阀关闭再打开。他就打开。打开了以后，我问这个灯灭了没有，他说没灭，就两个告警灯，没灭。紧接着，他报发动引擎折了。

（解说）

从发现飞机漏油开始仅仅过去四分钟，人们还没来得及对飞机漏油作进一步的判断，飞机油箱内的油已经全部漏完。此时飞机的高度已从12 000米降至4 800米，飞机距机场20公里。飞机出现这么重大的故障，飞机失去了动力。而失去了动力，作为一个飞机来讲，八九吨、十来吨的一个金属物体，就成了一个自由落体。所有的人都认为飞机肯定回不来了。

那一个瞬间梁万俊至今还记忆犹新。

（采访）

梁万俊： 反正声音，就是我能听到的声音变小了。听到最后就没声音了。原来我们座舱是密封的，但是我能听到一些发动机的声音，但是停了以后就听不着了。一般有动力的时候，我们下降，我们控制的话，你速度在500到600的时候，它下降率一般十几米，那么我这个没动力就是20多米，比正常的感觉就是你下降快。这个就是一个特殊情况，它确实是一个特殊情况，你紧张都没有用。紧张对我没有帮助。

（解说）

其实在梁万俊刚上航校时，他就被同学们公认为是心理素质最高的。从1982年高中毕业，招飞入伍，第一次上机飞行，他是班里唯一没有呕吐的学员。从那时开始至今，梁万俊已安全飞行1 800多小时，4 100多架次。

对梁万俊而言，天空是美丽的，同时也充满着危险。从事飞行20年，尽管经历过很多突发事件，但这一次空中停车无疑是他遇到的最大的困难。当飞机急速下降至4 300米时，如果梁万俊选择跳伞，没有人会提出异议，但是他在瞬间作出了自己的选择。梁万俊说："我选择了迫降。因为我要把这个飞机带回去。"

选择了迫降就等于选择了危险。在世界航空史上，没动力的飞机迫降成功极为少见，梁万俊所要面对的困难可想而知。因为飞机不仅动力完全丧失，而且电能储备也是个未知数。如果飞机电能不够，带给梁万俊的就是机毁人亡。这时，飞机距机场仅11公里，失去动力的飞机与机场是180度对角，如果要空滑至地面，就必须依靠电能调整飞机姿态，完成三转弯，把机身对准跑道。这时飞机的电能储备至关重要。究竟这个蓄电瓶能工作多长时间？一个根据实验数据，另一个还根据当时搭载的用电设备有哪些，究竟能用多长时间？当时还没有很确切的数据。

（现场资料）

"现在高度？"

"高度4 800。"

"你能看到机场吗？"

"我能看到机场。"

"迫降迫降！"

"明白了！"

(解说)

当时选择迫降,梁万俊也不仅仅单凭勇气。他回忆当时的情况说:"能看见跑道也是一个条件,如果我看不见跑道,我就不知道迫降场迫降地带在哪儿,我就选择不了。如果说有点担心,那就是在三转弯之前,我要进跑道。当时如果我落不进跑道,或者如果说我落跑道后边,或者落到前边,那么有可能出去或者掉跑道后面,就是差那么一点掉跑道后边,很可能就在泥地了。"

在三转弯之前,梁万俊选择跳伞的最后一次机会,如果他选择跳伞仍然无可厚非,但是他放弃了这最后的一次机会。现在,失去动力的飞机每下降一公里,每过一秒钟,哪怕万分之一的疏忽都可能造成严重的后果。人们不禁担心:梁万俊能成功迫降吗?

(采访)

空军某部试飞大队大队长:三转弯你高度低于3 000,可能我就考虑你转出去,因为这边全部都是密集区,往回转,转出去掉头,因为你回不来了,你进不来了,你必须调头。

空军某部特级飞行员:在此位置梁万俊当时报告要求怕高度不太够,现在就报告说,要求试转弯位置向里面抹一点,就是向里面转一点。

梁万俊:当时为什么我往里面转一点呢? 往里面转一点,往里边靠了以后,我能再节约一点高度。因为当时确实没有把握,这样我有多余的剩余高度,我就更有把握了,进跑道。

空军某部试飞大队大队长:当时他到三转弯的时候,报的好像是3 200。我说没关系,我说你速度是多少,他说当时速度是390。我说不行你推杆,我就告诉他,你推杆,保持速度420,因为420,是飞机滑翔最远的一个速度。然后我们就看到从机场,就看到飞机转过来了。

(解说)

13点38分,梁万俊操纵失去动力的飞机出现在机场上空,按照地面指挥员的命令,不断校正着飞机的高度和空滑速度。

(现场资料)

"你正常放起落架对吧?"

"我准备正常放起落架。"

"注意检查液压,你放起落架的时候驾驶杆不要动,因为你电源有故障了,它电压不够!"

"明白了!"

"正常放起落架! 赶快把起落架放下来! 现在高度?"

"高度1 800。"

"距离?"

"距离是一公里。"

"两号检查他起落架放好了没有!"

"起落架放好了!"

"注意保持好速度!"

"明白!"

（解说）

13点41分，在1 100米高空中，梁万俊对准跑道，两分钟后，飞机进入450米处，以超出正常近两倍的速度接地。

（采访）

空军某部试飞大队大队长：后来告诉他，现在你可以拉这个杆，飞机因为角度很大，正常是这样落地，那么他那个是属于这样落下来的。

梁万俊：这个操作主要就是根据地面、飞行员的判断，根据地面飞机要走这个正常能够着陆的一个轨迹，飞行员根据判断，来操纵它，那么再同时指挥员又指挥提示，基本上我的每一个下一步动作，指挥员都提示到了。

（现场资料）

"保持速度！继续转！看到跑道转！很好，没问题，保持好速度！很好，拉平，待住，待住，待住！柔和，柔和，柔和，好的！好，放伞，放伞！好，没问题，放伞，放伞！不行用应急，注意保持方向！轮胎爆了，注意保持直线。好的，停住了；好的，没关系，把所有电源都关了！""明白！"

（解说）

13点45分，失去动力的飞机完成一系列接地动作后，平安着陆，此时距飞机出现故障整整八分钟。

（采访）

梁万俊：松了口气。我感觉这个特情，处置好了，保住了飞机。确实是如果我当时跳下去，这飞机肯定没了。但我把飞机停住了，把电门一关，松了口气。在这之前，精力肯定是高度集中的。

（解说）

事后梁万俊平静地离开机场，这天晚上，他睡得特别香。第二天一早他又投入到了新的试飞任务。

(五)低沉型

十里长街送总理

【训练提示】1976年1月8日，周恩来总理与世长辞。噩耗传来，举国哀恸。15日，追悼会在人民大会堂举行。当总理遗体送八宝山火化时，首都上百万群众自发伫立在十里长街默哀送灵……

本文记述的就是当时的情景。整个场面中，既有环境的描摹，又有情节的渲染，更有人物的特定活动，点面结合，富有层次。

天灰蒙蒙的，又阴又冷。长安街两旁的人行道上挤满了男女老少。路那样长，人那样多，向东望不见头，向西望不见尾。人们臂上都缠着黑纱，胸前都佩着白花，眼睛都望着周总理的灵车将要开来的方向。一位满头银发的老奶奶拄着拐杖，背靠着一棵洋槐树，焦急而又耐心地等待着。一对青年夫妇，丈夫抱着小女儿，妻子领着六七岁的儿子，他们挤下了人行道,探着身子张望。一群泪痕满面的红领巾,相互扶着肩,踮着脚望着,望着……

夜幕开始降下来。几辆前导车过去以后,总理的灵车缓缓地开来了。灵车四周挂着黑色和黄色的挽幛,上面装饰着大白花,庄严,肃穆。人们心情沉痛,目光随着灵车移动。好像有谁在无声地指挥,老人、青年、小孩,都不约而同地站直了身体,摘下帽子,眼睁睁地望着灵车,哭泣着,顾不得擦去腮边的泪水。

就在这十里长街上,我们的周总理迎送过多少位来自五洲四海的国际友人,陪着毛主席检阅过多少次人民群众。人们常常幸福地看到周总理,看到他矫健的身躯,慈祥的面庞。然而今天,他静静地躺在灵车里,越去越远,和我们永别了!

灵车缓缓地前进,牵动着千万人的心。许多人在人行道上追着灵车奔跑。人们多么希望车子能停下来,希望时间能停下来!可是灵车渐渐地远去了,最后消失在苍茫的夜色中了。人们还是面向灵车开去的方向,静静地站着,站着,好像在等待周总理回来。

(六)高亢型

海 燕
高尔基

【训练提示】高尔基的《海燕》发表于1901年4月号的彼得堡《生活》杂志上,是无产阶级文学的开山之作。它有如春天的旋律,时代的前奏曲,革命的宣言书。在作品中,高尔基以昂扬的浪漫主义激情,气势磅礴的艺术笔触,通过对大自然暴风雨即将来临时的客观景象的生动描绘,深刻反映了俄国1905年大革命前夜"山雨欲来风满楼"的形势,暗示了革命暴风雨的即将到来、沙皇专制统治的必然崩溃、革命事业的必然胜利。作品对不畏强暴、敢于斗争、敢于胜利的"海燕"——无产阶级先锋战士给予了最真挚、最热忱的赞颂。

寓情于景、借景抒怀,是本文的艺术特征。全篇运用象征手法,托物言志,形象有力,语言优美,气势磅礴,节奏高亢激昂。朗读时注意高亢型节奏的把握,防止一喊到底,注意对比烘托。

在苍茫的大海上,狂风卷集着乌云。在乌云和大海之间,海燕像黑色的闪电,在高傲地飞翔。

一会儿翅膀碰着波浪,一会儿箭一般地直冲向乌云,它叫喊着,——就在这鸟儿勇敢的叫喊声里,乌云听出了欢乐。

在这叫喊声里——充满着对暴风雨的渴望!在这叫喊声里,乌云听出了愤怒的力量,热情的火焰和胜利的信心。

海鸥在暴风雨来临之前呻吟着,——呻吟着,它们在大海上飞窜,想把自己对暴风雨的恐惧,掩藏到大海深处。

海鸭也在呻吟着,——它们这些海鸭啊,享受不了生活的战斗的欢乐:轰隆隆的雷声就把它们吓坏了。

蠢笨的企鹅,胆怯地把肥胖的身体躲藏在悬崖底下……只有那高傲的海燕,勇敢地,自由自在地,在泛起白沫的大海上飞翔!

乌云越来越暗,越来越低,向海面直压下来,而波浪一边唱歌,一边冲向高空,去迎接那雷声。

雷声轰响。波浪在愤怒的飞沫中呼叫,跟狂风争鸣。看吧,狂风紧紧抱起一层层巨浪,恶狠狠地将它们甩到悬崖上,把这些大块的翡翠摔成尘雾和碎末。

海燕叫喊着,飞翔着,像黑色的闪电,箭一般地穿过乌云,翅膀掠起波浪的飞沫。

看吧,它飞舞着,像个精灵,——高傲的、黑色的暴风雨的精灵,——它在大笑,它又在号叫……它笑那些乌云,它因为欢乐而号叫!

这个敏感的精灵,——它从雷声的震怒里,早就听出了困乏。它深信,乌云遮不住太阳——是的,遮不住的!

狂风吼叫……雷声轰响……

一堆堆乌云,像青色的火焰,在无底的大海上燃烧。大海抓住闪电的箭光,把它们熄灭在自己的深渊里。这些闪电的影子,活像一条条火蛇,在大海里蜿蜒游动,一晃就消失了。

——暴风雨!暴风雨就要来啦!

这是勇敢的海燕,在怒吼的大海上,在闪电中间,高傲地飞翔;这是胜利的预言家在叫喊:

——让暴风雨来得更猛烈些吧!

三、补充训练材料

1. 何容先生的戒烟

老 舍

【训练提示】老舍先生的文章,集通俗性与文学性于一身,平易而不粗俗,精制考究而不雕琢,俗而能雅,清新活泼而又别具韵味,是中国现代文学史上最具典范意义的白话作品。

老舍先生又是一位幽默大师,无论多大的事儿、多大的苦,到他的笔下,都是轻灵的,又可笑,又可爱,又可叹。《何容先生的戒烟》选自老舍发表于1942年6月的《新民报晚刊》上的《四位先生》,文章情景交融,语言有声有色、清新俏皮,富有感染力,幽默得恰到好处。文章篇幅不长,然而何容先生的形象跃然纸上,传神毕至。

首先要声明:这里所说的烟是香烟,不是鸦片。

从武汉到重庆,我老同何容先生在一间屋子里,一直到前年八月间。在武汉的时候,我们都吸"大前门"或"使馆"牌;小大"英"似乎都不够味儿。到了重庆,小大"英"似乎变了质,越来越"够"味儿了,"大前门"与"使馆"倒仿佛没了什么意思。慢慢地,"刀"牌与"哈德门"又变成我们的朋友,而与小大"英",不管是谁的主动吧,好像冷淡得日甚一日,不久,"刀"牌与"哈德门"又与我们发生了意见,差不多要绝交的样子。何容先生就决心戒烟!

在他戒烟之前,我已声明过:"先上吊。后戒烟!"本来嘛,"弃妇抛雏"地流亡在外,吃不敢进大三元,喝么也不过是清一色(黄酒贵,只好吃点白干),女友不敢去交,男友一律是穷光蛋,住是二人一室,睡是臭虫满床,再不吸两支香烟,还活着干吗?

可是,一看何容先生戒烟,我到底受了感动,既觉自己无勇,又钦佩他的伟大;所以,他在屋里,我几乎不敢动手取烟!以免动摇他的坚决!

何容先生那天睡了十六个钟头,一支烟没吸!醒来,已是黄昏,他便独自走出去。我没敢陪他出去,怕不留神递给他一支烟,破了戒!掌灯之后,他回来了,满面红光,含着笑,从口袋中掏出一包土产卷烟来。"你尝尝这个,"他客气地让我,"才一个铜板一枝!有这个,似乎就不必戒烟了!没有必要!"把烟接过来,我没敢说什么,怕伤了他的尊严。面对面地,把烟燃上,我俩细细地欣赏。头一口就惊人,冒的是黄烟,我以为他误把爆竹买来了!听了一会儿,还好,并没有爆炸,就放胆继续地吸。吸了不到四五口,我看见蚊子都争着向外边飞,我很高兴。既吸烟,又驱蚊,太可贵了!再吸几口之后,墙上又发现了臭虫,大概也要搬家,我更高兴了!吸到了半枝,何容先生与我也跑出去了,他低声地说:"看样子,还得戒烟!"

何容先生二次戒烟,有半天之久。当天的下午,他买来了烟斗与烟叶。"几毛钱的烟叶,够吃三四天的,何必一定戒烟呢!"他说。吸了几天的烟斗,他发现了:(一)不便携带;(二)不用力,抽不到;用力,烟油射在舌头上;(三)费洋火;(四)须天天收拾,麻烦!有此四弊,他就戒烟斗,而又吸上香烟了。"始作卷烟者。其无后乎!"他说。

最近二年,何容先生不知戒了多少次烟了,而指头上始终是黄的。

2. 罗阳在"辽宁舰"上

倪 宁

【训练提示】歼-15舰载机成功起降航空母舰"辽宁舰",这是我国国防建设的一次历史性跨越。歼-15舰载机研制现场总指挥罗阳同志因劳累过度突发急性心肌梗死牺牲在工作岗位上。

中央电视台军事部记者当时正在"辽宁舰"上采访报道歼-15舰载机航母起降训练。这期间,接触到同在舰上的罗阳。在拍摄官兵们紧张奋战的大量画面中,也片段式地记录下罗阳在"辽宁舰"上的工作和生活。作者通过这篇作品,把一些画面组接起来,与大家一同追忆罗阳生命中最后的时光。全篇文字深沉质朴,细节刻画生动,具有鲜明的纪实风格。创作时注意把握全篇的"抱团儿""归堆儿"和对比变化,防止"平"和"白"。

2012年11月22日,是我上舰的第一天,第一次见到罗总。

下午2点30分,我乘军用直升机飞抵"辽宁舰"。刚放下行李,就扛起摄像机采访。在狭窄的舱室通道里,与一位身材高大的同志迎面相遇,他主动侧身让行,扶了扶眼镜,微笑着说:"以前试飞都是不公开的,这次看来要报道哇!"

我正愁找采访对象呢,于是问道:"师傅,您是哪个部门的?"他说:"我是航空部门的,搞飞机的。这次试验举国关注,压力大啊,可得一把成功!"旁边一位师傅说:"他是沈飞的罗总,歼-15就是他的孩子,你采访他可算找对人了。"罗阳摆摆手说:"不说了,看明天。"

我当了十几年军事记者,对罗阳这位东北军工重镇老总早有耳闻。这次相遇,他的谦逊、沉静给我留下了很深的印象。

罗阳比我早上舰四天,这期间航母上每天都在进行舰载机着舰前的飞行训练。作为舰载机研制现场的总指挥,罗阳在"辽宁舰"上主要承担两项重要使命:一是研究处理飞机的保障问题;二是分析对比各项数据,为下一步批量生产提供技术准备。

罗阳的手里总是拿着个小本儿,里面记满了只有他自己看得懂的数据和符号,像看宝贝一样,开会时带着,吃饭时也揣在兜儿里。

22日晚上,7点多钟,风很大,下着雪。

很多人走上甲板,一边踱步一边揣测着明天的天气。舱室里,通道间,更多的人在忙碌着。临战前夜,气氛显得有些紧张。

罗阳没有上甲板,他一个人在航母中部的机库里散步。机库有几个篮球场那么大,罗阳绕着走了一圈又一圈,眉头紧锁,脚步急匆匆的。机库墙上有几行大字:满负荷运转、超极限爆发、忘我式拼搏。每次走近,罗阳总会放慢脚步,看上一眼。怎能不紧张呢?歼-15由上万个零件、百万道工序建成,哪怕一个细小的环节出现纰漏,后果都不堪设想!

第二天,23日,歼-15正式着舰飞行。

早晨6点,罗阳就起床了。他顾不上洗漱,就爬上甲板看天气。风小了,雪也停了,天边露出了霞光。

"是个好天气,能飞!"罗阳很兴奋。

8点30分,罗阳登上舰岛三层,在这里迎接歼-15的到来。

9点03分,编号为552的战机飞临"辽宁舰"上空。大家指着天际间时隐时现的黄色斑点,兴奋地小声议论着。罗阳不时拉长衣袖擦拭着镜片,仰着头紧盯着,一刻也不舍得眨眼。"大转弯!""放起落架!""放下尾钩!"罗阳对着天空念叨着。

500米,300米,200米,飞机越来越近,发动机的轰鸣撕破了周围的空气,一股强大的力量撞击着每一个人的身体。瞬间,几十吨的战机以两百多公里的时速扑向甲板,紧紧勾住第二道拦阻索,滑行几十米后稳稳停下,全过程不足两秒钟。

人群顿时欢呼起来,互相击掌、拥抱。太久的压抑、太多的焦虑、太长的煎熬,瞬间释放,一向沉稳的罗阳,也像孩子一样跳了起来!

50分钟后,又一架战机成功着舰,情绪再一次像过山车一样跌宕起伏。

飞机走了,航母上并没有闲下来。

下午5点,罗阳参加航空口例会。他手里拿着厚厚一摞数据表,一张张地放到紧贴眼镜的距离,认真审看。遇到关键数据,就在小本上记下来。机械系统,正常!电传系统,正常!液压系统,正常!罗阳高兴地说:"我们的孩子,没丢脸,真争气!后面的训练,还要确保百分之百成功!"

各种会议一个接着一个,一直进行到深夜。

午夜时分,我找到罗阳住的030207舱室。门虚掩着,我敲了一下就进去了。舱室面积不大,是个双人间,上下铺。罗阳已经躺在床上,和衣而卧。灯光较暗,看不清他的脸。桌上的资料摊开着,那个小本倒放在上面,封底上有罗阳写的一行字:航空报国从来不是荣誉,而是责任。我没有惊扰他,悄悄地离开了。他肯定很累了,明天还有更繁重的任务!

第三天,24日。继续进行歼-15着舰试验。

多架次歼-15战机飞抵"辽宁舰",均一次着舰成功。当最后一架战机稳稳落在甲板上,罗阳也终于有机会近距离接触他心爱的孩子。

人们簇拥着从右舷冲到左舷,争抢着与飞行员握手、拥抱。

有人问:"感觉怎么样?"

飞行员响亮地回答:"很好。"

很多人问:"飞机怎么样?"

飞行员竖起了大拇指连声说:"很好、很好!"

同样的问题问了一遍又一遍,相同的回答重复了一次又一次。听到别人夸赞自己的孩子,罗阳欣慰地笑了。

航母上最后一个夜晚注定是个不眠夜。到处都是脸上挂着喜悦的人们,大家七嘴八舌讨论着、回味着白天惊心动魄的场面。同时,也考虑着上岸后如何庆祝一番。

晚上8点,匆匆吃罢晚饭的罗阳,抓起小本子,又去转舱室了。他庆祝的方式,居然是拜师、讨教。

那个夜晚,罗阳不知敲了多少扇门,找了多少人,问了多少问题,他高大的身躯在曲折狭窄的舱室通道里来回穿行、爬上爬下,该有多么辛苦!

有同事劝他:"试飞不是已经成功了吗?可以缓口气了。"

罗阳感慨道:"对我们搞飞机的人来讲,每一个起降都是一次新的开始,一刻都不能放松,一口气也不能歇呀!"罗阳现在满脑子想的,就是让舰载机早一天上舰,让我们的航母尽快形成战斗力!

那天晚上11点多钟,我把编辑好的新闻画面送审。会议室里挤满了人,各系统的老总都聚在前排。我回头一看,罗阳站在后面,他冲我笑了笑,两只手交叉在胸前,把小本子抱在怀里。

审片一直持续到后半夜两点。结束时,我没见到罗阳,他不知什么时候离开了。我抱着电脑路过罗总的舱室,没忍心敲门。现在回想,那个夜晚,他的身体可能已经很不舒服了。

第四天,25日,完成海试任务的航母就要靠港。

早晨6点。罗阳没有像往常那样按时起床。同事问他:"罗总,你怎么了?"罗阳轻声说:"不太舒服,胸口闷得慌。没事,躺一会就好了。"

8点30分,"辽宁舰"拉响几声短促的汽笛,航母要靠岸了。许多人都跑上甲板,码头上鞭炮声、锣鼓声清晰可闻。有同事跑到罗阳的房间说:"罗总,上去看看吧,你们谢书记和兄弟们在码头上招手呢!"罗阳强挺着起来,走出舱室十米远,扶着墙停住了,"我不去了,一会儿上岸就见着了。"

9点整,"辽宁舰"徐徐靠港,参加试验的人们开始离舰。罗阳拖着行李箱,走出房间。刚迈了两级台阶,就没有气力了,在战士的搀扶下上了甲板。

欢迎的人群,笑容写在每一个人的脸上,可这时的罗阳连拥抱的力气也没有了。摄像机记录下的最后一个镜头,竟然是罗阳拖着沉重的步伐留下的疲惫的背影……

9点30分,迎接试验人员的车队在行进途中,罗阳的心脏突然阵阵绞痛,刚到宾馆,就被同事紧急送往医院,在离医院不到100米的时候,罗阳昏迷了过去。医护人员奋力抢救了三个多小时,12点48分,罗阳的心脏永远停止了跳动。

罗阳走了,航母的汽笛为英雄鸣响!他对祖国的贡献,人们永远铭记!

罗阳活着的时候,和大家一样,默默无闻地在自己的岗位上做着该做的事,航空战线上万万千千的人,都是罗阳。

罗阳活着的时候,和大家一样,踏踏实实地在各自的工作中,为实现自己的梦想而奋斗,改革开放和现代化建设伟大实践中的万万千千的人,也都是罗阳。

默默无闻、踏踏实实、恪尽职守、无私奉献。有这样的信念和执着,航空人一定会实现他们的蓝天梦;中国人民一定会实现我们中华民族伟大复兴的"中国梦"!

3. 听听那冷雨(节选)
余光中

【训练提示】郁结于胸的那浓浓的中华文化情结和挥之不去的"故园故国"相思情,被作者以诗人般的笔触,借助自然的"雨"挥洒得千回百转,绵绵不绝。表达时要特别注意汉语的意境美和词汇双声叠韵的抑扬顿挫的节奏美。

惊蛰一过,春寒加剧。先是料料峭峭,继而雨季开始,时而淋淋漓漓,时而淅淅沥沥,天潮潮地湿湿,就连在梦里,也似乎有把伞撑着。而就凭一把伞,躲过一阵潇潇的冷雨,也躲不过整个雨季。连思想也都是潮润润的。每天回家,曲折穿过金门街到厦门街迷宫式的长巷短巷,雨里风里,走入霏霏令人更想入非非。想这样子的台北凄凄切切,完全是黑白片的味道,想整个中国整部中国的历史无非是一张黑白片子,片头到片尾,一直是这样下着雨的。

……

杏花。春雨。江南。六个方块字,或许那片土就在那里面。而无论赤县也好神州也好中国也好,变来变去,只要仓颉的灵感不灭、美丽的中文不老,那形象那磁石一般的向心力当必然长在。因为一个方块字是一个天地。太初有字,于是汉族的心灵、祖先的回忆和希望便有了寄托。譬如凭空写一个"雨"字,点点滴滴,滂滂沱沱,淅淅沥沥,一切云情雨意,就宛然其中了。

……

听听,那冷雨。看看,那冷雨。嗅嗅闻闻,那冷雨,舔舔吧,那冷雨。雨在他的伞上这城市百万人的伞上雨衣上屋上天线上,雨下在基隆港在防波堤海峡的船上,清明这季雨。雨是女性,应该最富于感性。雨气空蒙而迷幻,细细嗅嗅,清清爽爽新新,有一点薄荷的香味,浓的时候,竟发出草和树林沐浴之后特有的腥气,也许那竟是蚯蚓和蜗牛的腥气吧,毕竟是惊蛰了啊。也许地上的地下的生命,也许古中国层层叠叠的记忆皆蠢蠢而蠕,也许是植物的潜意识和梦,那腥气。

……

雨不但可嗅，可亲，更可以听。听听那冷雨。听雨，只要不是石破天惊的台风暴雨，在听觉上总是一种美感。大陆上的秋天，无论是疏雨滴梧桐，或是骤雨打荷叶，听去总有一点凄凉，凄清，凄楚，于今在岛上回味，则在凄楚之外，更笼上一层凄迷了。饶你多少豪情侠气，怕也经不起三番五次的风吹雨打。一打少年听雨，红烛昏沉。再打中年听雨，客舟中江阔云低。三打白头听雨僧庐下，这便是亡宋之痛，一颗敏感心灵的一生：楼上，江上，庙里，用冷冷的雨珠子串成。

……

雨天的屋瓦，浮漾湿湿的流光，灰而温柔，迎光则微明，背光则幽暗，对于视觉，是一种低沉的安慰。至于雨敲在鳞鳞千瓣的瓦上，由远而近，轻轻重重轻轻，夹着一股股的细流沿瓦槽与屋檐潺潺泻下，各种敲击音与滑音密织成网，谁的千指百指在按摩耳轮。"下雨了"，温柔的灰美人来了，她冰冰的纤手在屋顶拂弄着无数的黑键啊灰键，把晌午一下子奏成了黄昏。

4. 沈园的故事
夏雨青

【训练提示】文章以深情、凄婉为主要感情色彩，通过对沈园的凭吊，追思陆游与唐婉的爱情悲剧。表达时应注意：语气的交流感，避免个人沉浸在凄婉气氛中；把握低沉型节奏特点，声音形式随不同感情色彩要有所变化。

一个宋朝的园林，能够一代代传下来，到今天还依然有名，也许只有绍兴的沈园了。沈园的出名却是由一曲爱情悲剧引起的。诗人陆游和表妹唐婉在园壁上题写的两阕《钗头凤》是其中的热点。

陆游也许是宋朝最好的一个诗人，但肯定不是一个值得唐婉为他而死的人。表妹唐婉是在一个秋天忧郁而逝的，临终前，她还在念着表哥那阕被后人传唱的《钗头凤》。自从这个春天，和陆游在沈园不期而遇后，病榻之上的唐婉就在低吟这阕伤感的宋词。

一枝梅花落在了诗人的眼里，这是南宋的春天，年迈的陆游再次踏进了沈园。在斑驳的园壁前，诗人看到了自己四十八年前题写的一阕旧词：红酥手，黄滕酒，满城春色宫墙柳。东风恶，欢情薄。一怀愁绪，几年离索。错，错，错。春如旧，人空瘦，泪痕红浥鲛绡透。桃花落，闲池阁。山盟虽在，锦书难托。莫，莫，莫！

唐婉在临终的日子里，一遍遍回想自己和表哥那段幸福的岁月。陆游二十岁时初娶表妹唐婉，两人诗书唱和，绣花扑蝶，就像旧小说中才子佳人的典型故事。

可惜这样的日子太短了，唐婉只记得有一天，婆婆对她说，他们两个太相爱了，这会荒废儿子的学业，妨碍功名的。

唐婉至死都没有想通，相爱也会是一种罪名。不过她更没想通的是，那个据说在大风雨之夜出生在淮河一条船上的诗人，后来又横戈跃马抗击金兵的表哥，竟然违背不了父母之命，在一纸休书上签下了羞答答的大名。

陆游四十八年后重游沈园，发现了园壁间一阕褪色的旧词，也叫《钗头凤》，这是唐婉的词迹：世情薄，人情恶，雨送黄昏花易落。晓风干，泪痕残。欲笺心事，独语斜阑。难，难,难,难。人成各,今非昨,病魂常似秋千索。角声寒,夜阑珊,怕人寻问,咽泪装欢。瞒,瞒,瞒!

在南宋的春天,一枝梅花斜在了诗人的眼里,隔着梅花,陆游没能握住风中的一双红酥手。

5. 我有一个梦想(节选)
马丁·路德·金

【训练提示】马丁·路德·金(1929～1968),美国黑人律师,著名黑人民权运动领袖。一生曾三次被捕,三次被行刺,1964年获诺贝尔和平奖。1968年被种族主义分子枪杀。他被誉为近百年来八大最具有说服力的演说家之一。1963年他领导25万人向华盛顿进军"大游行",为黑人争取自由平等和就业。马丁·路德·金在游行集会上发表了这篇著名的演说。

这篇议论性演说,大量而恰切地使用排比、比喻、反复、对比、呼告等修辞手段,全篇澎湃宏阔,激越高昂,豪壮刚健,英武奔放,极具阳刚之美。

深入了解当时的历史背景,体会作者内心强烈的愿望。表达时,一方面要情绪饱满、坚定昂扬;另一方面,语气、语势要有丰富的变化,刚柔相济。节奏既要鲜明又要注意对比变化。另外,请上网听听马丁·路德·金的原版讲演,体会他的激情。

今天,我高兴地同大家一起,参加这次将成为我国历史上为了争取自由而举行的最伟大的示威集会。

100年前,一位伟大的美国人——今天我们就站在他象征性的身影下——签署了《解放宣言》。这项重要法令的颁布,对于千百万灼烤于非正义残焰中的黑奴,犹如带来希望之光的硕大灯塔,恰似结束漫漫长夜禁锢的欢畅黎明。

然而,100年后,黑人依然没有获得自由。100年后,黑人依然悲惨地踟蹰于种族隔离和种族歧视的枷锁之下。100年后,黑人依然生活在物质繁荣瀚海的贫困孤岛上。100年后,黑人依然在美国社会中间向隅而泣,依然感到自己在国土家园中流离漂泊。所以,我们今天来到这里,要把这骇人听闻的情况公之于众。

从某种意义上说,我们来到国家的首都是为了兑现一张支票。我们共和国的缔造者在拟写宪法和独立宣言的辉煌篇章时,就签署了一张每一个美国人都能继承的期票。这张期票向所有人承诺——不论白人还是黑人——都享有不可让渡的生存权、自由权和追求幸福权。

然而,今天美国显然对她的有色公民拖欠着这张期票。美国没有承兑这笔神圣的债务,而是开始给黑人一张空头支票——一张盖着"资金不足"的印戳被退回的支票。但是,我们决不相信正义的银行会破产,我们决不相信这个国家巨大的机会宝库会资金不足。因此,我们来兑现这张支票。这张支票将给我们以宝贵的自由和正义的保障。

……

朋友们,今天我要对你们说,尽管眼下困难重重,但我依然怀有一个梦。这个梦深深植根于美国梦之中。

我梦想有一天，这个国家将会奋起，实现其立国信条的真谛："我们认为这些真理不言而喻：人人生而平等。"

我梦想有一天，在佐治亚州的红色山冈上，昔日奴隶的儿子能够同昔日奴隶主的儿子同席而坐，亲如手足。我梦想有一天，甚至连密西西比州——一个非正义和压迫的热浪逼人的荒漠之州，也会改造成为自由和公正的青青绿洲。

我梦想有一天，我的四个小女儿将生活在一个不是以皮肤的颜色，而是以品格的优劣作为评判标准的国家里。

我今天怀有一个梦。

我梦想有一天，亚拉巴马州会有所改变——尽管该州州长现在仍滔滔不绝地说什么要对联邦法令提出异议和拒绝执行——在那里，黑人儿童能够和白人儿童兄弟姐妹般地携手并行。

我今天怀有一个梦。

我梦想有一天，深谷弥合，高山夷平，歧路化坦途，曲径成通衢，上帝的光华再现，普天下生灵共谒。这是我们的希望，这是我将带回南方去的信念。有了这个信念，我们就能从绝望之山开采出希望之石。有了这个信念，我们就能把这个国家的嘈杂刺耳的争吵声，变为充满手足之情的悦耳交响曲。有了这个信念，我们就能一同工作，一同祈祷，一同斗争，一同入狱，一同维护自由，因为我们知道，我们终有一天会获得自由。

到了这一天，上帝的所有孩子都能以新的含义高唱这首歌：

我的祖国，可爱的自由之邦，我为您歌唱。这是我祖先终老的地方，这是早期移民自豪的地方，让自由之声，响彻每一座山岗。如果美国要成为伟大的国家，这一点必须实现。因此，让自由之声响彻新罕布什尔州的巍峨高峰！

让自由之声响彻纽约州的崇山峻岭！

让自由之声响彻宾夕法尼亚州的阿勒格尼高峰！

让自由之声响彻科罗拉多州冰雪皑皑的洛基山！

让自由之声响彻加利福尼亚州的婀娜群峰！

不，不仅如此；

让自由之声响彻佐治亚州的石山！

让自由之声响彻田纳西州的望山！

让自由之声响彻密西西比州的一座座山峰、一个个土丘！

让自由之声响彻每一个山冈！

当我们让自由之声轰响，当我们让自由之声响彻每一个大村小庄，每一个州府城镇，我们就能加速这一天的到来。那时，上帝的所有孩子，黑人和白人，犹太教徒和非犹太教徒，耶稣教徒和天主教徒，将能携手同唱那首古老的黑人灵歌："终于自由了！终于自由了！感谢全能的上帝，我们终于自由了！"

思考与研讨题

1. 什么是节奏？艺术节奏有哪些基本特性？
2. 什么是播音节奏？如何获得播音节奏？
3. 语言转换的基本技巧有哪些？
4. 结合实际谈谈节奏对有声语言表达的影响和作用。

第十二章　话语样式和话语体式

■ **本章要点**
1. 如何理解话语样式。
2. 话语样式的基本类型及特点。
3. 话语体式与话语样态。

在前面的章节中，我们对有声语言创作过程中的创作准备、情感运动、表现手段等进行了分解，把创作过程化整为零，分为众多元素，以使我们较为直观和深入地认识和掌握其中每个元素的意义、作用和创作要求。本章的话语样式和话语体式着重从传播的整体环境入手，对创作过程中的各个元素进行有机的统合和运用，使我们的语言传播更有效、更恰当、更具多样化。

话语样式和话语体式虽然从表面上看是强调外在表现，但实际上越来越注重由内而外的整体要求，从依据句子、句群、语篇再到依据具体的栏目特点、风格，以及社会环境等，需要观照的东西越来越多，范围越来越广，对有声语言运用的适宜性、恰切性要求越来越高，因此，话语样式和话语体式一方面注重有声语言的形式特点，另一方面更注重声音形式与语言环境的契合，避免为形式而形式。这是我们在学习过程中应特别注意的。

第一节　话语样式的内涵

一、如何理解话语样式

张颂认为："话语样式，是指话语的基本态势和主要形式。"[①]如果观察一下生活中的语言表达，我们不难发现，由于说话的内容、说话的对象、说话的目的、说话的场合等不同，我们说话的方式会自觉不自觉地发生着变化，作报告和谈心不同，在众人面前说话和对一两个朋友聊天不同，在舞台上朗诵与在课堂上讲课不同，对此，人们似乎已然约定俗成。如果用作报告的方式与人谈心效果肯定不好；反过来，作报告时用促膝谈心的方式也不一定让人心里舒服。所以，说话得当，不仅关乎说什么，也与怎么说关系密切。

---

① 张颂：《播音创作基础》（第三版），中国传媒大学出版社2011年版，第143页。

广播电视语言传播强调传播的有效性,这里除了注重内容的准确清楚外,恰当的表达方式对传播的有效性也起着重要的作用。在广播电视语言传播过程中,我们常常需要根据传播内容、传播目的、传播对象、传播的时空特点、栏目特点等运用适当的话语样式。比如新闻播报、专题片解说、谈话节目主持,我们一般会运用不同的话语样式。如果不管什么情况都用一种话语样式,既不符合传播需要,也不能满足受众的需求。语言传播中的话语样式应随着具体传播语境的变化而变化,适应、符合语境的需要,才可能取得较好的传播效果。

因此,对话语样式的认识,我们也可以这样表述:

话语样式是有声语言在一定语境下所具有的一定的声音形式。

就广播电视领域而言,最典型的话语样式是:朗诵式、宣读式、讲解式和谈话式。

我们可以从以下三个方面来认识话语样式:

其一,话语样式的运用以具体语境为依据,具体语境对话语样式有影响、制约作用。不顾语境特点和需要,为形式而形式的做法是不可取的。

其二,话语样式的外在表现是不同特点的总的声音形式。需要明确的是,话语样式中的声音形式与语气中的声音形式并不完全相同,主要表现为:

内在依据不同。语气以句子为单位,语气中的声音形式以具体思想感情为依据,语势表现的也是句子及句子之间思想感情运动的基本态势。话语样式中的声音形式以语境为依据,其涉及范围更大,与具体的思想感情没有直接的关系。

外在表现和要求不同。语气中的声音形式主要表现为语句的感情色彩、分量和变化态势,关注的东西相对单纯,更重视"这一句"的声音形式(包括语势的个性特点)。而话语样式中的声音形式所表现的内容更复杂,或者说影响话语样式的因素更多,语言表达的整体适宜性要求更高,是停连、重音、语气、节奏综合运用的结果。

其三,话语样式是声音形式为适应语境、表现语境而产生的一系列变体。这不是人为规定的,而是人们长期语言实践的结果。这些变体具有一定的独特性,能够从听觉上加以区分,但又不是封闭的,随着时代的发展既会产生新的变体,也会伸展或缩小自己的语境适应面。

二、话语样式的内在依据——语境

(一)语境的含义

对于什么是语境,学者们有许多见解。虽然本质上不大对立,但角度、范围却有所不同。这里我们不过多分析。

在此,我们对语境作如下表述:

语境就是使用语言的环境。是人们在语言运用过程中进行言语表达和理解言语意义时所依赖的各种因素。

语境对于语言运用的重要性可以引用张志公先生的一句话来说明:"不仅一句话

好不好在很大程度决定于语言环境,甚至连对不对离开语言环境都很难判断。"[①]实际上,一句话或一段话说得好不好、对不对,不仅看内容或语法、修辞是不是符合语境,作为有声语言创作,还要看创作主体的表达是不是也符合语境,离开了语境很难判断其表达是否合适。所以,我们的有声语言表达需要契合语境,如果脱离了具体的语境,很难说对不对、好不好。比如我们有时会从感觉上把报告新闻分为"播新闻""说新闻",甚至觉得"说""聊"比"播"要好,其实从内在感觉来说,无论是"播"还是"说"都要有对交流对象"说"的心态,但外在的声音形式却不能都完全一样,这就要根据具体的语境特点来把握。不顾语境都是"说",不仅难以满足不同语境的需要,有声语言形式也太过单调了。

(二)语境的基本构成因素

语境由许多因素构成,语言学家们的认识也并不完全相同,分类标准也不一样,我们在此不作深入辨析,只是根据我们的需要,将语境的基本要素介绍给大家。

从大的方面来说,语境可以分为语言语境和非语言语境,其中各自又包含更具体的内容。

语言语境主要包括上下文或前言后语。

非语言语境主要包含现场语境、认知语境、社会文化语境。现场语境包含时间、地点、场合、对象、身份、目的、话题、语体等。认知语境包括交际者的知识背景、认知水平、评判能力、审美能力等。社会文化语境包括时代特点、文化传统等。

语言语境对于具体的话语组织、理解和话轮的有机接续都有重要作用。不过对话语样式来说,非语言语境对其影响更大。比如,同一内容在演播室报道与在现场进行报道由于所处空间范围、气氛特点不同,在音量、音高、停连方式、语势变化、节奏特点上都应有不同的处理,使用不同的话语样式。如果不顾语境特点,以不变应万变,便会给人不得体的感觉,从而影响传播和交流效果。

(三)广播电视语境结构和基本语境要素

1.广播电视语境结构

广播电视语境存在于整个社会的大语境之中,受整个社会的政治、文化、经济语境的影响。在此,我们只从广播电视内部语境着眼,将广播电视分为这样几个语境层次:广播电视语境—频道/频率语境—栏目语境—节目语境。一般来说,上位语境对下位语境有指导制约作用,下位语境要适应、反映上位语境的要求和特点。对于播音员主持人来说,受到最为直接制约和影响的一般是栏目语境,因为栏目是广播电视传播的基本单位,栏目语境的独特性最为鲜明,并具有相对的稳定性。

2.广播电视基本语境要素

广播电视有多个语境层级,在把握语境特点时需从多个角度具体分析。我们将广播

[①] 西槙光正:《语境研究论文集·序》,北京语言学院出版社1992年版。

电视的基本语境要素抽象为以下几个方面：宗旨和内容、传播者的角色、传受双方的关系、时间与空间。无论是考察频道/频率语境特点还是栏目或节目语境特点，我们都可以从基本语境要素入手进行具体分析和把握。

以栏目语境为例，要把握栏目语境特点我们可以从以下几方面入手：

栏目宗旨、内容定位；传播主体定位、受众定位、交流方式、气氛特点；形态定位；播出时间、播出场景等。

以上语境因素对于播音员主持人说什么和怎样说都有直接的制约与影响。当然，尽管栏目之下的每次节目的语境都要受所在栏目语境的制约，但由于每次节目的目的、内容或嘉宾等具体因素有所不同，播音员主持人应时常进行调整，不能以不变应万变。同时，对于播音员主持人来说，一方面要受具体语境的制约与影响，另一方面也需要根据自己的传播追求，通过话语内容和话语形式构建语境和驾驭语境。

此外，语境中的各个因素往往是以整体方式，即形成一个语境场对语言表达产生影响，因此，我们在对各语境因素进行具体分析后，应对整个语境场进行综合的感受与把握，调整状态，进行恰当的表达。

一般来说，新闻资讯节目更多使用宣读式，专题节目更多使用讲解式，访谈节目更多使用谈话式，还有的节目会根据需要同时运用不同的话语样式。这是因为某种节目更适合使用某种语体，而这样的语体更适合使用某一种话语样式来表现。但这并不是绝对的，面对某一语体的稿件该用何种话语样式，要看它在怎样的语境下使用。不同的栏目语境，话语样式可以有所不同。

三、话语样式的外部表现——一定的声音形式

话语样式外在表现为一定的声音形式。但声音形式不是空壳，不只具有物理属性，更具有社会属性，里面包裹着丰富的内涵。声音形式是内容、情感的载体，并具有相对独立的表情功能。具体来说，一定的声音形式能够体现传受或交际双方的关系，如亲密、疏远、客气、上下级、平等；能够表露态度，营造气氛，如严肃、庄重、欢快、轻松、温馨；能够反映时代特点与时代共变；能够展现个人风格等。因此，不同语境下我们往往需要用不一样的话语样式来表现。反过来，我们也可以通过一定的声音形式感受到表达者所存在或希望营造的语境要求和特点。比如，朗诵式更容易激起人们的感情运动，进入情感抒发的语境氛围中，而宣读式更易使人进入关注内容本身的氛围中。

在以往对语言的研究中，我们通常从文字的角度对语体加以研究，主要着重于其在不同语境类型中词汇、句式、修辞手段的特点分析，对于声音特点的分析不多，即便有也主要集中在诗歌语体的分析，重点在对由语音所形成的诗歌韵律的分析上，对有声语言的表达特点，特别是对声音形式相对独立的表达功能很少关注。

实际上，有声语言在不同的语境中，即由于说话的内容、说话的对象、说话的目的和具体环境等的不同，会表现出不同的声音形式特点。也就是说，声音形式为适应语境、表现语境会呈现出一系列的变体。

总之，话语样式的产生是声音形式适应广播电视中不同语境需要的结果，而当它类

型化后,形式上就有了相对的独立性,反过来人们可以通过其声音形式的特点感受它的内在语境。

第二节 话语样式的基本类型和特点

在现实生活中,话语样式多种多样。广播电视话语样式根据大众传播的语境特点在实践中逐步形成了有自己特色的具有典型性的话语样式:朗诵式、宣读式、讲解式和谈话式。

一、话语样式的基本类型及特点

(一)朗诵式

朗诵的目的往往是朗诵者希望通过有声语言来抒发感情、渲染气氛,注重与受众产生情感的共鸣而非表面上的互动;朗诵的场合一般开放性较强、艺术氛围较浓。这些特点要求朗诵时语言表达起伏较大,感情充沛。与宣读式、讲解式、谈话式相比,朗诵式的艺术特色最为鲜明,感染力最强。

由此形成了朗诵式的基本模式:气势磅礴、跌宕起伏、抑扬奔放、纵横驰骋。[1]

广播电视中的一些大型晚会、现场转播、文学或读书类栏目、专题报道等常会使用朗诵式来表达。

如《中国梦·劳动梦》2015年庆祝"五一"国际劳动节特别节目的开场白:

朱　军:为梦前行,奔腾的钢水浇铸我们永恒的信念。
朱　迅:筑梦拼搏,金色的奖章托起我们崇高的事业。
尼格买提:追梦跨越,神圣的使命成就我们世纪的辉煌。
李思思:圆梦高歌,未来的征程响彻我们豪迈的誓言
朱　军:今天,站在通向浩瀚太空的航天博物馆里,面对来自全国各行各业的劳动模范、先进集体和先进工作者代表,我们迎来了2015年的"五一"国际劳动节。在这个普天同庆的劳动者盛大的节日里,您现在正在收看的是由中华全国总工会和中央电视台联合主办的《中国梦·劳动美》2015年庆祝"五一"国际劳动节特别节目。

主持人出场后运用朗诵式进行表达,较好地烘托、渲染了节日气氛和积极向上的节目主题。

(二)宣读式

宣读行为在我们的日常生活里经常出现,如宣读报告、倡议、通知、注意事项等。"宣读"往往有文本依据,这是因为所要传达的内容要求准确、完整、严谨。广播电视的一个

---

[1] 张颂:《播音创作基础》(第三版),中国传媒大学出版社2011年版,第145页。

重要功能就是传播信息,每天都要发布大量的新闻资讯,其最重要的目的是准确清楚地传播事实。报告新闻时,新闻主播一般要以文本为依据,明确哪些内容是人们欲知的、未知的,以"我想告诉大家"或"我想转述给大家"一件事或一个公告为基本心态,尽力做到语言传播清晰准确。宣读式强调语言表达清晰准确,干脆利落,不追求渲染气氛、情感起伏跌宕,是新闻报道中最重要也是最适宜的话语样式。宣读式的基本模式为:逻辑鲜明、声音爽朗、顿挫巧妙、语势稳健。①

在广播电视语言传播中,由于大多数消息强调在有限的时间传递较多的信息,同时不像故事那样有具体的情节前后联系紧密,因此如何在有声语言线性传播中,让人对信息过耳即明,无须反复琢磨,停连、重音的准确、适当是需要特别注意的。与朗诵式不同,宣读式一般不强调声音对比鲜明,而主张语势稳健,节奏明快。比如:

国务院办公厅日前印发《关于深化高等学校创新创业教育改革的实施意见》,全面部署深化高校创新创业教育改革工作。

《意见》明确,要重点抓好九个方面的任务:一是完善人才培养质量标准。二是创新人才培养机制。三是健全创新创业教育课程体系。四是改革教学方法和考核方式。五是强化创新创业实践。六是改革教学和学籍管理制度。七是加强教师创新创业教育教学能力建设。八是改进学生创业指导服务。九是完善创新创业资金支持和政策保障体系。

(中央电视台《新闻联播》2015 年 5 月 13 日)

当然,并不是所有的消息播报都必须用宣读式,有时也可以用讲解式、谈话式,而且即使是宣读式,也还可以选择不同的格调,对此我们将在话语体式部分加以说明。同样,也不是只有新闻才适用宣读式,比如一年一度的《感动中国》特别节目,其颁奖词和推选委员的推选词也很适于采用宣读式。

(三)讲解式

讲解重在"解","解"即解释、说明。讲解的一个重要目的就是解惑,把要讲的内容讲清楚、解明白;激发他人的兴趣也可以看作是讲解的另一个重要目的。因此,与宣读者不一样,讲解人不仅要告诉他人"是什么",还要很有趣味、很有条理地说明是"怎么回事",条分缕析,循循善诱,交流感较强。这样的心态和目的形成了讲解式的基本模式:丝丝入扣、娓娓道来、细细咀嚼、深深品味。②比如:

公元 1403 年 1 月 23 日,中国农历癸未年的元月一日。这一天,生活在这块土地上的人们,依然延续着自古以来的传统,度过他们一年中最重要的节日——农历元旦。

这一年,人们收到的类似今天的贺年卡上,不再有建文的年号了。建文帝四年的统治,在一场史称靖难之变的战争后,成为了往事。

公元 1403 年的大年初一,大明朝第三个皇帝朱棣,正式启用永乐作为自己的年号。

---

① 张颂:《播音创作基础》(第三版),中国传媒大学出版社 2011 年版,第 144 页。
② 张颂:《播音创作基础》(第三版),中国传媒大学出版社 2011 年版,第 145 页。

这一年为永乐元年。年号的更替,随之带来的将是这个王朝的更多变化。

永乐元年,明朝的首都在今天中国南京。这座六朝古都自东汉时代起就被认为有王者之气。明太祖朱元璋将都城定在这里,并集中国两千年宫殿建筑之精华,建造了皇家宫殿。今天这座宫殿仅留下了这些遗址,但仍不失当年的气魄。

而此时的北京城在大明的版图上,还是朝廷的一个布政司,叫作北平。这里人烟稀少。朱棣11岁时被封为燕王,他和他的旧部们熟悉这里,对这个地方充满着感情。

永乐元年的农历正月十三这一天,朱棣按祖制祭祀完天地回到皇宫。当君臣们相聚一堂时,一个叫李至刚的礼部尚书,提出了一个建议。他说,我以为北平这个地方,是皇上承运龙兴之地。应该遵循太祖高皇帝,另设一个都城的制度,把北平立为京都。永乐皇帝当即非常高兴地答应了下来。在这之后的几个小时里,将北平升为北京,成为王朝第二个京都的一道圣旨昭告了天下。

这个消息很快传遍了全国,而一座伟大宫殿将由此诞生。

(《故宫》第一集《肇建紫禁城》)

讲解式在广播电视语言传播中的应用十分广泛,不仅用于纪录片、专题片的解说,在新闻中也可使用。

(四)谈话式

谈话是我们日常生活中最普遍、最基本的一种言语交流方式。与以上三种话语样式相比,大家都会觉得谈话式是最自然、最生活的一种话语样式。在广播电视语言传播中,改革开放特别是主持人节目兴起后,谈话式在各类节目中被广泛使用。

谈话式的基本模式为:自然流畅、松弛跳脱、潇洒飘逸、灵活近切。[①] 比如:

大家好,欢迎收看《中华医药》。话说有对夫妇,记性不好,医生建议他们把要做的事写在纸上。一天,妻子对丈夫说:"你能去买袋盐吗,记住啊,写在纸上。"丈夫说,"就这么点儿东西不用写!"一会儿拎着瓶醋回来了,妻子顿时就生气了:"你还说能记住,让你买盐你却买瓶醋?"这虽然是个笑话,但是生活中因为记性不好而导致的麻烦并不少见,今天健康故事的主人公,他曾经就有这方面的烦恼。

(《中华医药》2013年第21期)

主持人在跟观众讲上面的话时,要像生活中跟自己的老朋友聊家常一样,亲切随和,有声有色,不能"端着"。

虽说谈话式最自然,但要运用得体也不是只"自然"就行的,更不能随随便便。因栏目的内容、风格、受众特点等差异,对主持人的"自然"会有不同的要求。正如我们生活中与人交谈时会因场合、对象不同而调整说话的方式一样,在话筒前和镜头前,播音员主持人也要根据栏目特点及自我定位,确定与受众交流的恰当方式,否则一味"自然"就会变得"不得体"。

---

① 张颂:《播音创作基础》(第三版),中国传媒大学出版社2011年版,第145页。

二、话语样式的融合

朗诵式、宣读式、讲解式、谈话式是广播电视语言传播的基本样式,它们既相互区分、相互制约又相互渗透、相互融合,其融合的方式为:

一是以某一样式为主,其中融入其他样式的表达特点。以新闻播报为例,如果以宣读式为主,其中也可以根据需要融入讲解式或谈话式甚至朗诵式的特点。比如:

中国动漫产业步入转型关键期

在杭州举行的第九届中国国际动漫节今天落下帷幕了,本届动漫节虽然在论坛、赛事、活动等方面都做了"瘦身",但参展企业的热情却并没有因此而减少,国产原创精品集中亮相,显示我国动漫产业正在进入由量到质的转型关键期。

这是由上海炫动传播股份有限公司最新推出的动漫形象《京剧猫》,将传统的京剧文化元素与猫可爱的形象结合,一下子就吸引了众多的参观者。

而对于上海的这家动漫公司来说,京剧猫也是他们近年来努力转型之后的一个崭新创意。

(中央电视台《新闻联播》2013 年 5 月 1 日)

上面这条信息,播音员在表达时主要是以宣读式为主,在第二、三自然段融进了讲解式和谈话式的特点,增强了语言的交流感和亲切感。

二是同一个节目里多种样式同时存在。在一个栏目或节目中,播音员主持人经常要根据需要在不同的环节转换话语样式。比如一档新闻节目中,新闻主播在播新闻时要用宣读式,在与嘉宾对话或连线前方记者时就要转为谈话式,或许有时还要根据需要运用讲解式,总之,当节目中某一语境因素有所变化时,我们的语言交流方式也应随"境"而变。

三是在不同语境中形成新的变体。每一种样式虽各有特点,但不同样式之间却也存在着亦此亦彼的中间地带,你中有我,我中有你。仍以播报新闻为例,过去宣读特点鲜明,后来开始"说"新闻,当宣读与"说"接触、结合后,就形成了"播讲"的语言样态。"播讲"既不同于典型的宣读,又不同于真正的谈话,但又有两种样式的影子。在具体的表达中,播说结合、诵读结合、亦讲亦说、亦读亦讲的情况是比较普遍的。这是语境的需要,也是语言多样化的需要。

以上我们重点讲述了四种话语样式的特点,强调了使用何种话语样式应以具体语境为依据。这里需要再说明的是话语样式与语体的关系。过去我们非常注重根据不同语体特点来确定表达方式,那么现在是否还应如此呢?我们认为,语体仍是我们确定话语样式的一个重要因素。首先从写的角度看,选用何种语体表情达意也是要依据语境的,透过语体我们可以感受其背后的语境特点和要求,因此,把握某一语体的典型话语样式实际上就是契合其所在语境的特点和需要。其次,语体虽然是确定话语样式的重要因素,但不是唯一的因素。比如同一文本在不同的栏目里,我们可以使用不同的话语样式,这种情况是很普遍的。因此,在考虑使用何种话语样式时,语体是一个重要的参考因素,除此之外还要考虑栏目或节目的其他语境因素。

第三节　话语体式和话语样态

一、话语体式

(一)话语体式的含义

我国传统文论里常常用"体"来表示风格概念,来形容一部作品、一个人的语言表现风格。

背景延伸

刘勰在《文心雕龙·体性》里专门讨论了风格,他将体性分为八种:典雅、远奥、精约、显附、繁缛、壮丽、新奇、轻靡,对后人研究风格有很大影响。陈望道先生在他的《修辞学发凡》中将这八种体性分为四组八种:一是"由内容和形式的比例,分为简约和繁丰";二是"由气象的刚强和柔弱,分为刚健和柔婉";三是"由话里辞藻的多少,分为平淡和绚烂";四是"由检点功夫的多少,分为谨严和疏放"。

西方语言学界对语体层级也有深入研究,法语的文体学界对语体除按功能从横向划分出日常、社政、科技、文艺、司法、媒体等不同语域外,还从纵向划分出了不同的语级,即高雅、粗俗、通用。[①]

作为话语样式,每一样式都可以表现不同的体式或格调,其间也可以或需要分很多层次。需要呈现怎样的格调与话语所处的语境特点有关,特别是"场合"和与交流对象的"关系"对话语体式的影响更为明显,而不同的格调呈现需要通过声音表现手段的变化来实现。

关键术语

话语体式是指广播电视语言传播主体运用声音表现手段在有声语言中呈现出来的一种格调和气氛。

张颂将话语体式分为四类:高雅庄重、平实正规、通俗灵动、消闲自在。[②] 这四种格调大致涵盖了由"正式"到"随意"的基本层级。

需要说明的是,这四个层级只是一种模糊划分,为的是便于学习。它们没有高下之分,都可以在广播电视语言传播中体现,以满足不同栏目的需要,使语言表达更丰富多样。而那些日常生活中可能存在的浅陋粗俗的格调不应出现在广播电视语言传播中,因此,我们不去追求"全面"涵盖,而只关注需要的、适合的。

如上所说,每一个话语样式都可以表现不同的格调。比如在朗诵式里,可以高雅庄

---

① 丁金国:《语体风格分析纲要》,暨南大学出版社2009年版,第28页。
② 张颂:《播音创作基础》(第三版),中国传媒大学出版社2011年版,第147页。

重地朗诵,也可以平实正规地朗诵,还可以通俗灵动地朗诵和消闲自在地朗诵。至于采用哪种格调,需要我们根据具体的语言环境来决定。此外,也许有人会觉得谈话式本身就显示了一种宽松气氛,都很"消闲自在",其实不然。即使是日常谈话,不同场合或不同目的下的级差也很明显。

背景延伸

随意性是谈话语体的主要特征,从寒暄问候、谈天说地,到窃窃私语、促膝谈心都表现出某种随意性。

由于社会交际的广泛需要,日常谈话也会具有较为明确的目的性,态度比较认真,语气较为正式,出现一种认真谈话。认真谈话中随意性减少,专门性和正式性增加,逐渐向书卷语过渡。①

在日常语体内部,语体等级的差别常常是巨大的。如知识阶层的茶间饭余言谈,就异于坊间大众的调侃打诨。虽属同一语体,其语级各异。②

(二)不同话语体式的把握

在实际语言传播过程中运用何种话语体式,我们可以从内外两方面来把握:一是其所在的语境,二是声音表现手段的运用。

就语境角度来说,栏目的风格定位对话语体式有明显的影响。它为语言存在的"场合"确定了一种氛围,播音员主持人在这样的"场合"说话,其格调要符合栏目风格定位才得体。比如《新闻联播》与《朝闻天下》都是新闻节目,但前者更注重稳重大气,后者更强调清新灵动;前者在报告新闻时,高雅庄重和平实正规的格调居多,后者则平实正规与通俗灵动居多。即使是同一内容,在不同栏目里播出,因栏目风格不同其话语格调也应有所调整。当然同一栏目中的话语格调也不是一成不变的,相对来说,时政类新闻庄重感较强,文体类和国际类新闻较通俗灵动,但总体要有稳定性、统一性,不能"出格"。

背景延伸

高雅庄重:在十分庄严肃穆的场合,无论热烈还是沉痛,都要求话语和仪态特别讲究,逻辑严谨、正气凛然、刚劲稳重、端庄大方。

平实正规:在相当切实正式的场合,无论热情洋溢还是平静安详,都要求话语和神态实实在在,规规矩矩、毫不张扬、恳切谦和、平易妥帖。

通俗灵动:在比较宽松亲切的场合,无论家人团圆还是亲友相聚,都要求话语和神态自如放开,可以相当随和、嘘寒问暖、拉拉家常、聊聊世事。

消闲自在:在十分亲密的场合中,无论挚友戏谑还是家人交流,都要求话语和姿态自由自在,亲近自然、无拘无束、海阔天空、心心相印。③

---

① 王德春、陈瑞端:《语体学》,广西教育出版社2000年版,第55页。
② 丁金国:《语体风格分析纲要》,暨南大学出版社2009年版,第27~28页。
③ 张颂:《播音创作基础》(第三版),中国传媒大学出版社2011年版,第147页。

就表现手段来说,不同格调的表达方法有一定的差异,但对于声音的描述很难准确具体。概括来说,同一样式中从高雅庄重到消闲自在,在表达手段运用上大致有这样一些特点:口腔控制、气息控制由强渐弱,总体语速由慢渐快,音节间隔由疏密有序到疏密随意,语句组织从规整走向灵活松散,感情色彩的分量由重渐轻,语势由平稳规整到起伏灵活随意,节奏由稳健大气到轻快自在。在此做一粗略描述:

	高雅郑重	平实正规	通俗灵动	消闲自在
口腔控制	强			→弱
气息控制	强			→弱
语势	平稳规整			→跳跃灵活
节奏	稳健大气			→轻快自在

二、话语样态

话语样态由话语样式和话语体式结合而成。在实际使用中话语样式与话语体式一定是融为一体的,四种话语样式与四种话语体式结合就形成了 16 种基本的话语样态,而这 16 种样态在不同的栏目中,在不同的内容、语体、栏目风格、传播对象等因素的影响下,又会衍生出更为丰富的语言样态,如此,我们的有声语言才更丰富多样、贴切得体。

在一个栏目或一次播音主持过程中,话语样态不是一成不变的,它应随着节目的进程不断地适应调整。就如前面说过的那样,一档新闻节目,有时需要庄重地宣读,有时可以灵动地宣读,有时又需要亲切地与人交谈,这要求我们从话语思维方式、播讲状态、表达方式等方面迅速转换到位。

我们对话语样式、话语体式的划分并不是给大家划定了一个框框,让大家在学习时生搬硬套。实际上,我们需要认识到语言的运用要适境,不同的语境对有声语言有不同的要求,只有不断提高自己有声语言的表现力,方能以万变应万变。

在本章我们重点讲述了话语样式和话语体式的不同特点,强调了语境对于语言运用的影响与制约。我们还必须强调的一点是,作为语言传播主体,不仅要适应语境,还应能驾驭语境,主动地构建语境。广播电视语言来自于社会,但不应是社会生活语言的完全复制,作为大众媒体,理应承担"纯洁"语言、传播健康语言的功能,起到良好的示范作用,因此,一方面我们要去适应语境,但另一方面又要通过我们的语言(包括内容和形式)去构建既贴近百姓又有一定文化品位、审美品质的语言环境。

第四节 实例分析与训练

一、实例分析

龙华:神秘大佛(节选)

从万里长江第一城宜宾市沿金沙江西行,经过屏山县城,再沿着曲折盘旋的山区公路北行 120 公里,便可抵达龙华古镇。

龙华镇始建于宋代,已有 1 400 多年的历史。它依山临水,古风依然。漫步于古镇老街,不经意间抬头便可见八仙山上的神秘大佛。

大佛脚下龙华镇的居民们,几乎都不知道大佛的来历,甚至连大佛叫什么名都一无所知。

大佛立于一段红色的崖壁上,高达 32 米,雄伟庄严。四川省是中国摩崖佛像分布众多的地区,那八仙山大佛究竟会隐藏着什么秘密呢?

龙华镇至今保留着一项独具特色的民间民俗活动——女子踩桥。每年正月十四这天,龙华镇的女子都会自发地聚集到一起,到八仙山大佛下面起香,然后下山,在龙华镇的凉桥上进行踩桥。通过踩桥,目的是消灾祈福,保佑家人及亲友平安、幸福。龙华女子踩桥活动源于宋代,盛行于明清。如果踩桥活动与大佛有关,那大佛的历史可追溯到宋朝,也就是应有上千年的历史。

大佛还有一个谜团让人费解,那就是不知因何原因,大佛没有完工,佛脚没有雕凿出来,为此人们众说纷纭。有的说是因经济所困,有的则认为是战乱所致。

历史上龙华一直是个军事重镇,是历代四川边防驻兵要地。清代时,龙华曾设立平安营,建都阃府。

如果大佛确定是在明代雕造,为何宋代已经设镇的龙华,当地居民却对它一无所知?胡文和作出了一个大胆的推断,龙华镇的居民,肯定是明代以后从外地迁移来的。

为了求证胡文和的推断,我们找到了一户有家谱的居民。在家谱上,我们果然发现了这户朱姓人家的祖上是湖南长沙人,在第十二代时开始西迁。

众多史籍记载,明末清初时的四川战乱肆虐,加上张献忠屠川,四川的人口从明朝末年时的 300 多万,到了清初却只有 8 万人左右。陈长春推断,龙华镇应该就是在那个时候面临了灭顶之灾。建于明代晚期的大佛,对清朝初年才开始迁入的龙华镇居民来说,自然就不了解它的来龙去脉了。

虽然要爬 1 700 多个台阶才能来到大佛身边,但每天还是有人会来到这里膜拜。

了解了古镇的历史,我们也就理解了龙华镇的先人们,为什么要造一座接引佛。他们或许希望大佛能帮助人们早日脱离苦海,接引到美好的极乐世界去。大佛寄托着龙华古镇居民对未来美好生活的期盼。

(视频链接:http://news.cntv.cn/20120822/107131.shtml)

上面这篇文稿是中央电视台《走遍中国》节目"中国古镇"系列之一《龙华:神秘大佛》的部分解说词。作为纪录片解说,用讲解式来表达最合适。我们不妨自己先试着读一读,然后再听一听片子中的解说,体会和把握讲解式的特点。此外,你倾向用怎样的话语格调来表现?与片子里的解说一样吗?哪一种你更喜欢?

我们还可以想想,这篇文稿是不是只能用讲解式来表达呢?请试着设计在不同的语境下进行表达,也许你会有新的体会。

参考语境 1. 在新闻节目中播出。可以设想是一条旅游类新闻。

参考语境 2. 作为出镜记者或主持人在现场向人们介绍龙华古镇。

二、核心训练材料

(一)朗读式核心训练材料

1.高雅郑重格调

荡气回肠唐宋篇——中国唐宋名篇音乐朗诵会开场主持词

【训练提示】《中国唐宋名篇音乐朗诵会》自1999年春节在北京首演以来,以其浓烈的文化内涵倾倒无数观众,迄今已在包括港、澳、台在内的几十座城市演出超过百场。"最好的诗词、最好的作曲和最好的演员相会在最好的高雅音乐殿堂"——"唐宋名篇"已经成为一个名副其实的"文化品牌"。以下选取的朗诵会开场的主持词,行文优美,气势磅礴,适宜用高雅郑重的格调进行表达。"唐宋名篇"在北京的演出地点是中山公园音乐堂和北京音乐厅,请大家训练时注意设想将音乐厅作为演出环境,其观众规模以及典雅的环境对于语言表达的要求。

星河耿耿,银汉迢迢。从远古奔来的中华文明的长河,千回百转,千淘万漉,使一颗明珠浮出了水面,它的异彩流光,穿越时空,照亮了中国文学的长廊。它就是滋养了中华民族文化近千年,并使世界也为之回首的唐宋文学。

徜徉在这文学珍宝馆,我们目不暇接,我们流连忘返。在这里,我们和中国文学史上的众多名流巨匠擦肩而过:迎面走来的是"天子呼来不上船"笑傲红尘的李白,眼望"国破山河在"老泪纵横的杜甫;这一边是听一曲琵琶泪洒青衫的白居易,那一边是登楼远望心忧天下的范仲淹;苏东坡月下把酒,声声向苍天发问,辛弃疾挑灯看剑,夜夜梦里沙场秋点兵;柳永为"有三秋桂子,十里荷花"吟咏歌唱,李清照则为"梧桐更兼细雨"黯然神伤。

唐宋诗词歌赋是一座巍巍丰碑,它计数着中华文明的历史遗产;唐宋文学又是一顶灿灿王冠,它缀满了浓缩中国文学智慧的奇珍异宝。这里,你可以找到"大江东去"的豪放,也可找到"人比黄花瘦"的婉约;可以听到"磨损胸中万古刀"的愤懑呐喊,也可听到"杨柳岸,晓风残月"的浅吟低唱;有怒发冲冠的报国志,也有窗前明月的故乡情;有独上西楼的长相思,也有草长莺飞的梦江南;有春光乍泄的蝶恋花,也有斗霜傲雪的一剪梅。捧出这部宝典,我们感觉到它的分量:刻写历史,它刀刀见血;鞭挞黑暗,它字字带泪;思索人生,它笔笔入理;憧憬光明,它声声不倦。含英咀华,我们也能体味到它的博大:它是历史的凝固,也是现实的观照;是文人的妙笔,也是哲人的沉思;是千里莺啼的锦绣江山卷,也是宫廷王朝的血雨腥风图;它的大漠孤烟,它的塞外鼓角,它的新坟旧鬼,它的金风玉露,共同托起的是中国文学史上的一座珠穆朗玛。

今天晚上,在这个古来圣贤千百次吟咏过的新春之夜,让我们共同举起唐宋名篇这樽美酒,邀明月至花前,引诗情到九重,在一声声荡气回肠的千古绝唱中,开启一次美的旅程。

2. 平实正规格调

怎样才配称作现代学生(节选)
蔡元培

【训练提示】这是蔡元培先生写于20世纪初的一篇文章。文中,蔡先生提出要具备"狮子样的体力""猴子样的敏捷""骆驼样的精神"这三种基本条件,才配称作"现代学生"。作为体现蔡元培教育思想的重要文章,直言主张,词情恳切,在今天看来也颇具深厚的时代意义。以下选取"骆驼样的精神"部分谈谈青年所应负的责任。训练时语境可以设定为主题朗诵演出,也可以在读书类、文化类节目中选用,作品情理交融的力量适宜用平实正规的格调来表达。

在中国四万万同胞中,各人所负责任的重大,恐怕要算青年学生首屈一指了!就中国现时所处的可怜地位和可悲的命运而论,我们几乎可以说:凡是可摆脱这种地位、挽回这种命运的事情和责任,直接或间接都是要落在学生们的双肩上。

第一是对于学术上的责任。做学生的第一件事就是要读书。读书从浅近方面说,是要增加个人的知识和能力,预备在社会上做一个有用的人;从远大的方面说,是要精研学理,对于社会、国家和人类作最有价值的贡献。这种责任是何等的重大!读者要知道一个民族或国家要在世界上立得住脚——而且要光荣地立住——是要以学术为基础的。尤其是,在这竞争激烈的二十世纪,更要依靠学术。所以学术昌明的国家,没有不强盛的;反之,学术幼稚和知识蒙昧的民族,没有不贫弱的。德意志便是一个好例证:德人在欧战时力抗群强,能力固已可惊;大败以后,不到十年而又重列于第一等国之林,这岂不是由于他们的科学程度特别优越而建设力强所致么?我们中国人在世界上原来是很有贡献的——如发明指南针、印刷术、火药之类——所以现时国力虽不充足,而仍为谈世界文化者所重视。不过经过两千年专制的锢蔽,学术遂致落伍。试问在现代的学术界,我们中国人对于人类幸福有贡献的究竟有几个人呢?无怪人家渐渐看不起我们了。我们以后要想雪去被人轻视的耻辱,恢复我们固有的光荣,只有从学术方面努力,提高我们的科学知识,更进一步对世界作出新的贡献,这些都是不能不首先寄望于青年学生的。

第二是对于国家的责任。中国今日,外则强邻四逼,已沦于次殖民地的地位;内则政治紊乱,民穷财匮,国家的前途实在太危险了。今后想摆脱列强的羁绊,则非急图取消不平等条约不可。想把国民经济现状改良,使国家能享独立、自由、富厚的生活,则非使国内政治上轨道不可。昔日范仲淹为秀才时,便以天下为己任,果然有志竟成。现在的学生们,又安可不以国家为己任呢!

第三是对于社会的责任。先有好政治而后有好社会,或先有好社会而后有好政治?这个问题用不着什么争论,其实二者是相互影响的,所以学生对于社会也是负有对于政治同等的责任。我们中国的社会,是一个很老的社会,一切组织形式及风俗习惯,大都陈旧不堪,违反现代精神而应当改良。这也是要希望学生们努力实行的。因为一般年纪大一点的旧人物,有时纵然看得出,想得到,而因濡染太久的缘故,很少能彻底改革的。所以关于改良未来的社会一层,青年所负的责任也是很大的。以上所说的各种责任都放在学生们的身上,未免太重一些。不过生在这时的中国学生,是无法避免这些责任的。

3. 通俗灵动格调

匆匆
朱自清

【训练提示】时间匆匆,人生匆匆,真正的人生不是让时间在每一个生命躯体上刻下大自然的痕迹,而是要留下我们奋斗、追求的印记,这才算没有在人世白白走一遭,这是作品的根本意旨。作者依据自己内心情绪的波动,用自由、舒展的抒情性语言,通过描写空间感觉来表现时间的变化,获得了一种内在的节奏美和旋律美。训练时可以设想一些宽松亲切的场合,比如进行露天的中秋诗会,观众为师友、同窗等;也可以设计在电视诗歌散文节目中,进入实景进行朗读(比如选择校园中环境较好的景点)。朗读者的语言和情态可以根据现场的具体情况更自如、更放开些。

燕子去了,有再来的时候;杨柳枯了,有再青的时候;桃花谢了,有再开的时候。但是,聪明的,你告诉我,我们的日子为什么一去不复返呢?——是有人偷了他们罢:那是谁?又藏在何处呢?是他们自己逃走了罢——现在又到了哪里呢?

我不知道他们给了我多少日子,但我的手确乎是渐渐空虚了。在默默里算着,八千多日子已经从我手中溜去,像针尖上一滴水滴在大海里,我的日子滴在时间的流里,没有声音,也没有影子。我不禁头涔涔而泪潸潸了。

去的尽管去了,来的尽管来着;去来的中间,又怎样地匆匆呢?早上我起来的时候,小屋里射进两三方斜斜的太阳。太阳他有脚啊,轻轻悄悄地挪移了,我也茫茫然跟着旋转。于是——洗手的时候,日子从水盆里过去;吃饭的时候,日子从饭碗里过去;默默时,便从凝然的双眼前过去。我觉察他去得匆匆了,伸出手遮挽时,他又从遮挽着的手边过去。天黑时,我躺在床上,他便伶伶俐俐地从我身上跨过,从我脚边飞去了。等我睁开眼和太阳再见,这算又溜走了一日。我掩着面叹息。但是新来的日子的影儿又开始在叹息里闪过了。

在逃去如飞的日子里,在千门万户的世界里的我能做些什么呢?只有徘徊罢了,只有匆匆罢了;在八千多日的匆匆里,除徘徊外,又剩些什么呢?过去的日子如轻烟,被微风吹散了,如薄雾,被初阳蒸融了;我留着些什么痕迹呢?我何曾留着像游丝样的痕迹呢?我赤裸裸来到这世界,转眼间也将赤裸裸地回去罢?但不能平的,为什么偏要白白走这一遭啊?

你聪明的,告诉我,我们的日子为什么一去不复返呢?

4. 消闲自在格调

归去来兮辞并序
陶渊明

【训练提示】本文是晋安帝义熙元年(公元 405 年)作者辞去彭泽令回家时所作,分"序"和"辞"两节,"序"说明了自己所以出仕和自免去职的原因。"辞"则抒写了归田的决心、归田时的愉快心情和归田后的乐趣。本文语言十分精美。诗句以六字句为主，间以三字句、四字句、七字句和八字句，朗朗上口，韵律悠扬。多用对偶句，有时用叠音词，音乐感很强。描写和抒情、议论相结合，有景，有情，有理，有趣。训练时可以设想一些轻松宽和的场合，比如说在文化（文学）沙龙上进行朗诵，或者在文化界人士的非正式联欢活动中进行表演等。在如上场合，适宜用消闲自在的朗诵式进行表达，可以根据现场情况省去"序"的部分，直接表演"辞"的部分，注意观察现场观众的反应进行灵活的调整。

　　余家贫，耕植不足以自给。幼稚盈室，瓶无储粟，生生所资，未见其术。亲故多劝余为长吏，脱然有怀，求之靡途。会有四方之事，诸侯以惠爱为德，家叔以余贫苦，遂见用为小邑。于时风波未静，心惮远役，彭泽去家百里，公田之利，足以为酒，故便求之。及少日，眷然有归欤之情。何则？质性自然，非矫厉所得。饥冻虽切，违己交病。尝从人事，皆口腹自役。于是怅然慷慨，深愧平生之志。犹望一稔，当敛裳宵逝。寻程氏妹丧于武昌，情在骏奔，自免去职。仲秋至冬，在官八十余日。因事顺心，命篇曰《归去来兮》。乙巳岁十一月也。

　　归去来兮，田园将芜胡不归？既自以心为形役，奚惆怅而独悲！悟已往之不谏，知来者之可追；实迷途其未远，觉今是而昨非。舟遥遥以轻飏，风飘飘而吹衣。问征夫以前路，恨晨光之熹微。

　　乃瞻衡宇，载欣载奔。僮仆欢迎，稚子候门。三径就荒，松菊犹存。携幼入室，有酒盈樽。引壶觞以自酌，眄庭柯以怡颜。倚南窗以寄傲，审容膝之易安。园日涉以成趣，门虽设而常关。策扶老以流憩，时矫首而遐观。云无心以出岫，鸟倦飞而知还。景翳翳以将入，抚孤松而盘桓。

　　归去来兮，请息交以绝游。世与我而相违，复驾言兮焉求？悦亲戚之情话，乐琴书以消忧。农人告余以春及，将有事于西畴。或命巾车，或棹孤舟。既窈窕以寻壑，亦崎岖而经丘。木欣欣以向荣，泉涓涓而始流。善万物之得时，感吾生之行休。

　　已矣乎！寓形宇内复几时，曷不委心任去留？胡为乎遑遑欲何之？富贵非吾愿，帝乡不可期。怀良辰以孤往，或植杖而耘耔。登东皋以舒啸，临清流而赋诗。聊乘化以归尽，乐夫天命复奚疑！

(二)宣读式核心训练材料

1.高雅郑重格调

习近平在巴基斯坦媒体发表署名文章

【训练提示】这是《新闻联播》的播出稿。中央电视台代表中国政府的立场和形象，担负着传达解释政策政令、把握舆论导向、报道重大时政活动、传播先进文化、反映社会生活的重要责任。请同学们结合栏目特点和定位，把握宣读公报时的高雅郑重格调，以体现公报的庄重性与权威性。要求语流畅达，宣读达到"读而不板"的效果。

本台消息：4月19日，在对巴基斯坦进行国事访问前夕，国家主席习近平在巴基斯坦主流媒体发表题为《中巴人民友谊万岁》的署名文章。

习近平指出，这是我首次访问巴基斯坦，但我感觉就像到自己兄弟家探访一样。长期以来，在两国历代领导人和各界人士精心培育下，中巴友谊像一棵茁壮成长的大树，根深叶茂。在巴基斯坦，人们用"比山高、比海深、比蜜甜"这样诗歌般的语言来赞颂中巴友谊。在中国，人们都把巴基斯坦称作"真诚可靠的朋友"。中巴友谊正日益深深植根于两国人民心中。

习近平强调，长期以来，中巴在各领域开展了全方位互利合作，给两国人民带来实实在在的利益。当前，两国正在稳步推进中巴经济走廊建设。中巴合作的出发点和立足点是深化两国利益融合，携手共谋发展，为两国人民带来更多福祉，绘制更加美好的发展蓝图。中国提出丝绸之路经济带和21世纪海上丝绸之路倡议，就是要通过加强沿线国家互联互通，实现共同发展。

习近平表示，我期待着通过这次访问，同巴基斯坦领导人一道谋划两国合作总体框架，推动中巴经济走廊建设和其他各领域务实合作取得实质性进展，使中巴关系在更高水平上向前发展。我们要把两国发展战略更紧密结合起来，共圆人民梦想，将中巴命运共同体打造成为中国同周边国家构建命运共同体的典范；把两国经贸战略更紧密对接起来，深化经济融合，带动巴基斯坦各地区发展，让巴基斯坦广大民众得到实惠；把两国安全关切更紧密结合起来，加强安全合作，加强在地区热点问题上的协调和配合；把两国人文交流更紧密联通起来，推动文明对话，让中巴友好扎根基层，让两国人民的心灵更加贴近；把两国外交战略更紧密协调起来，建设和谐周边，维护两国共同利益，共同营造和平稳定的周边环境。让我们携手并肩，共同努力，开创中巴关系更加美好的未来！

（中央电视台《新闻联播》2015年4月19日）

《感动中国 2012》颁奖词

【训练提示】《感动中国》创办于2002年，是中央电视台年终重头节目之一，每年举办一次。通过一个又一个真实而鲜活的事例，诠释着一个人对国家、对社会应该担当的责任，解读着人与人之间应有的朴素情感。该节目温暖励志，振奋人心，播出十多年来收视率很高，无论是观众，还是主持人、受访者，无不被一种无声的精神力量感动着。静下心来体味这些人物的故事，设想自己就是颁奖现场主持人，请自己组织语言、宣读颁奖词，主持前查阅资料，深入了解人物的感人事迹。

林俊德——纵死终令汗竹香

大漠，烽烟，马兰。平沙莽莽黄入天，英雄埋名五十年。剑河风急云片阔，将军金甲夜不脱。战士自有战士的告别，你永远不会倒下！

《感动中国》推选委员胡占凡这样评价林俊德：

把能够拥有的时光都献给了岗位，最后还在向目标冲锋。这是一位真正用信念撑起生命尊严的军人。

推选委员张瑞敏说：

以智殉国,铸就成中华民族的铜墙铁壁;至死攻坚,绽放成死亡之海的倔强马兰。

陈斌强——孝更绝伦足可矜

小时候,这根布带就是母爱,妈妈用它背着你。长大了,这布带是儿子的深情,你用它背着妈妈。有一天,妈妈的记忆走远了,但爱不会,它在儿女的臂膀上一代代传承。

《感动中国》推选委员杜玉波这样评价陈斌强:

陈斌强自身的朴实行为给他的学生,也给整个社会上了极为生动的一课。他是一个真正有师德的好老师。

推选委员吴孟超说:

陈斌强付出的孝心,不仅抚慰母亲,也抚慰每一位中国人的心,这种中华民族朴素而真挚的人性之美可以作为社会的良药。

何玥——何处春江无月明

正是花样年华,你却悄然离开。你捐出自己,如同花朵从枝头散落,留得满地清香。命运如此残酷,你却像天使一样飞翔。你来过,你不曾离开,你用平凡生命最后的闪光,把人间照亮。

《感动中国》推选委员时文朝这样评价何玥:

12岁的小女孩坦然面对生死已属难能,在病痛中还不忘善济他人。这一场生命最后的告别,不知敲动了多少人的心灵,平凡善举,可以开启一个有爱的未来。

推选委员阿来说:

今天,当我们怀着悲伤提起这个名字时,却又怀着欣喜,为她的生命与另外的生命合二为一,仍在这个世界上熠熠生辉。

陈家顺——动人以行不以言

为乡亲卧底,你吃遍所有的苦;为百姓打工,你换来群众最多的甜。你乔装改扮,却藏不住心底最深的惦念;你隐姓埋名,可我们都知道你是谁,为了谁。

《感动中国》推选委员于丹这样评价陈家顺:

在办公室当局长是本分,吃苦受累冒险卧底当局长是情分。用情分去担当本分的官,才是真正的人民公仆。

推选委员彭长城说:

主动为民生奔波,体恤民生艰难,小可帮扶一家一户,大则微而不弱,烛照未来。

高淑珍——爝火燃回春浩浩

粗糙的手支起课桌,宽厚的背挡住风雨。有了爱,小院里的孩子一天天茁壮起来。你的心和泥土一样质朴,你洒下辛苦的种子,善良会生长成参天大树。

《感动中国》推选委员陈彤这样评价高淑珍:

14年的奉献让爱变成了接力赛。志愿者让爱心小院更幸福。这一切都源于这个普通的农村妇女。

推选委员王振耀说:

十几年如一日为一群不幸的孩子遮风挡雨,幼吾幼以及人之幼的心怀使她成为最伟大的母亲。

张丽莉——冰雪为容玉作胎

别哭,孩子,那是你们人生最美的一课。你们的老师,她失去了双腿,却给自己插上了翅膀;她大你们不多,却让我们学会了许多。都说人生没有彩排,可即便再面对那一刻,这也是她不变的选择。

《感动中国》推选委员陈雨露这样评价张丽莉:

她播撒下的大爱种子,必将被无数的奔跑接力,从黑土地传向四面八方。只有教师心中有爱,孩子的世界才会绽放光芒!

推选委员孙伟说:

危急时刻,她凭直觉挺身而出。那直觉的背后是最具魅力的纯正师德。

2. 平实正规格调

国内联播快讯

【训练提示】同一节目中由于内容不同,播读时的话语体式也会有所变化,以下稿件在《新闻联播》中的"国内联播快讯"中播出,请试着用平实正规的格调进行播读,体会表现不同格调时心理状态的变化以及声音形式的变化。

我国北斗卫星首批海外基站泰国运行

我国北斗卫星首批三个海外基站日前(18号)在泰国春武里府运行使用。基站"头顶"安装的芯片可实时与距地三万公里太空中的北斗卫星形成互动,将北斗定位精确度由米级提高到厘米级。目前泰国境内可收到的太空卫星信号大大优于原来。

铲除网上暴恐音视频专项行动启动

今天(20号),国家互联网信息办公室启动铲除网上暴恐音视频专项行动。专项行动内容包括坚决封堵境外暴恐音视频、在全国全网集中清理网上暴恐音视频、查处一批违法网站和人员、落实企业管理责任、畅通民间举报渠道等。30多家重点互联网企业签署了网上反恐承诺书。

两岸联手破获特大贩卖假药案

大陆警方与台湾调查部门联合开展的、代号为"云龙"的执法行动,近日成功破获一起特大贩卖假药案,抓获犯罪嫌疑人34名,查获假药98万多粒。切断了一条台湾不法分子在广东组织假药货源向台湾贩卖的地下通道。

世界军警狙击手大赛中国武警勇夺三金

中国武警代表队在匈牙利举行的第十三届世界军警狙击手射击比赛中,与16个国家的136名狙击手同场竞技,共同挑战"山地巡逻射击""昆虫入侵""七孔射击"等26项高难科目,最终夺得五个总冠军中的三项冠军。

(中央电视台《新闻联播》2014年6月20日)

五部门要求加强城乡管线安全管理

国家安全监管总局等五部门日前联合发出通知,要求加强城乡规划和建筑、管线工程设计安全管理工作,各地要严格按照有关规定,加强各类管网设施监督管理,强化剧毒危险化学品建设项目的规划选址及批准核准工作。

"前卫—2014D"合成营作战演练结束

代号为"前卫—2014D"合成营山地攻防作战演练结束,远程炮火、战术导弹、反坦克火力等共同构成了远近一体的综合火力打击体系,有效检验了新型弹药的作战效能。

中国民航开通中部地区直飞欧洲航线

今天,广州经停长沙飞往德国法兰克福的航线正式开通,这是中国民航首条中部地区直飞欧洲的航线,由南方航空公司的宽体客机执飞,每周往返三班,该航线将为旅客赴欧旅游、开展商务活动提供便利。

(中央电视台《新闻联播》2014 年 6 月 24 日)

3. 通俗灵动格调

新闻纵横

【训练提示】《新闻纵横》是中央人民广播电台的一档名牌节目,播出时间是每天早 7 点到 9 点,节目不仅追求最快速地传播信息,更追求对新闻的"追问",问今晨、问环球、问真相、追进展、追亲历、追热点、追前沿、追民生、追案情等,这种"追问"的气势,形成了节目语言风格总体简洁紧凑、热情灵动、锋芒犀利的特点。

新闻纵横,追问新闻。早 7 点到 9 点,每天两小时为您追寻新闻答案。我是陈亮。我是林溪,今天是 2015 年 7 月 30 号,下面一小时,新闻纵横继续为您追问新闻答案。

追争议,河南汝州一乡镇被指强制教师淘宝购物,支持农村淘宝为何变了味儿?

追进展,中储粮近日将兑现全部白条,内部追责随之展开。

追进展,安徽小兄妹黑户问题即将解决,爱心公益组织资助其一年生活费。

追热点,中控软件恐遭黑客攻击,克莱斯勒召回百万汽车,"互联网+"时代如何保障汽车安全?

追环球,两千偷渡者预计海底隧道潜入英国,英法严阵以待,能否化解偷渡危机?

节目进行中,您可以通过中国之声在腾讯和新浪的实名微博参与互动,您也可以在微信中搜索新闻纵横的公众订阅号来关注节目的精选内容。

陈　亮: 新闻纵横,追争议,上个月 19 号,河南省汝州市与阿里巴巴集团正式签署战略合作协议,宣告河南省的第二个"农村淘宝"项目落户汝州。这一项目是以电子商务平台为基础,旨在服务农民,创新农业,有效解决农村"买和卖"的问题,让农民足不出户就能把需要的商品买进来,把自己身边的农产品卖出去。

林　溪: 听起来很不错,然而在汝州很多地方,农民根本就不用淘宝,如何推广成了一个难题。汝州的各级单位为此也是想尽了办法,八仙过海各显神通。不过,近日,有网友发帖投诉称,河南汝州市临汝镇多所学校下发通知,要求"事业单位和教师人员必须在

29号这一天在淘宝网上消费500元,校长消费2000元,以支持新型创业模式"。为发展农村淘宝,学校摊派购物,事实果真如此吗?我们来听中央台记者吴哲华的报道。

记　　者: 近日,多名网友发帖投诉称,河南汝州市临汝镇多所学校下发通知,强制教师们在淘宝网购物。网贴曝光了一条被指来自"汝州市临汝镇四中"的信息,称"按照汝州市政府统一部署,事业单位全体人员务必在农村淘宝网上购买不低于500元的物品,29日统一到指定地点网购"。汝州市一位知情人说,有教师前天就反映了相关情况。

知情人: 因为有人反映这个情况,然后我就问了两个学校的教师,他说有这回事,当然是强制的了,他们说临汝镇都是这样。

记　　者: 该网友还发布了一篇落款为临汝镇中心校的情况说明图片,显示临汝镇政府与临汝镇中心校先后召开会议,传达了关于在农村淘宝网上购物的优惠政策,并要求各中小学校长做好宣传发动工作。记者昨天多次拨打临汝镇中心校校长的电话,均无人接听。临汝镇中心校办公室一位李姓专干告诉记者,学校并不是强制教师购物,而是向教师进行"农村淘宝"的宣传。

李专干: 学校的很多老师年轻人都在网上购物,咱们这边不是成立农村淘宝网点,就是给老师提供信息,说镇上有这个网点,不方便可以就进去上网咨询,就可以去网点就近上网,而不是说非得让他们买东西。

记　　者: 临汝镇中心校的通知还说,"由于个别学校校长工作方法不当,导致某些老师对农村淘宝网上购物的误解,因此造成个别人在网上炒作,发泄不满情绪,中心校正在组织校长进一步做好对教师的解释工作。"

李专干: 不满情绪是,当时也不知道啥情况,是不是搞一个虚假网站,有这样的议论。不买也中,是不是必须得买?不是必须买,需要的买,不需要的不买。

记　　者: 昨天下午,临汝镇政府办公室一位张姓工作人员再次强调,镇政府的确开会要求宣传农村淘宝项目,但没有强制老师购物,可能是学校理解错误。

张姓工作人员: 因为在下面做宣传,是建议大家买,没有说必须买。有可能是他们理解错误了。

记　　者: 宣传的范围是学校还是所有事业单位?

张姓工作人员: 整个农村在底下都宣传了。

记　　者: 为什么要在今天买呢?

张姓工作人员: 安排我们这边试点好像是今天开业,等于说在这之前做个宣传,不见得都要在今天买。

陈　亮: 尽管听上去这位工作人员是否认强制摊派,但阿里巴巴拿汝州做典型,在汝州市20个乡镇办事处455个行政村建立淘宝网络,各乡镇各办事处就把这个作为一项"互联网+"的工作向下面推展开来,难免在宣传推广中走样让人误解。

林　溪: 其实说到这儿,他们初衷本来是好的,农村淘宝可以更方便地解决农村买难卖难的问题,"村民不需要购买电脑,甚至也不需要会电脑,网购商品、淘宝开店、网上发布宝贝,支付收款全部由村级服务站代为完成",这的确是件好事。但是在农村,网上买卖毕竟是刚刚起步,这样密集式的推广是否有些操之过急了呢?

(http://china.cnr.cn/yaowen/20150730/t20150730_519359595.shtml)

4. 消闲自在格调

【训练提示】用什么格调来宣读,受多种因素的影响,如内容、栏目定位、传播主体的个性等等。以下内容总体来说比较轻松风趣,请自己设定一个栏目,再结合自己的个性特点进行串联编写,然后运用适当的话语样态与受众进行交流。不必刻意模仿他人的腔调,也不要每一条内容的表达样态都一样。

(1)澳洲华裔新人依中国习俗办婚事　8、9等吉日受欢迎

据澳大利亚新快网报道,拍婚纱照和举行婚礼之间相差一个月看似有点过长。不过,如果你是按照中国农历来选两个好日子操办婚事,例如在8月8日结婚据称会走好运,那就要有点耐心。悉尼华裔夫妇25岁的艾尔马湾和28岁的沙恩定于8月8日拍结婚照,而后在9月9日举办婚礼。他们选择这两个日子是为了象征他们的婚姻长长久久。"按照中国传统,8是个特别的数字,因为它是个无限循环的形状,意味着好兆头。"艾尔马湾说。不过把婚礼延后到下个月是因为:"9的中文谐音与'久'相似。我们希望这两个日子能让我们的婚姻长长久久。"想要通过一个有好含义的日子获得好运的不仅仅是这一对年轻夫妇。

在上周六8月8日,进行的房屋拍卖会就超过800场,是6年来最走运的周六拍卖日。房产中介Century 21代理金•戴维(David Kim)期望这两个幸运数字叠加起来能为卖主带来好运。"在这个地区,购买房产的多数都是中国人,毫无疑问,这对中国买家而言是个好日子。当走进该房产参观时,我就说'如果你在8月8日买下这套房,你就会走好运'。"金•戴维说。

(中国新闻网,2015年8月10日)

(2)女儿晒太阳遭"偷窥"　美国男子用枪击落无人机

据外媒报道,美国肯塔基州两名少女日前在家中晒太阳时,发现一架无人机在上空盘旋。在得知此事后,女孩的父亲二话不说,抓起一支猎枪将无人机击落。不过,这名父亲却因为此举面临指控。

报道称,家住肯塔基州的47岁男子威廉•梅里迪斯表示,女儿们在晒太阳的时候发现一架无人机在空中盘旋。而在飞临梅里迪斯家之前,这架无人机还曾"骚扰"邻近人家。

得知女儿们被"窥探",梅里迪斯一怒之下抓起猎枪,将无人机击落。没过多久,就有几名男子上门交涉,但他们在看到梅里迪斯手上有枪后便离去。之后,警方抵达现场,将梅里迪斯逮捕。

无人机的所有者声称,他当时只是用无人机为朋友的房屋拍照。梅里迪斯则表示,无人机飞越房屋的围栏,不知道它是不是被用来偷窥女孩或是实施偷窃,对他来说,这架无人机侵犯了他们的私隐,与擅闯民居无异。

警方指出,击落无人机的举动将令梅里迪斯面临蓄意破坏等罪名指控。

(中国新闻网,2015年8月2日)

(3)两岁的英国孩子奥斯卡·瑞格雷

当大多数两岁的小朋友仍在缠着爸爸妈妈要抱时,英国两岁小神童奥斯卡·瑞格雷就已经对古罗马时期的历史了如指掌。奥斯卡智商超出 160,堪比爱因斯坦。在两岁五个月零十一天的时候,奥斯卡被全球高智商人士俱乐部——"门撒国际"接纳为会员。

奥斯卡的父亲乔透露,奥斯卡 4 个月时就自己挑衣服穿,9 个月开始说话,一岁半就能背诵字母表。两岁时,他已经掌握了数千个词语,而大多数两岁的孩子只能掌握约 50 个词语。

奥斯卡好奇心非常强,年仅两岁的他表现出极高的音乐天赋。最近,奥斯卡迷上了古典音乐。当他坐在汽车后座上沉浸在音乐中时,他会一边打拍子一边告诉父母正在播放的音乐是由哪几种乐器演奏的。

英格兰索里赫尔天才儿童信息中心的评估人员透露,奥斯卡是目前他们所接触到的最聪明的孩子。他的智商究竟是多少,目前还没有定论。专家称,要想知道准确数字,还需要几年的测试。

"门撒国际"发言人指出,到目前为止,奥斯卡是该组织内部年龄最小的一名会员。据悉,只有智商在 148 以上的人才有资格加入该组织。1995 年,"门撒国际"曾接纳了当时两岁零十个月的本·伍德为会员。今年年初,来自伦敦北的两岁零五个月十四天的女童伊莉斯·坦·罗伯特成为该组织的小会员。伊莉斯的智商为 158。

据悉,奥斯卡的父母智商都平平,但他的舅舅乔纳森也是一个天才。1995 年,年仅 13 岁的乔纳森考上大学,主修计算机专业。

(国际在线,2009 年 10 月 10 日)

(4)修车工意外发现自己竟是岛国王储 耗时 7 年赢民心

据外媒报道,美国 45 岁汽车修理工人赫尔在 2008 年搜寻祖先宗谱时,意外发现自己竟是英属曼岛的王位继承人,经过 7 年的人生探险,他逐渐赢得自己"子民"的民心,以王室相待。

报道称,来自马里兰州的赫尔,带着妻子帕梅拉和 12 岁女儿葛莉丝,越洋 3 000 英里,来到这个位于英格兰和爱尔兰之间的小岛,学习如何起居坐卧像个皇族。

纵使赫尔的家世让他有资格获邀参加英国威廉王子的婚礼,但要赢得当地人民的尊崇和接纳,却要困难得多,因为当地民众对于一名美国人获得该岛王位颇不以为然。

当赫尔一家人来到曼岛后,对该岛充满好奇,也开始熟悉当地传统及学习当地土语。但他们很快发现,从普通老百姓转变成勉强及格的王公贵族,非常不容易。

赫尔说:"即使我已正式成为国王,除非赢得曼岛人民的人心,这个头衔毫无意义。"为了达到此目标,赫尔为一家三口聘请了皇室顾问和礼仪老师。赫尔初见顾问时,拿自己大肚腩和对方相撞以示热情寒暄,吓坏了对方;他把餐巾扣在衣领下,还拿它擤鼻子,也令礼仪老师目瞪口呆。

帕梅拉说:"如今我学了这么多礼仪和文化,终于感觉自己比较像是个皇族了。"

然而,在赫尔逐渐地赢得当地人敬重的同时,他的家人对于完全定居曼岛并不热衷。葛莉丝说:"我不希望抛弃我的成长之地,永久住在这里。"

(中国新闻网,2015 年 8 月 9 日)

(三)讲解式核心训练材料

1.高雅郑重格调

独一无二的艺术家莫扎特

【训练提示】这是翻译家傅雷于1956年为纪念莫扎特诞辰200周年所作的一篇文章。文章既介绍了莫扎特的生平,又以饱含深情的笔触赞扬了莫扎特伟大的艺术成就和独一无二的艺术境界,即使读者对莫扎特的音乐了解不多,读来仍有指导意义。全文语言清新雅致,娓娓道来,适合在较高品位的专题节目中播出。

不仅仅在音乐史上,在整部艺术史上,莫扎特都是独一无二的人物。

他的早慧是独一无二的。

莫扎特四岁学钢琴,不久就开始作曲,就是说他写音乐比写字还早。五岁那年,一天下午,父亲雷沃博带了一个小提琴家和一个吹小号的朋友回来,预备练习六支三重奏。孩子挟着他儿童用的小提琴也要加入。父亲呵斥道:"学都没学过,怎么来胡闹!"孩子哭了。吹小号的朋友过意不去,替他求情,说让他在自己身边拉吧,好在他音响不大,听不见的。父亲还咕噜着说:"要是听见你的琴声,就得赶出去。"孩子坐下来拉了,吹小号的乐师慢慢地停止了吹奏,流着惊讶和赞叹的眼泪——孩子把六支三重奏从头至尾都很完整地拉完了。

八岁,他写了第一支交响乐;十岁写了第一出歌剧。14至16岁之间,在歌剧的发源地意大利(别忘了他是奥地利人),写了三出意大利歌剧在米兰上演。按照当时的习惯,由他指挥乐队。十岁以前,他在日耳曼十几个小邦的首府和维也纳、巴黎、伦敦各大都市作巡回演出,轰动全欧。有些听众还以为他神妙的演奏有魔术帮忙,要他脱下手上的戒指。

正如他没有学过小提琴就能参加三重奏一样,他写意大利歌剧也差不多是无师自通的。童年时代常在中欧、西欧各地旅行,孩子的观摩与听的机会多于正规学习的机会,所以莫扎特的领悟与感受的能力,吸收与消化的迅速,是近乎不可思议的。我们古人有句话说:"小时了了,大未必佳",欧洲人也认为早慧的儿童长大了很少有真正伟大的成就。的确,古今中外,有的是神童,但神童而卓然成家的并不多,而像莫扎特这样出类拔萃、这样早熟的天才而终于成为不朽的大师,为艺术界放出万丈光芒的,至此为止还没有第二个例子。

他的创作数量的巨大,品种的繁多,质地的卓越,是独一无二的。

巴哈、韩德尔、海顿,都是多产的音乐家,但韩德尔与海顿都活到70以上的高年,巴哈也有65岁的寿命。莫扎特却在35年的生涯中完成了大小622件作品,还有132件未完成的遗作,总数是754。举其大者而言,歌剧有22出,单独的歌曲、咏叹调与合唱曲67支,交响乐49支,钢琴协奏曲29支,小提琴协奏曲13支,其他乐器的协奏曲12支,钢琴奏鸣曲及幻想曲22支,小提琴奏鸣曲及变体曲45支,大风琴曲17支,三重奏四重奏五重奏47支。没有一种体裁没有他登峰造极的作品,没有一种乐器没有他的经典文献,在

170年后的今天,还像灿烂的明星一般照耀着乐坛。在音乐方面这样全能,歌剧与其他器乐的制作都有这样高的成就,毫无疑问是绝无仅有的。莫扎特的音乐灵感简直是一个取之不竭、用之不尽的水源,随时随地都有甘泉飞涌,飞涌的方式又那么自然,安详,轻快,妩媚。没有一个作曲家的音乐比莫扎特的更近于"天籁"了。

文艺复兴以后的两个世纪中,欧洲除了格鲁克为法国歌剧辟出一个途径以外,只有意大利歌剧是正宗的歌剧。莫扎特却作了双重的贡献:他既凭着客观的精神,细腻的写实手法,刻画性格的高度技巧,创造了《费加罗的婚礼》与《唐·璜》,使意大利歌剧达到空前绝后的高峰;又以《后宫诱逃》与《魔笛》两件杰作为德国歌剧奠定了基础,预告了贝多芬的《斐但丽奥》、韦柏的《自由射手》和瓦格纳的《歌唱大师》。

交响乐在音乐艺术里是典型的日耳曼品种。虽然一般人称海顿为交响乐之父,但海顿晚年的作品深受莫扎特的影响,而莫扎特的降E大调、G小调、C大调(丘比特)交响乐,至今还比海顿的那组《伦敦交响乐》更接近我们。在交响乐中,莫扎特也同样完满地把拉丁精神(明朗、轻快、典雅)与日耳曼精神(复杂、谨严、深思、幻想)熔于一炉。正因为民族精神的觉醒和对于世界性艺术的领会,在莫扎特心中同时并存,互相攻错,互相丰富,他才成为音乐史上承前启后的巨匠。以现代辞藻来说,在音乐领域之内,莫扎特早就结合了国际主义与爱国主义,虽不自觉的结合,但确是最和谐最美妙的结合。当然,在这一点上,尤其在追求清明恬静的境界上,我们没有忘记伟大的歌德;但歌德是经过了60年的苦思冥想(以《浮士德》的著作年代计算),经过了狂飙运动和骚动的青年时期而后获得的;莫扎特却是自然而然的,不需要作任何主观的努力,就达到了拉斐尔的境界,以及古希腊的雕塑家斐狄阿斯的境界。

莫扎特之所以成为独一无二的人物,还由于这种清明高远、乐天愉快的心情,是在残酷的命运不断摧残之下保留下来的。

大家都熟知贝多芬的悲剧而抱以极大的同情;关心莫扎特的苦难的,便是音乐界中也为数不多。因为贝多芬的音乐几乎每页都是与命运肉搏的历史,他的英勇与顽强对每个人都是直接的鼓励;莫扎特却是不声不响地忍受鞭挞,只凭着坚定的信仰,像殉道的使徒一般唱着温馨甘美的乐句安慰自己,安慰别人。虽然他的书信中常有怨叹,也不比普通人对生活的怨叹有什么更尖锐更沉痛的口吻。可是他的一生,除了童年时期饱受宠爱,像个美丽的花苞以外,比贝多芬的只有更艰苦。《费加罗的婚礼》与《唐·璜》在布拉格所博得的荣名,并没给他任何物质的保障。两次受雇于萨尔斯堡的两任大主教,结果受了一顿辱骂,被人连推带踢地逐出宫廷。从25到31岁,六年中间没有固定的收入。他热爱维也纳,维也纳只报以冷淡、轻视、嫉妒,音乐界还用种种卑鄙手段打击他几出最优秀的歌剧的演出。1787年,奥皇约瑟夫终于任命他为宫廷作曲家,年俸还不够他付房租和仆役的工资。

为了婚姻,他和最敬爱的父亲几乎决裂,至死没有完全恢复感情。而婚后的生活又是无穷无尽的烦恼:九年之中搬了12次家;生了六个孩子,夭殇了四个。当铺是莫扎特常去的地方,放高利贷的债主成为他唯一的救星。

悲惨的生活中,莫扎特还是终生不断地创作。贫穷、疾病、妒忌、倾轧,日常生活中一切琐琐碎碎的困扰都不能使他消沉;乐天的心情一丝一毫都没受到损害。所以他的作品从来不透露他的痛苦的消息,非但没有愤怒与反抗的呼号,连挣扎的气息都找不到。后世的人单听他的音乐,万万想象不出他的遭遇而只能认识他的心灵——多么明智、多么高贵、多么纯洁的心灵!音乐史家都说莫扎特的作品所反映的不是他的生活,而是他的灵魂。是的,他从来不把艺术作为反抗的工具,作为受难的证人,而只借来表现他的忍耐与天使般的温柔。他自己得不到抚慰,却永远在抚慰别人。但最可欣幸的是他在现实生活中得不到的幸福,他能在精神上创造出来,甚至可以说他先天就获得了这幸福,所以他反复不已地传达给我们。精神的健康,理智与感情的平衡,不是幸福的先决条件吗?不是每个时代的人都渴望的吗?以不断的创造征服不断的苦难,以永远乐观的心情应付残酷的现实,不就是以光明消灭黑暗的具体实践吗?有了视患难如无物、超临于一切考验之上的积极的人生观,就有希望把艺术中美好的天地变为美好的现实。假如贝多芬给我们的是战斗的勇气,那么莫扎特给我们的是无限的信心——让我们更确信只有热爱生命才能克服忧患。莫扎特几次说过:"人生多美啊!"这句话就是了解他艺术的钥匙,也是他所以这样伟大的主要因素。

虽然根据史实,莫扎特在言行与作品中并没表现出法国大革命以前的民主精神(他的反抗萨尔斯堡大主教只能证明他艺术家的傲骨),也谈不到人类大团结的理想,像贝多芬的合唱交响乐所表现的那样;但一切大艺术家都受时代的限制,同时也有不受时代限制的普遍性——人间性。莫扎特以他朴素天真的语调和温婉蕴藉的风格,所歌颂的和平、友爱、幸福的境界,正是全人类自始至终向往的最高目标,尤其是生在今日的我们所热烈争取、努力奋斗的目标。

因此,我们纪念莫扎特200周年诞辰的意义绝不止一个:不但他的绝世的才华与崇高的成就使我们景仰不已,他对德国歌剧的贡献值得我们创造民族音乐的人揣摩学习,他的朴实而又典雅的艺术值得我们深深地体会;而且他的永远乐观、始终积极的精神,对我们是个极大的鼓励;而他追求人类最高理想的人间性,更使我们和以后无数代的人民把他当作一个忠实的、亲爱的、永远给人安慰的朋友。

2. 平实正规格调

《舌尖上的中国》第一集《自然的馈赠》

【训练提示】《舌尖上的中国》与其说是美食纪录片,不如说是一部人文纪录片。请同学们用心体会美食背后蕴藏着的故事、承载的历史,以及每一个辛勤付出的普通劳动者的淳朴与智慧。该节目透过博大精深的中华美食讲述中华民族的勤劳智慧和悠久历史,平实正规的格调,更添人文气息。

中国拥有世界上最富戏剧性的自然景观:高原、山林、湖泊、海岸线。这种地理跨度有助于物种的形成和保存,任何一个国家都没有这样多潜在的食物原材料。为了得到这份自然的馈赠,人们采集、捡拾、挖掘、捕捞。穿越四季,本集将展现美味背后人和自然的故事。

香格里拉,松树和栎树自然杂交林中,卓玛寻找着一种精灵般的食物——松茸。松茸保鲜期只有短短的两天,商人们以最快的速度对松茸进行精致的加工,这样一只松茸24小时之后就会出现在东京的市场中。

松茸产地的凌晨三点,单珍卓玛和妈妈坐着爸爸开的摩托车出发。穿过村庄,母女俩要步行走进 30 公里之外的原始森林。雨让各种野生菌疯长,但每一个藏民都有识别松茸的慧眼。松茸出土后,卓玛立刻用地上的松针把菌坑掩盖好,只有这样,菌丝才可以不被破坏。为了延续自然的馈赠,藏民们小心翼翼地遵守着山林的规矩。

为期两个月的松茸季节,卓玛和妈妈挣到了 5 000 元,这个收入是对她们辛苦付出的回报。

老包是浙江人,他的毛竹林里,长出过遂昌最大的一个冬笋。冬笋藏在土层的下面,从竹林的表面上看,什么也没有,老包只需要看一下竹梢的叶子颜色,就能知道笋的准确位置,这完全有赖于他丰富的经验。

笋的保鲜从来都是个很大的麻烦,笋只是一个芽,是整个植物机体活动最旺盛的部分。聪明的老包保护冬笋的方法很简单,扒开松松的泥土,把笋重新埋起来,保湿,这样的埋藏方式就地利用自然,可以保鲜两周以上。

在中国的四大菜系里,都能见到冬笋。厨师偏爱它,也是因为笋的材质单纯,极易吸收配搭食物的滋味。老包正用冬笋制作一道家常笋汤,腌笃鲜主角本来应该是春笋,但是老包却使用价格高出 20 倍的遂昌冬笋。因为在老包眼里,这些不过是自家毛竹林里的一个小菜而已。

圣武和茂荣是兄弟俩。每年 9 月,他们都会来到湖北的嘉鱼县,来采挖一种自然的美味。这种植物生长在湖水下面深深的淤泥之中,茂荣挖到的植物的根茎叫作莲藕,是一种湖泊中高产的蔬菜——藕。

作为职业挖藕人,每年茂荣和圣武要只身出门七个月,采藕的季节,他们就从老家安徽赶到有藕的地方。较高的人工报酬使得圣武和茂荣愿意从事这个艰苦的工作。挖藕的人喜欢天气寒冷,这不是因为天冷好挖藕,而是天气冷买藕吃藕汤的人就多一些,藕的价格就会涨。

整整一湖的莲藕还要采摘五个月的时间,在嘉鱼县的珍湖上,300 个职业挖藕人,每天从日出延续到日落。在中国遍布淡水湖的大省,这样的场面年年上演。

今天当我们有权远离自然,享受美食的时候,最应该感谢的是这些通过劳动和智慧成就餐桌美味的人们。

3. 通俗灵动格调

第 10 放映室·周星驰的银幕形象

【训练提示】《第 10 放映室》是中央电视台社教中心文化专题部的一档介绍电影文化的栏目。每期节目围绕一个主题,列举三到五部电影,对电影内容加以介绍和评点,雅俗共赏,突出了节目的观赏性,具有很强的娱乐性。

主持人:著名香港演员周星驰,拍了近 50 部电影,被尊为一代喜剧之王。他是票房灵药、搞笑天才,又是充满后现代精神的解构高手。他以他极具个性的电影作品影响了 20 世纪末 21 世纪初的一代年轻人。《第 10 放映室》选取九个最典型的银幕形象,和观众一起欣赏、分析周星驰与众不同的表演风格和艺术追求。

(字幕+影视资料:"坏学生"——周星星)

解　说：由王晶制片、陈嘉上执导的影片《逃学威龙》无论是剧作结构还是笑料噱头，都可以说是周星驰风格的代表作，而这时正处于上升期的他，演技发挥得也极为出色。单是笑料的设计就费了不少苦心。影片从主人公周星星进入学校，就开始营造喜剧氛围，空旷的大门前孤零零的一个人显得孤立无助，学校里面简直像个集中营，并有很多可怕的校规。身为飞虎队佼佼者的主人公，卧底学校做学生，并做了一切学生们想做不能做，甚至连想都没有想到过的事情。这种角色简直就是为周星驰度身定造的，一种情况下是绝顶高手，一种情况下是绝对菜鸟，身份的大反差正是发挥演技的最佳条件。

(字幕+影视资料:"周版"——韦小宝)

解　说：周星驰版的韦小宝可谓"形神兼备"。自小在怡红院长大的他，一种鲜活的市井气几乎无须更多的夸张强化。

周星驰用那胡说八道的语言，充分地显示出了韦小宝世俗化的机敏。自打他扮演了韦小宝那个市井小混混后，再提到韦小宝的时候人们准会条件反射似的想到他。

(字幕+影视资料:"反才子"——唐伯虎)

解　说：影片用喜剧的方式表现一对才子佳人的浪漫爱情故事。素有"江南四大才子"美誉的唐伯虎也在周星驰的扮演下一举改变了几千年来在人们心目中的传统形象。因在庙会上看见了对他倾城一笑的华府丫环秋香，立志追求。为博得佳人欢心，隐瞒身份，来到华府甘做下人，为此可费了不少脑筋。

(字幕+影视资料:《大话西游》——至尊宝)

解　说：这是一部公认的周星驰经典影片，在观众心目中的地位已经无可动摇。以这部影片为代表，周星驰已经脱离了香港电影着重故事叙述的形式，而进入以表达方式为主的境界。尽管在以往影片中都有爱情的成分，但都是为了搞笑。可是在这里，爱情却是沉痛的。当已经与红尘无缘的孙悟空发出撕心裂肺的呐喊时，我们已无法再笑出来。

(字幕+影视资料:《喜剧之王》——尹天仇)

解　说：可以说《喜剧之王》的尹天仇就是成名前历经辛酸的周星驰。片中主人公尹天仇是剧组里一个跑龙套的小演员，他十分热爱自己的工作，却屡遭失败。面对种种挫折，主人公依然对喜剧情有独钟，而且只要有一点点戏份都分外卖力地表演。

但他的专业精神却在这些情境里被表现成了一种累赘和一个讽刺，他的屈辱和挫败也一次次不动声色地被重复，而他只同样重复着一句话："其实我是一个演员。"

4.消闲自在格调

天安门广场解说词

【训练提示】这是在天安门广场，面对兴致勃勃的参观者所说的导游词。可以设想自己就是置身于天安门广场的主持人，边走边说，为观看旅游节目的观众做导游式的讲解。虽然讲解内容是天安门宏伟厚重的历史文化，但游客们整个游览状态是消闲自在的，导游的讲解要与之相呼应。

天安门广场是目前世界上最大的城市中心广场，它位于北京市区的中心。天安门广场呈长方形，南北长880米，东西宽500米，总面积44万平方米。如果人们肩并肩地站在广场上，整个广场可容纳100万人，就是说全北京总人口的1/13都可以同时站在这里，够大的吧！

在明清时期广场可没有这么大，当时它呈"T"字形，"T"字的那一横就是我们今天的长安街，那一竖就是从现在的国旗杆前至毛主席纪念堂前的这一长条形区域，在这一区域的两侧是按文东武西的格局分布着当时的政府机关。新中国成立后，原来广场两侧的建筑被拆除，从而形成了今天广场的基本格局。

在天安门广场的四周，有很多著名的建筑，现在我为大家以顺时针方向做一个简单介绍，就让我们从广场西侧的人民大会堂开始吧！人民大会堂位于天安门广场西侧，是全国人民代表参政、议政、举行重大会议，当家做主行使主权的地方，建成于1959年，最高处46.5米，是现在广场上的最高建筑。整个大会堂由三部分组成，南部为人大常委会办公楼，中部为万人大会堂，北端是国宴大厅，整座建筑自设计到完工只用了十个月，是我国建筑史上的一个奇迹。

在广场的北端是大家都很熟悉的天安门城楼，它是新中国的象征。就是在天安门城楼上，1949年10月1日毛主席向全世界人民庄严宣告，"中华人民共和国成立了！中国人民从此站起来了！"

广场的东侧矗立着中国历史博物馆及中国革命博物馆，完工于1959年，那里是收藏并展览中国古代、近代历史文物及革命文物的主要场所。

广场的正中，巍巍耸立着中国第一碑——人民英雄纪念碑，它是为了纪念那些自1840年鸦片战争至1949年中华人民共和国成立这100多年来为中华民族的独立及自由而抛头颅、洒热血的人民英雄们而建的。整座纪念碑高37.94米，坐落在双层基座之上，碑座四周镶嵌有八幅汉白玉浮雕，反映了中国近百年的革命历史。纪念碑的背面是毛主席起草、周总理手书的碑文，正面是毛主席亲笔题写的"人民英雄永垂不朽"八个镏金大字。

天安门广场是中国近代革命的见证人，反帝反封建的"五四"运动、"三·一八"惨案、"一二·九"运动都发生在这里。天安门广场也是新中国诞生的见证人，更是今天人民幸福生活的见证人。现在，它已被全国人民评为"中国第一景"，每天都有来自海内外的朋友到此参观游览。

(四)谈话式核心训练材料

1. 高雅郑重格调

【训练提示】《新闻1+1》是中央电视台新闻频道一档时事新闻评论节目，每期节目从时事政策、公共话题、突发事件等大型选题中选取当天最新、最热、最快的新闻话题展开评论分析。话语风格"大气"，又接"地气"，节目采用主持人和新闻评论员双人谈话模式，属高雅郑重的谈话方式，呈现给观众最质朴、独到的新闻和观点。

注意课前组织观摩《新闻1+1》，谈话的高雅郑重格调不是高高在上，而是来自于熟悉节目形态，了解新闻背景，唤起真切的播讲愿望。

新闻1+1·中国足球:春天里的故事

董　倩:晚上好,欢迎您收看正在直播的《新闻1+1》,在昨天的北京晚报上头版是一个巨大的"春"字。当然春天季节上的春不用人去提醒,那么这份报纸意识到的是中国足球春天的到来。为什么这么说?因为在昨天,中国足球总体改革方案公布了,这个方案一经公布一经面市,马上就引起了人们的巨大关注。

(短片播放)

董　倩:人们也许会问一个足球的消息、一个关于足球的改革,为什么会占据各大报纸的头版头条?而且还会用两三个版面去仔细解读这份方案?到底是为什么?这份改革对于中国足球来说意味着什么?对于中国的体育来说又意味着什么?接下去我们不妨听听岩松对这个问题怎么看。

白岩松:因为我觉得首先是过去这几年中国的足球没有最差只有更差,因此大家窝了一肚子火。二是前一阵子中央领导也开始重视,中央深化改革领导小组专门研究这件事,然后国务院下发的这份总体改革的方案,一下子让大家嗅到了足球可能要真的走出低谷,尤其是面向未来的这种情况下,尤其作为体育改革的一个突破口,还会使整个体育发生变化。但是一个有趣的事实是,在这个总体改革方案出台了之后,与中国足球有关的第一场比赛,山东鲁能就在亚冠的赛场上"鲁不能"被人家绝杀了,但是好在之后北京国安2:0在主场击败了日本。其实一胜一负让我们觉得不能短期立即去看它的效应,还要长期去看它的结果,这才是大家期待的。

董　倩:好,我们今天说的是中国足球的这个改革,只要是改革,它不管是哪个领域的改革一定就会触及利益。那么我们看,这个改革方案是11个部分,50条改革措施,在所有部分中,人们最为关注的就是管办分离,先来了解一下。

(解说略)

董　倩:俗话说不通则痛,那么足球的改革有人认为打通脉络的首要就要从管办分离入手。那好了,接下去,岩松你觉得这个,你比如说管办分离足协到底由什么人组成是最关键的一个问题,足协主席到底应该由什么人来担当?

白岩松:好多人都会说,哎哟中央为什么下这么大气力关心足球这件事?我觉得是三个原因:第一个就是顺应改革的大势;第二个是顺应简政放权的大势;第三个这是一个重要的民生工程,因为老百姓关心。所以这个咱都不谈了。的确就像你说的必须得通,另外名不正言不顺,这个过去这种管办不分离早已经诟病很久,大家一直提这样的一种意见,那这次终于痛下决心,痛下决心之后马上你要思考这样一个问题,对呀,新的足协主席该是谁呢?首先这个改革的总体方案中已经明确说了,它没有行政级别,而且它跟体育总局已经脱离开来。我们注意到这里这个说法很有意思,这个新的足协是由国务院体育行政部门的代表,地方、行业足球协会代表,职业联赛组织代表,知名足球专业人士,社会人士和专家代表组成。我们先来看一个调查,这个调查是"我们究竟希望谁来做足协主席"。结果现在蔡振华接近15%,张剑,也就是现在体育总局里的足球管理中心主任,只有不到1.5%的票,非体育局官员36%多,知名足球专业人士47%多,之所以后两者票数这么高,我看完之后不惊讶,但是不一定对。为什么呢?这么高得票数体现着大家对管办分离的一种欢迎,和对过去管办不分离的不喜欢,因此用这个票表达了他们的态度。

(《新闻1+1》2015年3月17日)

2. 平实正规格调

凤凰因你而美丽——凤凰卫视十周年台庆暨颁奖晚会主持词

【训练提示】晚会主持常见的样式有宣读式和朗诵式,当然不可避免也会采用谈话式。凤凰卫视十周年台庆暨颁奖晚会仪式感很强,主持人话语朴实,仪式的庄严性与温暖的人文性交织,体现出一种平实正规的格调。请设想自己就是晚会现场的主持人,掌控晚会现场绝不是简单机械地背串联词,还要注意仪态、眼神、语言,平实而不失交流感,正规而不失亲和力。

(杨丽萍《生命》舞蹈表演之后,主持人上场)

陈晓楠: 谢谢杨丽萍和她的同伴。大家好!我是陈晓楠,刚才杨丽萍的舞蹈是对女性、对生命的一种礼赞。真的,生命是那么的震撼,那么的美妙,那么的蓬勃,但是有的时候我们又不得不说生命它是那么的脆弱。"9·11",想必大家还记得,在过去的五年当中,飞机撞向世贸中心大楼的画面被全球各地的电视台反复播放着,恐怕是播放了成千上万遍,但是如今我们每一次回看,还是那么的触目惊心,还是让人目瞪口呆。有一组画面让我们印象深刻,可能你还记得从地面上仰拍的第一架飞机撞向世贸中心北翼的画面,非常震撼,那一组镜头是一对法国摄影师兄弟他们在第一时间拍到的,因为他们就在现场。那一天他们正要跟拍一组纽约的消防员,本来打算做一个纪录片,但是,在2001年9月11号的早上8点46分,他们的计划改变了,他们的命运也被彻底地改变了;其实从那一刻起,我们的命运也随之改变了。后来我知道,当我完全来不及准备资料,来不及化妆,根本也来不及思索就冲上主播台的时候,在大洋的另一边,这两位摄影师兄弟他们也不假思索,跟着那些消防员一齐冲进了世贸中心,他们在迷雾浓烟中摸索着,拍摄着,他们在一群尖叫的惊惧的人群当中摸索着,拍摄着,直到后来世贸中心的南翼、北翼相继倒塌,最后他们才和那些疯狂逃命的人群一起冲了出来,但是自始至终摄影机一直在他们的肩头从来没有一分钟停止运转。后来我知道,我们是素面朝天,他们两个当时已经成了活着的、活动的泥塑,全都是灰头土脸。我想,是他们用他们肩头的摄影机,用他们摄下的那一组组珍贵的镜头,用他们令人敬佩的职业精神书写了新闻史上的一篇,同时也实现了新闻工作者与世界同步的最高目标。

(舞台屏幕回放"9·11"那一历史瞬间)

陈晓楠: "9·11"事件之后,两位摄影师兄弟制作了震惊世界的纪录片《9·11》,而后他们把亚洲地区的首播权交给了凤凰卫视,把这笔版权费用全数交给了"9·11"遗属基金会。在五年之后,他们又制作了"9·11"事件五年的特别纪录片,而凤凰卫视依旧是他们华语世界首播权的合作伙伴。在这里,再一次向他们表示感谢。在这里非常荣幸地宣布,十年成就凤凰大奖接下来要颁给这两位闻名天下的法国摄影师兄弟祖斯·劳迪特和格迪安·劳迪特。有请祖斯·劳迪特、格迪安·劳迪特!

3. 通俗灵动格调

夹叙夹议

【训练提示】《夹叙夹议》原是北京交通广播晚间 19:00 播出的一档节目,现在在北京新闻广播 9:20 分播出。节目针对新闻事件做简短且角度独特的评论与解析,语言风格灵动、犀利。本稿件是周末的一期节目,信息量大,汇总了一周的新鲜事,可用通俗灵动的格调来表达。

晚上好,亲爱的听众朋友,欢迎收听《夹叙夹议》。又到周末了,我和您一起去看看本周有什么新鲜事发生。这星期有几件有意思的事发生在天上。

国际航空联合会宣布,俄罗斯制造的"苍头燕"雀号热气艇在最近的一次航行中以每小时 27.45 公里的速度,成功创造出热气艇飞行速度最快的世界纪录,刷新了英国人大卫·阿达姆斯驾驶 DP70 号热气艇于 2003 年创造的世界纪录。

说完天上的事,咱们再来了解了解科学界的新发现。美联社报道说,科学家在老挝的集市上发现了啮齿类动物,它们的外表有点像松鼠也有点像老鼠,科学家最初认为它们是一种全新的啮齿类动物,还给它们起了一个全新的名字,叫老挝鼹鼠。在经过大量的研究之后,科学家确定这种动物其实并非一个全新物种,而是被宣布灭绝了 1 100 万年之后再度出现的一种动物。

朋友们,1 100 万年啊!这应该算是时间跨度最长的失而复得了。跟它们相比,考古学家在本周的一项发现虽然在时间上没法比,但是更有意义。一个考古小组在埃及红海边上发现距离大约 4 000 年历史的古埃及遗物,迄今为止这是考古学家发现的世界上最古老的航海船遗物。考古学家说,这个地方很可能是一个船只修理厂,这对人类航海历史研究有巨大的帮助。

接下来我们再来看一个有意思的创新。有人寂寞时喜欢跟自己养的植物聊上几句,最近新加坡一些大学生反其道而行之。在这个星期,他们宣布已经培育出了可以主动跟主人进行交流的植物,当植物感觉自己缺水的时候,会通过发光的方式把信息传达给主人。要知道,植物一般是不会发光的,大学生就对一棵植物进行了基因方面的改造。具体的做法是把从水母体内提取的能让物体发光的绿色荧光基因转移到这棵植物里边,这样植物在缺水的时候会立即闪闪发光。不过,人们很难用肉眼直接看到这种光线,要用一种配套的光学反应装置才可以看到植物发光。

这些大学生说,这项技术的初衷是希望提高农民对灌溉庄稼的效率,知道哪块地需要水,这项技术成熟以后,能为人类农业造福。让这些学生没有想到的是,还有不少人提出来发光的植物今后很有希望成为新的室内装饰品。上个星期咱们已经见识了英国的彩色蔬菜,要是今后再来点隔三差五不定什么时候会发光的花花草草,那咱们的生活就真是太丰富多彩了。

本周的一周回顾我就先跟您聊到这儿,感谢您收听今天的《夹叙夹议》,祝您周末愉快。

4. 消闲自在格调

奥运美食地图

【训练提示】一种当地美食,一种消闲自在的格调,一段有滋有味的视觉享受与味觉想象,主持人似导游般轻松欢快,配音解说自由选择谈话的话语样式亦未尝不可。

主持人：看奥运,品美食,大家好,我是您的美食侦探××,我现在是在北京的什刹海,这附近住的可都是地地道道的老北京人,不知道他们平时都爱吃些什么呢？

（街头采访：我们就爱吃炸酱面）

配 音：北京人爱吃炸酱面,那是由来已久。十几年前,北京人的生活水平都不太高,中午一般都要回家吃饭。为了节省时间,几乎家家户户中午都吃一样东西,那就是炸酱面。酱是事先炸好的,煮好面拌上炸酱就可以吃了。现如今在家里自己做炸酱面的人越来越少了,因为炸酱面怎样才能做得好吃地道,那可是大有讲究的。所以,这些专门钻研和琢磨炸酱面的饭馆,就成了许多北京人感受地道京味的好去处。

炸酱面,一道简单的面食,但它却是老北京人不折不扣的一张美食名片。所以如果您到北京来,想感受地道的京味,炸酱面绝对不可不尝。现在咱们就一块去尝尝地地道道的老北京炸酱面吧。

（一碗炸酱面上桌了）

主持人：这么一大碗炸酱面！好了,赶紧尝尝。这炸酱面的味道还真是挺不错的,特别是在天热的时候吃。首先这里面的酱有一股特别的香味,这种香味非常浓郁醇厚,就好像陈年的老酒一样,在你吃的过程当中,这整个的香气会弥漫在你的嗅觉还有你的唇齿之间。同时呢,我觉得它里面的菜码儿也放得特别好,这些蔬菜都很新鲜,吃到嘴里呢非常酥甜。还有,这个面也非常筋道,炸酱面刚吃进去的时候会有一点点的硬,但嚼着嚼着会觉得越嚼越香。真是挺不错的。

配 音：炸酱面炸酱面,讲究的就是这炸酱。因为这炸酱面的味道可全在这酱里了。酱一定要用干黄酱或甜面酱,这样做出的炸酱才够原汁原味。猪肉则是精肉和肥肉三七比例,分切成小丁。先将肥肉中的油煸出来,稍后放瘦肉丁、葱、姜末煸炒,等锅内发出肉、葱、姜的香味时,再把调稀的酱倒入锅中。等锅里酱面气泡大小均匀的时候,炸酱就算基本完成了。

主持人：师傅,咱们这个酱为什么要这么一直不停地翻炒呢？

师 傅：怎么也得炸45分钟,不翻炒容易粘锅,容易糊底。通过翻炒呢,受热均匀,这样炸出来才香。你看这酱怎么样？挺香的吧？

主持人：真的是很香啊。

主持人：说完了酱,再来瞧面。就拿"一碗居"的炸酱面来说,面一定是要手擀的,这擀面的时间长短全靠师傅自身的感受。如果擀的时间不够,那就会没有嚼头；擀的时间太久,面又会太硬而嚼不动了。就连切面的时候,每根面的长度、宽窄,也要力求一样。这要是没有两三年的功夫,可做不了称职的面案师傅。煮面盛酱,入盘菜码儿,噼里啪啦往里一倒，各色营养可谓汇聚一堂。筷子一挑，肉香、酱香、面香混合着青菜的清香，一股脑地往你鼻子里灌。别说吃，光是闻就能让你欲罢不能了。

(中央电视台经济频道2008年7月16日)

三、补充训练材料

(一)朗诵式补充训练材料

1. 高雅郑重格调

给梦想一片更宽广的牧场——神十归航话精神之一

【训练提示】2013年6月11日，中国神舟十号飞船成功飞往太空。1999年到2013年的14年间，五次无人、五次载人，十发十捷。中国人对"十"有着特别的感情，既有对圆满的美好向往，又有着重新归零再次出发的意味。神舟十号的出发正踩在这样的关键节点上——它不仅是中国载人航天工程三步走第二步第一阶段的收官之战，也开启了中国载人航天应用飞行的先河。《人民日报》就"神十归航"发表了一组评论员文章，赋理性于可感，蕴情怀于具象。作为重大事件重要时评，宜用高雅郑重的格调进行表达，训练时可以设计为在广播专题报道节目中播出。

发射，飞行，实验，返航。神舟十号飞船与天宫一号联袂上演的飞天之旅，顺顺利利，圆圆满满。一切都显得那样轻而易举、顺理成章。

"最高学府"里妙趣横生的实验演示，让人们仿佛忘记了，载人航天是一项充满艰险的探索——27年前，"挑战者"号的惊天巨响，击碎了女教师麦考利夫天地授课的瑰丽梦想，留下永远难以愈合的悲伤和遗憾。十年12人次太空往返的辉煌成功，让不少人觉得，行程2 000万公里的飞行，就像到另一个城市出趟差那样轻松快捷——他们很难看到，每一块路碑后面那说不完的紧张焦虑、道不尽的牺牲奉献、数不清的不眠之夜。

载人航天，绝不是只要花钱就可以堆起来的金字塔。即便是在冷战之后的全球化时代，这颗工程科技皇冠上的明珠，仍然是各国严密封锁、竞争尤为激烈的技术领域。在这片看似阳光灿烂，实则荆棘丛生的"处女地"上开垦21年，是什么神奇的力量，支撑起成功率100%的工程奇迹？又是怎样坚韧的信念，烛照着航天人跨越千山万水、千难万险，不断抵达看似不可企及的高度？

是"特别能吃苦、特别能战斗、特别能攻关、特别能奉献"的载人航天精神。它与井冈山精神、长征精神、铁人精神一脉相承，它是"两弹一星"精神在新时期的发扬光大。

"我的事业在中国，我的成就在中国，我的归宿在中国"，航天之父钱学森克服重重阻挠，义无反顾回到一穷二白的祖国。"中国要免受欺凌，就要有强大的国防"，首任中国载人航天工程总设计师王永志这样确立人生的奋斗坐标。"被祖国需要是一种幸福"，首位女航天员刘洋吐露心声。

在57年前的百废待举中艰难起步，中国航天事业的发展，经历了整整五代人。从

"用算盘算出导弹"的第一代和第二代,到经历"文革"十年浩劫的第三代,再到生活轨迹平稳却依然吃苦耐劳的第四代和第五代,一代人有一代人的风险挑战,一代人有一代人的创业艰难,但在他们的内心深处,都有同一个百折不回的梦想:奔向太空,奔向群星,寻找更高远的人生视野;都有同样坚不可摧的信念:为建设一个更加富强美好的中国矢志奋斗。

今天的中国,已经走过当年那个单纯激越、步调统一的年代。价值的多元,梦想的多样,让有些人对这种迎难而上的执着、奋不顾身的牺牲,感到难以理解。幸福快乐的安居梦、汽车梦、旅行梦固然是人所共求,但是,艰辛奉献的航天梦、潜海梦、攻关梦,同样要有人去实现。"大部分的人对于所谓成功,只有两个标准:小时候的分数和大了之后的钱数",这样的生活,难道要成为所有人的追求?

透过神舟十号的舷窗,看不到UFO,太空也不是想象中的湛蓝,而是深邃的黑色。但那里有比常人飞翔得更远的梦想,有理想燃烧的光亮。

正是在这光亮的照耀之下,几十万为载人航天事业默默奉献的浩荡队伍中,面对国外的优厚待遇、优越条件,多少人毅然决然回国。面对"造导弹不如卖茶叶蛋"的反差,多少人甘守清贫、坐穿冷板凳。面对城市的优越繁华,多少人凝神静气、扎根大漠戈壁。面对利益与价值的多元选择,多少人甘洒热血从青丝熬到白发……在一些人觉得信仰失坠、精神追求属于稀缺品的今天,一支支平均年龄只有30岁出头的航天研制队伍,接过老一辈传下的接力棒,以为国争光的雄心壮志,在民族复兴的新征程上,树立起一个个夸父逐日般不懈追梦的精神新路标。

"太空一往返,中华五千年。"神舟飞船的漫长旅程,串起一个民族穿越千年的梦想,也给新时代的人们留下深深的启示。给梦想一片更宽广的牧场,你的梦想,会有比华屋玉食更丰盈的内涵。把人生的价值放到尺码更大的天平上去衡量,你的生命,会有比小富即安更结实的分量。

(《人民日报》2013年7月1日)

2. 平实正规格调

教养的证据
毕淑敏

【训练提示】毕淑敏擅长从日常切入,化平凡为神奇,从生命体验表达哲理思辨。"教养"这个容易被教条化的话题,作者却用优雅的行文传递出健康的格调、真诚的善意。表达宜用平实正规的格调,训练时建议在文化类、读书类栏目中选用。

教养是个高频词。时下,如果说某人没教养,就是大批评大贬义了。如果说一个女人没教养,简直就如同说她是"三陪"小姐了。

什么叫教养呢?辞典上说是"文化和品德的修养",但我更愿意理解为"因教育而养成的优良品质和习惯"。

一个人可以受过教育,但他依然是没有教养的。就像一个人可以不停地吃东西,但他的肠胃不吸收,竹篮打水一场空,还是骨瘦如柴。不过这话似乎不能反过来说——一个人没有受过系统的教育,他却能够很有教养。

教养不是天生的。一个小孩子如果没有人教给他良好的习惯和有关的知识,他必定是愚昧和粗浅的。当然,这个"教"是广义的,除了指入学经师,也包括家长的言传身教和环境的耳濡目染。

教养和财富一样,是需要证据的。你说你有钱不成,得拿出一个资产证明。教养的证据不是你读过多少书,家庭背景如何显赫,也不是你通晓多少礼节规范,能够熟练使用刀叉会穿晚礼服……这些仅仅是一些表面的气泡,最关键的证据可能有如下若干。

热爱大自然。把它列为有教养的证据之首,是因为一个不懂得敬畏大自然,不知道人类渺小的人,必是井底之蛙,与教养谬以千里。这也许怪不得他,因为如果不经教育,一个人是很难自发地懂得宇宙之大和人类的微薄的。没有相应的自然科学知识,人除了显得蒙昧和狭隘以外,注定也是盲目傲慢的。之所以从小就教育孩子要爱护花草,正是这种伟大感悟的最基本的训练。若是看到一个成人野蛮地攀折林木,通常人们就会毫不迟疑地评判道——这个人太没有教养了。可见教养和绿色是紧密地联系在一起的。懂得与自然协调地相处,懂得爱护无言的植物的人,推而广之,他多半也可能会爱惜更多的动物,爱护自己的同类。

一个有教养的人,应该能够自如地运用公共的语言,表达自己的内心和同他人交流,并能妥帖地付诸文字。我所说的公共语言,是指大家——从普通民众到知识分子都能理解的清洁和明亮的语言,而不是某种狭窄的土语俚语或者某特定情境下的专业语言。这个要求并非画蛇添足,在这个千帆竞发的时代,太多的人,只会说他那个行业的内部语言,只会说机器仪器能听懂的语言,却不懂得和人亲密地交流。这不是一个批评,而是一个事实。和人的交流的掌握,特别是和陌生人的沟通,通常不是自发产生的,是要通过学习和练习来获得的。一个没有受过教育的人,他所掌握的词汇是有限和贫乏的,除了描绘自己的生理感受,比如饿了、渴了、睡觉以及生殖的欲望之外,他们对于自己的内心感知甚为模糊,因为那些描述内心感受的词汇,通常是抽象和长于比兴的。不通过学习,难以明确恰当地将它表达出来。那些虽然拥有一技之长,但无法精彩地运用公共语言这种神圣的媒介,来沟通和解读自我心灵的人,难以算是一个有教养的人。技术是用来谋生的,而仅仅具有谋生的本领是不够的,就像豺狼也会自发地猎取食物一样,那是近乎无须教育也可掌握的本能。而人,毫无疑问地应比豺狼更高一筹。

一个有教养的人,对历史有恰如其分的了解,知道生而为人,我们走过了怎样曲折的道路。当然,教养并不能使每个人都像历史学家那样博古通今,但是教养却能使一个有思考爱好的人,知晓我们是从哪里来,要到哪里去。教养通过历史,使我们不单活在此时此刻,也活在从前和以后,如同生活在一条奔腾的大河里,知道泉眼和海洋的方向。

一个有教养的人,除了眼前的事物和得失以外,他还会不由自主地想到他远大的目标。教养把人的注意力拓展了,变得宏大和光明。每一个个体都有沉没在黑暗峡谷的时刻,当你跋涉和攀援中,虽然伤痕累累,因为你具有的教养,确知时间是流动的,明了暂时与永久。相信在遥远的地方,定有峡谷的出口,那里有瀑布在轰鸣。

一个有教养的人,特别是女人,对自己的身体,有着亲切的了解和珍惜之情。知道它们各自独有的清晰的名称,明了它们是精致和洁净的,身体的每一部分都有着不可替代的功能,并无高低贵贱的区别。他知道自己的快乐和满足,有很大的一部分是建筑在这些功能灵敏的感知上和健全的完整上的。他也毫无疑义地知道,他的大脑是他的身体的主宰。他不会任由他的器官牵制他的所作所为,他是清醒和有驾驭力的。他在尊重自己身体的同时,也尊重他人的身体。在尊重自我的权利的同时,也尊重他人的权利。在驰骋自我意志的骏马时,也精心维护着他人的茵茵草地。

一个有教养的人,对人类种种优秀的品质,比如忠诚、勇敢、信任、勤勉、互助、舍己救人、临危不惧、吃苦耐劳、坚贞不屈……充满敬重敬畏敬仰之心。不一定每一个人都能够身体力行,但他们懂得爱戴和歌颂。人不是不可以怯懦和懒惰,但他不能把这些陋习伪装成高风亮节,不能由于自己做不到高尚,就诋毁所有做到了这些的人是伪善。你可以跪在泥里,但你不可以把污泥抹上整个世界的胸膛,并因此煞有介事地说到处都是污垢。

有教养的人知道害怕,知道害怕是件有意义有价值的事情。它表示明了自己的限制,知道世上有一些不可逾越的界限。知道世界上有阳光,阳光下有正义的惩罚。由于害怕正义的惩罚,因而约束自我,是意志力坚强的一种体现。

有教养的人知道仰视高山和宇宙,知道仰视那些伟大的发现和人格,知道对于自己无法企及的高度表达尊重,而不是糊涂地闭上眼睛或是居心叵测地嘲讽。

教养是不可一蹴而就的。教养是细水长流的。教养是可以遗失也可以捡拾起来的。教养也具有某种坚定的流传和既定的轨道性。教养是一些习惯的总和,在某种程度上,教养不是活在我们的皮肤上,是繁衍在我们的骨髓里。教养和遗传几乎是不相关的,是后天和社会的产物。教养必须要有酵母,在潜移默化和条件反射的共同烘烤下,假以足够的时日,才能自然而然地散发出香气。教养是衡量一个民族整体素质的一张X片子。脸面上可以依靠化妆繁花似锦,但只有内在的健硕,才经得起冲刷和考验,才是力量的象征。

(选自毕淑敏《今世的五百次回眸》,花山文艺出版社2006年版)

3. 通俗灵动格调

再寄小读者·通讯二(节选)

冰 心

【训练提示】冰心的散文清丽、典雅。她善于提炼口语,使之成为文学语言,并能把古典文学中的辞章、语汇吸收融化,注入现代语言中去,形成其独特的语言艺术,凝练明快、清新婉丽。训练时可以设想一些较为宽松亲切的场合,比如校际同学联谊会的开场朗诵,也可以设计在电视诗歌散文节目里朗读。表达时宜用通俗灵动的格调,语言和情态可以根据现场的具体情况而更自如、更放开些。

交友是一种艺术。

热情,活泼,而富于同情心的人,常常能吸引许多朋友,而磁石只吸引着钢铁,月亮只吸引着海潮。

你能择友,则你的朋友将加倍宝贵你的友情。

不要只想你能从朋友那里得到什么,也要想你的朋友能从你这里得到什么。

肯耕种的才有收获,能贡献的才配接受。

友谊是宁神药,是兴奋剂。

使你堕落,消沉的,不是你的好朋友。同时也要警惕,你是否在使你的朋友奋兴,向上?

友谊是大海中的灯塔,沙漠里的绿洲。

当你的心帆飘流于"理""欲"的三叉江口,波涛汹涌,礁石嶙峋,你要寻望你朋友的一点隐射的灵光,来照临,来指引。当你颠顿在人生枯燥炎热的旅途上,你的辛劳,你的担负,得不到一些酬报和支持的时候,你要奔憩在你朋友的亭亭绿荫之下,就饮于荡涤烦秽的甘泉。

古人有句说:"最难风雨故人来"———不但气候上有风雨,心灵上也有风雨!

你的心灵曾否走失于空山荒野之中,风吹雨打,四顾茫茫,忽然有你的朋友,开启了"同情"的柴扉,延请你进入他"爱"的茅庐,卸去你劳苦的蓑衣,拭去你脸上的泪雨,而把你推坐在"友情"的温暖炉火之前。

同时你也要常常开着同情的心门,生起友爱的炉火,在屋前瞭望。

友谊中只有快乐,只有慰安,只有奋兴,只有连结。

友谊中虽然也有痛苦,古人的诗文中,不少伤逝惜别之句,然而友谊是不死的,友谊是不因离别而断隔的。"海内存知己,天涯若比邻","得一知己,可以无恨",这痛苦里是没有"寂寞"的,因为我们已经享有了那些朋友的友情!"寂寞"——心灵上的孤独,才是世界上最可怕的东西!

小朋友①,在人生路上,我们虽然是孤身启程,而沿途却逐渐加入了许多同行的好伴,形成了一个整齐的队伍,并肩携手,使我们克服了世路的险峻崎岖,忘却了长行的疲乏劳顿,我们要如何感谢人世间有这一种关系,这一段因缘?

愿你们永远是我的好朋友,假如我配,就请你们也让我做你的好朋友。

(选自《冰心散文》,浙江文艺出版社 2009 年版)

4.消闲自在格调

你的名字

纪 弦

【训练提示】 全诗好像喃喃自语而滔滔不绝,轻轻而充满深情地呼唤"你的名字",赞美"你的名字"。注意感情的表现是递进式的,字句重叠反复,旋律急促,充分表达了难以抑制的爱慕之情,似乎能听见主人公的心跳。诗句放长收短非常自由,但诗人用深情的线将其结合在一起,首尾照应,结构紧凑而完整,为朗读者进行表达提供了较为广阔的创作空间。训练时建议设计为较轻松的场合,比如走进社区举办"七夕"诗会为广大群众进行表演,或者在交友联谊会中进行表演等。在如上场合中,适宜用消闲自在的格调进行表达,注意根据观众的现场反应进行灵活的调整。

---

① 原文冰心是写给小读者的,所以称呼"小朋友"。朗诵时,可以省去,也可以根据观众的身份来改换称呼。

用世界上最轻最轻的声音,
轻轻地唤你的名字,每夜每夜。

写你的名字,
画你的名字,
梦见的是你的发光的名字:

如日,如星,你的名字。
如灯,如钻石,你的名字。
如缤纷的火花,如闪电,你的名字。
如原始森林的燃烧,你的名字。

刻你的名字!
刻你的名字在树上。
刻你的名字在不凋的生命树上。
当这植物长成了参天的古木时,
啊,多好,多好,
你的名字也大起来。

大起来了,你的名字。
亮起来了,你的名字。
于是,轻轻轻轻轻轻轻地呼唤你的名字。

(二)宣读式补充训练材料

1. 高雅郑重格调

中华人民共和国政府和巴西联邦共和国政府关于气候变化的联合声明

(2015年5月19日于巴西利亚)

【训练提示】宣读声明或公报是宣读式最典型的运用。在把握以下内容时需联系中巴建立全面战略伙伴关系的背景,注重内容与精神的传达,注意宣读的语气高雅郑重。读而不板,语流畅达。

一、中华人民共和国政府和巴西联邦共和国政府认识到气候变化及其负面影响是全人类的共同关切和21世纪最大的全球挑战之一,需要在可持续发展框架下通过国际合作解决。

二、作为发展中国家,尽管面临经济社会发展和消除贫困的多重挑战,中国和巴西已采取了能效、可再生能源、林业、农业和工业等方面的计划、政策和措施,开展了雄心勃勃的应对气候变化国内行动。双方也计划在各自能源结构中增加可再生能源的比重。

三、中国和巴西强调《联合国气候变化框架公约》及其《京都议定书》是应对气候变化国际行动与合作的主要法律文件。双方重申将致力于在今年年底法国巴黎举行的联合国气候变化会议上,达成一项平衡、全面、公平和富有雄心的公约下协议,以确保公约的全面、有效和持续实施。中国和巴西将携手与其他缔约方,特别是"基础四国"其他成员一道为实现此目标而努力。

四、中国和巴西进一步重申,2015年协议应全面遵循公约的原则、规定和架构,特别是公平原则、"共同但有区别的责任"原则和各自能力原则。为此,中国和巴西强调,2015年协议的规定需要全面反映发达国家和发展中国家间不同的责任和发展阶段,发达国家应率先采取有力度的、全经济范围的绝对减排目标并为发展中国家提供资金和技术支持,发展中国家在可持续发展框架下并在发达国家资金、技术开发和转让、能力建设支持下强化行动,包括通过相关激励机制逐步向作出全经济范围减缓贡献而努力。

五、中国和巴西重申 2015 年协议应基于公约下业已建立的机制和规则,平衡处理减缓、适应、资金、技术开发和转让、能力建设及行动和支持的透明度问题。

六、中国和巴西还强调,落实巴厘路线图成果对于提高 2020 年前行动力度和维护各方互信至关重要。为此,发达国家应提高其 2020 年前减排目标,并以清晰和透明的方式表明其将如何兑现到 2020 年每年向发展中国家提供 1 000 亿美元资金的承诺。

七、中国和巴西正在按照联合国华沙和利马气候变化会议的决定,加紧准备其为实现公约目标而做出的国家自主决定贡献。双方均表示,其采取的有力度国内行动及所取得的成效将在各自贡献中予以恰当反映。

八、双方还认为,两国气候变化合作与协调在中巴全面战略伙伴关系中具有重要意义。中国和巴西认为,气候变化合作有利于实现应对气候变化与促进能源安全、环境保护和可持续发展的协同效益。为此,双方同意进一步加强两国关于国内气候政策和多边进程的双边高层对话,加强双边务实合作,特别是在可再生能源、森林碳汇、节能、能效、适应和城镇化低碳发展等领域的合作。

九、中国和巴西还同意加强太阳能方面的合作,以实现各自能源结构的多元化,并为各自减排努力作出贡献。双方决定,加强合作,增进对太阳能板和太阳能电池产业的认识,探索商业机会,包括开展政策、规划、技术和标准、检测和认证方面的交流以及人员培训,同时推动中国太阳能企业在巴西投资建厂和项目开发。双方将在中国—巴西高层协调与合作委员会下讨论这些问题并加强气候变化和环境方面的双边合作。

(新华网,2015 年 5 月 19 日)

2. 平实正规格调

【我的座右铭】柴泽俊:守得清贫　耐得寂寞

【训练提示】栏目语境特点是把握话语样式的重要依据,同样的文字在不同的栏目、节目里可以使用不同的话语样式及格调,比如下面的内容放在纪录片和在新闻节目里虽然都可以,但话语样式的运用会有所不同。以下内容是在《新闻联播》中播出的,所以为与节目整体相和谐,话语样式的把握可注重宣读式特点,格调以平实正规为主。

座右铭是人们用来激励、警戒自己,作为行动指南的人生信条。我台与《光明日报》共同推出"我的座右铭"系列报道,讲述当代国人的修身故事。

柴泽俊被称为中国古建筑界的百科全书,他曾致力保护永乐宫、晋祠等古建筑珍品,今天就让我们通过"座右铭"来感悟这位古建专家的情怀。

"守得清贫、耐得寂寞、勤奋耕耘、默默奉献"是柴泽俊的座右铭。柴老说,这句话是他从自己 60 多年的古建筑保护工作中总结出来的。

1954 年,20 岁的柴泽俊来到太原博物馆,在晋祠工地的 3 年里,多少个挑灯夜读的寂寞夜晚,柴泽俊尝尽了个中滋味。

耐住了寂寞,柴泽俊在古建领域开始有了成绩。1958 年,他和古建大师祁英涛一起接受挑战,用 8 年时间攻克了一项在当时属于世界级的难题,成功搬迁了上千平米的元代永乐宫壁画。

后来柴泽俊名气越来越大,有人高薪请他做顾问,利用他的名气挣钱,他拒绝了,因为他要坚守自己守得清贫、耐得寂寞的信条,而正是这份坚定让柴泽俊又干了一件大事。

1979年,山西平遥县城面临改造,但这次改造却和平遥古城的城门、城墙保护起了冲突。为此,柴泽俊面见当时山西省委主要领导,当面陈述自己的意见。

柴老的意见受到了重视,平遥古城的城门城墙也因此得以被完整保存了下来。

一辈子古建工作干下来,柴老说要耐得住寂寞,还要守得住清贫。

家中一件文物都没有,从1957年开始,柴泽俊却把毕生的心血化作了3万多张文物名片。

如今柴老正在加紧创作一本关于古建研究的书稿。对他而言,这也许是他这辈子最后一部书稿了。

(中央电视台《新闻联播》2015年8月4日)

3. 通俗灵动格调

【训练提示】体育新闻播报简洁明快,一般采用通俗灵动的格调,要求语流畅达、稳健,快而不乱。

据《奥莱报》报道,阿根廷足协已经选定了新任主帅人选,他就是有着魔术师之称的56岁老帅萨贝利亚。萨贝利亚目前正执教于阿联酋球队阿尔哈塞拉,在他与该队完成解约之后,就将正式出任阿根廷新帅。

56岁的萨贝利亚球员时代踢中场,他曾为阿根廷国家队踢了四场比赛。绰号魔术师的萨贝利亚出道于河床俱乐部,在英格兰谢菲联和利兹联曾效力过三年。在返回南美之后,他又曾效力过阿根廷独立队和巴西的格雷米奥队。1988年,萨贝利亚挂靴退役。

在退役之后,萨贝利亚成了一名教练,但他绝大多数时间都给帕萨雷拉当助手。与帕萨雷拉一起,萨贝利亚曾先后效力于帕尔玛、乌拉圭国家队、墨西哥蒙特雷队和巴西科林蒂安队。2006年帕萨雷拉和萨贝利亚一同被河床队解雇,萨贝利亚最终决定单飞。

2009年3月15日,萨贝利亚成为阿根廷拉普拉塔大学生队的主教练。几个月后,他率领大学生队赢得了南美解放者杯冠军。在09年世俱杯决赛中,大学生队给巴萨制造了巨大的困难。大学生队早早取得领先,红蓝军团由佩德罗在87分钟才扳平比分,并最终凭借梅西加时赛的胸部进球险胜大学生队。巴萨的六冠王梦想,差点毁在萨贝利亚手里。

在2011年2月2日,萨贝利亚宣布退休。但在大学生队球员和高层的挽留下,萨贝利亚决定重新考虑自己的决定。但在2月3日,萨贝利亚还是辞去了大学生队主帅一职。在2011年6月11日,萨贝利亚与阿联酋球队阿尔哈塞拉签约一年。但由于他被选为了阿根廷新帅,萨贝利亚将不得不与阿尔哈塞拉解约。

(网易体育,2011年7月26日)

4.消闲自在格调

本 周

【训练提示】《本周》是中央电视台新闻频道于每周日播出的一档新闻周刊类节目,新闻因人而生动,以下稿件是全球各地的趣闻浏览,在春节特别节目中播出,宣读风格轻松,追求一种消闲自在的格调。稿件没有现成的主持人串词,不同层次的学生可以根据自身情况进行拓展训练。

乐在《本周》之——衣

英国绅士们要想在夏日炎炎中还西服革履、保持风度,那是需要自己动脑筋的。老小伙子名叫利亚姆,穿的这套西服一看就知道是自己捣鼓出来的,别看挺花里胡哨,造型还有点像电影里的"超人",但老利解释了,这衣服的实际功能可是不少。

"世界婚纱日"这一天,英国一家杂志的所有员工都穿上了婚纱,这其中也包括两位男主编。他们很自信地走出了办公室。婚纱能让女人魔术般地变得美丽,这么神奇的好东西,想尝试一下的男人应该大有人在。同样是在英国,在"小胡子节"上,竟然冒出了几个留着小胡子的大姑娘,看来这世界真是变了。

乐在本周之——食

新疆有道菜挺出名,叫手抓饭。您就算没吃过,也应该听说过,可吃火锅也用手抓,您见过吗?开水洗手;红油热身;双手齐下;开涮!这位用手吃火锅的能人叫丁忠亮,爱吃火锅到这个份上,不用问,他肯定是个四川人。

美国绝技大师福尔曼,今年51岁。今天,他又要开始折腾了。在马来西亚首都吉隆坡的国际会议中心门口,有量尺寸的,有挑葡萄的,还有维持秩序的,一切准备就绪,看看福尔曼又有什么新花样。他一分钟之内用嘴接住了助手从4.57米外扔过来的68颗葡萄,打破了由另外一位美国人创造的55颗的吉尼斯世界纪录。

印度小伙拉朱打算打破自己两年前创造的"嘴撕椰子皮"的吉尼斯纪录,他用嘴、牙齿撕掉个椰子皮最快用了28秒。

在希腊被面粉砸得越多越幸福,那在西班牙呢?这可是人家西班牙人的传统节日——"西红柿节"。这会儿被西红柿砸中,那可是代表着幸福,所以不管这西红柿粘在身上是多么黏糊糊的,人家也乐意,而且还恨不得把自己都埋在这"西红柿糊"里呢!只不过痛快是痛快了,幸福也幸福够了,这狂欢过后要打扫起来,那可就不太容易了。瞧瞧,是不是就跟刚刚发过洪水一样。

乐在本周之——行

在英国的一个小镇上,姑娘们要系着围裙、端着煎锅、带着烙饼进行一场传统的跑步比赛,她们跑起步来不光有难度还大有看头。人家的冠军称号是"烙饼界步跑得最快,跑步界饼烙得最好"。

美国旧金山的酒吧服务生,他们要增加难度,在城市里最陡的道路比赛端盘子。别看这条路才200多米,可这40多个近90度的大弯不是好对付的。

美国老小伙儿弗尔曼最近可没少在电视里露面,他最大的本事就是破纪录!转着呼啦圈在纽约热闹的街头来回走了1 600米,老弗用12分钟就为自己拿下了一个新的世界纪录。老弗得一鼓作气,同样是1 600米,7分多钟,"托蛋跑"世界纪录。老弗拿下;不到半个小时就收获了两项世界纪录。老弗琢磨着还得再接再厉,25分钟后,老弗创造了他的第112项世界纪录。看他这轻松的样子,肯定还留着劲儿呢!

(中央电视台《本周》春节特别节目,2007年2月14日)

(三)讲解式补充训练材料

1. 高雅郑重格调

国庆阅兵仪式解说词

【训练提示】 两位播音员在新中国成立60年国庆大阅兵分列式的现场解说,仪式感很强。要求解说的格调高雅郑重,语言表达庄严有力,彰显军威与国威。

现在分列式正式开始,首先接受检阅的是徒步方队。徒步方队一共14个,其中陆军四个,海军三个,空军两个,第二炮兵一个,陆海空三军联合方队两个,武警方队一个,后备力量方队两个。三军女民兵方队、第二炮兵徒步方队、特种兵方队是首次参加国庆阅兵。

率先通过天安门广场的是陆海空三军仪仗队,他们护卫着解放军军旗。陆海空三军仪仗队,曾代表中国执行了3 000余次司礼仪仗任务,见证了香港、澳门回归等重大历史时刻,向世界展示了人民军队的风采和共和国的荣耀。

接着走来的是由石家庄机械化步兵学院组成的陆军学员方队。解放军院校建设形成了院校教育与部队训练衔接、军事教育与依托国民教育并举、国内培养与国外培训结合的新型教育格局,一大批受过高等教育的新型军事人才成为军队建设中的中坚力量。

接着走来的是首次在国庆首都阅兵中亮相的特种兵方队。解放军特种作战力量正逐步实现由传统侦察部队向新型特种作战部队的历史性转变,面对新的形势和任务,特种兵严格教育训练,全面提高战斗力,努力建成能够经得起任何考验的拳头和尖刀部队。

现在走过来的是参加过历次国庆首都阅兵的大连舰艇学院的海军学员方队。经过60年建设,海军已发展成为由水面舰艇、潜艇、航空兵、岸防和陆战力量等组成的综合性军种,按照近海防御、远海防卫的战略要求,努力提高战略威慑、远海机动和近海综合作战能力。由海军潜艇学院组成的水兵方队是最年轻的受阅方队,平均年龄只有18岁。

……

2. 平实正规格调

"两高"发布环境污染犯罪司法解释

【训练提示】 新闻播报不局限于只采用宣读式,还可以是讲解式,比如下面这篇就是关于司法解释的典型稿件,平实正规的讲解式格调会给人权威感之下的一种亲民关怀意识,能更有效地传达政府的声音。训练时注意联系播出背景,平实正规格调且不失力度。

本台消息:今天,最高人民法院、最高人民检察院联合发布了《关于办理环境污染刑事案件适用法律若干问题的解释》,司法解释降低了污染环境犯罪的入罪门槛,为从严打击污染环境犯罪提供了法理依据。新的司法解释增加了五项"污染环境罪"新的认定标准,如规定只要是"在饮用水水源一级保护区、自然保护区核心区排放、倾倒、处置有放射性的废物、含传染病病原体的废物、有毒物质的",或者"私设暗管或者利用渗井、渗坑、裂隙、溶洞等排放、倾倒、处置有放射性的废物、含有传染病病原体的废物、有毒物质的"即可直接认定为"严重污染环境",不再以造成公私财产重大损失或者人身伤亡的实害结果为必要。这些新增标准明确具体、操作性强,既能体现从严打击环境污染犯罪的立法精神,又能有效解决此类案件办理中取证难、认定难等实际问题。

同时,新的司法解释降低了"污染环境罪"的定罪量刑标准。例如,2006年出台的司法解释规定:"致使一人以上死亡、三人以上重伤、十人以上轻伤,或者一人以上重伤并且五人以上轻伤的",才构成重大环境污染事故罪;"致使三人以上死亡",才能认定为"后果特别严重",判处三年以上七年以下有期徒刑。而根据新的司法解释规定,致使30人以上中毒、三人以上轻伤或者一人以上重伤的,即构成污染环境罪;致使一人以上死亡的,即应当认定为"后果特别严重"。这次司法解释还对非法擅自处置、进口固体废弃物,俗称"洋垃圾"也明确了严惩措施,同时对环境监管人员失职犯罪也作出了更严厉的惩处规定。

(中央电视台《新闻联播》2013年6月18日)

3.通俗灵动格调

片花预告

【训练提示】栏目或电视剧、电影的宣传预告片一般将栏目片段或剧情片段高度概括地剪辑在一起,用简短的几句话、短短几十秒的配音概括出主体内容或剧情,与画面、同期声以及音乐交织在一起。有的逻辑链条松散,有的故事感很强,因此,解说声音无论是柔美动听还是深沉绵长,都要随内容跌宕起伏。通俗灵动的格调能给人以剧情期待感。

(1)CCTV怀旧剧场频道宣传片

思慕斑驳的岁月,徜徉遥远的年代。
曾经的心跳,经年沉淀的光彩。
重涉岁月之河,重温昔日经典。
收集散落的回忆,
感知、温情、悸动,追忆时光流转。
因为曾经感动,所以难以忘怀。
怀旧剧场频道。

(2) 电视剧《一江春水》预告

20世纪30年代,抗日战争爆发前夕,积极支持抗日的上海气化工厂老板突然被人暗杀,令人垂涎的家族产业一夜之间陷入风雨飘摇之中。

曲折的故事讲述战火纷飞年代里的家族恩怨。

明星阵容,演绎扣人心弦的商战情仇。

又一出惊心动魄的强档好戏,又一曲发人深省的人间悲歌。

24集电视连续剧《一江春水》,中央电视台电视剧频道19点35分黄金强档近期播出。

(3) 电视剧《似水年华》预告

不同寻常的一次相遇,绽放半个世纪里最美的恋情。

一个远离尘嚣的男人,执着守望在宁静小镇,只为等待再次心动的邂逅。

一个才华横溢的台湾女子被他深深吸引,从此把彼岸当作心灵的故乡。

一个邻家女孩悄然体验初恋的欢乐与忧伤。

黄磊、刘若英、李心洁、朱旭精彩联袂,苏慧伦、黄舒骏亲情加盟,演绎20集电视连续剧《似水年华》。中央电视台电视剧频道黄金强档七月播出。

(4) 电视剧《心术》预告

这世界上有三样东西对人类是最重要的:信、望、爱。

这三个字诠释最好的地方就是在医院:(剧情片段同期声)

现实中人们看到太多的愤怒、无助、痛苦和失望:(剧情片段同期声)

经历这一切的医生和护士们又该如何面对这一巨大的反差?

让我们走进他们的世界去读懂他们的喜怒与哀伤、梦想与失望。

4. 消闲自在格调

【训练提示】消闲自在格调呼应的是人们一种电视休闲心态,无论在欣赏类的纪录片里还是在节日晚会的氛围里,常常需要娓娓道来的讲解样式,不黏不涩、消闲自在。

《动物世界》片段

甚至在最荒凉的沙漠有几种动物仍然设法活了下来。在这里生活的主要是爬行动物和昆虫,有的是食肉的,有的是被捕食的。灼热的沙土地提供不了什么遮掩,因此,当一只昆虫被发现之后,它是否被吃掉,常常取决于它恐吓的程度。一只蓝色象甲与一只四脚蛇遭遇了,这种景象可能使所有东西昏过去,但是这并不是象甲的最佳目的,它在装死。有的食肉动物凭本能和经验知道死去的猎物是不好吃的,在这样的动物面前装死于是就起到了效果。

《中秋晚会》主持词

他们说,很久很久以前曾经有个人在这山上修炼成仙,然后乘鹤而去,于是就有了这黄鹤楼。这楼建成了,这故事也就流传了下来。身在其中,你觉得这个故事就在你眼前,你甚至觉得可以去触摸它,但是你真把手伸出去,还是会发现它其实离你非常地古远。

不管怎么样,你还是能够感受到一种仙与人、古与今相连的气息。历史是有生命的,历史是会呼吸的,唯有呼出才能吸进,所以历史就在得失中延续下来,历史总有着宏大的胸怀,在这宏大的胸怀里你总能听到不会老去的歌在回荡……

(主持人淡出,著名歌手童安格演唱《当你听见这首歌》)

(四)谈话式补充训练材料

1.高雅郑重格调

新闻1+1·袁隆平:做一粒好种子

【训练提示】中国工程院院士"杂交水稻之父"袁隆平院士领衔科研团队先后在1999年、2005年,成功攻克超级杂交稻大面积亩产700公斤、800公斤两大世界难关,使中国杂交水稻超高产研究保持世界领先地位。2011年袁隆平带领中国专家迎战世界粮食问题的新课题——运用"超级杂交稻技术"成功冲刺亩产900公斤,破解了人口增长与耕地紧张这对矛盾。换句话说,用三亩地产出四亩地的粮食,相当于增加了1/4的粮食耕地,能多养活5 000万人。农业部高产攻关验收组在长沙召开新闻发布会正式公布这项技术成果,2011年9月20日中央电视台播出《新闻1+1·袁隆平:做一粒好种子》。

李小萌:欢迎来到《新闻1+1》。"杂交水稻之父"袁隆平终于实现了亩产900公斤的目标,而我记得在七年前采访他的时候,他说那个时候局部的亩产可以达到900公斤了,时隔七年才被正式地验收,那么在这七年当中,究竟经历了什么?袁隆平先生跟我说,当亩产过700公斤接受验收的时候,他的心情就像一个赶考的小学生一样。而今年这个赶考的小学生已经年过80。

配　音:"米神""当代神农""杂交水稻之父",这些称呼形容的都是一个人,他就是袁隆平。就在前天,已经81岁高龄的袁隆平再次创造了一个纪录,这个纪录一经公布就备受关注。亩产926.6公斤,高产奇迹为世界首例,袁隆平超级稻实验田再创纪录。多养活5 000万人,口感好得不得了。

袁隆平:实际上我对水稻特别热爱,一辈子跟它打交道,特别是它结实率高、结实饱满的时候,长得黄澄澄的那样我特别喜欢,我不是讲像看到美女一样的啊,这是艺术夸张。

配　音:81岁的人,追求一个900公斤的姑娘,这是袁隆平打趣的比喻。然而这个姑娘能否追求成功,面对自己七年的坚持和心血,面对一次发明专家的裁决,袁隆平心里不免忐忑紧张。

(2011年9月18日验收现场)

记　者:将来会抽取三块田来抽样检测,那么这三块田基本已经确定了,有一块田需要由高产攻关示范小组来自行推荐,刚刚他们推荐了五号田,那么其余的两块田需要由专家组的成员抽签来确定,专家组已经确定的是二号田和八号田。袁院士今天是不可以到现场的,是要采取一个回避制度的。

袁隆平:我是运动员,他们是裁判员,运动员不去的,不要干扰他们,他们非常严格。

终于突破了,昨天晚上说老实话,兴奋得睡不着觉,两三点钟才入眠。

农业部高产攻关验收组组长程式华:经烘干、除杂后,按标准水分(称重)加权平均(后),每亩平均亩产926.6公斤。

袁隆平:进军900公斤之后,下一步怎么办? 人家问我。向1 000公斤奋斗,我想呢,还是会实现的。什么时候呢,我说在我90岁后的时候实现,谢谢大家。

李小萌:刚刚实现900公斤又要向1 000公斤进发,其实不管是900也好,1000也好,在我们看来已经不是一个简单的数字,它是一个自主科技的象征。有人说在转基因技术面前,杂交技术已经显得落伍了,但是对于我们这个有着13亿人口,其中60%是以水稻为主食的国家来讲,袁隆平的杂交水稻却给了我们在粮食安全方面实实在在的安全感。

从世界范围来讲,因为杂交水稻的出现,每年多养活了7 000万人口。袁隆平院士说,如果是900公斤亩产的这种水稻能够推广的话,多养活四五亿人都没问题,所以说中国人为了解决世界的粮食安全问题,也做好了准备。那么能够种出这样的超级水稻,到底需要什么样的条件呢? 袁院士自己是这样讲的,他说需要四个"良",良种、良田、良法、良人。良种指的是一个核心,那么良田是基础,良法是手段,良人就是一个实实在在的执行者,比如说我们这些种粮户等等。其实我们还需要加一个条件,就是良心。

从袁院士本人来讲,最初一个很普通的动机是什么? 就是不能再饿死人。在这样一个初衷之下,几十年在这样一个非常专业的领域当中始终坚持不变,让我们看到一种坚持。

我们来看一个评论,这是《中国青年报》评论员曹林的观点,他说,现在很多地方都已经解决温饱了,但是地球上还有不少地方处于饥荒中,也许从那样的年代走过来的人,才更能明白袁老师这一事业的伟大。他说前年一个富豪榜当中,袁隆平以超过1 000亿元身价当选为名誉富豪,这使得188亿元的首富黯然失色。各种版本的富豪榜都把目光集中到财富英雄个人占有的这种实体的财富上,而很少会有人关注袁隆平式的财富,其中包括公益、公共、共享给人类带来的进步。这是一个很高的评价。我们看到袁院士说,他在"80后",就是80岁之后实现了亩产900公斤,希望在"90后"实现1 000公斤,在这些数字目标背后,它代表着袁院士怎样的心愿呢? 来听听——

袁隆平:今生我还有两个心愿。第一,是争取在2010年实现第三次超级杂交稻大面积示范亩产900公斤的目标。第二个心愿是在国外进一步发展杂交稻造福世界人民。

配 音:亩产900公斤的目标,造福世界人民,说这句的时候袁隆平77岁,他说会为了这两个心愿,继续奋斗到90岁,甚至更远的将来。而那之前他已经获得了巨大的成功,今天面对900公斤的新纪录,袁隆平和他的团队,这七年过得并不轻松。

袁隆平:难度从技术上讲肯定是很大的,花了七年的时间,像矮子爬楼梯慢慢爬。2008年搞了830多公斤,到了2010年搞到870多公斤,还是没达标。

配 音:做科研自然需要充足的科研经费做支撑,而说到钱,又总是会有免不了的敏感。2000年一家打算上市的农业公司提出,用袁隆平的名字来命名股票,最初他毫不犹豫地拒绝了,但是又面临着资金不足的难题,最终他还是选择了知识与资本的结合。

袁隆平:我们要推广这个品种,过去主要是靠我们科研单位和政府,现在还有个企业,三方的力量。

配　音：2000年12月11号，以他名字命名的股票"隆平高科"在深圳上市，袁隆平成为上市公司最大的个人股东，每年除了固定的国家科研经费之外，还能再得到200万元的科研经费。尽管两年之后他就辞去了董事长职务，但是直到现在人们依然对他价值千亿的身价津津乐道。有人打趣说，袁隆平是中国最富有的农民。

袁隆平：1 000亿，要那么多钱做什么，那是个大包袱，背来背去。我觉得这种生活很好，搞豪华车有什么意思？穿着豪华的衣服还有什么鳄鱼的皮带，2 000多块钱我都从来没有（拿过），送给我，我不要。

配　音：而除了财富，对于杂交水稻的现实作用也曾有人质疑过。今年4月，"三农"问题专家李昌平在《南方农村报》发表了写给袁隆平的公开信，信中李昌平希望袁老在有生之年放弃杂交水稻研究，转向培育常规水稻品种。这封公开信在当时被广泛传播，有人支持，也有人反对。

袁隆平：我认为这是让我倒退，你知道吗，这个杂交水稻是利用杂种优势来提高产量。杂种优势是一种普遍现象、普遍规律，叫我放弃杂交稻那是不可能的。

我曾经做过一个梦，梦见我们试验田里的水稻长得像高粱一样高，稻穗有扫帚那么长，谷粒有花生米那么大，我和几个助手就坐在像瀑布一样的稻谷下乘凉，我把这个梦叫做"禾下乘凉梦"……

李小萌：我曾经面对面地听袁先生讲过他这个"禾下乘凉梦"，我可以记得他讲的时候脸上那种孩子似的天真，确实，做科研工作需要一份孩子似的天真和无所畏惧。而在当今的科技界，有人说科技界可以形容为是拉关系、跑项目、重论文、轻实用，在这样相对浮躁的气氛之下，这种坚持恐怕更难。袁先生是如何形容自己的，我们来看看。

他说："我是搞育种的，我觉得人就像一粒种子，要做一粒好的种子，身体、精神、情感都要健康，种子健康了，事业才能够根深叶茂，枝粗果硕。"如果说我们每个人都是自己事业的一粒种子，我们是不是一粒好的种子？

再来看一个评价，这个是时事评论员李千帆的观点。他说，解决近14亿中国人吃饭问题，无疑是一项崇高而艰巨的事业，绝大多数人现在已经温饱无虞，最应该感谢的就是袁老这样的科技工作者。但是在为袁老成就感到自豪之余，也应该反思，放眼当下，且不论学术成就高低，能像袁老这样甘于风险、呕心沥血的人已经越来越少，公众看到更多的是学术造假、专家不专，这固然和媒体报道倾向有关，但的确需要全社会的重视。

从水稻人们已经开始想得更多。那么对于袁先生来讲，他对于当今的科研人员又有什么样的建议呢？今天我们贵州电视台的同行，帮我们做了一段采访，来听听袁先生的观点——

袁隆平：我培养研究生、博士生第一个条件你要下田。你怕下田，怕吃苦，我就不收你。我说电脑很重要，书本知识也很重要，都是基础，但是电脑里面、书本里面种不出水稻来的，你也要到田里面去种水稻。你要把名利丢开一点，不怕困难，努力钻研，我想一定还是会出成果的，你一次不行，两次、三次、五次、一百次，总会出成果的。有些人反正有一些思想不大正点，他就搞腐败了，包括科技工作者也有腐败现象，弄虚作假、哄骗人家，欺人欺己，最后没有好下场的。

李小萌：袁先生说，书本很重要，电脑很重要，但是书本和电脑里种不出水稻。他说他挑徒弟的最重要的一条,就是要看他是不是喜欢下田,而我也记得袁先生自己的家跟他的试验田距离非常近,想到什么抬脚就走。

40年前,袁隆平只是一个偏远农村的乡村教师,而后来正是这位乡村教师改变了当时世界的一个共识,就是说水稻是不能杂交的,今天他已经成为世界的"杂交水稻之父",成为世界的袁隆平。

亩产900公斤是一个目标,这个目标成为养活千百万人的现实,中间还要经历什么?来看短片。

袁隆平:一般我们示范田条件比较好,大面积推广打八折或者是七五折,这么一个情况,就是可以700公斤的水平。

配　音:在全国上下都为超级稻产量的全新纪录欢呼时,包括袁隆平在内很多人是冷静的,因为900公斤的亩产从袁隆平的试验田到每一个农民的承包地还有很长的路要走。负责本次验收的农业部高产攻关验收组组长、中国水稻研究所所长程式华,也从天时、地利、人和三个角度阐述了亩产900公斤所必需的条件。

羊古坳超级稻亩产冲900公斤目标能否实现,天气变化是关键因素之一,哪怕出现几个小时的大风降雨天气,测产验收都会受很大影响。

(电话采访)

程式华:今年这个气候比较好没有大的雨水,整天下雨病虫害爆发这个品种不可能高产的。

记　者:您觉得900公斤可以在全国推广吗?

程式华:不可能的,良种、良法、良田、良态通过这么好的资质,这么好的条件,(才)能把900公斤发挥出来。

配　音:据程式华介绍,新超级稻目前虽然得到湖南省审定,但也仅能在部分适宜种植区推广,而要推广到全国还需进一步的科学验证。

程式华:要根据《种子法》,还有一个品种试验,然后国家审定,出一个适应的区域,在哪一个区域可以种,不是说在这个点上取得了900公斤就能推广。

李小萌:袁隆平是科技工作者,他不是魔术师。一粒好的种子要变成人们餐桌上的主食,要变成农民实实在在的收益还需要什么?听听袁先生自己怎么说——

袁隆平:那个技术要落实到基层,这是个很大的问题。

记　者:就是怎么样推广是吧?

袁隆平:我们的推广站是个基层,关键是他们要起很大的责任,现在我们的农机推广站一般不安心工作,因为待遇很低,条件也很差。我现在呼吁国家对基层农机站的干部要给很多的优惠政策,使他们能安下心来推广新的农业技术、新的品种。我们搞协作就是要求有关单位在一起交流经验、交流材料、分享成果。就是这么一种方式搞这个全国性的,或者是兄弟省之间的协作来推动科研早出成果。

李小萌:一粒种子要想能够真正地茁壮成长,就像袁先生说的,还需要良田、良法、良人,需要对于农业本身,对于农村还有农民的这种保护和体恤。袁先生也经常呼吁说,除了种子之外,对于农业的水利方面的投入,包括对于土地的保护等方方面面都还需要做很多。今天我们说的是超级水稻,也许我们还需要超级玉米、超级小麦,从一个人的超级技术变成一群人的超级技术,恐怕这才是国家和公民的心愿。好的,感谢您收看今天的《新闻1+1》。

(中央电视台《新闻1+1》2011年9月20日)

2. 平实正规格调

过年读书——让我们回到从前

【训练提示】可以设想在《读书品生活》栏目中播出,设想受众在春节热闹的氛围中,在傍晚茶余饭后收听。娓娓道来的谈话式话语,能减少说教味儿,让表达更清新、流畅、自然。

听众朋友,我们现在生活在信息时代,知识更新,电脑普及,网络通信已经渗透到生活中的各个层面。许多网民别说读书,有的连报纸也不看了。打开电脑,当日新闻一网打尽,而信息网的建立,各种数据库、资料库一"点"就出,在很多网民那里,书海漫游,早已变成网海漫游。

据去年底的有关数字统计,我国的读书人正以每年10%的概率下降。的确,纸文化正面临着前所未有的挑战。有报道称,美国的一个学者预言,50年后,纸媒将在世界上消失,当然,同样是以纸印字的书也将成为文物。这位美国人说得让我们这些写书的人有点儿心寒。

50年以后,世界会成什么样?谁也想象不到。就跟50年前,没有哪个预言家会想到今天的世界已然是网络的天下一样。尽管历史的发展有它的规律,但是人类生存的地球随时都会发生难以预料的事。甭说别的,地球稍微晃悠一下,咱们就不知跑哪儿去了。但有一点可以相信,只要人类存在,甭管50年后,还是100年后,纸文化不会消失,当然印刷术也不会失传,因为人类到什么时候也离不开书,离不开报纸,您去琢磨吧。

因为读书、读报毕竟跟上网不是一种感受,网上看"书"有它的乐趣,但这种乐趣取代不了读书的乐趣。说句俗一点的话,上网看东西要比看书累眼睛,何况系统出了毛病,整个网络就会瞎菜。当然最主要的是读书本身的那种心境没有了。

我认识一位网络写手,他在网上写了两部长篇了。有一天,他对我感慨道:"在网上泡了两年,从没看过书。偶然一天,系统出了毛病,我闲极无聊,从书柜里拿出一本书,躺在床上看,哎呀,我感觉书是那么亲切,看书跟上网真是不一样,我好像走了很远很远,突然又回到了老家,回到了从前,一种温馨油然而生。"他说的是真心话。喝豆汁、吃焦圈长大的人,改喝牛奶、吃面包,几十年后,又喝到、吃到了豆汁和焦圈,那滋味儿一样吗?

话又说到了过年读书上。沉溺于网络世界的网民,如果在过年的时候,从网络世界跳出来,找几本书读读,也换换脑子,回到从前,重温一下读书的乐趣,难道不也是一种享受吗?

(《北京晚报》2007年2月22日)

3. 通俗灵动格调

2015年中央电视台春节联欢晚会主持人串词片段

【训练提示】春节是全球华人最重要的节日,这一天,无论你身在何处,都想要回家和家人团聚。中央电视台春节联欢晚会从1983年开始至今已经成为家喻户晓、闻名海内外的节日文艺大餐、吉祥的民俗盛典。吃饺子、看春晚、守岁,这个舞台带给我们的不仅仅是除夕夜的新年气氛,更是伴随着一代人共同成长的伙伴。2015年的春节联欢晚会主持较多地采用了谈话式,显得更亲近观众。训练时同学们要思考是不是只采用谈话式一种样式呢?是不是只有一种格调呢?请注意多种格调的微调转换。

董　卿:谢谢,谢谢各位精彩的表演。特别是这个反转,反得太逗了。

康　辉:没错,而且演员演得太好了,尤其是瞿颖,多漂亮,多有气质,关键你说她这么多年……就还没贾玲有女神范儿。这反转太不容易了。

董　卿:这反转啊太考验演员的智慧了,又灵活又生动,充满了戏剧性,我觉得这个小品真的……(康辉:反转)也不过如此嘛。你们有反转,我们有反串啊。

康　辉:对啊,我们1号厅这边最擅长反串了。瞧瞧,新闻主播来主持春晚,这就是反串啊。实践会证明效果的,大家说对不对啊?

(观众:对……)

董　卿:我太爱春晚了,要不是春晚,你们能看见新闻主播要掌声?再给点掌声吧。

康　辉:低调低调……

董　卿:接下来我们就来个大反串。

康　辉:好!

董　卿:我们让张也来唱陶喆的歌。

康　辉:陶喆唱张也的歌。

董　卿:让羽泉唱于魁智的老生。

康　辉:让于魁智唱《奔跑》。

董　卿:再让《最炫民族风》和《小苹果》这么一搭……

康　辉:你说咱们这么任性的一个节目取个什么名字好?

董　卿:《明星反串闹新春》。

(联唱《明星反串闹新春》)

(歌曲《回家的路》)

朱　军:谢谢,谢谢刘德华,非常感谢,这首歌唱得真好,回家的路有多远?数一数365,回家吧,幸福就是抱一抱父母,记得你上一次来春晚是10年前。

刘德华:对。

朱　军:10年之后再来,应该说也是回家了,幸福吧?

刘德华:对对对,今天真的很幸福。

朱　军:非常幸福,那给大伙拜个年吧。

刘德华:好,那就祝大家羊年得意扬扬,也希望就是今天看见大家一家人在这里,我唱完了,我就赶快回家,好不好?

（观众：好……）

刘德华：回家咯!

朱　军：好,谢谢,再次地,掌声送给刘德华,谢谢。

（刘德华离场）

朱　军：这首歌唱出了我们所有人的心声,因为咱们中华民族自古以来就重视家庭,重视亲情,注重家教,注重家风。除夕之夜,万家团聚,但此时也一定有不少儿女啊,正匆匆奔往回家的路上,相信这首歌一定会深深地打动他们。您别说,此时此刻,在2号厅就有两位盼着和子女团圆的父母,我们一起过去看看,看看他们在回家的路上又发生了怎样的奇遇……

4.消闲自在格调

开卷八分钟

【训练提示】有人抱怨没有时间读书,但每天八分钟不算多,凤凰卫视《开卷八分钟》节目只需要八分钟就可以了解一本畅销书的梗概内容。该节目由梁文道主持,风格轻松、活泼、生动。从形式上来讲,八分钟的节目主要分为两部分。第一部分主要介绍书。由一段主持人的开场白,或者说是开场故事来引出当天所要介绍的书,一路讲下去,适当配合一些该书的图片和处理过的少量文字。在结束前的一分钟,有一些"趣谈"或者说"闲笔"。

今天很轻松,我就什么书都不用拿了。为什么呢?因为每一年,我们这个节目《开卷八分钟》都跟凤凰网有个合作,我们知道,凤凰网在每年年底都会选出大家心目中年度十本好书。我们这个节目跟去年一样,会为凤凰网十本好书做一个礼拜的特辑。如果大家知悉我这个节目的话,大概就知道我看书的风格,那就是不太管时间,比如说我们这个节目忽然会介绍一些很久以前的书,有时候忽然会介绍一些很新的书,或者即将要在大陆出版的书。这也许是我个人的一个不太好的习惯,我读书很少在意它们是不是新鲜热辣的书。

今天我先来给大家介绍一下,在这凤凰网的年度十本好书里面,我今天先给大家介绍第一部就是野夫的《乡关何处》。很多人注意到这篇文章,发现里面他谈的也是一些我们在很多同类型的写作里常看到的题材,就是怎么样透过对家人身世的追溯,去谈自己30年很动荡的时期家里所经历过的种种变化、打击,甚至是惨剧跟悲剧。很多人写回顾的时候,会变成一种诉苦、哀叹,或者一种很强烈的控诉。野夫当然不是没有这些东西,但问题是野夫的散文之所以卓越,是因为他的写法。他的写作,在我看来,相当节制的。就算写他的母亲,他有时候也会说他心里面会淌出血来。但是他能够节制地抽离一点,冷冷地,有一些笔调说是冷冷地去写一些东西,却让你觉得格外的震撼、格外的动人。第二本我要给大家介绍的就是周濂《你永远无法叫醒一个装睡的人》,这一部书,去年很多书榜都评选它为年度最佳著作。那这部集子是一个时事评论集,好像这几年时事评论这种题材很流行,大家都写时事评论,当然到了去年,大家都说写时事评论是公知,公知都是挨骂对不对,公知都很混账,又不接地气。当然也就有很多人如此批评周濂,但是问题是周濂这部评论集有一点不一样的地方,就是他坚守了一个学者的本分。

一些作者文笔的底子很好,那他就会忍不住要用一些很聪明的写法。有时候我看他们写东西,甚至会觉得那个作者一定一边写,一边得意扬扬地在笑——写得怎么这么漂亮、这么卓越、这么狠辣、这么调皮的一句话呢,但周濂不同,周濂其实跟我有点私人关系,所以过去我不太想在这里过度地去推荐他。他以前是我的学弟吧,算是我的同学,因为我们跟随过同一位指导老师,但是他是学有所成,我则没念完书;他顺利拿到了博士学位,而且是当今中国年轻一代做政治哲学里面最出色的哲学家之一,现在在中国人民大学任教。

他过去也有一部书,是由他的博士论文改写的,写得相当好,真有机会要给大家介绍。说回这部集子吧。这部集子,首先它的题目就很吸引人,而这个题目其实也是彰显了这本书里面很多篇文章共同的主题,就是他所说的,在这一个我们人人对什么事都不相信的时代,他有一个形容词,他说这是一个人心冷漠、普世皆同的时代。就今天这样我们什么都不相信的时代,我们是这么虚无地犬儒下去呢,还是说我们能不能够追求某种价值,提出我要相信什么,我愿意相信什么。这是他要表达的一个总体的愿望。

当然有人会说他掉书袋,但是我常常觉得大家不要轻易地去指责别人掉书袋。对一个学者来讲,读书是他的分内事,他把他读过的书用一些浅近的方法给大家提到的时候,这是顺理成章的,这不是装什么。如果他完全不碰这些东西,那才叫装呢。

(凤凰网,2013年2月5日)

思考与研讨题

1. 如何理解话语样式?
2. 如何理解语境及其重要性?
3. 如何理解声音形式?
4. 如何理解话语体式?
5. 如何构建语境?

第十三章 播音员主持人的创作状态

■ **本章要点**
1. 话筒前状态。
2. 话筒前状态的运动属性。
3. 镜头前状态。

第一节 话筒前状态

一、什么是正确的话筒前状态

播音员主持人的话筒前状态是指在播出之前,思想感情一定要运动起来。怎样运动起来? 播音员需要将所表达的内容加以分析、理解,在内心唤起相应的感受,使自己的思想感情不断深化,产生强烈的表达愿望,为文稿或腹稿语言的形之于声找到突破口。

■ **关键术语**

播音员主持人面对所要表达的内容,从分析、理解到感受,随着内容的发展,思想感情一直在不断深化,由一点一点的积聚,到最后迸发出带有思想感情的有声语言,这时已经非说不可了。这就是正确的话筒前创作状态。

话筒前正确的创作状态的获得是由多方面因素构成的。对象感、情景再现、内在语都是使思想感情处于运动状态的重要手段,它们都离不开传播目的的引导和制约。除此之外还有很多其他因素,比如心理因素、生理因素。对象感、情景再现、内在语在前面章节已有专门的讲述,此处不再赘述。这里,我们专门谈一谈影响话筒前创作状态的其他心理因素。我们先来看心理因素中的个体心理因素。

(一)话筒前的个体心理状态

话筒前的创作由播音员主持人个人完成,属于个体行为。这时的心理现象称为个体心理。个体心理是非常复杂的,概括起来可以分成:认知、动机和情绪、能力和人格三个方面。播音员主持人作为一个新闻传播工作者,要有较高的政治素养,深刻认识每次节目所承担的社会责任,把自己定位成一个有觉悟、有责任感的优秀公民,在此心理基础上才会做到既放松自如又有分寸感。

(二)话筒前常见的心理、生理状态

1. 紧张

在话筒前播出易出现的问题就是紧张,紧张过度会引发心理障碍。紧张和积极是有区别的。紧张的状态往往是大脑出现空白,语言和思维不同步,嘴上说的不是脑子里想的,思维混乱,脑子空空,致使说了半天受众也听不明白播音员主持人说的是什么。心理一紧张,随之而来的则可能是生理的紧张,全身肌肉僵持,手脚不知道怎么放,做出的动作和所表达的语言不协调,导致喉部肌肉僵硬,面部表情不自然。肌肉僵持又会影响到有声语言的表达,使其发出的声音呆板,缺少活力,不能打动人、感染人。

2. 懈怠

在话筒前易出现的另一个问题是懈怠。懈怠和放松是两种状态。懈怠是播出时没有神儿,整个心理状态懒散、松垮,没有对认知产生积极的反应。这种情感是消极的,主要表现为:表情呆滞麻木,思维停滞,反应迟钝,对播音没有认识和创作的热情。这时的状态会直接反映在有声语言表达上,给受众一种不想说、不愿说的感觉。

二、话筒前的运动状态

(一)正确的话筒前状态

第一,整档节目、稿件内容、表达方法全局在胸。
第二,精神高度集中,不抢先不拖后,想到再说。
第三,有感受、有起伏、有变化、不懈怠、不断线,情绪上保持适度紧张。
第四,声音有弹性,肌肉松弛,气息自如,成竹在胸;语言和思维同步进行;表达过程中像是在说自己想说的话,既积极又不紧张,内容既有起伏又有变化。达到这种境界离不开播音员主持人自身的生理状态的配合。如果播音员主持人自身肌肉紧张,必然导致气息不通畅。肌肉紧张、气息不通,声音也就不会富有弹性,从而阻碍创作状态的轻松自如。

(二)话筒前的运动状态

好的话筒前状态随着稿件内容的变化而变化,它本身是运动的。积极的、想说的状态,促使播音员主持人张口并发出有声语言。声音发出后眼睛看着文字,反映到大脑中又产生思维,然后再运用头脑中存储的(备稿时存储的)长时记忆的内容,把分析好的段落、句子和词以及"层次、主题、背景、目的、重点、基调"等各个部分结合起来,形成一个整体。这些都在头脑中边加工、边运动地通过播音员主持人的有声语言讲述给受众。这时稿件内容在头脑中与思维结合起来,变成活的文字,形成生动的有声语言。这个话筒前状态是运动着的,不是僵化呆板的,这种状态一直持续到创作结束,我们称之为话筒前的运动状态。

这种运动状态要建立在一种互动观念之上。萧伯纳说过:"人们通过镜子看自己的脸,通过艺术作品来看自己的灵魂。"如果把广播电视中的节目看作是"艺术作品"的话,那么,播音员主持人和受众就是通过节目这一中介进行心灵的互动。互动是交流的本质,是理性思维的碰撞、感性世界的碰触。因此,衡量一个节目成败的关键标准就是主持人与受众之间互动的程度。

1. 信息互动的观念

播音员主持人和受众之间的交流是一种信息的交流,传播主体向目标受众传播他们感兴趣和关注的信息。如果符合受众的兴趣点,受众就会做出及时的反馈,有的甚至会产生强烈的"表达欲""参与欲",这样在往返过程中就实现了信息的互动。

信息互动是互动中最初级的形式。通过信息的互动,可以发现播音员主持人与受众之间最佳的契合点,这样便于进一步深度沟通,进而发生心理的互动。

2. 情感互动的观念

信息的互动是为求共识、求纳新,而情感互动是为求共鸣、求升华。人与动物不同,动物只有情绪反应,而人不仅有情绪,还有情感。情绪更主要地受生理因素的支配,而情感则更多地受思想的支配,是思想和认识的升华。因此,情感既是人类精神生活的重要内容,又是自我发展的重要心理动力。

随着思想观念的日益开放,人的自我意识逐渐增强,内心的情感世界日益丰富,表达情感、张扬个性的意愿也更为强烈。因此,在节目中,播音员主持人与受众之间的情感互动就成为一个重要的内容。此外,适度的情感互动可以激发播音员主持人与受众交流的愿望,形成良好的氛围。情绪、情感具有强烈的感染性,它会使身处其中的人不自觉地产生与这种氛围相协调的行为,这种协调的氛围便于节目顺利地进行。

3. 人格的互动

人格是一个复杂的结构系统,是人的性格、气质、能力等方面特征的总和。它不仅是对人的各种素质的综合描述,还是人的各种行为的动力系统,对人的心理素质会起到推动、促进或制约、抑制的作用。主持人和受众的人格互动有以下表现形式:主持人通过语言所表达出的核心人物的人格、主持人自身的人格、受众的人格,三者之间进行交流互动。三者相互作用,相互影响,可以促进主持人和受众人格的完善。

互动观念必不可少,更重要的是要在实际节目中运用这些观念。

三、良好话筒前状态的养成

首先,良好的话筒前状态需要专业上的自信心。

要使自己在话筒前自信,就需要具备较高的语言功力,包括气息、声音符合表达的需要、吐字归音功力过硬。与此同时,有声语言创作者对传播内容要有充分的理解和分析、感受,并据此调动起自己强烈的播讲愿望。

其次,良好的话筒前状态有赖于岗位上的自信心。口语传播者不仅要对稿件内容深刻理解与把握,而且还要对节目的具体意图、选题的传播目的有足够的掌握,这样才能准确把握话语的精神实质,做到成竹在胸、有的放矢。这属于广义备稿范畴。

最后，良好的话筒前状态取决于职业上的自信心。播音主持是传播的最后一个环节，也是最重要的环节，有声语言创作者需要了解并掌握传播全流程的工作技能，每一次上岗都能既全局在胸又做好案头工作，这样既能提高快速备稿的能力又能从容应对传播中的各种突发状况。具有了这样的职业自信，才能取得良好的话筒前状态。

怎样才能提高快速备稿能力？——排除干扰，思想高度集中。

(1)提纲挈领抓筋骨，不陷入具体字句中。

(2)心理准备到位，做好注意的指向与分配。

(3)做好生理状态调节：

①克服紧张型的生理状态。

②克服僵持型的生理状态——使躯体放松；变声音先变状态；从表达上多加练习。

通常情况下，生理状态放松、适度，心理状态也会随之自如、轻松；反之，生理状态紧张、僵持，心理状态也不能放松。两者相辅相成。

四、话筒前需要注意的问题

第一，播出之前，一定要仔细做好准备工作。除做好案头工作外，还要仔细检查稿件的顺序。电台播出要检查好有多少条稿件，顺序是否正确。电视台播出除要搞清楚共有多少条稿件外，还要弄清楚什么时候插播什么专题，配什么画面，是口播还是配音；所有的顺序是否正确。

第二，进演播室、直播间后一定要调整好自己的座位和话筒。声音偏小的离话筒近些，声音偏大的离话筒远些。

第三，坐稳后一定要试播几句，定好基本的音量、节奏，调整好情绪，过慢、过快、过沉、过高都不适合播出。如果不提前试播，等到开播后再调整就为时晚矣。

第四，对手之间要相互配合、相互支持。男女对播时，两个人的音量、情绪情感、服装、对话衔接、交流等都要相互配合。时刻记住是两个人在共同完成一次节目。

第五，播出时不要给自己留有改缺点的余地。缺点是在平时下功夫改的，播出时只有和受众的交流。这时自我应淡化，心里想的是受众，他们在听、在看，自己的缺点在平时已改好，到话筒前的表达已是水到渠成了。如果改缺点成了注意的中心，播出不可能成功。哪怕只有少量的杂念也可能对播出产生不好的影响。

第六，播出时不要想技巧。基本功是靠平时下功夫积累得来的，到话筒前现想是得不来的。具备了好的基本功，在准备稿件、了解节目意图的同时技巧就自然而然运用上了。音量的大小、气息的深浅，哪里该停顿、哪个是重音，应怎样连接，在哪里换气合适，这些都得靠平时的积累。如果到话筒前再想肯定要跑神，即便是没有播错，那也不能全神贯注地进入稿件。如果稿件过多，备稿时记不住，可以在备稿时用笔在稿件上画上相应的符号，播出时起提示作用，这是允许的；但播出时一味地想技巧肯定会影响内容的表达，这是不允许的。

第七，不要装样子。有的人播音表面听起来好像自然流畅，可细一听什么都没听懂；有的人看到别人说新闻，于是在没有搞清楚别人怎么说的情况下，就从表面上学起来了，结果摇头晃脑,又拖又唱地说开了;还有的人本来没有感情,也不知道感情由什么地方或怎么得来,也虚情假意地硬装出样子来,外形虽然像那么回事,可内心无动于衷,华而不实。播好一篇稿件、一组节目,不是靠端架子、声嘶力竭、矫揉造作、柔声细语、拖腔甩调,装成播音的样子得来的。在话筒前,这些都是获得良好状态的障碍。其实,不管是否意识到上述问题,不管使用什么方法,只要失去了稿件的传播目的,单纯追求外在形式上的表达,就不符合播出的要求。总之,话筒前的播音目的一转移,你的注意力就会分散。这是话筒前最忌讳的。

话筒前正确的状态要靠多次实践、多次摸索、多次总结,才能够真正获得,没有谁天生就能把握。

第二节 无稿播音的创作状态

一、什么叫无稿播音

(一)无稿播音的概念

无稿播音即基本没有文字稿件做依据的播音,或叫即兴播音,或是"提纲加资料"的播音,是一种话筒前或镜头前的口语活动。

(二)无稿播音的表达特点

和有稿播音一样,无稿播音作为播音语言的一种表达样态,是大众传播层面的创造性语言活动之一。因而具有播音语言的特点,那就是——

规范性:语言规范、清晰顺畅。
庄重性:真实可信、落落大方。
鼓动性:情真意挚、爱憎分明。
时代性:胸襟开阔、新鲜跳脱。
分寸感:准确恰当、不瘟不火。
亲切感:恳切谦和、息息相通。

无稿播音的传播特点主要是:

首先是前期积累准备的实践性。我们说"有稿播音,锦上添花;无稿播音,出口成章"。这个"出口成章"不是信口雌黄、胡吹乱侃,而是在节目范围内系统地组织口语内容,力求简明严谨,重点突出,言简意赅,词约意丰,绝不是靠"小聪明"和"胆子大"就能做到的,而是要勤于学习,善于积累,博闻强记,大胆实践。有了深厚的功底,加上语言表达的功力才能胜任。

其次是转化过程中的延展性。无稿播音没有文字稿件做依据,只有靠"腹稿"或"即兴"创作,这是具有一定难度的。如果说有稿播音的难点在于把文字语言转化为有声语言,那么无稿播音的难点就在于内部语言向外部语言的转化。这是一个自我传播向人际传播的过程,需要加强即兴口语表达的训练,做到出口成章、举重若轻。

最后是表达过程中的交流性。无稿播音是一种话筒前的口语活动。口语或口头语言,可以分为独白性口语和对话性口语。这些口语活动都须与交流对象的需要相适宜。

独白性口语,是一种以腹稿为依据、较长时间的、以受众为对象的独自口语活动。对话性口语从心理活动、语言组织与表达看,是口语中最简单的形式。对话过程中,交谈双方,相互支持,有问有答,彼此意会,在语法和逻辑上就不要求那么完整和严谨。

二、无稿播音时正确的话筒前状态

无稿播音正确的话筒前状态应该表现为:

(一)态度端正,定位恰当

状态问题首先是一个态度问题和定位问题。所谓态度端正,就是要明确在无稿播音中创作主体——播音员主持人、创作客体——受众、创作依据——素材提纲或内部语言三者的正确关系。明确我们作为传播者所肩负的使命与正确的创作道路。

所谓定位就是要明确我们与受众和节目的关系,不能脱离具体节目而纯粹展现自我。在广播电视节目中,我们与受众是朋友,是平等交流的关系,既不能卑己尊人,也不能高高在上。

(二)沉着自信,积极能动

在无稿播音中,紧张怯阵、束手束脚等不良的话筒前状态,跟创作者不自信的心理、消极应对的状态有着密切的关系。因此,沉着自信、积极能动的状态对于无稿播音创作来说是非常重要的。

(三)逻辑清晰,思维统一

无稿播音的关键在于内部语言向外部语言的转化。内部语言具有片段性和简略性的特征,有时一个词或词组就能代表一句完整的意思,甚至是一系列意思。在外化为外部语言的过程中,我们往往要根据这一个词或词组而展开语言链条,这就要求我们在遣词造句、由点到线、步步拓展的过程中保持逻辑的清晰和思维的统一。

(四)体察受众,营造语境

无论是有稿还是无稿,我们创作的最终目的是由己达人,不是对空发音,不是自言自语,更不是自我欣赏。

在独白性口语中,创作者必须设想和感觉到对象的存在及对象的反应,必须从感觉上意识到受众的心理、要求、愿望、情绪,并随时据此调动自己的思想感情,对受众细加体察。了解得详尽,我们才能避免一厢情愿的传播,才能真正被受众接纳。

在对话性口语中,作为创作主体,必须要和对手或受众营造良好的、共同的语言环境,必须和大家一块儿谈一个话题,而不是只说自己的话,置别人于不顾,破坏语境的整体性,这样就大大削弱了传播效果。北京电影学院钟大丰教授评价凤凰卫视主持人吴小莉,认为她实现了"大众传播与人际传播的完美结合"。吴小莉在话筒前不仅是在向受众传播信息,而且是在用心、用感情同受众交流。吴小莉认为,真正"面对面"的交流,应该是心与心的交流。

(五)声情并茂,以情带声

所谓声情并茂就是要求我们在无稿播音时所言所感要有动于衷,感情真挚饱满,愿望强烈,防止敷衍、冷漠或简单应对,流于公事。这种饱满强烈的感情带有"外射性",它作为我们内心的依据,带动着我们运用外部的有声语言去抒发,去表露。但是,感情达不到,就产生不了"外射"的需要,如果硬要抒发,强迫表露,违背了"情之所至"的原则,必然导致"虚情假意"。

(六)自我调检,整体和谐

自我调检,即自我调整、自我检验的统称或简称。

说话的人因为目的、内容、环境、对象的不同,常常要调整自己的心态、语态,以适应传播本身的需求。在表达的过程中,调整随时都在进行。在调整中,要同时检验调整得是否适当、准确。一旦发现不恰当、不准确,便要再进行新的调整。

自我调检的范围,包括内部与外部,包括生理与心理,包括气息与声音,包括感情与技巧,包括主体与对象等方方面面的相互关系,当然还包括创作者的眼神、表情、姿态、仪表、服饰等副语言系统。通过自我调检,做到整体和谐。

三、不正确的状态及调整

(一)无稿播音话筒前不正确的状态表现

1. 紧张怯场

有不少创作者因心理压力大等原因在进行有声语言创作时往往出现紧张怯场的心理。这种心理在只依靠腹稿或"即兴"创作的无稿播音中尤为突出。主要表现在:紧张过度,丧失自信,不能自我控制。前期准备的腹稿或提纲素材完全遗忘,大脑一片空白,思维滞塞,言辞不畅,越说越乱,气提声抖,肌肉僵硬,表情不自然,不敢交流等。

2. 应激现象

与紧张不同,有些人则是过度兴奋,这是由于过度紧张而造成的身体上的异常反应。主要表现为在创作开始前过早进入兴奋状态,情绪异常高涨,难以自持,消耗巨大,等到正式开始时却已筋疲力尽。

3. 松垮懈怠

主要表现为情绪低落,有气无力,无精打采,以为这种状态就是松弛。还有一些人以为口语表达就应该"生活化""自然化",语言中过多使用"那么""嗯""这个""那个""啊"等,语无伦次,言不及义,水词太多。

4. 忸怩作态,自我欣赏

有些人在话筒前不是从语言传播的内容出发,不是从受众的需求出发,不是从传情达意的正确创作道路出发，而是一味自我欣赏，唯恐自己不美、不出彩。在传播中扭怩作态，或故作深沉、虚张声势、搔首弄姿、自我表现，导致在口语表达中信口开河、假模假样；或手势、动作、表情、服饰只是为了彰显自己，破坏了节目的整体和谐。

5. 固定腔调，束手束脚

有的人在无稿播音时束手束脚，放不下来，松不下去，固定腔调，不像说话。无论什么情境、无论什么内容都按自己固有的语式、语调往上套。

(二)无稿播音话筒前不正确状态的原因分析

在无稿播音中导致上述种种不正确状态的原因是多方面的，归纳起来有以下几个共性的原因值得我们注意：

1. 缺乏实践

口语表达与传播的现场把握、工作实践经验有着直接的关系，因此作为初学者，要把勤于学习和勇于实践紧密结合起来，做到知行合一，才能真正得心应手。

2. 不自信

不自信往往与缺乏实践有关，但并不完全相同。很多人在播出前会自己给自己泄气，诸如"我今天状态不好""我恐怕会出错""我肯定说不清"，或是自己吓唬自己，如"我要播错了就麻烦了""这一段有我念不好的一组音"，或是"观众们能听我的吗""我能吸引观众注意吗"等等。这些不良的心理暗示影响是巨大的。这些刺激只能给自己带来不安，人为地制造紧张气氛，导致恶性循环。

3. 太在意

太在意表现在两个方面。一方面是一些人出于美好的愿望，内心装满了"不要播错一个字""对听众、观众认真负责""话筒前不同于日常谈话"等"要求"与"标准"，不敢轻易张口，束手束脚，即便勉强说出来也不自如。另一方面是有些人太在意自己，觉得全世界的人都在关注自己，丝毫不考虑观众的感受，丝毫不考虑自己作为播音员主持人在节目中的真正位置，觉得"银屏全是我自己"，违背了一个传播者应有的自我定位，这样必然导致矫揉造作，不自然。

4. 认识上的偏差

像有稿播音容易"板"一样，无稿播音容易"水"。一句错话，一句含混不清的话，造成听众、观众接受心理的停滞、混乱，多方猜测才可能做出"大概如此"的判断，而这时语流已"青山遮不住，毕竟东流去"了，中断的部分无法补偿，造成受众接受信息的损失也无可挽回。严格说，违背信息共享原则是传播者的失职，不能"大言不惭"和处之泰然。

(三)无稿播音不正确状态的合理调整

调整有稿播音不正确状态的某些具体办法也适用于无稿播音。如：

1. 生理调控法

（1）深呼吸：深吸一口气——屏气——呼气（"嘶……"徐徐呼出）。这样可以稍微缓解紧张情绪，使因紧张而僵持的气息得到些许调整。

（2）调调弦儿：在节目开始前可以先说上几句，自己调调声，和乐器演奏前要调调弦儿是一个道理。这样既可以找准合适的用声范围，也可以进一步熟悉所讲内容，慢慢进入话语氛围，使自己摆脱杂念的干扰。

2. 心理诱导法

不自信产生的不良心理暗示对状态的影响是巨大的，对此我们主张用积极的良好的心理暗示来解决，如对自己说"我会成功的""我的状态很好""观众正等我说一个很重要或很有意思的话题"等等。对于一个新闻工作者来说，要拥有一种心态，新闻离自己很近，觉得它和自己特别有关，这样才会设身处地地想：如果我在现场，如果我是现场记者，如果我是当事人，如果我是遇难者家属，等等，否则很难特别准确和有针对性地传达给受众相关信息。

3. 排除杂念法

在话筒前所产生的一切与传播内容无关的思想念头统称为杂念。杂念的产生必然导致注意力不能够集中。当然，杂念的排除还要靠正确的认识和良好的话筒前状态作为根本的保证。

第三节　镜头前状态

一、什么是镜头前状态

镜头前状态是指播音员主持人为将文稿内容或者腹稿内容向观众传递、交流而在电视镜头前呈现出来的心理状态、语言状态、副语言状态。镜头前状态是决定电视口语传播效果的重要因素。

二、如何获得正确的镜头前状态

第一，将镜头当观众。这是对象感的具体应用。播音员主持人发挥想象力，将电视摄像机镜头当作自己话语传播交流的对象，从感觉上意识到受众的心理要求、愿望情绪等，并由此调动自己的思想感情，使之处于运动状态，从而更好地表情达意，传达节目的精神实质。此时对对象的设想应该注意对象感的"质"和"量"。所谓"质"的方面，是指将观众设想在具体的环境、气氛中加以传播，尊重有关对象的个性要求。所谓"量"的方面，是指性别、年龄、职业、人数等有关对象的一般情况。很多时候，摄像机的操作者——摄像师也会被一并设想进去，以增强对象感。

第二，排除杂念，专心致志。一个合格的播音员主持人应该对演播室、报道现场等的工作流程十分熟悉，应该与摄像、灯光、提词器、点屏系统、导播等配合自如。对相关工种的工作习惯甚至工作人员的个人习惯的熟练把握,有助于播音员主持人将这些配合性的环境当作背景,将与其配合的行为导入"自动化",才能保证创作者将主要精力放到节目内容中去,避免不必要的干扰。同时,认真准备、熟悉内容、掌握策划意图,有助于将所有的精力集中到节目中来,处于一种"忘我"的境地,不为其他因素所干扰,才能够达到心理和身体上的放松,进入最佳的创作状态。

第三,要有良好的素质与积累。电视播音主持有一定的技术属性。演播室设备的熟练操作、与摄像师的默契配合、对灯光的灵活运用、与导播的心灵感应,都需要虚心的学习和长期的积累。对栏目定位的把握、对节目传播目的的准确掌握、对口语传播内容在节目中具体作用的认真思考和细心揣摩,都会对自己的创作状态产生积极影响,这也需要对电视传播知识和规律的长期学习与积累。增强自身素质、增进团队合作,是获得正确心理状态的重要内容。

第四,副语言应用。眼神、微笑以及肢体语言等对获得良好的镜头感不可或缺。眼神、表情、手势等副语言需要认真揣摩,长期调整,才能逐步找到准确充分的心理依据、积累起得当的副语言。但是,不假思考或者故意设计的副语言也会因为干扰视觉或者生硬做作而破坏镜头前状态,所以,对于副语言的应用应该避免画蛇添足。

第五,提高语言表达的应变能力。播音员主持人应该具备一定的话语沟通能力,以应对镜头前的话语交流。人的应变能力不尽相同,但经过学习、锻炼可以有效地改善和提高这种能力。一个应付自如的人是很少产生紧张心理的,所以良好的应变能力能帮助播音员主持人树立自信、改善镜头前状态。

三、电视节目播音员主持人镜头前状态容易出现的问题

电视节目的播音主持处于相对复杂的工作流程中,由于技术复杂性、环境复杂性等客观因素的影响,播音员主持人容易受到干扰而出现失常状态。出镜对语言传播者的形象、仪态等都提出了更高的要求,播音员主持人主观上也会顾虑较多、心理压力较大,出现心理上的失常表现。常见的问题主要有:

(1)目中无人。播音或者主持节目时,为了保证工作效率,以不出错为最高追求,机械念稿、一味背稿,将镜头仅仅当成录制的机器,导致脑中无人、眼神呆滞、语言生涩。

(2)心存杂念。由于电视制作的特殊性,演播室或者录制、直播现场情况复杂,加上心里对自己的形象等想得太多,致使精力无法集中到节目内容上来。

(3)心理紧张。播音员主持人有时会因为初次上镜,或者遇到重大题材、内容时,在镜头前就会紧张焦虑,让观众看起来不舒服。这样的恐惧感会造成心理紧张、身体僵硬、声音滞涩等,最终导致语言的拘谨。

思考题

1. 如何获得正确的话筒前状态?
2. 如何获得正确的镜头前状态?

第十四章　播音主持表达基本规律

■ **本章要点**
1. 思维反应律。
2. 词语感受律。
3. 对比推进律。
4. 情声和谐律。
5. 呼吸自如律。
6. 自我调检律。

广播电视播音主持是一种语言表达艺术，它的学科独立性体现在它的表达规律上。播音主持分有稿件依据的和无稿件依据的有声语言创作活动，其表达是一种特殊的表达，是通过电子媒介传输到广播、电视等接收终端再刺激人们感官的表达，受众在场或不在场都应该在创作主体的创作过程中受到相应的关注和尊重。这种特殊的表达所产生的表达规律，既符合有声语言表达的一般规律，又带有自身的特殊性。

第一节　思维反应律

一、什么是思维反应律

思维，是在表象、概念的基础上进行分析、综合、判断、推理等认识活动的过程。[1] 反应，是指机体受到体内或体外的刺激而引起相应的活动或变化。[2] 思维反应律的更深一层的意思，还不仅在于反应的敏锐和思维的活跃，而更要表现在思维反应遵循一定的轨迹，力求实现预想目的的特点上。[3]

---

[1] 《现代汉语词典》(第6版)，商务印书馆2012年版，第1230页。
[2] 《现代汉语词典》(第6版)，商务印书馆2012年版，第361页。
[3] 张颂：《播音创作基础》(第三版)，中国传媒大学出版社2011年版，第134页。

二、思维反应律的指导意义

思维反应律符合人们在高级神经活动支配下语言活动的一般心理过程，有稿或无稿播音的语言准备都是为了"出声表达"的需要。思维的活跃，要求对客观事物从感性认识上升到理性认识的过程积极主动；反应的敏锐，要求对来自身体内部或者外部的刺激保持敏感并能快速顺畅地付诸语言传播活动。

思维反应的对象是具体的客观世界。人体通过眼、耳、鼻、舌、皮肤感受到的视觉、听觉、嗅觉、味觉和触觉信息，这些与客观事物相符合的具体而真实的内容都应该纳入思维反应的范围，形成准确明晰的语言。媒体传播活动中常见的图像、声音、文字等创作素材都是思维反应的对象，口语传播者应该熟练掌握对这些素材从感知、识别、分析、判断直至形成话语、进行表达并根据反馈及时调整的整个过程的途径、轨迹。

思维反应的目的是获得准确的话语意图。思维的主要表达形式是语言，它以感知觉所获得的信息为基础，再利用已学得的知识和经验，进行分析、比较、综合、抽象和概括，形成概念、推理和判断，使认识由感性上升到理性。人类认识活动这种高级形式会以书写、艺术品或者行动的方式展示出来，但更多地是借助顺畅快捷的有声语言呈现出来，这样，人与人之间才得以互相沟通，实现信息共享、愉悦共识。

如果思维不能及时转化成语言，说明两者之间还有鸿沟需要逾越，要么是思维过程迟钝、混乱，要么是语言表达模糊笼统，要么是反应轨迹凌乱、反应过程失序。要提升这三方面的能力，可以分项训练，更需要综合运用。

遵从思维反应律，就是要赋予有声语言以灵魂、以血肉，反应准确、逻辑明晰、蕴含深广、交流主动。

三、如何遵循思维反应律

从有稿播音方面来说，对文稿从字形到字音再到字义的反应需要敏锐、快速；对字词与字词之间的关系理出主次、凸显语句目的；播音时快看慢播；思维反应轮替时可以口中说前一句，眼睛扫视下一句。

从无稿播音角度而言，从话语意图到意义选择、词语选择再到声音选择的反应要快捷准确；及时调整和处理音节与音节之间的关联度，确保语句关键词能够凸显话语本质；说话时快想慢说，快速想好上半句再开口，说上半句中利用延长、加重等表达手段腾出空间思考、顺出下半句，说到下半句时思维可以推进到下一句捕捉关键词，依此循环类推。

第二节　词语感受律

一、什么是词语感受律

词语感受律是播音表达过程中的一个重要规律。感受，即"感之于外，受之于心"，"感之于外"就是不仅仅通过感受器官感觉到文字、词语的存在，还能通过文字、声音的表象符号,感觉其所代表的具体客观事实的存在。

在播音创作中,这种心理活动具体为对文字、声音、词语符号和句子语法结构关系的理解与认识。

二、词语感受律的指导意义

词语,是一种"符号",人们把对客观世界万事万物的认识用这种符号来代表,又通过这种符号来认识世界和人自身,所以词语,不论是文字还是有声语言,都是人们用来交流和记录的符号,是人类感性思维和理性思维交集的产物,是人类左右脑协同工作的结果。

不论是从文稿中识别文字组成的词语,还是直接从记忆中调取声音组成的词语,都是对事物的符号的识读,而非直接面对客观事物本身。播音创作主体通过词语符号感知客观事物与人在外在世界中直接感知事物是不一样的,它具有间接性的特点,这就要求创作者对词语的感受更加准确、迅速、丰富。

人们在认读汉字时需要经过识别汉字、理解词义、联想读音、吐字发声四个环节,其中任何一个环节出现障碍都会影响到有声语言的表达,尤其是对词义的理解;不仅要在逻辑层面用声音还原汉字所表述的概念,更要在感性层面体会到汉字的色彩、用途,将它所承载的情感、态度挖掘并表达出来。

在无稿播音的口语传播中,人们虽然减少了识别汉字的环节,但是直接诉诸语音的过程中,也需要对发出的汉语音节从声、韵、调、语义、感情色彩等方面加以分析和体会,以尽可能恰切的声音表达态度、情感。

三、如何遵循词语感受律

在播音表达中,词语感受总的来说还是越精密越好、越深入越好。具体方法可以基本概括为:

第一,充分运用形象思维。形象思维是强调运用直观形象和表象解决问题的思维,也称"艺术思维"。作家、艺术家在创作过程中对大量表象进行高度的分析、综合、抽象、概括,形成典型性形象。词语本身的概念是粗略的,但是它会在人的脑海中形成图像、线条、色彩等等的大略概念。词语感受过程中,还需要创作主体发挥想象力和创造力,对词语作准确、精密的设计、表达。

第二,注意感受词语之间的内在逻辑。感受的程度深浅与对作品的处理好坏有着很大的关系。要处理好整篇稿件就要在词语感受上花力气。某一个词,在不同的上下文中,在不同的语言环境中,在不同的自然社会氛围中,在不同的对象面前,创作主体会产生相应的理解和态度。我们只有把握好词语在一般概念上的感受以及词语在特定语境下的感受,才能做到既精准又深入,挖掘出语句的内在意图。

词语感受的升华是语感。语感在言语交流中指人对词语表达的直觉判断或感受。[1]语感是一种能力,是把接收、鉴别、储存信息和发出、丰富、驾驭信息全部融入语言感受中

---

[1] 《现代汉语词典》(第6版),商务印书馆2012年版,第1590页。

的能力。① 因此，要养成良好的语感，就需要对语言文字分析、理解、体会、吸收全过程具有高度浓缩的能力，这种能力经验色彩很浓，牵涉到学习经验、生活经验、心理经验、情感经验，包含着理解能力、判断能力、联想能力等诸多因素，需要广泛积累。

第三节 对比推进律

一、什么是对比推进律

对比推进律，是在一定目的下，不同感受、不同态度、不同情感、不同色彩和分量的对比及其在声音上产生的对比变化向着一定方向显示流动的态势，推动有声语言向前跃动的驾驭能力。

二、对比推进律的指导意义

人们更容易捕捉到那些变化的声音，变化的幅度越大引发的关注越高，而对那些没有或者很少变化的声音，就像对待自然界的噪声一样忽略不计，这就是有声语言需要对比的听觉基础。同时，人类在语言交往中借助于音节变化所表达的信息、态度、情感丰富多样，也只有让声音对比变化才能让信息、态度、情感呈现出主次，划分出层次，有声语言才能还原人的内心、表达人的精神实质，才会有层层推进的内在含义。所以，有对比，才可能向前推进。

人类的言语交流旨在分享信息、交流情感、协同行动，内容的主次、语势的起伏、情感的跌宕都是以核心内容为中心、以关键词为着力点，其前话语铺陈引导、其后话语顺从延宕，言语流在按照时序的推进中前后对比以突显重点、表达主旨的同时，还会依据话语的社会属性，按照"有言外之意"或者"没有言外之意"在话语的纵向维度凸显语句重点。所以，只有推进，对比才会有生命活力，二者相辅相成。

三、如何遵循对比推进律

对比，首先是声音形式上的对比。根据声音的物理要素，我们可以从音高、音量、音色、音长四个要素的高低、大小、虚实、快慢这八个方面来把握，在声音的对比中表达语意的主次、轻重和态度情感的色彩、分量。一般来说，我们将声音的对比总结为：

欲高先低、欲低先高；
欲大先小、欲小先大；
欲虚先实、欲实先虚；
欲快先慢、欲慢先快。

就一句话而言，其中就包含了主次轻重等各个要素的错综复杂的组合，放大到一个段落、一个层次、一个篇章，声音物理属性的四个要素八个方面更会幻化出语势、语气等

---

① 张颂：《播音语言通论——危机与对策》，北京广播学院出版社1994年版，第141页。

详略不一、错落有致的有声语言优美图景。

对比,又不仅仅是声音形式的对比。就语言的产生机制而言,话语背后的思维反应、态度情感、传播目的、文化诉求才是有声语言的内在动力,才是声音形式变化对比的内在依据。任何仅仅停留在声音的物理属性层面的变化都是简单粗暴的,因而也是苍白无力的,根本不会产生感动人心的话语沟通效果,只有情动于衷后的声发于外,一切的物理要素才是协调统一、自然和谐的有机整体,这样的语言才不仅因传递信息,更因为承载着鲜明的态度、情感而具有足够的感染力。

对比,需要定向推进。任何一句话、一段话、一个话语篇章,都有层次不一、重要程度不一的语义重点,都是不同层级上的推进目标。在对这类具有关键词特征的话语核心的表达过程中,这些话语目标、语句重心之前的语句都是对它们的铺垫、酝酿,它们之后的语句都是在它们的引领下补充、完善语意。这些话语推进的目标如同红花,它们前后的语句就像绿叶,目标明确的对比推进宛如色彩斑斓的画卷流畅和谐。

对比,必须注意主次关系和分寸火候。这是对比推进的精髓。

对比,必须注意声音形式上的可感度。这是对比推进的保障。

第四节 情声和谐律

一、什么是情声和谐律

情声和谐律是指语言传播者饱满、丰富的思想感情与多样变化的有声语言在主次关系上明确,在分寸火候上恰当,在推进时机上吻合。

二、情声和谐律的指导意义

情声和谐就是要求有声语言传播以情带声、以声传情。情动于衷、声发于外,这是人类语言传播的基本规律,所以,将语言的思想态度情感作为吐字用声的依据,将有声语言的操作作为思想感情外化的结果,摆正思想感情与用气发声的主次关系,是情声和谐律的基础。

情声和谐宁要情足声欠,也不要声足情欠。"感人心者莫先乎情"是从传播效果的角度说明思想感情对于话语传播的决定性作用,而从人类交往中对各类传播方式和传播要素的感受能力看,充沛的感情、强烈的愿望,往往比有声语言本身更能增进传播效果。对声音的节制,是为了使表达更充实、贴切,其中一是要避免"自恋式"的对声音的卖弄,二是要防止一成不变的单调用声,三是要杜绝"貌似十分情感,实则三分情、七分装"的虚情假意,四是要符合广播电视等传播媒介的技术要求,以传递精神实质为目的,不必像日常生活中那样经常出现满负荷用声的情况。

总的来说,播音语言传播要求"情取其高,声取其中",这是情声和谐律的直观体现。

情声和谐还要注意有声语言的推进速度、强度等多个维度的进程与思想感情的起承转合之间的合拍。思想感情与有声语言多数时候是同步推进的,但也会有情动声随、声断情续、声变情续等复杂的表达场景，那时的情声关系是错位的，但也是思维和反应两者之间速度不一、进程不一的真实状态，是情声和谐的特殊体现。

三、如何遵循情声和谐律

首先，处理好"情、声"之间的关系。

情：要具备最丰富的并能随时调动起来的思想感情。这包括两个方面：一是对于稿件本身在备稿时积累的感受，即稿件本身的思想感情；二是播音创作者本身所具备的在进行稿件处理时的感情，优秀的创作者本身心中有"情"，才能正确体会并传达作品所含有的情感。

声：能够通过声音的变化，表达各类不同稿件所确定的不同层次、不同色彩的情感，声音富有弹性，能使用正确的发声方法，清晰明确地传递稿件所载有的信息和态度情感。

一般来说，有声语言传播者在充分理解具体稿件之后，心中、脑中必然生发出这样或那样的联想，随着情景再现、内在语、对象感的生成，他的思想感情已被充分调动并处于高度运动状态中。心理过程必然引起生理反应，表达诸如"心平气和、理直气壮、痛哭失声、语重心长"等情绪的声音形式自然水到渠成。反过来，生理变化又可影响心理过程的兴奋或抑制。从因果关系说，是以情带声；而从语言表达角度说，又是以声传情。

其次，让气息状态处于可变的灵动状态。要想从外表上控制声音的高低、强弱，要先注意发出那些声音的呼吸状态是否随着内容和态度、情感的变化而及时调试了。

再次，辩证处理"有备"和"无备"的关系，以熟为生。准备好的稿件、设计好的方案，到了语言传播的临场状态下仍然需要再重新认识，减少先入为主的自我约束，让事先广泛、深入准备的"有备"成为表达的宽厚底座，让"无备"适应现场交流的需要自然生发，以此调动真实自然的内心情感，催生灵活多样的有声语言。

最后，情感调动充足、恰当，声音控制留有余地。

第五节　呼吸自如律

一、什么是呼吸自如律

语言表达要求有声语言传播者在表情传意的过程中，保持气息的最佳状态，做到呼吸自如、不散不僵、有多有少、有快有慢的状态。这种状态就叫呼吸自如律。

二、呼吸自如律的指导意义

发声过程中有两种现象：一种是"只闻声，不闻气"，这时声音响亮、结实；另一种是"既闻声，又闻气"，这时声音深沉、柔和。在播音中，只有一种，往往显得单薄，两种兼用又恰到好处，因情而异，因稿而异，往往显得丰富。呼吸自如，对出声、变声、收声都会产生积极的作用。

呼吸自如，主要是为了正确地用气发声。播音主要是实声。实声也好，虚声也好，半虚半实的声音也好，都必须以呼吸自如为前提。声音条件再好，呼吸不够自如的时候，发出来的声音也不会好。呼吸自如，有一些声音条件不太好的，可以得到一定程度的弥补。

有气息支撑、辅助的声音才会圆润持久、刚柔自如。"呼吸自如"如果不与"用声自如"结合在一起，就会互相干扰。相反，二者结合，相互通达，情、声、气融为一体，那"同声相应、同气相求"的境界就差不多实现了。

三、如何遵循呼吸自如律

呼吸自如必须以表情达意为主旨。在准确、鲜明、生动的表达过程中，呼吸自如需要极强的适应力与控制力，所以，播音员主持人的气息提倡采用胸腹联合呼吸法。

(一)呼吸自如，是气息多少的变化

要根据内容的要求调整气息压力。无论句首或句尾，需要强时就强，需要弱时就弱，因此，吸气量要大于日常谈话，呼气时要能保持较为稳定的压力，在这个基础上进行强弱调整。

从总体上说，吸气量不能超过肺中的余气。在具体语句、段落上，一般极少冲破这极限，而只在这极限之中变化。

能够根据需要及时补气。为保证播出的每个句子完整而有层次，就需要按照句子结构用气。在句子进行中，补气、偷气的技巧非常重要。

(二)呼吸自如，是气息快慢的变化

呼吸自如，必须注意气息快慢的变化。播音以快吸慢呼为主，吸气用的时间极少，而呼气，因为人说话，所以用的时间相对较多。但是，这绝对不是说，凡吸气都极快，凡呼气都极慢，这快慢是相对的，具体运用时是多种多样的。

快吸慢呼，进气量比日常大，而播音员的嘴距话筒很近，加之话筒的灵敏度又比较高，很容易混入吸气杂音。吸气杂音多，会给人不从容的感觉，甚至使人厌烦。因此，播音员必须在短暂的时间内无声地吸气。

(三)呼吸自如，是气息的适度控制

呼吸自如，不是松懈的气息状态，也不是僵直的气息状态，它要求适度的控制。

坐在话筒前全身较劲，两肋扩到最大，丹田收到最紧不叫适度控制；两肋、丹田根本用不上，说话时气息刚刚供得上，全身感到极为省力，也不是控制自如。其实，两肋和丹田是在随机应变中起作用的，一般在高音、强音、长句尾（包括停顿少、连接快的句子）才会有较明显的感觉。

控制是一种经过训练后养成的习惯，而这个习惯是十分适应播音表达需要的。以思想感情的运动状态为标尺，以表意传情为前提，方能做到适度控制，呼吸自如。

第六节　自我调检律

一、什么是自我调检律

自我调检，即自我调整、自我检验的统称或简称。自我调检律，就是播音员主持人在话筒前的实际创作过程中，通过调解和检验的反复推延，以使播音主持创作达到完美的规律。它几乎贯穿于话语传播活动的始终。

二、自我调检律的指导意义

在播音语言发出过程中，不只是发音器官在活动，听觉也处于兴奋中心的边缘，监听、检测着发出的语言效果，并把有关的判断返回大脑语言中枢，语言中枢根据反馈及时对有关部位发出调节控制的指令，使播音的语言效果趋向优化，这是由心理到生理的一系列复杂的活动。自我调检不仅可以保证话语意图的突出、话语逻辑的清晰、情感表达的准确，也直接决定了话语传播的有效性。在发音器官的自我调适上，自我调检也有利于创作者对自己的有声语言进行有效的驾驭。

三、如何遵循自我调检律

自我调检，在实践中主要表现为对有声语言的酝酿，行进过程中的体验、发现、检验和调节。有声语言的定向流动是核心，自我调检不应在停滞和分析中实现，否则便会截断语流，造成空白，把播音引向零乱、苍白。它与播音中游离于文本之外的杂念、走神，完全是两回事。因为，自我调检的实质是进入文本、表达文本。可以肯定地说，在话筒前创造性思维越活跃，创造力越旺盛，自我调检力也就越强。

自我调检是一种积极的语言自控能力。这种对播音语言的自控能力，一方面源于对传播内容的深透了解和体验，另一方面需要有意识的培养训练以及实践经验的积累。在良好的播音状态下，检验调节不仅能及时"纠偏"，而且还具有积极主动的创作意义。

自我调检有助于解决以下几对矛盾：

（一）内部与外部

有声语言创作是内在调动与外在表现的统一，是内部技巧与外部技巧的统一，是话语动机、传播目的与相应的声音形式的统一。为了达到这三方面的统一，需要使用自我调检加以监控与调整。

内在调动是创作者的话语动机、语言目的、表达路径等，都需要与声音形式的主次、声音分量的轻重相协调。使用自我调检侧重于调试声音形式的详略关系，以此适应内在调动的需要。反之，当内在自我调动趋于平淡、懈怠时，也可以通过自我调检调动话语动机等，创作出内涵丰富的有声语言作品。在使用情景再现活化文字稿件、通过内在语明确话语本质和目的、借助于对象感找准传播方向的过程中，创作者也需要在声音形式的停连、重音、语气、节奏选择与控制上，借助于自我调检与之相适应。

(二)生理与心理

有声语言创作也是生理与心理活动的高度统一，需要借助于自我调检保障两者之间的辩证关系。一般来说，呼吸、制声、共鸣等环节的生理控制需要内心的积极活动加以支持，尤其是呼吸的深浅、声门的开合以及声带的振动状态、声道中从甲状软骨外侧到后咽壁和上腭穹窿的若干个内感区，都可以通过自我调检监控其运行状态或者发现问题，再通过维持心理状态稳定加以持续，或者通过强化心理活动加以纠偏。

(三)气息与声音

气者声之帅也，气息是声音的统领性因素。但是，在有声语言创作中，气和声两者常常出现失调现象，需要通过自我调检对声音加以监控、对气息状态加以完善。作为以声道共鸣为主要特点的汉语口语传播，气息在形成声音的高低、强弱、长短、虚实的频率、振幅、时值、谐波量及比例等维度上都在发挥作用，气息的下沉与通畅、流动速度与力度、声门下压与声门的协调、共鸣腔与气流密度的关系、口腔在形成字音中气息的深浅疾徐等环节中，自我调检都在发挥着监控和调整的作用，以控制声音适应表达的需要。

(四)情感与技巧

播音技巧是对有声语言在广播电视口语传播中表现出的普遍规律的总结，主动遵循它们可以增加有声语言操作的有效性，背离它们则会降低话语传播的效果甚至带来理解上的误差。但是，在使用播音技巧的过程中也容易出现"唯技巧论"的懒惰，只在乎声音形式的外部特征符合广播电视口语传播的需要，却会失去对支配这些声音形式的态度、情感的自省。主动自我调检会时刻检测创作主体的情感是否符合声音形式的需要，避免发出无情之声、无意之声；同时，也有利于防止情感充盈但技巧缺乏的有心无力。

(五)主体与对象

播音创作主体的口语传播活动是在真实的或者虚拟的话语环境中进行的，不论是否与真实的传播对象进行交流，都需要建立起恰切的对象感。创作主体在对象感的设定中需要借助于想象力，但在口语传播的过程中则需要借助于自我调检去捕捉反馈、进行调整。由于主要适用于广播电视传播活动中的口语传播劳动强度高，实时的传播活动更是稍纵即逝，创作主体对传播对象现实的甚至想象中的反馈都要有快速灵敏的反应，并迅速作用到后续的口语传播活动中，不断修正话语传播的方向和层次，才能进行有效的传播和沟通。

思考题

1. 如何遵循思维反应律?
2. 如何遵循词语感受律?
3. 如何遵循对比推进律?
4. 自我调检律有利于解决播音主持中的哪些矛盾?

编写说明

播音与主持艺术专业"十二五"规划教材吸纳了播音主持艺术教育50年的优秀成果，并持续关注传媒业界发展，创新理论，总结经验，注重实践性和指导性。

本系列教材由中国传媒大学播音主持艺术学院集体编写，教材凝结了历代播音主持艺术教育工作者的智慧结晶，体现了年轻教育工作者的思考和探索，同时也吸纳了传媒业界播音主持艺术工作者的宝贵经验。

本册《播音主持创作基础》的编写工作由陈晓鸥统筹，陈晓鸥审定，执笔人由校内专业教师和传媒业界专家组成。

具体分工如下：

第一章：播音主持的正确创作道路，由马桂芬、喻梅执笔；

第二章：播音主持的语言特点，由马桂芬、陈晓鸥执笔；

第三章：创作准备，由王宇红统筹，王宇红、赵琳执笔；

第四章：播音感受，由王群统筹，王群、芦巍执笔；

第五章：情景再现，由王宇红统筹，王宇红、芦巍执笔；

第六章：内在语，由王明军统筹，王明军、阎亮执笔；

第七章：对象感，由王群统筹，王群、赵琳执笔；

第八章：停连，由喻梅统筹，喻梅、刘卓执笔；

第九章：重音，由喻梅统筹，喻梅、刘卓执笔；

第十章：语气，由陈晓鸥统筹，陈晓鸥、刘卓执笔；

第十一章：节奏，由王明军统筹，由王明军、阎亮执笔；

第十二章：话语样式和话语体式，由陈晓鸥统筹，陈晓鸥、芦巍、赵琳执笔；

第十三章：播音员主持人的创作状态，由王世林、丁龙江执笔；

第十四章：播音主持表达基本规律，由丁龙江执笔。

本系列教材拟将继承与创新相结合，理论与实践相结合，高校与业界相结合，未尽之处，敬请指正。

中国传媒大学播音主持艺术学院

2015年5月

图书在版编目（CIP）数据

播音主持创作基础/中国传媒大学播音主持艺术学院编著.--北京：中国传媒大学出版社，2015.12（2025.7重印）
ISBN 978-7-5657-1477-1

Ⅰ.①播… Ⅱ.①中… Ⅲ.①播音—语言艺术 ②主持人—语言艺术 Ⅳ.①G222.2

中国版本图书馆 CIP 数据核字（2015）第 210478 号

播音主持创作基础
BOYIN ZHUCHI CHUANGZUO JICHU

编　　　　著	中国传媒大学播音主持艺术学院
责 任 编 辑	李水仙
装帧设计指导	吴学夫　杨　蕾　郭开鹤　吴　颖
设 计 总 监	杨　蕾
装 帧 设 计	徐　源　宋学敏
责 任 印 制	秦　英
出版发行	中国传媒大学出版社
社　　　址	北京市朝阳区定福庄东街 1 号　　邮　编　100024
电　　　话	86-10-65450528　65450532　　传　真　65779405
网　　　址	http://cucp.cuc.edu.cn
经　　　销	全国新华书店
印　　　刷	北京印刷集团有限责任公司
开　　　本	787mm×1092mm　1/16
印　　　张	20.5
字　　　数	474 千字
版　　　次	2015 年 12 月第 1 版
印　　　次	2025 年 7 月第 15 次印刷
书　　　号	ISBN 978-7-5657-1477-1　　定　价　49.00 元

本社法律顾问：北京嘉润律师事务所　郭建平